봉선생의 큰 소망,
민들레 꽃씨 되어

봉선생의 큰 소망

민들레
꽃씨 되어

초판 1쇄 발행   2024년 2월 7일

지은이   한봉수
펴낸곳   엎드림출판사
등 록   제2021-000013호
주 소   17557 경기도 안성시 공도읍 심교길 24-5
전 화   010-6220-4331

값 15,000원
ISBN 979-11-982828-8-0 03990

한봉수의 Life Story

봉선생의 큰 소망

민들레 꽃씨 되어

엎드림
UP DREAM

추
천
의
글

•　　•

어느 날 우리 교회 충성스러운 한봉수 장로님께서 세상에 내놓고 자랑할 것은 없지만 그래도 지금까지 살아온 삶의 흔적을 기록하여 남겨두는 것이 의미가 있으리라 생각하여 자서전을 썼는데 목사님께 먼저 드리니 한 번 읽어보시고 지도 편달해 주셨으면 감사하겠다 하시며 한 권의 책을 나에게 주셨다.

나는 그 책(자서전)을 받아보면서 세 가지 면에서 놀라웠다.

첫째, 우선 책이 생각보다 두꺼웠다는 점이다.

둘째, 자서전을 쓴다는 것은 생각보다 간단한 일이 아닌데, 그것을 썼다는 데에 놀라웠다.

셋째, 책을 한 권 집필하려면 많은 노력과 시간이 소요되는데 언제 그 일을 했단 말인가?

귀한 장로님께서 심혈을 기울여 집필한 책을 부족한 나에게 먼저 주시며 한번 읽어보시라고 부탁했기에 나는 기대에 부응하기 위해서 열심히 집중해서 며칠 내로 독파하였다.

읽으면서 그리고 읽고 난 후 느낀 것이 몇 가지가 있다.

첫째, 먼저 흥미가 있었다는 점이다. 인간 삶의 모습은 그 누구도 똑같은 사람이 없어 다 다르게 마련인데 우리 교회 장로님의 삶을 간증적으로 들여다본다는 것이 아주 흥미로웠다.

둘째, 자신의 삶을 반추하며 글에 옮기려면 기억력이 좋아야 하고, 문장 구성 능력이 있어야 하는데 장로님은 놀랄 정도로 기억력이 상세하고 확실하시며, 표현 능력도 출중하시구나! 하는 것을 느끼고 부러웠다.

셋째, 각박한 이 세상에서 승리하며 살기 위해서는 삶의 생존능력과 투쟁 능력이 지혜롭고 강하고 담대해야 하는데, 이 면에서도 누구보다 뛰어나셨다고 느꼈다.

넷째, 무엇보다도 인생길에 가장 절대적이고 큰 숙제는 이 땅에 머무는 동안 영생의 문제를 해결 받는 것인데, 장로님 내외분은 다행스럽고, 축복되게도 예수그리스도 안에서 이 구원의 문제를 확실하게 해결 받고, 주님의 충직한 일꾼이 되셨으니 이 얼마나 은혜롭고, 축복되고, 감사한 일인가...! 이 같은 은혜와 축복을 주신 하나님 아버지께 감사와 영광을 올려드리고, 본인들에게는 박수 치며 축하를 드린다.

끝으로 책을 읽고 난 후, 내 마음에 소원이 생겼고 기도할 책임을 갖게 되었다는 것이다.

첫째, 그것은 장로님의 소원이 너무 아름다운데 그 소원을 나도 품고 기도해 드려야겠다는 것이며,

둘째, 나와 온 성도들의 소원도 장로님의 소원과 대동소이할 것이니 성도들을 위해 더 힘써 기도해야겠다는 것이다.

마지막으로 바라고 원하는 것은 수많은 시련과 연단 끝에 오늘 여기에 이르게 하신 하나님께서 장로님의 남은 삶에 아름다운 열매를 영육

간 풍성히 맺게 하시고, 승리의 삶이 되시기를 기원하면서, 할 수만 있으면 많은 이웃이 장로님의 자서전을 읽고 주안에서 삶이 축복되게 정착되었으면 한다. 할렐루야!

2023년 10월
강북중앙교회 최건석 원로목사

추
천
의
•   •
글

지나온 인생을 세세하게 다 기억하는 사람은 없습니다. 모든 일이 다 기억하고 싶은 일이 아니기 때문일 수도 있습니다. 그래서 그저 우리는 자신의 인생 중요한 순간 한두 꼭지만 추억하고, 한때 의미 있었노라 말하기만 하면서 살아가게 되는 것일지도 모릅니다. 그런데 한봉수 장로님의 인생을 유려하게 기록한 이 책을 접하고 지금까지 갖고 있었던 저의 기준이 바뀌었습니다. 우리는 너무 많은 것을 놓치고도 행복하다고 외쳤을지도 모른다는 생각, 그 생각이 깊이 들었습니다.

장로님은 제3자의 눈에서 시작하여 그간 인생의 중요한 고비 고비들을 재조명하시면서, 그저 손쉽게 사라지고 잊힐 뻔한 생의 의미를 또다시 단아하게 건져 올려 살아오신 이야기를 적어가셨습니다. 이런 방식은 제가 한 번도 만나본 적 없는 스토리텔링 기법이며, 제가 한 번도 읽어본 적 없는 따뜻한 기록입니다.

많은 부분, 수정과 포장을 거듭하는 언어와는 간격이 큽니다. 부끄러운 이야기도, 그리고 은혜로운 이야기도 천천히 아주 흥미로우면서도 친절하게 인도하셔서 한 점의 수묵화처럼, 그리고 수채화처럼 그 깊이를 들여다보게 하여 결국 지금까지 인도하신 하나님의 손을 독자에게 발견해 내게 합니다. 꼭 내 인생을 물끄러미 들여다보는 것 같은 신기함이 읽는 내내 있었고, 지금 내게도 그렇게 진행되고 있을지도 모른다는 인생에 기대가 페이지 페이지를 넘기면서 새록새록 다가옵니다.

끝으로 삶을 돌아보기를 원하는 모든 분께 이 책을 추천합니다. 그리고 삶을 어떻게 시작해야 하는지 모르는 청소년에게도 권하고 싶습니다. 때론 웃다가, 때론 울다가 따라가던 그 길에 여전히 서 계신 장로님을 만나게 되고, 한 장로님을 만나주신 그분 하나님을 독자도 만나게 되리라 믿습니다.

2023년 10월
강북중앙교회 구재원 담임목사

봉선생의 큰 소망, 민들레 꽃씨 되어

　2023년 9월 26일 추석 연휴 이틀 전 한봉수 장로님이 이곳 나의 사역
지인 홍천의 높은 터에 있는 삼마치 교회로 찾아오셨습니다. 비가 내리
는 궂은 날씨에 이 먼 곳까지 방문하신 동기생을 반갑게 맞이하며 한편
마음속으로 의아하게 생각했습니다. 사전에 방문이 약속은 되어 있었지
만, 통화하면서 할 이야기가 있다는 내용이 무척 궁금했기 때문이었습
니다.

　한 장로님은 육군3사관학교를 같이 졸업한 동기이고 포병장교로 같
이 임관했고 방공포병으로 비슷한 시기에 전과를 한 동기이지만, 무엇보
다 수도권에서 기독교 신앙을 가진 동기들끼리 신우회를 조직하여 함께
활동했기에 자주 만나지는 못했지만, 마음속으로 매우 가까운 동기생이
었습니다. 우중이라 약속된 예정 시간보다 조금 늦게 온 장로님에게 사
택에서 다과로 대접하며 그간의 정담을 나누던 중 장로님이 자서전을 쓰
게 된 배경을 듣게 되었습니다.

　한 장로님은 올해 임관 50주년을 기념하고 전역 30주년을 자축하며

자신의 삶을 되돌아보고 무엇보다 진솔한 자기 삶의 이야기를 기록하여 자신의 가장 큰 소망(믿음의 가정을 세우고, 자녀에게 믿음의 유산을 물려주는 것)을 자녀들에게 남기고 싶은 마음에 자서전을 기록하게 되었다고 말씀하시면서 격려의 글이나, 추천의 글이나 덕담 한 말씀 해주시면 큰 힘이 되겠다고 부탁하셨습니다.

장로님의 이야기를 듣고 나는 약간 충격을 받았습니다. 내가 너무 부족함을 느꼈습니다. 옆에서 이야기를 들었던 나의 아내는 '당신 동기생들은 멋진 분들이 많다'라고 이야기를 합니다. 이런 훌륭한 동기생의 자서전에 내가 이름을 올릴 수 있나 생각했지만, 이것도 또한 하나님이 내게 주신 복이라 생각하고 감사한 마음으로 수락하였습니다.

나는 기독교 집안에서 성장했지만, 하나님 앞으로 나아가지 못하고 젊은 날을 보냈습니다. 다만 아버지(김영배 장로)께서 "효도는 예수님을 믿는 것이 효도"라고 하셔서 교회의 의자를 데우는 그런 모습으로 살았습니다. 그러나 아내는 불신 가정에서 성장했으나 믿음의 가정으로 와서 예수님을 만났고, 아내의 눈물 어린 기도를 들으신 하나님의 은혜 가운데 나는 믿음의 사람으로 변화되었습니다.

부족한 내가 목회자의 길을 가기 위해 2006년 여름 신학대학원에 진학하는 것이 나의 생각인지 주님의 뜻인지를 분명하게 알고 싶어 '금식하며 기도하리라' 마음먹고 안양에 있는 갈멜산 기도원에 갔는데, 도착 기도를 하는 나에게 성령 하나님이 주신 말씀 "…네 위에 있는 나의 영과 네 입에 둔 나의 말이 이제부터 영원하도록 네 입에서와 네 후손의 입에서와 네 후손의 후손의 입에서 떠나지 아니 하리라…"(사 59:21)는 말씀을 통해 소명을 알게 되었던 나는 감사하면서 정한 기간 기도하고 내려왔던 기억이 있습니다.

개신 대학원 대학교에서 3년간의 목회학 석사 과정을 마치고 강도사 고시와 인허, 목사고시를 거쳐 목사 안수를 받는 날, 지난날들이 모두 하나님의 은혜였음을 깨닫고 눈물 흘리며 감사했던 기억이 납니다. 장로님 부부도 그때 오셔서 축하해 주셔서 얼마나 감사했는지 모릅니다.

　내가 만난 예수님을 전하며 살아가는 것은 참으로 복된 삶입니다. 특별히 하나님이 주신 기업인 자녀들에게 복음을 전하고 믿음의 유산을 물려주고 또 후대의 자손들이 믿음의 가정으로 살아간다면 얼마나 멋질까? 상상해 봅니다.

　자녀들을 위하여 한 장로님과 동일한 고민을 하는 많은 성도가 있을 것으로 생각합니다. 장로님과 동시대에 비슷한 여정을 살아가며 하나님 구원의 역사를 경험하고 주님의 몸 된 교회의 직분 자로써 쓰임 받은 저는 이 책을 독자분들께 강력히 추천합니다. 이 책이 독자들의 모든 가정의 가장 큰 소망이 이루어지는 데 쓰임 받기를 축복합니다.

2023년 10월
높은 터에 세워진 삼마치 교회에서 김종찬 목사

추
천
의

•　•

글

얼마 전 한봉수 장로님과 식사를 함께한 일이 있었습니다. 식사하면서 이런저런 이야기를 나누던 중, 한 장로님이 나에게 책을 한 권 내밀면서, 자신이 자서전을 써 보았다 하며, 추천의 글을 부탁했습니다. 나는 이런 부탁을 처음 받아보는 일이기에 당황스럽고 혼란스럽기도 했지만, 한편으로는 나를 생각해 주시는 장로님의 마음이 참으로 고맙게 여겨졌습니다. 나는 이런 글을 써본 일도 없었고, 추천의 글을 쓸 자격도, 필력도 부족하니 다른 분한테 부탁하시라고 극구 사양했지만, 장로님의 재차 부탁을 거절할 수 없었습니다. 그리하여 한 장로님이 심혈을 기울여 집필하신 〈나의 가장 큰 소망, 민들레 꽃씨 되어〉라는 자서전을 접하게 되었습니다. 부족하지만 순종하는 마음으로 자서전을 읽게 되었고, 책을 읽어가면서 지금까지 살아온 장로님의 인생사에 대하여 많은 점을 알게 되었습니다.

그동안 힘들고 어려운 세대로 태어나 한 시대를 살아오면서 목표를 세우고, 그 목표를 이루기 위해 도전하며 어려운 환경 가운데 목표를 이루어 나가는 장로님 삶의 모습을 보면서, 참으로 이전에 내가 알던 장로님보다 너욱 대단한 분임을 새삼 알게 되었고, 그만하면 성공적인 인생이 아니었나 싶습니다. 이 자서전을 통해 장로님에 대하여 새로운 모습을 보며 참으로 놀라운 점은 첫째는 아무나 도전할 수 없는 자서전을 계획하고 집필했다는 점, 둘째는 자서전 준비를 빈틈없이 철저히 준비했다는 점, 셋째는 집필할 수 있는 출중한 문장력과 해박한 지식을 가지고 있다는 점, 끝으로 자손에게 믿음의 대를 이어가게 하려는 가장 큰 꿈을 가지셨고, 이를 위해 신앙적으로 노력하며 살아가는 모습이 참으로 존경스러웠습니다. 이외에도 우리에게 본이 되는 경건의 삶, 신실한 믿음의 삶을 살고 계신 장로님에게 찬사를 보냅니다.

특히 2005년부터 가정예배를 드리며 날마다 베푸시는 하나님 은혜에 감사하는 생활, 두 아들 상재와 상진이를 위해 평생 한 번도 하기 어려운 성경 필사를 두 번이나 하고 제본까지 해주었다는 점, 제자 학교를 졸업하고 이후 날마다 성경을 묵상하며 묵상 나눔을 실천하고 있는 모습, 이런 모든 면이 우리가 본받고 존경해야 할 점이 아닌가 싶습니다.

그리고 자서전을 통하여 한 장로님이 살아온 과정을 보며 참으로 대단하고 대단하신 분이라는 느낌을 같게 됩니다. 어린 시절부터 오늘에 이르기까지 살아온 과정이 한 편의 드라마를 연상케 하면서, 힘들었던 고난의 길을 헤쳐 나가며, 스스로 다짐했던 자기 생각과 목표를 하나하나 이루어 나가는 모습이 〈나의 가장 큰 소망〉이라는 드라마 주인공의 삶을 보는 것 같았습니다.

초등학교 시절, 중학교에서 고등학교 진학의 과정, 육군3사관학교 입학과 직업군인의 생활, 대학교 편입과 대학원 진학, 그리고 전역 후 사회에 첫발을 내디딘 ㈜동아전기부품의 직장 생활, 강북중앙교회에서의 신앙생활, 자손에게 믿음의 대를 이어가려는 가장 큰 소망을 위한 노력이 한 장로님의 인생 스토리인 것 같습니다.

이제 가장 큰 소망 〈자녀들에게 대대손손 믿음의 대가 이어져가는 것〉, 이를 위해 최선을 다하며 인생 마지막 계획을 준비하고, 실천에 옮기는 장로님의 모습이 참으로 대단하고 아름답습니다. 한 장로님의 이러한 아름다운 마음, 이러한 믿음의 모습을 하나님께서도 기뻐하시리라 믿습니다. 한 장로님이 바라는 〈나의 가장 큰 소망〉, 그 꿈이 민들레 꽃씨가 되어 후손들에게 전하여지는 소망이 이루어져 장로님의 가문에 믿음의 대가 자자손손 이어져 나가길 바라며, 후일 한 장로님의 가문에 한봉수란 이름이 믿음의 조상 아브라함처럼 기억되기를 기도합니다.

끝으로, 〈나의 가장 큰 소망, 민들레 꽃씨 되어〉라는 이 책이 우리 교회 성도를 비롯해 많은 많은 사람에게 읽히는 아름다운 소망의 메시지가 되기를 기대합니다.

2023년 10월
강북중앙교회 송종태 원로장로

봉선생의 큰 소망, 민들레 꽃씨 되어

차례

제1장 나의 성장기

제2장 간성(干城)의 길

제5장

나의 가장 큰 소망

제**6**장

회상(回想)

글을 시작하며…

KBS-1 TV에서 매주 토요일 아침에 방송되는 "황금 연못"이라는 프로그램이 있다. 이 프로그램은 역경의 세월을 살아왔던 인생의 황혼기를 살아가는 시니어들이 살아온 삶의 궤적(軌跡)을 돌아보며, 그 속에 녹아있는 삶의 지혜를 젊은 세대와 함께 나누면서 진솔하고 유쾌한 삶의 이야기를 소통하는 신개념 토크쇼 프로그램이다.

나는 이 프로그램을 가끔 시청하는데 3년 전쯤 어느 토요일 아침, 이 방송을 보면서 내 머리에 강한 인상을 각인(刻印)시켜 주는 장면이 하나 있었는데, 그 방송 내용을 요약하면 이렇다. 진행자가 시니어 패널로 참석하신 80대 중반의 할머니에게 질문하기를 "할머니께서는 요즘 사시는 재미가 어떠세요?"하고 질문하니, "나는 배운 것 없이 시골에서 농사나 짓고 살아가는 까막눈이라 불편한 것이 한, 두 가지가 아니다. 그래서 그동안 틈나는 대로 글을 배웠고, 지금은 자식, 손주들에게 손 편지를 써 보내는 즐거움에 살고 있다"라고 대답하셨다. 그러자 진행자가 "할머니 소원이 있으세요?"하고 묻자, "나의 소원은 자서전(自敍傳)을 써서 남기고 싶다"

봉선생의 큰 소망, 민들레 꽃씨 되어

라는 말씀을 하셨다. 나는 이 말씀을 듣는 순간 내 마음에 잔잔한 감정이 밀려오면서 가슴이 뭉클한 감동을 체험한 적이 있었다. 솔직히 말하면 나 자신도 자서전이란 한 시대를 풍미(風味)하고 살아가는 정치인, 예술인, 성공한 사업가 등의 저명한 사회 인사들의 전유물(專有物)로, 자기들의 치적을 세상에 남기려는 수단으로만 알고 있었던 것이 사실이었다.

위 프로그램을 시청한 이후, 나는 위대한 사람만 자서전을 쓰는 것이 아니라 누구나 쓸 수 있다고 생각하면서, 나처럼 평범한 사람도 자서전을 쓸 수 있으며, 자서전을 통하여 자신의 존재가치와 정체성을 후손에게 남길 수 있음을 깨닫게 된 것이다. 그런데 일반인으로서는 자서전을 쓴다는 것이 그리 쉽지 않다는 것이다. 그러므로 자서전을 남기려는 도전은 과감한 결단이 필요하다. 그것이 나와 같은 평범한 사람들이 극복해야 할 과제라고 생각한다.

2023년 6월은 내가 주님을 영접하고 하나님을 믿게 된 지, 꼭 40년이 되는 해이다. 특히 7월 6일은 내가 육군 소위로 임관한 지 50년이 되는 날이자, 8월 31일은 전역한 지 30년이 되는 날이기도 하다. 20대 초반에 호국(護國)의 간성(干城)이 되겠다는 푸른 꿈을 간직하고 육군3사관학교에 발을 들어놓은 지 52년, 이제 황혼기를 맞아 초로(初老)의 신사가 되어 지난 족적(足跡)들을 더듬어 보니 감개무량(感慨無量)하다. 이제 지난 70여 년 나의 삶을 돌아보니 누구에게 자랑할 것도, 내세울 것도 없는 삶이었다, 그렇다고 나의 삶은 고난의 가시밭길이 점철(點綴)된 삶도 아니었던 아주 평범한 보통 사람과 다름없는 삶이었다.

나는 평범한 농촌 가정에서 태어나 평범한 삶을 살아왔고, 또한 때가 되면 누구나 그러하듯 사랑하는 가족들과 평범하게 이별할 것이다. 그래서 나의 이야기는 아주 특별한 이야기가 아닌 지극히 평범한 이야기일 수밖에 없다. 그렇지만 나름대로 나의 삶의 철학이 있고, 내가 걸어왔던 삶의 궤적(軌跡)이 있다. 따라서 나는 인생의 황혼기에 접어들면서 무엇인가 의미 있는 나만의 흔적을 남기고 싶다고 생각하던 중, 올해 임관 50주년과 전역 30주년을 맞이하면서 나의 평범한 삶의 이야기와 신앙의 간증 이야기를 써서 남겨두기로 마음을 먹었다.

비록 내세울 것 없는 나의 평범한 삶의 이야기일지라도 그것은 진정 나에게는 위대하고 소중한 자산이고 유산이다. 이처럼 소중한 나의 유산이 아무도 알 수 없는 기억 저편에 묻힌다면 얼마나 안타까울까? "지금 하지 않으면 10년 뒤에도 못 한다"라는 말이 있다. 그래서 나는 나의 기억력이 더 쇠퇴하기 전에 내 안에 묻혀있는 삶의 궤적들을 하나하나 끄집어내어 기록하여 남기려고 한다. 왜냐면 나 자신이 기록해 놓지 않으면 누구도 나의 삶을 자세하게 기록해 주지 못하기 때문이다.

막상 자서전을 쓰기로 마음을 먹으니 먼저 두려움이 앞선다. 왜냐면 나의 평범한 삶의 이야기가 과장되어 부풀려지거나, 미화(美化)되거나, 왜곡되어서도 안 되고, 특히 다른 등장인물들의 프라이버시가 침해되어서는 안 되기 때문이다. 또한, 글을 쓰다 보면 자연스레 끄집어내고 싶지 않은 부끄러운 나의 치부(恥部)까지도 들추어내야 하니, 어찌 망설여지지 않고 두렵지 않을 수 있을까? 그러나 기록이 없으면 역사도 없고 자신의 세계도 존재하지 않는다. 나의 육신은 언젠가는 흙으로 돌아가겠지만, 나의 이야기는 이 자서전(自敍傳)을 통하여 영원히 후손에게 남을 것이다. 청운(青雲)의 푸른 꿈을 품고, 5만 촉광의 빛나는 육군 소위로 임관하여 호국(護國)의 간성(干城)이 된 것은, 나의 큰 자랑이요 자부심과 긍지 그 자체였으며, 후회하지 않는 삶이었다.

　이제 나는 장교 임관 50주년, 그리고 전역 30주년을 자축(自祝)하며, 70여 년을 살아온 나의 평범한 이야기를 "봉선생의 큰 소망, 민들레 꽃씨 되어"라는 제하(題下)에 솔직하고 진솔한 인생 이야기보따리를 지금부터 하나하나 풀어 보려고 한다.

2023년 11월

제1장

나의 성장기

나의 가문家門과 고향故鄕

나는 청주 한씨(淸州 韓氏) 안양공파(安襄公波) 31세로, 청주에 본관을 둔 시조(始祖) 상당 부원군 '란'(蘭-1世)[1], 중시조(中始祖) 안양공 '종손'(終孫-14世)[2], 파시조(派始祖) 판관공 '경생'(慶生-19世)[3]의 후손인 아버지 동석(東錫-30世)과 어머니 전주 최씨 성녀(全州 崔氏 姓女) 사이에서 5남매 중 막내로 태어났다.

판관공 경생(慶生-19世) 할아버지의 자(字)는 생선(生善)이고 생원시, 진사시

---

1 란(蘭-1世): 청주 한씨 시조이신 '란(蘭)' 할아버지는 '청주 방정리(淸州 方正里)에 거주하시면서 무농정(務農亭)을 세우고 농민들을 교육하시던 중, 고려 태조 왕건이 후백제 견훤을 토벌 당시 군량미로 도우며 종군하므로 삼국 통합(三國統合)의 공훈으로 개국벽상공신(開國壁上功臣)이 되었다.

2 종손(終孫-14世): 중시조(中始祖)이신 '종손(終孫)' 할아버지는 조선 세종 때 급제하였고, 단종 3년에 좌익공신 병조참판에 올라 청성군(淸城君)에 올랐으며, 광해군 때 돌아가시자 조정에서는 '안양공(安襄公)'의 시호를 사(賜)하셨다.

3 경생(慶生-19世): 파시조(派始祖) 판관공(判官公) '경생(慶生)'의 장남 유양(有良-20世) 할아버지는 4男 4女의 자녀를 두셨는데 그중 장녀가 양반 소설 구운몽을 지은 서포(西浦) 김만중(金萬重)의 형 김만기(金萬基)와 결혼하였다. 그리고 그의 딸이 어려서부터 외가(外家)가 있는 "전북 임실군 삼계면 어은리"의 육우당(六友堂), 즉 외할아버지 유양(有良-20世) 슬하에서 성장하였고, 15세 되던 해에 숙종(19代)의 정비(인경왕후)로 간택되었다.

양과(兩科)에 합격하여 현풍 현감(玄風縣監), 순천 부사, 춘천 부사 등을 거쳐 병조 좌랑과 1637년(인조 15년) 금부도사, 1644년(인조 22년) 수운판관(水運判官) 등을 역임하였고, 병자호란(1636~1637년) 당시 의병장으로 청주, 과천에서 적병 500여 명을 죽이는 전과를 올렸다. 그러나 할아버지께서는 이미 조정과 청나라의 화의(和議)가 성립되었음을 듣고 낙향하셨다. 그 후 조정에서는 여러 차례 관직을 제수하였으나, 이에 응하지 않으시고 전북 임실군 삼계면 어은리 우리 마을에 은거하시면서 육우당[4](六友堂)을 건축하셨다.

원래 나의 아버지는 중추공(中樞公) 응현(應賢-18世)의 후손들이 "전북 순창군 인계면 갑동리"에 본거지(本據地)를 둔 고조(高祖) 명수(命洙-27世) 할아버지의 후손이다. 당시 고조할아버지는 슬하에 3형제(정기, 영기, 혁기-28世)를 두셨는데, 차남 영기(永基) 할아버지께서 고향인 "인계면 갑동리"에 남아 고향

육우당(六友堂) 전경. 왼쪽으로 약 100m 거리에 내가 태어나 성장했던 생가(生家)가 있다. _사진 출처 인터넷

4　육우당(六友堂): 육우(六友)는 경생(慶生-19世) 할아버지의 호(號)를 말하며, 눈·달·바람·꽃의 사우(四友), 그리고 강과 산을 더하여 육우(六友)라고 했다.

을 지키시고, 장남 정기(正基) 할아버지는 "임실군 삼계면 오지리(옷갓)"로, 3남 혁기(奕基) 할아버지는 "임실군 성수면 구신리"로 이거(移居)하여 분가(分家)하였다. 왜 장남이 고향을 지키지 않고 "임실군 삼계면 오지리(옷갓)"로 분가하였는지 나는 알 수 없다.

"임실군 삼계면 오지리(옷갓)"로 분가하여 사시던 장남인 증조(曾祖) 정기(正基-28世) 할아버지는 독자(獨子) 규승(圭升)을 두셨고, 조부(祖父) 규승(圭升-29世) 할아버지는 3형제(창석, 경석, 동석)를 두셨다. 즉 나의 아버지 동석(東錫-30世)은 조부(祖父) 규승(圭升) 할아버지와 조모(祖母) 전주 최씨 슬하에서 3남 3녀 중 셋째 아들로 1897년 3월 14일(음-丁酉生) 태어나셨다. 그리고 나의 아버지는 "전북 임실군 삼계면 어은리"에 본거지(本據地)를 둔, 파시조(派始祖) 판관공(判官公) '경생(慶生-19世)' 할아버지의 후손 조부(祖父) 규섭(圭涉-29世) 할아버지 슬하에 양자(養子)로 입적되셨다.

당시 후대(後代)를 이어갈 후손이 없을 때, 가까운 친족 중에서 양자를 들이는 일은 흔하였고, 요즘도 얼마든지 있을 수 있는 일이다. 아버지가 양자로 입적될 당시의 연세(年歲)는 잘 알지 못하지만, 양자로 입적되신 후 아버지가 25세, 어머니가 16세 때 결혼하셨다고 하니, 청소년 시절에 입적하신 것으로 생각된다. 그러나 궁금한 것은 양자를 들이는 과정에서, 촌수(寸數)가 가까운 친족 판관공(判官公) 가문에서 양자를 들이지 않고, 왜 촌수(寸數)가 먼 친족 중추공(中樞公) 가문을 선택하여 양자를 들였느냐 하는 것이다. (아래 도표 참조: "붉은 화살표"는 양자 입적을 표시)

본가本家: 중추공응현파中樞公應賢派 - 전북 순창군 인계면 갑동리

청주 한씨 안양공파 제2권 385쪽 ~ 393쪽, 26世 - 린(璘), 27世 - 명수(命洙)

世																
28	정기				영기											혁기
29	규승				규복	규항		규풍	규익							규진
30	창석	경석	동석		창석	철석	정석	순석	중석					병석		광석
31	양수	경수	동수		영수	양수	장수	홍연	임수	청수	대수	평수	향수	복수	홍수	?
32	상봉 상학 상길 경자 경순 경임 경숙	상용 상필 상엽 상민 순임 순자 한숙	상호 상윤 순희		상헌	상록 수경	성주 상임 인자 선희 생남	보원 경화	상훈 미영 미숙 미남	상률 원기	?	미화 미자	?	상필 옥희	?	?

양가:판관공경생파判官公慶生派 - 전북 임실군 삼계면 어은리

청주 한씨 안양공파 제2권 749쪽 ~ 758쪽,26世-재정(在楨), 27世-경식(慶植)

世																				
28	용훈					용탁					용기			용수					용발	
29	규문	규정				규섭					규조			규갑					규순	
30	길호	1.길호 2.봉호				동석					성호 ——→ 성호			성호					삼석	
31	광연	강연	경연	홍연	택연	강수	희수	길수	봉수	남선	상수	남수	상수	학수	인수	필수	무연	귀남	갑연	정연
32	상만 상은 상근 상임 상선 상희 상묘	상인 상웅 상의 상영 상성 상례 상애 영자	상덕 상민 양순 양례 당자 수남 덕순 순례 길남	상윤 상교 경숙 연숙 선숙	상원 상철 상실 상옥	상국 상명 상순 순영	상표 은영 혜영	상민 상균	상재 상진	백식 우식 경식 용순 태숙 인숙 은주	은경 은진	희영 상대		은미 혜진	?	?	?	?	상환 숙자 숙희 숙연	상섭 명자 명희 명선
	임실군 삼계면 오지리					순창군 인계면 갑동리					임실군 성수면 구신리								임실군 삼계면 어은리	

　그 궁금증 해소를 위해 족보를 자세히 살펴보니, 양가(養家) 판관공 가문의 할아버지들(29世)이 후손이 없다는 것을 알게 되었다. 따라서 아버지는 가까운 지역(삼계면 오지리)에 있는 중추공 가문에서 양자로 오셨을 것으

로 유추(類推)해 볼 뿐이다. 아무튼, 우리 가문은 아버지가 중추공 가문에서 판관공 가문으로 양자를 오셨으니, 나의 본가(本家)는 중추공(中樞公)의 본거지인 순창군 인계면 갑동리이고, 양가(養家)는 판관공(判官公)의 본거지인 임실군 삼계면 어은리이다.

필자가 태어나 성장한 마을 전경(全景) _사진 출처, 인터넷 캡처

　내가 태어난 곳은 전형적인 농촌 마을로 청주 한씨 집성촌인 '전북 임실군 삼계면 어은리 492번지'에서 태어났다. 그리고 나는 충견(忠犬)의 고향으로 유명한 오수면(獒樹面)에 있는 초등학교와 중학교에 다니면서 어린 시절을 보냈다. 조금 더 부언한다면 우리 마을은 박사가 많이 배출되었다는 '박사골마을'로 우리 앞집에는 우리나라 최초 '무인 자율전기자동차'를 개발한 고려대 교수 한민홍 박사가 태어났고, 그 앞집에는 '중민 이론의 사회학자'인 서울대 교수 한상진 박사가 우리 마을, 우리 집안 출신이다.

네가 태어난
그 시절

나는 1950년 6월 25일 북한의 남침으로 동족상잔의 비극이 한창이던 1951년 10월 21일(음력) 새벽에 태어났다. 이때 부모님의 연세는 아버지는 55세, 어머니가 46세였으니 당시는 물론 요즈음에도 보기 드문 늦둥이로 태어난 것이다. 나는 내가 태어난 시간을 정확히 알지 못한다. 당시에는 시계가 흔치 않았던 시절이라 낮에는 그림자를 보고 시간을 가늠했고, 깊은 밤이 되면 새벽을 알리는 닭 울음소리에 일어났다고 하니 내가 태어난 시간을 정확히 알지 못한 것이 이상해할 것도 없었다. 어머니 말씀에 따르면 내가 태어나서 얼마 후, 미역국을 먹고 있자니 첫닭이 울었다고 한다. 닭이 세 번 울면 날이 샌다고 했으니, 아마 새벽 3시 전, 후가 아니었을까? 미루어 짐작해 볼 뿐이다.

내가 군에서 전역할 무렵, 1993년 5월부터 1996년 6월까지 서울시 송파구 문정동 주공 아파트에서 사는 동안 잠깐 어머니를 모시고 있을 때가 있었다. 1994년 어느 여름날 밤, 아내와 아이들은 "지금부터 44년 전에 네 아빠를 임신했을 때....!"로 시작하신 어머니의 굴곡진 삶의 여정을 쉬지 않고 말씀하실 때, 우리 온 식구는 귀를 기울이며 듣고 있었다.

6.25 전쟁이 한창이던 어느 여름날 어머니는 나를 임신한 채, 뒤 고랑 밭에서 밭을 매고 있는데 사우래(사월리) 쪽에서 비행기 소리가 나고, 총소리가 나니까 들에서 일하던 사람들이 우르르 뛰어가기 시작하는 모습으로 보고, "아니 저 사람들이 갑자기 왜 저래?"하며, 피하지 않고 일만 하셨단다. 나중에 알고 보니 사우래(사월리) 쪽에 숨어 있던 인민군을 향하여 전투기의 기총소사였다고 한다. 나는 어머니의 말씀을 듣고 이렇게 여쭤봤다.

"어머니! 그 기관총 소리가 들리고, 사람들이 피하면 어머니도 같이 피해야지, 왜 피하지 않고 밭을 매고 있었어요?" 했더니, "모르니까 겁이 없어, 모르니까 겁이 없어! 모르니까 제일이더라!!

그 소설 같은 이야기보따리! 당시 큰아들 상재가 대략 1시간 분량의 내용을 녹음한 것을 "할머니의 6.25"라고 명명(命名)하여 지금도 고이 간직하고 있다. 또 한 번은 우리 마을에도 인민군이 들어와 소, 돼지 등 가축은 물론 쌀, 보리, 콩 등의 곡식까지 다 뺏어 갔다고 한다. 어느 날 밤, 우리 집에도 인민군이 들어와 뺏어 갈 것이 없자 인민군이 어머니한테 돈을 내놓으라고 했다.

"돈 내놔, 돈! 오천 원 내놔!"
"아이고, 오천 원이 어디 있겠소! 오 원도 없소, 오 원도...!!"

이를 지켜보던 큰형님이 어머니에게 말했다.

"엄마! 어디 가서 꾸어봐(빌려와), 꾸어봐...!"

"그 큰돈을 누가 꾸어 준다냐? 누가 꾸어줘?"

그러자 인민군은 다시 어머니한테 새끼를 찾아오라고 윽박지르셨다고 한다. 마침 새끼를 찾고 있을 때, 밖에서 요란한 소리가 나자, 인민군들은 쏜살같이 밖으로 뛰어나갔다고 한다. 아마도 인민군은 아군에게 쫓기고 있었던 같았고, 만약 새끼줄이 근처에 있었다면, 아버지나 큰형님을 끌고 갔을 것이라고 말씀하시면서, 어머니는 큰 한숨을 몰아쉬셨다. 그때 수유리 큰형님은 18살, 석관동 형님은 12살, 문정동 형님은 6살, 나는 어머니의 배 속에 있었다고 한다.

인민군의 만행은 그뿐이 아니었다. 당시 우리 마을에는 자경대(自警隊)가 있었다고 한다. 하루는 인민군이 마을에 들어와서 집집이 돌아다니며 자경대를 색출하였으나 찾아내지 못하였다. 그러자 당시 임산부였던 자경 대원 최 씨 부인에게 남편이 숨어 있는 곳을 물어도 한사코 모른다고 대답하

마을 앞에 있는 모정(茅亭)과 산정(山頂) _사진 출처, 인터넷 캡처

봉선생의 큰 소망, 민들레 꽃씨 되어

자, 그 부인의 복부에 죽창(竹槍)을 박아 살해하는 끔찍한 만행을 저질렀다.

어디 그뿐이겠는가? 내가 태어난 그 시절은 일제 강점기 시절의 어려운 고비를 넘기자마자, 이념의 갈등이 남긴 동족상잔의 비극과 휴전, 그리고 "초근목피(草根木皮)로 연명하며, 보릿고개"를 넘겨야 했던 그 시절이었다. 더구나 우리 가정은 삶의 현실을 부정하고 방황하며 가정에 무관심한 아버지와의 갈등 속에서 살아오신 어머니의 처절한 몸부림과 고통, 그리고 그 한을 어떻게 설명할 수 있을까? 내가 철이 들고 어른이 되어가면서 조금씩 조금씩 알게 되면서, 아버지를 이해하고 어머니를 이해하게 되었다.

내가 어릴 때부터 중학교 졸업할 때까지 뛰놀던 마을 앞 산정의 모습(앞장의 사진)과 화수당(花樹堂) 마당(위의 사진) 앞에서 딱지치기, 제기차기, 구슬치기, 자치기하며 놀았던 기억이 새롭다. 옛날에는 화수당 앞마당에 연자(硏子)방앗간 있었다고 한다. 지금은 연자매(맷돌)만이 덩그러니 홀로 남아 있어 이곳을 지날 때마다 어렸을 적 추억들을 아련히 떠오르게 한다.

화수당(花樹堂) 앞마당의 연자매 _사진 출처, 인터넷 캡처

외로운 2대代 독자獨子,
나의 아버지

날씨가 제법 쌀쌀한 어느 날, 오수(獒樹) 장날인지? 어디서 묘사(墓祀)를 지내시고 오셨는지? 아버지가 술에 거나하게 취하셔서 집에 들어오시면서, 마당에서 놀고 있는 나를 사랑방으로 부르셨다. 내가 방으로 들어갔더니 나를 꼭 안아 주셨으나 아무 말씀이 없었다. 왜 침묵하셨을까? 당시 내 나이가 대여섯인지, 예닐곱인지 모르지만, 아마도 당신 나이가 60세가 넘으셨을 테니 늦게 얻은 막둥이의 앞날을 생각하지 않으셨을까? 미루어 짐작해 본다.

이때 아버지 품에 안겨있는 나는 아버지의 수염을 만지작거리다가, 또 허리춤에 항상 차고 다니시는 이상한 물건을 만져보면서 아버지에게 여쭤봤다.

"아버지...! 이게 뭐야?"
"응...! 이거....? 풍안집이다...!"
"풍안집이 뭐야...!"

"응...! 풍안집은 안경을 넣을 때 쓰는 거야...!"

하시면서 풍안집에 있는 안경을 꺼내어 내 눈에 씌워 주셨다.

이 기억은 나의 가장 첫 번째 기억이자 가장 오래된 기억이며, 따뜻하신 성품의 아버지를 떠올리는 기억이기도 하다. 내가 어른이 되어 당시의 기억이 떠오르면서, '풍안'이라는 단어가 생소하여 사전을 찾아보았더니 '풍안(風眼)'은 "바람과 티끌을 막기 위해 쓰는 안경"이라는 것을 알게 되었다.

우리 아버지의 기본적인 성품은 온순하고 온화하시며, 정이 많고 빈틈없이 꼼꼼하신 분이시다. 아버지가 나이 55세에 얻은 늦둥이 막내라서 나에게만 그리 대하셨을지는 몰라도, 적어도 나에게는 참 따뜻하신 분으로 기억된다. 그리고 아버지는 한번 일을 손에 잡으시면 두 번 손대지 않을 정도로 완벽하고 깔끔하게 처리하시는 아버지이심을 나는 기억한다.

나는 아버지가 가끔 마당에서 짚으로 멍석과 망태기를 만들고, 짚 세기 신발을 삼고, 대나무로 소쿠리, 광주리를 만드시는 모습을 본 적이 있다. 그러나 논, 밭에서 땀 흘리며 일하시는 모습을 본 적은 없다. 농사일은 오롯이 어머니와 형님들의 몫이었다. 꼭 그런 것은 아닐지라도 아버지는 대부분 바쁜 농사철에 집을 나가셨다가 한가할 무렵 집으로 들어오셨다고 한다. 나는 아버지가 짧게는 며칠, 길게는 1~2개월 동안 집을 자주 비우셨다는 말씀을 어머니로부터 가끔 들어 본 적이 있다. 나는 아버지가 자주 집을 나가셨

내게 있는 단 한 장의 아버지 사진

다는 말씀을 듣고 그 이유가 궁금하여 내가 중학교 다니던 시절에 한 번
은 어머니께 여쭤봤다.

"어머니...! 아버지가 왜 자꾸 집을 나가요?"
"네 아버지는 일하기를 싫어하기도 하지만, 찾는 사람들이 많이 있
단다."
"아버지를 왜 찾는대요?"
"아버지는 명당자리도 봐주고, 종기 난 사람 고름도 짜주고, 체하여
배 아픈 사람에게 침도 놓아 주고....!!!"

그리고 어머니는 긴 한숨을 쉬셨다.

당시 아버지는 관혼상제, 풍수지리, 사관침(四關針)에 관심이 많으셨고,
그에 대한 해박(該博)한 지식을 갖고 계셨던 것 같았다. 이를테면 지관(地官)
으로 묘지(墓地), 집터를 잡아주고, 그리고 종기나 급체 등의 환자가 발생
하면, 처방해 주시므로 주변 사람들이 아버지를 자주 찾았다고 한다. 그
때마다 아버지는 나침반과 침통을 챙겨 괴나리봇짐을 메고 다니시면서
짧게는 며칠간, 길게는 1~2개월 동안 돌아다니시면서 지관(地官)의 역할과
부탁받은 환자의 상처 부위의 고름을 짜내고 처방하며, 사관침(四關針)을
놓아주고 간단히 치료해 주시며, 약간의 사례비를 받으셨다고 한다. 그
런데 문제는 바쁜 농사철에도 주변 사람들이 이러한 일로 아버지를 찾으
면, 하시던 일손도 놓고 밖으로 나가시면 함흥차사가 되셨으니, 어머니
의 눈에는 쌍심지의 불똥이 튀겼을 것은 당연했으리라 생각한다. 그래서
아버지와 어머니는 그 일로 자주 다투셨다.

아버지는 어머니 보고 "이녁"[5]이라고 부르셨고, 어머니는 아버지를 "영감"이라고 부르신 것을 듣고 나는 자랐다. 다시 말하면 아버지와 어머니가 "여보!, 당신!"이라고 부르신 것을, 별로 들어 본 적이 없다. 한번은 아버지와 어머니가 다투시는 소리를 우연히 듣게 되었다. 그날도 출타하셨다가 며칠 만에 술에 취하여 귀가하신 아버지를 향해 어머니가 포문을 여셨다.

어머니 초상화

"영감! 참 꼴좋소! 저 술 귀신, 왜 저 양반 안 잡아가나...!

"이녁은 나보고 왜 밖으로만 돌고, 술만 찾느냐고 하지만...! 나도 할 말이 참 많아...! 참 괴롭다. 이녁이 내 맘을 알기나 혀? 내가 이 집구석 오고 싶어서 왔나? 억지로 끌어와 앉혀 놓고...?! 마음 잡고 일 좀 하려면 네가 하는 일이 그렇지 뭐....!"

"영감이 그런 소리 듣지 않으려면 더 독한 마음을 먹고 일을 해야지..! 순해 빠져서...!"

나는 어려서 아버지와 어머니의 말다툼하시는 대화 내용이 위와 거의 비슷하다는 것을 알았다. 그때는 무슨 뜻인지 잘 몰랐으나 내가 성장하

---

5   이녁: 듣는 사람을 조금 낮추어 가리키는 말. 오늘날 남편이 아내를 부르는 호칭이기도 하지만, 친한 사이라면 누구든지 쓸 수 있는 말이다.

면서 그 의미를 점차 알게 되었다. 내가 언젠가 어머니를 잠시 모시고 있을 때, 그 시절을 떠올리면서 어머니에게 이렇게 말씀을 드린 적이 있다.

"어머니...! 아버지를 너무 원망하지 마세요!"

"내가 네 아버지를 어찌 원망을 안 해?"

"어머니 눈에는 술 좋아하고, 할 일이 태산 같은데 바쁜 농사철에 집안 살림 팽개치고 밖으로만 돌아다니니까 미워지고, 나쁜 점만 생각나시지요? 그런데 제 눈에는 아버지의 좋은 점도 많이 보이던 데요...?!"

"네 아버지 좋은 게 뭐가 있어?"

"어머니! 비록 아버지는 일을 싫어하시고 술은 좋아하셨어도, 식구들에게 손찌검도 안 하셨고, 도박도 안 하시고! 그뿐이예요? 집 나가실 때, 돈 달라고 하지 않고 빈손으로 나가 당신 끼니 스스로 해결하셨잖아요. 비록 집에 들어오실 때 빈손으로 들어오시긴 하셨지만...!"

"그런데 어머니!! 정말 아버지가 잘하신 것이 또 있어요!"

"그게 뭐냐?"

"그 어렵고 살기 힘들었던 일제 강점기 시절과 6.25 전쟁을 겪으시면서, 친일에 가담하지 않으셨고, 6.25 때 우리 동네 7명이나 인민군 부역(附逆)에 끌려갔지만, 아버지는 가담하시지 않으셨잖아요...! 만약 아버지가 삶에 궁핍하여 친일에 가담하고, 인민군 부역에 가담하셨다면, 우리는 연좌제(連坐制) 때문에, 문정동 형님과 나는 신원조사(身元調査)에 걸려 사관학교에 들어갈 수도 없고, 장교가 될 수도 없었어요. 그러니 아버지가 얼마나 잘하신 거예요! 그래서 저는 아버지께 감사해요...!"라고 말씀드렸더니, 나를 바라보시며 피식 웃으시던 모습이 아직도 생생하다.

그렇다고 나는 무한정 아버지를 두둔하지는 않는다. 아버지가 좀 더 냉정하게 사리를 분별하고, 어려움을 극복하며 가정을 지키려는 가장으로서 역할을 다하지 않고, 현실을 외면하고 도피하는 아웃사이더(Out-Sider)의 삶은 분명 잘못된 것으로 보인다. 만약 아버지가 당시 어려운 환경과 여건을 극복하며, 현실을 인정하고 순응하며, 가정을 일으키려는 인사이더(In-Sider)의 삶을 사셨더라면 하는 아쉬움이 남는다. 왜 그러셨을까? 분명 아버지는 당신의 말 할 수 없는 고민과 한(恨)이 있었을 것이다.

아버지가 당신의 고민과 어려움을 누군가에게 털어놓으면 그 말을 경청하고 이해하고 배려하며 위로와 격려로 자존감을 세워 줘야 하는데, 오히려 비아냥거리며 조소(嘲笑)하고 그 책임을 당신에게 돌려 버리면 어떻게 될까? 즉 아버지는 카운슬러(Counsellor)의 역할과 함께하는 협력자(協力者)의 부재(不在)로 인해 의지할 데 없어 방황하고 괴로워했기에 술을 찾았고, 그 고통과 외로움을 달래려고 술에 의지하며 "외로운 독자(獨子)"의 삶을 사셨을 것으로 생각한다. 왜 그러한 삶을 사셨을까? 나는 그 원인을 이렇게 유추(類推)하여 본다.

앞에서 언급하였듯이 아버지는 중추공파 규승(圭升) 할아버지 슬하(웃갓)에서 태어나 성장하던 중 판관공파 규섭(圭涉) 할아버지 슬하(어은리)에 양자(養子)로 입적되셨다. 아버지는 감수성이 예민한 청소년 시절에 생가(生家) 부모 곁을 떠나 낯선 타향, 그것도 자주 왕래하던 가까운 친척이 아니라, 먼 친척 집으로 양자를 오셨으니 얼마나 외롭고 서러우셨을까? 양자로 입적되는 것은 부모님을 비롯한 선친들의 뜻이었지, 본인의 선택이 아니었을 테니 더욱 그러했을 것이다. 더구나 양자로 들어온 가문이 부유(富有)하여 아버지의 장래가 보장될 수 있다면, 그나마도 다행이었겠으나 내일 먹어야 하는 끼니 걱정을 할 정도의 가난한 가문이었으니 아버지의 심정이 오죽하셨을까?

어디 그뿐이었을까? 아버지가 양자를 왔을 때, 주변 친척들이 어려운 가문의 대(代)를 잇게 되었다고 환영하면서, 쉽게 적응할 수 있도록 뒷받침이나 제대로 해 주었을까? 당시는 일제의 강점기 시절로 내 식구 먹고 살기도 바쁜 시절이라 큰 기대는 아니할지라도, 아버지가 어려움과 도움을 호소할 때 따뜻한 말 한마디는커녕 돌아오는 것은 조소(嘲笑)와 냉대(冷待), 그리고 심한 텃세가 아니었을까? 조심스레 짐작해 본다. 만약 아버지의 성품이 활발하고, 외향적이며 언어 소통의 능력이 탁월해서 누구에게도 뒤지지 않고, 강단이 있고 대차신 분이시라면 문제는 다르다. 그러나 아버지는 온순 온화하신 내성적인 성품으로 고통과 고민을 안으로 삭이시는 성격이었기에 남다른 고충이 더 컸을 것이다. 그러함에도 불구하고 당신의 심정을 이해하고 격려해 주는 사람도, 누구와 의논할 상대도 없었으니, 오직 술이 말동무이자 친구이며, 때로는 스승이 아니었을까?

아버지를 술에 빗대어 좋은 말로 표현하면 "애주가(愛酒家)"이시고, 아니면 "술중독자"이시다. 어찌 보면 후자가 더 정확한 표현일지도 모른다. 내가 보는 아버지는 술에 정말 약하신 분이시다. 조금만 드셔도 빨리, 그리고 많이 취하신다. 그런데 거의 매일 술을 드시다 보니 실수하시고, 집에 돌아오시면 잔소리로 주사(酒邪)를 부린다는 것이 큰 문제였다. 그래도 욕설과 폭언, 폭행이 아닌 잔소리였기에 그나마 다행이었다.

내가 군에 휴가 때 집에 왔더니 어머니가 나보고 이렇게 말씀하신 기억이 생생하다.

"너 앞으로 집에 오면 아버지 술 외상값 갚아주지 마라"
"왜 그래요....?"

"네, 작은형도 그러고, 길수도 그러고, 너도 그러고, 자식들이 집에 올 때마다 아버지 외상 술값 갚아주니까 마음 놓고 술 먹지!, 점빵에서는 돈 떼먹을 리 없으니 너희들 믿고 아버지한테 외상술을 주지 않니?"

"어머니...! 하지만 외상 술값 갚지 않으면 누가 아버지한테 술 주겠어요? 아버지 술값 안 갚아 드리면 아버지 더 추해지고 비참해져요. 차라리 마음껏 술 드시게 하고 마을 사람들에게 추한 모습 안 보이는 편이 훨씬 나을 거예요...!"

그 후에도 형님들과 나는 고향에 올 때마다 마을 앞에 있는 상점에 아버지의 외상 술값을 갚아 드리고는 했다. 그렇게 하는 것이 술 때문에 아버지의 추하고 비참한 모습을 마을 사람들에게 보이지 않게 하려는 자식들의 궁여지책(窮餘之策)이라고 보면 될 것이다.

내가 25살 되던 1975년 11월 어느 날, 나는 ㅇㅇ의 "ㅇㅇ산"에 위치한 제 ㅇㅇ 보병사단 유격훈련장에서 포대원을 데리고 유격 훈련을 받는 도중, 아버지가 돌아가셨다는 전보를 받았다. 아버지의 부음 소식을 듣는 순간 나는 아버지가 생존해 계실 때 나를 결혼시키겠다는 부모님의 뜻을 받들지 못한 것, 그리고 이제는 아버지의 외상 술값도 갚아 드리는 기회마저도 없다는 생각에 눈물이 났다. 부음 소식을 듣고 집에 도착하여 빈소에 들어가니, 큰형님께서 "지난번 추석 때 네가 가지고 온 술 다 드시지도 못했다."라는 말씀에 빈소 앞에 반쯤 남아 있는 술병을 바라보자니 나의 마음이 더 아려옴을 느꼈다. 그렇게 아버지는 79세의 일기(一期)로 세상을 떠나셨다.

꼬부랑 할머니,
나의 어머니

나는 앞장에서 "외로운 2代 독자(獨子), 나의 아버지…!"라는 제하(題下)의 글을 쓸 때, 아버지의 고통과 고민, 그리고 어머니와의 갈등 관계를 연상하며, 눈물을 흘린 적이 있었다. 그런데 어머니에 대하여 이 글을 쓰려고 막상 기억을 더듬으니, 쓰기도 전에 눈물이 앞을 가리기 시작한다. 나는 얼마나 더 울어야 이 글을 마무리할 수 있을지 모르겠다.

나의 어머니는 마이산(馬耳山)이 위치하는 "전북 진안군 마령면"에서 전주 최씨 종록(全州崔氏 鍾綠)의 무남독녀 외동딸로 1906년 7월 11일(音·丙午生) 태어나 출가할 때까지 그곳에서 사셨다. 일제 강점기 시절 진안군 지역에 젊은 여성들을 대상으로 징집하는 사례가 극심하여지자, 이를 피하려고 외할아버지는 외동딸인 어머니가 16세 되던 해에 아버지(25세)에게 출가시켰다. 그래서 마을에서는 우리 집을 "마령댁"이라고 부르고 있다. 나는 외가에 대해서 자세히는 알지 못할뿐더러 "진안 마령면 외갓집"을 한 번도 가본 기억이 없다. 어머니 말씀에 의하면 외할아버지는 가세가 기울어지면서 후손이 없이 돌아가셨다고 한다. 그래서 어머니는 당시 '전북 완주군 상관면 신리'에 살고 있는 6촌 남동생을 그나마 가장 가까운 피붙이로 알고 왕래하고 있다는 말씀을 들었다.

햇볕이 뜨거운 어느 날 어머니와 나는 버스에서 내려 어느 신작로를 걷고 있었다. 뜨거운 햇살에 이마에는 땀이 흐르고, 주변에는 고추잠자리가 맴을 돌며, 코스모스가 활짝 피어있는 것으로 보아 이른 가을철인 것 같았다. 어느 냇가에 도착하자, 어머니는 나를 업고 시냇물 징검다리를 건너가셨던 기억이 지금도 생생하다. 그때 어머니 등에 업혀있던 나는 어머니에게 물었다.

"어머니...! 나, 무겁지? 내려줘 걸어가게...!"
"응, 안 무거워...! 너는 징검다리 못 건너...!"

그 순간 어머니는 중심을 잃었다. 다행히 넘어지지는 않았으나, 고무신 한 짝이 벗겨져 떠내려갔다. 어머니는 나를 징검다리에 내려놓고 떠내려가는 고무신을 찾아오셨다. 그 순간 나는 어머니가 신발을 찾아오시는 모습을 바라보고 펄쩍펄쩍 뛰며 좋아하다, 그만 물에 빠지고 말았다. 어머니는 뛰어오셔서 나를 일으켜 세우시며, "가만히 있지 않고 왜 뛰어...?" 어머니는 나를 안고 징검다리를 건너 언덕으로 올라와 물에 젖은 내 옷을 벗기고 다른 옷으로 갈아입혔다. 그리고 젖은 옷을 풀밭에 널어놓고 말리시면서 "저기가 네 외갓집이다."라고 말씀하셨다. 내가 몇 살 때인지 확실한 기억은 없으나 초등학교 입학 이전(6-7살?), 어머니를 그리는 첫 기억은 이렇게 시작되었다. 그리고 내가 물에 빠진 그 냇가는 '전북 완주군 상관면 신리'에 있는 "전주천(全州川)"이라는 것을 내가 성장하면서 알게 되었다.

아무튼, 어머니와 나는 '전북 완주군 상관면 신리'에 있는 외갓집(어머니의 6촌 남동생)에 들렀다가, 한참 후 어디론가 버스를 타고 이동했다. 이동하는 도중 어머니는 아무 말이 없었고, 해가 어두워질 무렵에 도착한 곳은 제법 잘 살아 보이는 어느 기와집 대문 앞에 도달했다. 내가 고등학교 다닐 때 알게 되었지만, 이 집은 전주 풍남문 근처에서 한약방을 운영하시는 고모부(오세연:吳世淵)의 집이었다. 저녁을 먹고 난 후 고모부와 고모, 그리고 어머니와 밤늦게까지 말씀을 나눌 때 나는 어머니 옆에서 잠이 들었다.

나중에 내가 어른이 되어 어머니로부터 전해 들은 말씀은 당시 형편이 어려워 전주 고모부에게 쌀 몇 가마를 빌려왔는데 갚지 못해 미안하여 얼마간의 말미를 얻고자 고모부 댁에 들렀다고 하셨다. 그리고 고모부 댁에 가는 도중에 '상관면 신리'에 있는 외갓집에 들렀다고 말씀하셨다.

"그래서 어머니! 빚 갚을 날짜를 연기하여 주시던가요?"
"아니다. 연기해 주시는 것이 아니라, 처남인 아버지를 탓하는 원망만 들었다"
"그래 그 빚을 다 갚으셨어요?"
"나중에 절반은 갚고, 절반은 탕감해 주더라! 얼마나 고마운지..! 전주 네 고모부는 자린고비처럼 인색하긴 해도 우리에게 은인이다. 우리가 어려울 때 도와주셨고, 네 석관동 작은 형도 한때는 그 고모부 한약방에서 일을 배웠어...!!"

어머니 입장에서 생각하면 매우 어려운 시누이 남편에게 빚 갚는 날짜를 연기해 달라고 부탁하러 가시는 어머니의 심정이 어떠했을까? 그리고 지아비의 무능력을 탓하는 소리에 어머니는 억장(億丈)이 무너지셨으리라 생각한다.

내가 어린 시절 학교에서 집으로 돌아왔을 때는 통상 집에는 아무도 없었다. 겨울철을 제외하고는 모두가 논, 밭에서 일하고 계셨기 때문이다. 언제부터인가 기억은 없지만, 날씨가 더울 때 학교에서 돌아오자마자, 나는 주전자를 들고 아랫집 가잠 아주머니 댁 우물로 달려가 물을 담아(가끔 사카린도 넣고) 뒤 고랑 밭으로 달려가곤 했다. 그리고 대청목을 넘자마자 나는 큰소리로 어머니를 부르면서 뛰어갔다.

"어머니....!, 어머니...!, 어머니...!" (통상 세 번은 부르면서 뛰어갔다)

콩밭을 매시던 어머니는 내가 부른 소리에 일어나시면서,
"뜨거운데 뭐 하러 왔어...!"하시며, 내가 내민 주전자를 입에 대시고는 단숨에 들여 마시며....!
"꿀컥...벌컥...꿀컥...벌컥....어이구 시원하다...내새끼...내 강아지!" 하시고 머리를 쓰다듬어 주시곤 하셨다.
일어서셨으나 허리가 굽어 있어 펴지 못하시는 나의 어머니..! 흘러내리는 굵은 땀방울로 삼베 적삼과 가슴이 흠뻑 젖어있는 무남독녀(無男獨女) 외동딸인 나의 어머니의 모습...! 늘 불편한 아버지와의 관계, 가난한 집안 살림 세우시려는 그 한(恨)을 밭매는 호미질에 담으시고, 길게 내뺄는 한숨 소리가 들리는 듯하니, 내 마음이 미어지며 눈시울이 또 뜨거워진다.
80년대 후반기부터 노래방이 유행했던 시절로 기억이 된다. 당시 군 생활 시절 나는 가끔 선후배들과 함께 노래방에 가면, 나의 애창곡 "칠갑산"을 즐겨 부르곤 했다.

"콩밭 매는 아낙네야~~~, 베적삼이 흠뻑 젖는다~~~!
무슨 설움 그리 많아 포기마다 눈물 심누나~~~!"

이 노래의 첫 소절과 둘째 소절은 바로 나의 어머니 삶의 애환이요, 삶의 모습을 그대로 표현한 것 같아 나는 이 노래를 좋아했고, 때로는 즐겁게 부르며 어머니를 기억하곤 하였다. 그런데 이제는 노래방 출입을 하지 않은 지가 수십 년이 되었으니, "칠갑산" 노랫말도, 어머니에 대한 그리움도 서서히 가물가물해지고 있는 것 같다.

나는 어머니가 꼿꼿하게 서서 걸어가시는 모습을 보지 못하고 성장했다. 한마디로 표현하면 내가 기억하기 시작할 때쯤에는 이미 허리가 굽어 있었다고 보아야 무방할 것이다. 허리를 잠시 폈다가도 이내 허리를 다시 굽히셨고, 허리만 굽어 있는 것이 아니라 머리도 반백(半白)이셨다. 굽은 허리에 흰머리, 이른바 "꼬부랑 할머니" 이분이 할머니가 아닌 나의 어머니이시다. 어렸을 때는 몰랐으나, 내가 성장하면서 사춘기가 지나고 고등학생이 되면서 우리 어머니는 왜 허리가 굽으셨을까? 궁금하기 시작했다. 그래서 어머니에게 허리가 굽은 이유를 여쭈어본 적이 있다.

"어머니...! 어머니는 언제부터 허리가 굽으셨어요?"
"나도 모르겠다. 언제부터인지? 일제 강점기 때 일을 많이 해서 그런가 보다. 네 아버지는 밖으로만 돌아다니고, 나는 이른 아침에 논, 밭에 나가 허리가 끊어지도록 어두울 때까지 일만 했으니 내 허리인들 남아나겠느냐?"

나는 어머니가 겪으셨던 일제 강점기 시절의 이야기를 가끔 들었고,

봉선생의 큰 소망, 민들레 꽃씨 되어

그 말씀을 내가 기억나는 것만 정리하여 보면 대략 이렇다.

친정 부모가 어머니를 시집보낼 때 시댁이 큰 부자는 아니지만 그럭저럭 먹고살기는 어렵지 않을 것이라는 말씀을 들었다고 하셨다. 그러나 막상 시집와서 보니 신랑은 9살이나 더 많았고, 풍족하다던 살림살이라는 것은 모두가 거짓이었고, 심지어 당시 뒤 고랑 밭(600평 정도), 그리고 집터 일부(앞마당 조그만 텃밭)마저, 빚 때문에 일헌 형님[6]에게 압류되어 있었다고 한다. 그래서 어머니는 속아서 결혼한 것으로 판단하시고, 몇 년 동안 아버지와 합방을 거부하셨다는 말씀을 들은 적이 있다.

나는 일헌 형님에게 왜 빚을 졌는지? 빚이 얼마인지? 어렸을 때 들은 바는 있으나 잘 기억나지 않는다. 어머니는 일헌 형님한테 압류되어 잃어버린 땅을 되찾기 위하여 밤낮으로 일할 수밖에 없었다고 한다. 그런데 일제의 수탈 속에 농사지어서 내 목에 풀칠하기도 어려운 시절에 빚 갚기가 그리 쉬운 일인가! 호밋자루가 부서지도록 땅을 파도 끝이 없고, 소득도 없고, 일제의 수탈로 빼앗기고…! 어떻게 해야 잃어버린 땅을 되찾을 수 있을까? 어머니의 한 많은 고통의 세월을 나의 필설(筆舌)로는 다 설명할 수가 없다. 어찌 보면 불가능한 일을 어머니 혼자서 그 일을 감내(堪耐)하셨다고 생각하니 뜨거운 눈물이 또 앞을 가린다.

어디 그뿐인가? 일제 강점기 시절 그들이 수탈해 간 공출 품목(供出品目)은 주로 미곡(米穀)과 그 밖에 놋그릇, 각종 쇠붙이, 송진, 면화 등이었다고 한다. 이 공출 품목은 마을 단위로, 가정마다 공출량이 할당되었고, 그 할당된 공출량을 채우지 못하면 가혹한 체벌이 가해지곤 하였다고 한다.

---

6 일헌 형님: 비교적 촌수가 먼 일가인데 당시 일헌 형님은 다수의 사업체를 운영하고 있었고, 마을 주변에 선천으로부터 많은 토지를 물려받은 지역의 유지였다. 민주공화당 시절에 도의원(2대), 국회의원(5, 6, 7대)을 지낸 한상준 씨가 일헌 형님의 장남이다.

우리 집에도 당연히 공출 품목과 수량이 할당되었고, 어머니는 그 수량을 채우기 위해 밤낮으로 일했다는 말씀을 들은 적이 있다.

　어느 쌀쌀한 가을날 오후에 마을 앞에 있는 "화수당"(花樹堂)[7] 마당에서는 할당된 공출 품을 거두는 일을 마을 이장 주관하에 진행하고 있었다. 할당된 수량을 달성한 사람은 바로 집에 돌아갈 수 있었으나, 수량을 달성하지 못한 몇몇 사람은 이장의 지시에 따라 집으로 돌아가지 못하고 남아서 무릎을 꿇고 있으라는 체벌을 받았다고 한다. 그런데 저녁 늦게 이장은 모두를 집으로 돌아가게 했지만, 목표 수량이 가장 적은 어머니는 홀로 차디찬 땅바닥에서 온몸과 무릎에 서리가 하얗게 내리는 새벽까지 체벌을 받으셨다고 한다.

마을 이장으로부터 어머니가 새벽까지 체벌을 받았던 화수당 안마당
_사진 출처, 인터넷 캡처

7　화수당(花樹堂): 청주 한씨 안양공과 문중 후손들의 단합과 친목을 위한 모임의 장소로 활용하기 위하여 지은 집으로 일가친척들이 모여 회의 및 토론, 여흥 등을 즐기기 위한 장소이다. 오늘날로 비교해 보면 "마을 회관"이라고 할 수 있다.

당시 아버지가 계셨더라면 체벌을 받는 어머니의 모습을 보시고 어떤 반응을 보이셨을까? 아버지는 집에 안 계셨고, 큰형은 예닐곱 살, 작은형은 한두 살 정도였고, 문정동 형님과 나는 태어나지도 않은 시절이었다. 어머니 홀로 속수무책으로 서리를 맞으며 밤을 새우셨다는 어머니의 말씀에 어찌 눈물이 나지 않을 수 있을까? 한마을에 살고 있었던 이장 그분도 촌수는 멀어도 일가친척(一家親戚)인데, 아무리 목표 수량을 달성하지 못했다 할지라도, 우리 어머니에게만 꼭 그리해야만 했을까? 나는 당시 이장이 누구이었는지 알고 있으나, 그분은 이미 고인(故人)이 된 지 오래되었고 그분 후손들의 프라이버시를 생각해서 이름은 밝히지 않겠다.

어머니는 정말 살기 위해서 처절하게 몸부림을 치신 분이시다. 금지옥엽 무남독녀(金枝玉葉 無男獨女) 외동딸로 귀염받고 자랐던 우리 어머니...!, 아무것도 없는 집에 시집오셔서 융통성 없이 정직하게만 사셨던 분이다. 당신 허리가 굽어진 줄도 모르고, 앞뒤 봐가며 곁눈질할 줄도 모르신 분이다. 무너지려는 가정을 살리기 위해 오직 앞만 바라보고 살아오신 분이다. 그래서 당신 몸으로 아끼고 절약하고 모아서, 잃어버린 뒤 고랑 밭과 집터를 찾기 위해 조금씩 조금씩 그렇게 갚아나가셨다고 한다. 그렇게 정직하게 사신 분임을 마을 사람들이 모를 리가 없고, 채권자인 일헌 형님이 모를 리가 없었을 것이다. 어느 날 일헌 형님이 어머니께 이렇게 말했다고 한다.

"마령 아주머니..! 그 정성이면 되었습니다. 이제, 그만 갚으셔도 돼요...! 뒤 고랑 밭, 그리고 집터 이제 돌려 드리겠습니다"

나는 어머니가 그 빚을 얼마를 갚았고, 얼마나 남았었는지 말씀을 들은 적이 있으나 생각이 나지 않는다. 내가 철이 들었을 때 이 말을 듣고 흐르는 눈물을 주체할 수가 없었다. 그렇게 사신 어머니신데 "풀빵[8] 봉지는 왜 내동댕이쳤을까?" 왜 그런 불효를 저질렀을까? 부모의 은혜를 모르고 철없이 지내왔던 지나간 어린 시절을 회상하며, 풀빵 봉지에 얽힌 나의 부끄러운 기억을 더듬어 본다.

내가 초등학교 2, 3학년쯤 되었을까? 1년에 한 번 열리는 가을 운동회에는 대부분 학부모님도 초청되어 부모와 함께 운동하게 되었다. 이때 어머니는 나의 간절한 부탁에 바쁜데도 불구하고, 처음으로 어머니가 가을 운동회에 참석한 적이 있었다. 당시만 해도 나는 집에서 뵈던 어머니의 허리 굽은 모습에 대하여 한 번도 이상하거나 부끄럽게 여겨 본 적이 없었다.

그런데 이날 운동회 때 반백(半白)의 머리에 허리 굽은 어머니의 모습을 본 친구들이 "봉수는 엄마가 없나 봐...! 할머니가 오셨다"는 조롱과 비아냥거리는 소리를 듣고, 나는 화가 치밀어 순간적으로 달려들어 그들과 싸우고 말았다. 어머니와 주변 어른들이 합세하여 말렸으므로 싸움은 끝이 났지만, 어린 나는 말할 수 없는 마음의 상처를 받았다. 그때부터 나도 모르게 어머니가 학교에 오시는 것을 막았고(사실 오실 기회도 없었지만...!), 나는 어머니와 함께 대중 앞에 나서는 것을 싫어했다. 그러면서 나는 친구 어머니의 젊은 모습과 비교하기 시작했고, 그러한 열등의식은 내 머리에 깊이 각인되어 고등학교 1학년 때 어머니의 마음에 상처를 주는 불효를 저지르게 될 줄 나는 몰랐다.

---

8 풀빵: 약간의 밀가루와 설탕, 많은 물로 밀가루를 반죽하여 풀을 만들어 일정한 모양의 틀에 부어 만든 빵이었기에 풀빵이라 이름을 붙였다. 오늘날 붕어빵, 국화빵과 비슷하나 맛과 모양이 조악(粗惡)했다.

1968년 어느 여름날, 내가 고등학교 1학년 때의 일이다. 나는 당시 성북구 인수동(현재 길음동)에 살고 계신 작은형님[9] 댁에서 학교에 다니고 있었다. 아마도 어머니는 결혼한 지 대략 2년쯤 되는 작은아들, 그리고 이제 고등학교에 갓 입학한 막내아들인 내가 어떻게 살고 있는가? 궁금하셨는지 시골에서 올라오셔서 며칠간 함께 지내게 되었다. 그런데 어느 날 나는 학교 수업이 끝나고, 집으로 돌아오는 도중

내가 고등학교 1학년 때 막둥이 보러 오신 우리 어머니!
어느 봄날 창경원에서.

길음시장 앞에서 풀빵을 사서 봉투에 담는 어머니를 발견했다. 허리가 굽었고, 반백(半白)이신 나의 어머니가 분명했다. 그 순간 어머니도 나를 발견하시고는 나의 손목을 잡으시면서 그늘로 데리고 가셨다. 나는 초등학교 시절 운동회 때 허리가 굽은 어머니 모습 때문에, 조롱한 당한 일로 친구들과 싸웠던 기억이 되살아나자, 순간적으로 화를 내고 말았다.

"집에 있지 않고, 여기에 왜 나왔어?"

"난, 네가 학교에서 잘 오는가? 보고 싶어 마중 나왔지!"하시면서 어머니는 풀빵이 들어있는 봉투를 내미셨다.

---

9 작은형님: 나의 둘째 형님으로 내가 사춘기를 지나 고등학교 3년 동안 자칫 방황할 수 있는 나를 바른길로 잡아주신 부모와 같은 소중한 형님이시다. 내가 고등학교 1학년 때는 성북구 인수동에서, 2~3학년 때는 서대문구 홍제동에서 사셨고, 현재는 석관동에 사시기 때문에 '석관동 작은 형님'이라고 부른다.

"아가! 이거 먹어라...! 배고프지? 풀빵이다."

"어머니! 내가 이딴 거 먹고 싶다고 했어? 내가 언제 배고프다 했느냐고?"

나는 그 순간 풀빵이 들어있는 봉투를 길바닥에 내동댕이치고 집을 향하여 뛰어갔다. 이내 어머니는 내 뒤를 따라 오시며 계속 나를 부르셨다.

"봉수야~~~!!!, 이놈아, 봉수야~~~!!!"

"같이 가자~~~!!! 거기 서 있거라, 이놈아..! 봉수야~~~!!!"

나는 뛰어가다 어머니가 부르는 소리를 듣고 한쪽 골목길 귀퉁이에 쪼그리고 앉아 눈물을 쏟아내며, 어머니가 내 시야에 들어올 때까지 기다렸다. 어머니가 길을 잃을 수도 있기에 먼발치에서 어머니를 살피다가 가까이 오시면, 나는 먼저 앞서서 저만큼 달려갔고, 또 그랬고, 몇 번을 그렇게 반복하여 집에 도착했을 때, 어머니는 가쁜 숨을 몰아쉬셨다.

당시 작은형님이 사셨던 인수동은 현재 성북구 정릉에 있는 서경대학교와 인접한 곳으로, 길음 시장에서 집까지는 대략 1.5Km 정도로 지대가 높고 가파른 경사지이다. 55년이 지난 지금은 비탈지고 가파른 경사지에 학교와 아파트가 들어섰고, 도로가 완만하게 포장되어 보행하기도 편하고 차량 통행이 가능하지만, 당시 산등성에는 비탈진 골목 좌, 우측에 무허가 건축물이 즐비하였고, 좁고 가파른 돌계단을 올라 다녀야만 했다. 어리고 철없는 나의 행동으로 말미암아 허리가 굽은 어머니가 가파른 돌계단을 돌고 돌아 가쁜 숨을 몰아쉬고 올라오셨을 그때를 생각하면, 가슴이 미어지고 아리어지면서 불효하였던 지난날을 후회하며 가끔 눈물을 훔친다.

나는 2003년 가을쯤부터 어머님을 모시고 있었다. 당시만 해도 어머니는 노환이었지만 당신의 속옷 정도는 직접 손세탁하여 입으실 정도로 건강하셨다. 그러다 점점 건강이 쇠약해지면서 돌아가시기 전 한 달 전쯤에는 몸져누우시면서, 관장(灌腸)을 해가며 대소변을 받아내는 상황까지 이르게 되었다. 이쯤 되자 전주에 살고 계신 누님께서 상경하셔서 어머니와 함께 우리 집에 계시게 되었다.

신문을 보시는 어머니, 돌아가시기 얼마 전에 찍은 마지막 사진

2004년 2월 8일(음력 1월 18일) 주일 새벽 4시경, 아내가 다급한 목소리로 "어머니가 돌아가신 것 같다"라고 하면서 나를 깨웠다. 나는 황급히 일어나 작은방으로 가서 어머니의 상태를 확인해 보니 이미 숨을 거두셨고, 임종하신 지는 얼마 되지 않은 상태였다. 조금 전까지도 어머니 곁에서 지켜보던 형님들도 자정이 넘자 집으로 가셨고, 나와 누님 그리고 아내도 잠자리에든지 얼마 지나지 않았는데 어머니는 홀로 99세의 일기(一期)

로 한(恨) 많은 생을 마감하셨다.

나는 지금도 어머니에 대한 그리움이 밀려올 때면 어김없이 눈물을 동반하게 된다. 그 눈물은 잊지 못할 후회의 눈물이다. 어렸을 때 철없이 내던진 풀빵 봉지에 얽힌 나의 잘못함이었지만, 내가 더욱 후회하는 것은 어머니를 돌아가실 때까지 모시고 있으면서 어머님을 모시고 산책을 한 번도 하지 못한 것이다. 어머니가 노환으로 거동이 불편하셨기에 휠체어에 어머님을 모시고 가까운 중랑천 수변공원 산책이라도 자주 했었더라면 내 마음이 이리 무겁지는 않을 텐데 말이다. 날씨가 추워서, 바쁘단 핑계가 아닌 마음이 부족하여 어머니와 산책 한 번 하지 못한 후회와 죄책감이 들 때면, 송(宋)나라의 주자(朱子)의 십 회 훈(十悔訓)[10]이 머릿속에서 맴을 돈다.

"어머니...! 죄송해요. 잘못했습니다. 막둥이 용서해 주세요."

---

10 주자 십 회 훈(朱子 十悔訓): 어떤 일을 그때그때 하지 않았을 경우, 나중에 후회하게 될 10가지 내용을 주자(朱子)가 정리해 놓은 것으로, 그 첫째가 "불효부모 사후회(不孝父母 死後悔) 부모에게 효도하지 않으면 돌아가신 뒤에 뉘우친다"는 뜻이다.

나 때는
이렇게 놀았다

오늘날은 누구나 컴퓨터나 휴대전화를 갖고 있으므로 어른, 아이 할 것 없이 인터넷으로 게임을 즐기는데, 그 게임의 종류와 방법을 내 수준으로 설명하기는 매우 어렵다. 대략 60여 년 전 내가 어렸을 때 대표적인 어린이 놀이는 여자들은 고무줄놀이, 땅따먹기, 공기놀이 정도였고, 남자들은 자치기, 딱지치기, 못 치기, 구슬치기, 제기차기, 팽이치기, 연날리기, 대나무 스키와 썰매 타기 등의 놀이를 하며 놀았는데, 나에게는 지금도 잊혀지지 않고 아련하게 떠오르는 몇 가지의 놀이가 있다.

딱지치기

내가 초등학교를 입학했는지? 입학 전인지? 정확히는 생각이 나지 않는데, 어느 날 화수당 앞에서 '일수'와 나는 딱지치기를 하고 있었다. 그때 가까이서 누가 나를 부르기에 돌아보니 '대산' 할머니였다. '대산' 할머니는 '일수'의 할머니이며, '산동댁'의 시어머니이다.

"봉수야!"

"네...!"

"내가 이 책을 너에게 줄 테
니 읽은 후에는, 가지고 오너
라...!"

"네...! 알았습니다."

사진 출처, 인터넷 캡처

　나는 건성건성 흘려듣고 얼른 책을 받아 한쪽에 놓아두고, 딱지치기
에 열중했다. 그날 내가 가진 딱지는 '일수'한테 다 잃어버렸고 나는 빈털
터리, 속상한 마음으로 '대산' 할머니가 주신 책을 들고 집으로 돌아왔다.

　저녁을 먹고 난 후, 곰곰이 생각해 보니 '일수'에게 딱지를 다 잃어버
린 것이 얼마나 속상했는지 모른다. '일수'가 딱지치기 실력은 나보다 훨
씬 잘했다. 그 원인은 나보다 손이 크고, 팔 힘이 엄청나게 세다. 나는 한
번도 딱지치기에서 '일수'를 이겨 본 적이 없다. 어떻게 하면 '일수'를 한
번 이겨 볼 수 있을까?

　그동안 나는 '대산' 할머니가 주신 책을 까맣게 잊고 있다가 문득 그
책이 생각나 책을 더듬더듬 읽기 시작했다. 집에서도 읽다가, 가끔 집 앞
우물가 반시(납작한 감) 감나무 밑에서도 읽었다. 투구와 갑옷, 창과 칼로 무
장한 병사, 말이 이끄는 수레바퀴 차, 수많은 백성이 물속에서 아우성치
는 듯한 모습들....! 나는 그 책을 읽는 것이 아니라, 그림책을 넘기고 있
다는 표현이 적당할 것 같다.

　그때 '대산' 할머니가 나에게 주신 책은 성경에 나오는 이스라엘 백성
이 430년의 노예 생활을 끝내고 출애굽하여 홍해 바다를 건너는 장면을
동화로 만들어진, 제법 고급스러운 50여 페이지 되는 동화책이었다는 것

을 내가 어른이 되었을 때 알게 되었다.

당시 우리 마을에는 교회 다니는 사람도 없었고, 교회도 없었다. 오직 유일하게 '대산' 할머니만 오수에 있는 교회에 다니셨고, 비가 오나 눈이 오나 한결같이 새벽 기도에도 빠지지 않고 참석하시는 믿음이 대단한 분이셨다. 그런데 그 '대산' 할머니는 길을 걸을 때 이상한 행동을 하셨다. 예를 들면, 중얼중얼 주문을 외우듯 하고, 어떤 때는 수전증에 고생하는 사람처럼 손을 떨기도 하는 행동이 그것이다. 그래서 '대산' 할머니의 이러한 행동을 보고, 마을 사람들은 정신이 나간 사람이라 했고, 또 그렇게 대하듯 했다.

내가 성인이 되어 하나님을 믿고 깨달은 것은 당시 '대산' 할머니는 정신 나가신 분이 아니라, 새벽 기도까지도 빠지지 않는 독실한 기독교 신자이었고, 오수 교회의 권사님이 아니셨을까? 짐작해 본다. '대산' 할머니가 걸으실 때 중얼중얼하는 것은 기도와 찬양하는 것이고, 손을 떠는 것은 성령님이 인도하시는 은혜와 감사의 표시이며, 나에게 읽으라고 주신 그 책은 예수님 믿고 구원받으라는 어린이 전도용 동화책이 아니었을까? 생각한다.

아무튼, 나는 그 동화책을 다 보고 나면 '대산' 할머니와 약속대로 그 책을 돌려 드려야 했다. 그런데 갑자기 돌려주고 싶은 생각보다는 며칠 전 '일수'에게 딱지를 다 잃어버린 생각에 다시 도전하고 싶은 욕망이 생겼다. 그래서 그 동화책을 다 뜯어내어 딱지를 만들어 '일수'에게 딱지치기 도전을 했으나, 얼마 지나지 않아 일수'에게 모두 잃어버렸다. 나중에 무슨 일이 일어날지 전혀 생각하지 못한 채 딱지치기에만 정신이 쏠려버린 것이다.

아니나 다를까 며칠 후, 올 것이 오고야 말았다. 어느 날 화수당 앞에서 '일수'를 포함한 또래들과 놀고 있는데, 마침 '대산' 할머니가 지나시다가 나를 보고, 지난번에 준 책 다 읽었으면 가지고 오라는 것이었다. 나는 그 순간 겁이 벌컥 났다. 이미 그 동화책은 다 뜯어서 딱지치기를 해버렸기 때문이다. 그래서 엉겁결에 대답한다는 것이 "네, 저~~ '일수'에게 줬는데요!"하고 거짓말을 해버렸다.

그런데 옆에서 이를 듣고 있던 '일수'가 나에게

"야~~~! 네가 언제 나에게 줬어!?"
"지난번 딱지치기할 때, 네가 다 따갔잖아...!
"이놈들이 정말!"

'대산' 할머니가 우리에게 꿀밤 세례를 퍼부으며 따라오라고 했다. 그때 '일수'와 나는 할머니 집에서 "손 들고 서 있기" 얼차려로 눈물이 쏙 빠지도록 기합을 받았다.

지금 와서 생각해 보니 그 동화책은 '대산' 할머니가 어린아이들에게 돌려가며 읽을 수 있도록 준비하신, 그 시절에 구하기 힘든 어린이 전도용 동화책이 아니었을까 생각하니 철부지들의 장난에 얼마나 힘드셨을까? 정말 죄송한 생각이 들었다. 그때 동화책은 '대산' 할머니가 나에게 뿌린 "전도의 씨앗"이 아니었을까? 내가 성장하고 어른이 되어서도 잊히지 않았고, 먼 훗날 내가 주님을 영접하여 하나님을 믿고 구원을 받는 계기(契機)가 되었을 것으로 생각하면서, 진심으로 '대산' 할머니께 감사를 드린다.

썰매 타기

초등학교 4학년쯤 되었을까? 겨울철에는 산정 앞에 있는 저수지가 아닌 논에, 겨울이 오기 전에 물을 가두어 놓고 얼음이 얼면 거기에서 썰매를 타고, 팽이를 치며 놀았던 기억이 생생하다. 그때쯤이면 우리 또래들 모두가 앉은뱅이 썰매와 팽이를 치며 해지는 줄 모르고 산정 앞 논에서 놀았다. 당시 또래 친구들 대부분 썰매 하나 정도는 가지고 있었고, 나 또한 아버지가 만들어 주신 썰매 하나가 있었다.

어느 추운 겨울날 썰매를 타려고 나가면서 썰매를 확인해 보니, 한쪽 철사의 고정 부분이 풀어져 철사가 밖으로 이탈되어 있었다. 만약 아버지가 계셨더라면 고쳐 달라고 했을 텐데, 그날은 집에 계시지 않으셨다. 할 수 없이 사랑방 마루에 앉아 내가 직접 고치기 시작했다. 그래서 이탈된 강한 철사를 원래대로 겨우 고정은 시켰으나, 얼마 가지 않아 또 이탈될 것 같아 조금 더 단단하게 고정하겠다고 생각했다. 그러려면 철사가 이탈하는 것을 방지하기 위해서는 반드시 송곳으로 나무에 구멍을 뚫어 다른 철사로 묶어야 했다.

그래서 송곳으로 썰매 발의 나무에 구멍을 뚫기 시작했다. 날씨는 춥고, 손은 시리고, 손에 힘은 부족하고....!!! 왼손, 오른손 번갈아 가면서 구멍을 뚫다가 손에 힘이 빠지면 잠시 심호흡하고, 시린 손을 호호 불다, 또다시 손을 바꾸어 왼손으로 구멍을 뚫는 순간 왼손이 빗나가고 말았다. 이때 왼손으로 힘을 주었던 송곳이 빗나가면서, 오른손 손바닥을 뚫고, 엄지와 인지 사이의 손등 밖으로 송곳 끝이 나와버렸다.

그 순간 송곳이 덜렁덜렁 오른손에 붙어있는데, 아픈지도 모르겠고, 피도 나오지 않고, 순간 어떻게 해야 할지? 겁이 남과 동시에 눈을 꼭 감고 왼손으로 송곳을 힘 있게 빼 내어버렸다. 그 순간 피가 쏟아지는데 지혈할 방법도 모르겠고 통증은 오기 시작하고, 마침 헝겊이 옆에 보이기에 왼손으로 오른손을 감싸며 울고 있는데, 마침 어머니가 마실 갔다가 들어오셔서서 이 모습을 목격하셨다.

"봉수야...! 너, 왜 그러냐?"

"..........."

"왜 그러냐고?"

"..........."

"말해 봐...!"

"그냥..! 다쳤어...!"

"아이고, 이놈아...!, 이놈아...!"

사진 출처, 인터넷 캡처

상황을 짐작하신 어머니는 내 손을 보시고는 더 묻지 않으시고, 방으로 들어가시더니 무엇인가를 들고나와 내 손에 "연한 분홍색 가루"를 뿌려주시고 싸매주셨다. 내가 중학교 다닐 때쯤 되어서, 마침 그 생각이 떠올라 어머니에게 물었다.

"그 연한 분홍색 가루가 뭐예요?"

"응 그거...! 나도 이름은 모른다. 다만 네 아버지가 종기 난 사람 고름 짜주고 뿌려주면, 새살이 잘 돋는다"라고 해서 너에게 발라 준거야!"

아무튼, 나는 그 약 덕분인지는 몰라도 쉽게 지혈은 되었으나, 한동안 통증의 고통과 왼손으로 식사해야 하는 불편을 감내해야 했다. 지금도 내 오른손바닥과 손등을 자세히 들여다보면, 그 상처가 아물었던 흉터가

봉선생의 큰 소망, 민들레 꽃씨 되어

남아 있다. 그리고 가끔 그 흉터를 바라보고, 그때 병원이라도 있었더라면 고생은 안 했을 텐데 생각하고, 어린 시절 썰매를 탔던 추억을 떠올리며 미소를 짓게 한다.

대나무 스키

초등학교 고학년이 되면서 앉은뱅이 썰매 타는 것보다, 대나무로 만든 스키를 즐겨 탔다. 대나무 스키 만들기는 앉은뱅이 썰매보다 간단하다. 내 발바닥에 적당한 통 대나무를 대략 50cm 정도 자른 후, 마디를 매끄럽게 다듬어서 절반으로 쪼갠다. 그런 다음 발을 딛고 올라설 때 넘어지지 않고, 균형이 잘 잡힐 때까지 윗부분을 깎아내린다. 마지막으로 앞부분을 5~10cm 정도를 불에 대어 달구어 지면(타지 않도록 조심), 마루판 틈새에 끼워 넣고 서서히 힘을 주면서 적당한 각도로 굽히면 완료된다(2개 1세트). 완료된 대나무 스키는 어른들이 혼자서 등을 긁을 때 사용하는 "효자손"보다는 크지만, 모양은 비슷하다고 보면 된다.

겨울철에 눈만 쌓였다면 대나무 스키를 들고 밖으로 나갔다. 대나무 스키는 평지에서 타기는 힘이 들므로 경사진 곳이나 비탈진 곳에서 타야 스릴이 있고 재미있다. 한번은 아무 생각도 없이 집 앞에서부터 관전 아주머니 집 앞까지 내리막길에서 대나무 스키를 탔다가 어머니는 물론, 옆집 아주머니들로부터 집 앞을 빙판 만들어 놓았다고

사진 출처, 인터넷 캡처

엄청 혼이 난 경험이 있다. 그 뒤로는 집 앞에서 타지 않고, 염수 터 앞에 신작로(비포장도로) 내리막길에서 즐겨 탔었다. 거기서도 동네 어른들한테 혼나니까, 비린내 고개로 원정까지 다니면서 대나무 스키를 탔다. 대나무 스키를 타고 내려갈 때는 정말 스릴이 있었고 넘어져도 아픈 줄 모르고 즐거웠지만, 걸어 올라오는 것은 여간 힘이 든 게 아니기에, 어린 마음으로 "누가 나 좀, 저 높은 데로 업어다 주었으면...!"하는 생각도 해 보았다.

내가 군에서 전역하고 대략 12년간 자동차 부품 회사에서 근무한 적이 있었다. 당시 나는 기획실장, 경영지원본부장으로 재직하면서 직원들과 함께 홍천에 있는 "한라 비발디 대명콘도"로 수련회를 자주 갔었다. 당시 수련회는 4~5월경에 진행되었으므로 창문 넘어 멈춰 서있는 스키장의 리프트를 보며, 어린 시절 대나무 스키를 즐겨 타던 모습, 대나무 스키를 손에 들고 힘들게 올라가는 모습에 잠기면서, "다음 수련회는 겨울철로 스케줄을 잡아야지"하고, 마음을 먹었으나, 한 번도 실행에 옮기지를 못했다. 지금도 조금만 연습하면 난이도가 쉬운 스키 코스 정도는 쉽게 적응할 수 있지 않을까? 조심스럽게 생각해 본다.

06

너 글 읽을 줄
아 니 ?

2022년 7월 28일 아침에 출근하여 사무실에 들어오자마자 석관동 형수님으로부터 전화를 받았다. 고향에 계신 '동대 형님'[11]이 돌아가셨다는 부고의 소식이었다. 그때 형수님과 나는 사정상 조문 갈 수 있는 형편이 아니었다. 마침 그날 큰 조카 상순이가 전주 방향으로 내려가고 있다 하기에 조카에게 조문을 부탁하기로 형수님과 약속하고 전화를 끊고 나니, 돌아가신 '동대 형님'의 생전 모습이 주마등처럼 스쳐 지나갔다.

내가 예닐곱 살쯤 되었을 때, 집 앞 우물가에 있는 반시(盤枾) 감나무 밑에서(지금은 주차장) '대산' 할머니가 주신 동화책을 읽고 있었다. 그때 마침 '동대 형님'이 지나가시다 책을 읽고 있는 나를 보시면서,

---

11 동대 형님: 동대 형님은 앞에서 언급한 파시조(派始祖) 판관공(判官公) 경생(慶生-19世) 할아버지가 낙향하여 건축한 육우당(六友堂)을 조상 대대로 관리하며 살아오신 판관공의 종손(宗孫)이다. 그리고 내가 태어나 성장했던 우리 집의 옆집에 살고 계신 집안 형님으로 앞에서 언급한 조선 숙종(19代) 대왕의 정비인 인경왕후의 외가댁(外家宅)의 후손이기도 하다.

"봉수야! 너 글 읽을 줄 아니?"

"~~~, ~~~, ~~~"

"한번 읽어 보거라"

"모세가~~~ 백성을~~~ 바다로 인도~~~"

나는 더듬거리며 어려운 단어는 넘어가고 쉬운 단어만 읽었다. 지금 생각해 보면, 읽는다는 표현보다는 어쩌면 보고 있었다는 표현이 적합할지도 모른다.

"너 제법 잘 읽는구나! 누가 가르쳐 줬냐?"

"형이요!"

"누구? 길수?"

"네"

당시 초등학교 2학년이 되어도 한글을 제대로 읽지 못한 아이들이 많이 있었지만, 나는 문정동 형님 덕분에 초등학교 1학년 때 다른 친구들보다 한글을 빨리 깨치게 되었다.

가끔 내가 고향을 가면 옆집에 사신 '동대 형님'을 만났고, 몇 년 전까지만 해도 나만 보면 그 형님께서는 "봉수야! 너 글 읽을 줄 아니? 어린 것이, 제법 글을 잘 읽었어!"라고 말씀하시고는 했다. 그 시절을 더듬어 보게 하신 '동대 형님'이 돌아가셨으니 이제 그 말씀을 들을 수 없다. 돌아가신 형님의 명복을 빌며 유가족분들께 위로의 말씀을 드린다.

봉선생의 큰 소망, 민들레 꽃씨 되어

07

추억 속의
아픈 기억

추억과 기억의 차이를 사전적 의미에서 살펴보면 이렇다. 추억과 기억은 머릿속에 저장하고 되새긴다는 점에서 비슷하지만, "추억(追憶)"은 대체로 그리움과 같은 감정을 동반하면서 지난 일을 돌이켜 생각하는 것이고, "기억(記憶)"은 과거의 사물에 대한 것이나, 지식 따위를 머릿속에 기록하여 보존하거나 생각해 내는 것이라고 되어있다.

그러나 나는 이 단원(單元)에서 추억과 기억의 차이를 이렇게 구분하여 서술(敍述)하고자 한다. "추억"은 이전에 지나간 그 시절에 아련함을 느끼고 가끔 회상하며, 한 번쯤은 그때로 다시금 돌아가고 싶은 아련함과 여운이 남아 있지만, "기억"은 이전에 지나간 그 시절에 내가 어떤 상황이었는지? 카메라에 찍힌 사진처럼 또렷한 내 의식으로 남아 있는 돌이키고 싶지 않은 아픈 흔적이라고 말하고 싶다.

어린 시절 나에게도 아름다운 추억만 있었던 것이 아니라, 카메라에 찍힌 사진처럼 또렷하게 각인(刻印)된 생각하기도 싫은 두 가지의 아픈 기억이 있다.

네가 왜 태어나서....!!!

앞에서 언급하였듯이 나는 동족상잔의 비극이 한창이던 6.25 전쟁 때 태어났다. 일제 강점기와 6.25 전쟁을 거치면서 보릿고개를 넘겨야 하는 절박한 시절, 초근목피에 연명하던 그 시절이었다. 내가 태어났을 때 어머니의 연세는 46세였고 얼마 지나지 않아 어머니는 젖이 나오지 않자, 쌀과 보리를 갈아 죽을 쑤어 나를 먹여서 키우셨다고 한다.

이를 바라본 마을 아주머니들은 이구동성(異口同聲)으로 "네가 왜 태어나서, 엄마도 고생이고, 너도 고생이고....!"했다고 한다. 나는 중학교 다닐 때까지 성장하면서 마을 아주머니들로부터 "네가 왜 태어나서...!!!"라는 말을 수없이 듣고 자랐다. 칭찬과 좋은 소리가 아닌, 듣기 싫은 소리를 자주 듣다 보니, 나는 반항심과 열등감이 생기기 시작했다.

초등학교 5학년쯤 되었을 때 어느 날, 돼지가 좋아하는 고마니 풀을 베어 꼴망태를 메고 집으로 오는 도중 마을 골목에서 ㅇㅇㅇㅇ 아주머니를 만났다. 이 아주머니는 특히 "네가 왜 태어나서...!!"라는 말을 나에게 가장 많이 들려주신 분이시다. 꼴망태를 메고 온 나를 본 ㅇㅇㅇ 아주머니는 나를 보자마자 이렇게 말했다.

"아이고, 네가 태어나서 네 엄마 고생시키더니, 언제 저렇게 컸대...!"

나는 이 소리를 듣자마자 꼴망태를 던져버리고, 그 아주머니에게 달려가 가슴을 내 머리로 받으면서 "앞으로 그딴소리 하지 마..! ㅇㅇㅇ 아주머니가 우리 어머니 도와줬어?"하며, 꼴망태를 들고 집으로 와버렸다. 그 ㅇㅇㅇ 아주머니는 집으로 따라 들어와 "너에게 칭찬해 준 말"이라고 항변했지만, 내 귀에는 비아냥거리는 소리로밖에 들리지 않았다. 내가 말할 줄 모르고, 말귀를 알아듣지 못하는 철부지 시절에 우리 어머니가 나를 향해 "이 어려운 시절에 네가 왜 태어나서 이 고생이니?"하셨을지는 몰라도, 내가 철이 들고 성장하면서 부모로부터 "네가 왜 태어나서...!!"라는 말은 한 번도 들어 본 기억이 없다.

그런데 그러한 소리를 주변 사람들에게서 들을 때마다 어린 나의 마음에는 지워지지 않는 상처가 남게 된 것 같다. 그것으로 인하여 나의 열등감은 점점 커지고 낮은 자존감 때문에 어렸을 때 어머니와 함께 다니는 것을 피하게 되고, 고등학교 시절에는 어머니 앞에서 "풀빵 봉지"까지 던져버리는 행동으로 나타난 것이 아닐까 생각한다.

이름만 이쁜 노처녀의 히스테리

나에게는 어릴 때 받았던 지워지지 않는 상처가 또 하나 있다. 내가 초등학교 다니던 그 시절은 교과서를 제외한 노트, 연필, 크레용, 도화지, 색종이 등 학용품 구매는 부유한 가정의 아이들은 현금을 주고 구매했으나, 그러지 못한 가정의 아이들은 대부분 달걀을 문방구에 갖다 주고, 물물교환(物物交換)하여 구매하던 시절이었다.

내가 초등학교 3학년 때 겨울 방학에 들어가기 전 12월쯤으로 기억되는 어느 날이었다. 어제 담임 선생님이 내어주신 과제물은 오늘 미술 시간에 사용해야 할 크레용, 도화지, 색종이를 준비하여 오라는 것이었다. 크레용은 쓰던 것을 가져가면 되지만, 도화지와 색종이는 문방구에서 구매해야만 했다. 그래서 도화지와 색종이를 사야 한다고 어머니에게 말씀드렸더니 달걀 두 개를 주셨다. 달걀 두 개를 학교 앞 문방구에 갖다 주면 당분간 도화지, 색종이는 사지 않아도 될 만큼은 되었다. 나는 달걀

두 개를 주머니에 넣고 조심스럽게 학교로 향했다. 나는 혹시나 달걀이 깨어질까 봐 양손을 주머니에 넣어 달걀을 조심스럽게 붙잡고 천천히 걸었다. 그러다 보니 등교 시간이 조금은 늦은 듯하여 뛰어가다 학교 앞 문 방구를 지척에 두고 돌부리에 걸려 그만 넘어지고 말았다.

"어이쿠, 이를 어쩌나...!" 빨리 일어나 주머니 안에 양손을 넣어보니 깨어진 달걀만이 끈적거리며 주머니 밖으로 흘러나오고 있었다. 나는 손에 묻은 깨어진 달걀을 씻어내려고 운동장 한쪽 구석에 있는 수돗가로 가서 물을 틀었으나, 날씨가 얼마나 추웠던지 물도 나오지 않아 하는 수 없이 주변에 쌓여있는 눈으로 대충 닦고 교실로 들어갔다.

나는 담임 선생님으로부터 과제물을 준비해 오지 않았다는 사유로 체벌을 받을 것이라는 생각으로 마음을 단단히 먹었다. 마침 미술 시간이 되어 담임 선생님은 과제물을 준비해 왔는지 검사하기 시작했고, 이내 나를 포함하여 과제물을 준비하지 못한 5~6명의 친구와 함께 교단 앞으로 불려 나갔다. 과제물을 준비하지 못한 사유는 나름대로 다 있을 것이다. 돈이 없어서...!, 깜박 잊어버려서...! 나처럼 또 다른 이유로...! 제각각 다를 수 있다. 그런데 담임 선생님은 그 이유는 묻지 않고 과제물을 준비하지 않았다는 이유 하나만으로 체벌하기 시작했다.

체벌 내용은 대나무로 만들어진 30Cm 자를 세워서 손바닥이 아닌 손끝을 대략 10대씩 맞은 것 같다. 그러고는 손을 뒤집으라고 하더니 손등이 아닌 손끝을 또 10대씩 맞은 것 같다. 그러고는 교실 뒤편에 있는 양어장의 얼음 위에서 미술 시간이 끝날 때까지 맨발로 서 있으라는 것이다. 얼어버린 고사리 같은 손, 손바닥이 아닌 손끝을 맞는 고통은 말로 표현하기가 어렵다. 그것도 모자라 신발과 양말을 벗기고 엄동설한의 추위에 맨발로 얼음 위에서 한 시간을 견디라는 것은 체벌의 수준을 넘어

봉선생의 큰 소망, 민들레 꽃씨 되어

폭행이라 할 수 있다. 다행히도 우리가 체벌받는 그 현장을 발견한 교장 선생님의 지시로 대략 30분 만에 체벌은 종료되었다.

당시의 그 아픈 기억은 지금도 카메라에 찍힌 사진처럼 내 머릿속에 남아있다. 특히 당시 담임 선생님의 이름(이**선생님)과 얼굴을 확실히 기억하고 있다. 그 담임 선생님은 30대 중반쯤 되는 결혼을 하지 못한 노처녀로 이미 학교에서는 인격과 품행이 바르지 못한 히스테리가 심한 여선생으로 정평이 나 있었다고 한다. 만약 그분이 생존하고 계신다면, 아마도 100세 가까이 되셨을 것이다. 아무튼, 나는 그 체벌로 인하여 어릴 때 한동안 손발의 후유증이 있었으나 이내 회복되었다. 나는 60여 년이 지난 지금도 "이름은 정말 이쁘다, 그러나 마음씨는 정말 나쁘다"라는 그 선생님의 기억이 잊히지 않는다.

나는 2006년 11월에 "두란노 아버지학교 운동 본부"에서 운영하는 "아버지학교"에 입소하여 5주간 훈련을 받은 적이 있다. 이 프로그램은 "건강한 아버지의 모습과 자녀 양육 시에 올바른 아버지의 역할 및 자세를 교육하는 프로그램"으로 "내면의 상처와 쓴 뿌리 제거"를 위해서, 과거에 나에게 상처를 주었던 그 주인공들을 내 기억 속에서 하나하나 끄집어내어 조건 없이 용서해 주라는 강사의 말씀을 들었다. 그 마음이 예수님의 마음이요, 예수님의 사랑이며, 예수 정신의 실천이라는 말씀을 들었을 때, 내 안에 각인되었던 아픈 기억의 주인공들이 주마등처럼 떠올랐다. 나는 그분들을 반평생 동안 증오하고 미워했던 나를 용서해 달라고 회개하며 무릎 꿇고 기도했다. 이제는 60여 년 동안 쌓여있던 그분들을 향한 원망과 증오와 미움이 사라졌고, 오히려 평안의 마음 주시니 이 모두가 하나님의 은혜임을 깨닫는다.

08

9년마다 찾아온
죽음의 문턱

1950년 6월 25일 북한의 남침으로 시작된 3년간의 전쟁으로 국토는 폐허가 되었고, 동족상잔의 비극이 남겨준 상흔(傷痕)은 쉽게 복구되지 못하고 가는 곳마다 복구의 손길을 기다리고 있었을 것이다. 이때 자유당 정권은 전후 복구의 노력보다는 그들의 정권 유지에 더 혈안이 되어 1960년 3.15 부정선거를 자행함으로 4.19 민주혁명, 그리고 1961년 5.16 군사 쿠데타로 이어진 사회 전반에 걸쳐 암울한 시기였다. 요즘 같으면 과학적이고 체계적인 방역과 인력지원, 그리고 현대화된 장비의 투입으로 효율적으로 전후 복구가 이루어졌겠지만, 당시 권력 유지에 혈안이 된 무능한 정권, 그리고 열악한 장비와 국가 재정의 빈곤에 따른 체계적인 방역 정책의 뒷받침이 따라주지 못함으로 인하여 장티푸스, 콜레라, 이질과 같은 전염병이 사회 전반에 만연했던 시기였다.

끊이지 않는 우환(憂患)

1959년은 내가 초등학교 2학년 9살 되던 해로, 당시 우리 마을에도 예외가 없이 장티푸스가 마을을 덮쳤다. 확실하지는 않으나 내가 듣기로는 한 해에 장티푸스로 인해 마을 사람들 7~8명이 목숨을 잃은 것으로 기억 된다. 특히 우리 집은 더욱 심하여 온 식구가 연이어 우환이 떠나지를 않 으므로 친척들이 말하기를 "마령 아주머니네 저러다 문 닫겠다"라는 소 리를 했다고 한다. 마을 친척들이 왜 그러한 말을 했을까? 생각해 보면 그럴 법도 했으니 대충 이렇다.

당시 우리 집에서는 수유리 큰형님께서 폐결핵을 앓고 누워있었다. 폐결핵은 고단백질의 영양공급이 필요하다는 주변 사람들의 권유에 아 버지는 굼벵이, 뱀 등을 매일 잡으러 다니셨고, 또 다른 사람이 잡아 온 것들을 마당 한쪽에 솥을 걸고 달여서 먹게 하였다. 이러한 와중에 설상 가상으로 큰형수님이 장티푸스에 전염되어 먹지도 못하고, 심한 복통과 고열로 눕게 되었고, 큰 형수님이 병세에서 회복되기도 전에 이제는 문 정동 셋째 형님께서 장티푸스로 앓게 되었다.

자, 이렇게 되니 아버지와 어머니의 심정이 어땠을까? 큰아들은 폐결 핵으로, 큰며느리와 셋째 아들은 장티푸스로 3명이 동시에 누워있는 형 편이 되고 만 것이다. 그런데 문제는 집안 식구 3명이 사경(死境)을 헤매고 있는데도 병원에 갈 엄두도 내지 못하고 있는 형편이었다. 당시 큰 병원 은 전주나 광주에 있었고, 설령 큰 병원에 입원한다 해도 경제적인 뒷받 침을 할 수 없는 형편이었다. 그러기에 아버지와 어머니는 자식들과 며 느리를 살리겠다는 일념 하나로 민간요법에만 의존하며 동분서주(東奔西走) 할 뿐이었다. 지성이면 감천이라 했든가? 아버지와 어머니의 지극한 병 구완의 보살핌 속에서 큰형님 내외분과 셋째 형님이 병석에서 회복되기 시작하셨고 이내 자리에서 일어나셨다.

호사다마(好事多魔)라 했든가? 몇 달 며칠을 자식 며느리 살리시겠다고 굽은 허리로 뛰어다니시며 병구완하시던 우리 어머니가 자식들이 회복되어 거동한 지 얼마 되지 않아 몸져누우시고 말았다. 어머니의 증세도 음식을 먹지 못하고 복통을 동반한 고열로 보아 장티푸스인 것이 분명했다. 이제는 큰형님과 큰 형수님이 어머니를 병구완해야 했다. 이른바 병구완의 바턴 터치가 이루어진 것이다. 지금도 나는 그 당시 큰형님과 형수님, 그리고 문정동 형님과 어머니가 병석에 누워 앓고 계시던 모습이 눈에 선하다.

하여튼 어머니도 큰형님과 형수님의 헌신적인 병구완과 보살핌으로 회복되어 일어나 앉자마자, 이제는 내가 시름시름 앓더니 눕고 말았다. 증상은 어머니와 똑같은 복통과 고열로 보아 장티푸스가 분명하였고, 다른 점이 있다면 나는 구토와 구역질이 심하였는데, 구토할 때는 노란 쓴물을 그렇게 많이 뱉어냈다. 하지만 나도 온 식구들의 간호와 정성 어린 보살핌으로 병세가 회복되어 일어나게 되었다. 당시 마을 사람들 대부분이 우리 식구 모두 병원에 가지도 않고 회복되어 나았다는 것은 정말 기적이라고 하였다.

1959년도 내가 초등학교 2학년 9살이던 그 해, 우리 집은 장티푸스가 휩쓸고 간 악몽 같은 한 해였다. 당시 우리 집에는 부모님과 수유리 큰형님 내외분, 석관동 작은형님, 문정동 셋째 형님과 나, 그리고 이제 갓 돌이 지난⑦ 조카 상순이와 함께 8명이 살고 있었다. 그 8명의 식구 중 아버지와 군에 입대한 석관동 작은형님, 그리고 갓난아이 상순이를 제외한, 5명의 식구가 1년이 넘게 병마에 시달렸다. 그러니 한 해에 7~8명의 죽음을 바라본 마을 친척들이 "마령 아주머니네 저러다 문 닫겠다"라는 소리가 나왔다는 것은, 어찌 생각하면 당연한 말일 수도 있다. 나는 어려서 아무 도움이 되지 못했지만, 온 식구가 서로 번갈아 앓아가며 병구완 끝에 기적과 같이 첫 번째의 죽음의 문턱에서 모두 살아남았던 그 시절이 카메라 앵글에 잡힌 것처럼 또렷하게 기억이 난다.

삼촌, 일어나...! 학교 가야지?

우리 식구들이 장티푸스 전염병이라는 첫 번째 죽음의 문턱을 넘은 지 9년 후, 내가 고등학교 1학년 때 즉, 성북구 인수동(현재 길음동)에서 살던 1968년 초겨울쯤으로 기억되는 어느 날이다. 당시 석관동 작은 형님과 형수님은 집안일 때문에 고향에 내려가시고 집에는 아무도 없었다. 아마도 형수님께서는 시골로 내려가시면서 시동생의 학교 가는 것과 그리고 식사 문제를 옆집에 살고 계시는 친정 고모(姑母)에게 부탁하고 시골로 가신 것으로 기억한다. 그날 나는 형수님 고모(姑母) 댁에서 저녁 식사를 마치고 돌아오면서 부엌 아궁이의 연탄불을 확인해 보니, 연탄을 갈아야 할 시기가 된 것 같아 연탄불을 갈아놓고 방으로 들어왔다. 그리고 나는 다음 주부터 시작되는 학기 말 시험준비를 위하여 공부하기 시작했다.

그러고는 얼마나 시간이 흘렀는지? 지금이 몇 시인지? 나는 알 수가 없었다. 다만 왜 이리 머리가 아프지? 의식이 몽롱해지면서 현기증이 나고, 무슨 냄새가 이렇게 역겨운지? 메스껍고 구토가 나올 것만 같았다. 그래서 토해내려고 밖으로 나갈 방문을 찾는데, 방문이 보이지 않았다. 희미하게 방문이 보였다가 사라지고, 사라지는가 했더니 다시 희미하게 보인다. 미닫이문을 열려고 하는 데도 힘이 없어 열 수가 없었다. 밖으로 나가면 살 것만 같았다. 아무리 소리를 질러도 말이 나오지 않고, 문을 열려고 해도 열리지 않았다. 그런데 눈을 부릅뜨고 바라보니 장롱문 앞이다. 이게 꿈인가? 현실인가? 다시 미닫이 출입문 문을 찾아 밖으로 나가려다 무엇인가 손에 잡히는 것 같았다. 그래서 나는 그것을 미닫이 출입문으로 알고, 열려고 안간힘을 쓰다 그만 의식을 잃고 말았다. 얼마의 시간이 흘렀을까?

> "삼촌, 일어나..! 학교 가야지?"
> "..............."
> "삼촌, 문 열어..! 엄마가 밥 먹으래...! 학교 안가...?"
> "..............."
> "삼촌~~~~!"

영심이[12]는 나를 몇 번 불러도 대답이 없으니까 다시 집으로 되돌아가서 엄마에게 "삼촌이 안 일어나"라고 알렸을 것이다. 그래서 영심이 엄마와 아빠는 놀라서 허겁지겁 달려오자마자 문을 열어보니 내가 문 앞에서, 뒤집어진 장판을 끌어 안고 쓰러져 있기에 나를 밖으로 끌어내어 차디찬 김칫국물 억지로 떠먹이고 손발을 주물러 주었더니 한참 만에 점점 의식이 돌아왔다고 한다.

나는 점점 의식을 회복하면서 정신을 차리게 되자 한기를 느끼기 시작했고, 손가락 마디마디가 쑤시고 아프기에 손을 보니 양손 인지와 중지의 손톱 일부가 핏자국과 함께 깨어져 있었음을 알게 되었다. 나는 살기 위해 얼마나 몸부림을 쳤는지 하나하나 악몽 같은 순간들이 되살아났

---

12 영심이: 석관동 형수님의 친정 고모부 내외가 바로 옆집에 살고 계셨는데, 영심이는 형수님 친정 고모의 딸 즉, 형수님의 고종사촌 여동생이다. 영심이 부모와 나는 사돈의 관계였고, 당시 영심이는 5~6살(?) 정도 된 귀여운 사돈 꼬마 아가씨는 나를 항상 삼촌이라 불렀다.

고, 나는 한동안 그 후유증으로 남몰래 고통을 감수해야만 했다.

내가 정신이 들고 깨어났을 때, 당시 영심이 부모님께 들은 이야기를 종합해 보면 이렇다. 영심이의 말을 듣고 뛰어와 방문을 열어보니 연탄가스 냄새가 진동하였다고 한다. 방안에 장롱문이 다 열려 있었으며, 공부하던 공책들이 여기저기 흩어져 있고, 장판이 군데군데 뒤집혀 있었다고 한다. 아마 그 흔적들은 나의 희미하고 몽롱한 의식 속에서 내가 살려고 밖으로 나가기 위한 처절한 몸부림이 아니었을까 생각된다. 그러한 처절한 몸부림이 언제부터 시작되었는지 나는 지금도 모른다. 다만 영심이가 밥 먹고 학교 가라고 깨우러 왔고, 영심이 부모님의 도움을 받아 의식이 돌아온 시간을 오전 9시~10시라고 가정한다면, 새벽 늦게까지 공부하다 연탄가스에 중독된 것이 아닐까 생각한다.

내가 두 번째 죽음의 문턱에서 살 수 있었던 것은, 당시 꼬마 영심이와 사돈 어르신들의 각별한 보살핌이 없었더라면 나는 여기까지 올 수도 없었고, 이 자서전을 쓰고 있지도 않을 것이다. 이 글을 쓰면서 그때의 영심이는 어떻게 변하였을까? 아마 나이가 60세 전, 후는 되었겠지? 꼬마 영심이와 부모님이신 사돈 어르신께 저를 살려주신 은혜에 진심으로 감사드립니다.

부관님, 전화 받으세요...!

나는 1976년 11월 30일까지 제 ㅇㅇ사단 ㅇㅇ포병대대 A 포대 전포대장(戰砲隊長)직책을 마치고, 방공포병으로 전과(轉科)[13]되면서 1976년 12월부

---

13 전과(轉科): 야전포병에서 방공포병으로 병과를 옮겼다.

터 1977년 3월까지 방공포병학교에서 4개월간 방공 초군반(OBC #7기) 기초 교육을 수료하였다. 그리고 휴가를 마친 후, 1977년 4월 5일부로 방공포병사령부 예하 부대인 제○○○방공포병대 제2포대로 전입되었다.

당시 제2포대는 ○○시에 위치하는 ○○산(해발 920m)에 위치하여, ○○지역의 중·고고도(中.高高度) 대공방어를 수행하고 있는 나이키 허큘리스 지대공미사일(Nike Hercules Missile) 부대로, 나는 제2포대의 작전통제장교(BCO) 겸 부포대장으로 보직되어 근무 중이었다.

앞에서 언급하였듯이 내가 근무하고 있는 부대의 위치는 ○○산(해발 920m) 정상이었다. ○○산 정상에서 대대본부까지의 도로는 깊은 협곡과 급커브, 그리고 경사가 가파른 비포장도로이다. 대대에서 운영하는 간부들의 출퇴근 차량은 2.5톤 트럭으로 ○○산 정상에서부터 중간에 있는 제2포대 발사대와 대대본부를 경유, ○○시내까지 출퇴근 차량 1대가 배정되어 운용되고 있었다.

내가 제2포대로 전입되어 근무한 지, 한 달이 조금 넘은 1977년 5월 말쯤으로 기억되는 어느 날 점심때쯤 문정동 셋째 형님이 부산에 출장을 왔다면서 퇴근하면 저녁 식사를 같이할 수 있겠느냐고 사무실로 전화가 왔다. 그래서 나는 형님과 저녁 식사를 같이하기로 하면서, 찾기 쉬운 ○○군청 앞에서 19:00시에 만나기로 약속했다. 그리고 퇴근 시간이 되었기에 대기하고 있던 통근 차량에 승차하였고, 선임 탑승자인 대대 작전통제장교(O.C장) 오○○ 소령의 탑승 인원(10명) 확인이 끝나자마자 18:00경 출발 신호와 함께 통근 차량은 대대본부를 향해 출발했다. 그리고 통근 차량이 출발한 지 얼마 되지 않아 위병소에 도착하자마자 위병 근무자가 통근차를 정지시켰다.

봉선생의 큰 소망, 민들레 꽃씨 되어

"차량 정지...! 부관님...! 전화받으세요."

"누구 전화야...?"

"대대장님 전화입니다."

나는 차에서 뛰어내리면서 선임 탑승자 오ㅇㅇ 소령에게 조금만 기다려 달라고 부탁하며, 위병소 안으로 들어가서 대대장님의 전화를 받았다. 대대장님의 지시 사항은 별반 중요한 사항도 아니고, 시급(時急)을 다투지도 않는 일반적인 내용을 가지고 말씀이 길어졌다. 나는 전화를 받으면서 창문으로 밖을 바라보니 모두가 나를 향하여 빨리 전화 끊고 나오라는 아우성과 손짓들이었다. 그러나 대대장님의 전화를 내가 일방적으로 끊을 수는 없었다. 형님과 약속이 되어있는데 별로 중요한 사항도 아닌 것을, 내일 출근하여 지시해도 될 사항을 가지고 미주알고주알 왜 이러시나? 빨리 전화 끝내주시기를 바라면서 창밖을 바라보니, 통근 차량은 이미 출발하여 저만큼 모퉁이를 돌아가고 있었다. 대대장님과 통화 시간은 아마 10분은 되었을 것 같았다.

이제 형님과 약속을 지키려면 지금부터 최소 2시간은 걸어서 하산해야 한다. ㅇㅇ군청 앞까지 뛰어서 간다고 해도 밤 8시가 넘을 것 같아서 형님과 저녁 식사 약속을 포기하고 사무실로 돌아왔다. 모처럼 동생에게 저녁을 사주시려고 기다리고 계실 형님에게 이 상황을 어떻게 연락해야 하나? 마냥 기다리시는 형님을 생각하자니 정말 난감했다. 그나마 다행인 것은, 형님께서는 내가 근무하는 곳으로 점심때 전화했으니 기다리시다가 내가 안 오면, 또 연락하시리라 생각하고 전화 오기를 기다리고 있었다.

[지금은 전화기를 들고 다니는 시절이니 문제가 되지 않지만, 그때는 그런 시절이 아니기에 격세지감(隔世之感)을 느낀다.]

때마침 그때 전화벨이 울렸다. 나는 형님께서 기다리시다 전화하신 줄 알고 수화기를 들었다.

　"여보세요! 한 대위입니다"
　"네, 여기 대대 당직실 김 중사인데요! 통근차 왜 지금까지 안 내려와요?"
　"네~~~? 무슨 말씀이세요? 통근차 출발한 지가 언제인데....!?
　"통근차 몇 시에 출발했어요?"
　"응, 위병소에 정확한 시간 확인해 보겠지만, 대략 18:10분 정도요....!"
　"지금 19:00시니까, 이미 도착했어도 남을 시간인데....?"

나는 "혹시 사고가 났나?" 불길한 예감이 들면서 발사대에 전화해 보니 통근차가 도착하지 않았다면서, 그러지 않아도 통근차가 내려오지 않아서 작전 통제소로 확인하려고 했다는 것이다. 모든 상황을 종합하여 판단해 볼 때 통근 차량이 사고가 난 것이 분명하였다. 나는 사고 수습을 위해 무전병에게 대대 상황실과 발사대와 교신할 것을 지시하면서, 무전병 외 4~5명을 선발하여 출동하려는데 마침 또 전화벨이 울렸다. 전화를 받아보니 형님이셨다. 형님께서는 나를 기다리시다가 안 오기에 궁금하여 전화한 것임을 알고, 형님에게 대략 상황을 말씀드리면서 약속을 취소하고 전화를 끊었다.
나는 전화를 놓자마자 사고 수습반과 함께 ㅇㅇ산 정상에서부터 발사대를 향하여 뛰어 내려가기 시작했다. 그리고 발사대에서도 사고 수습할 인원을 편성하여 작전 통제소를 향하여 올라오라고 무전병에게 지시하였다. 나는 또 내려가면서 대대 상황실로 연락하여 군의관이 구급차를 준비하여 신속히 발사대 지역으로 출동하라고 당직사령에게 부탁하였다.

나는 수습 대원들과 함께 사고 현장에 도착해 보니, 내리막길 도로 좌, 우측으로 1명씩 5~6m 간격으로 피를 흘리며 6명이 쓰러져 있었다. 그리고 통근 차량은 발사대를 대략 1Km 정도 남겨놓고 운전석 쪽 타이어가 이탈되어 왼쪽 계곡 아래로 튕겨 나가면서, 운전석 쪽 범퍼가 땅을 긁고 제동이 되어 도로 경사지에 박혀서 정지되어 있는 상태였다. 곧바로 도착한 군의관이 탑승한 구급차에 쓰러진 6명을 태우고 ○○시에 있는 병원으로 갔으나, 모두가 위중하여 ○○국군 통합 병원으로 후송하는 도중 1명이 죽었고, 다음 날 치료 도중에 2명이 또 세상을 떠났다.

상황을 종합하여 보면 이렇다. ○○산 정상 작전 통제소에서 출발할 때, 선임 탑승자를 포함해서 10명이 탑승하여 출발했으나, 내가 위병소에서 내려 대대장님과 전화 통화를 하던 중 기다리다 통화가 길어지자, 9명이 탑승한 채 발사대를 향하여 18:10분경 위병소를 출발했다. 발사대를 약 1.5Km를 남겨두고 가파른 내리막길(도로 폭 5m 정도, 좌측은 20~30m쯤 되는 낭떠러지)에서 브레이크가 파열되어 제동되지 않아 가속이 붙은 상태에서 운전병은 우측 산비탈 쪽으로 핸들을 조작하며 운전했지만 쉽지 않았다고 한다.

이때 2.5톤 트럭 뒤에 탑승한 간부들은 차량의 가속도에 따른 왼쪽 계곡으로 추락하여 전복될 것을 예상하고, 7명 중 6명이 밖으로 뛰어내렸다고 한다. 1명은 망설이다가 뛰어내리지 못했고, 선임 탑승자와 운전병은 끝까지 핸들을 붙잡고 있었다고 한다. 이 사고로 뛰어내렸던 6명 중 3

명이 사망하였고, 3명이 중상을 입은 대형 차량 사고였다.

　나는 가끔 그 당시를 떠올리며 대대장님의 전화가 없었다면 나는 어찌 되었을까? 아니면, 대대장님과 전화 통화가 빨리 끝났거나, 선임 탑승자가 끝까지 기다렸다가 나를 태우고 통근차가 출발하였다면 어떻게 되었을까? 만약 내가 그 차에 탑승했다면 그러한 상황에서 뛰어내렸을까? 아니면 뛰어내리지 않았을까? 사고 수습이 끝난 후, 유일하게 뛰어내리지 않고 끝까지 버티었던 나의 동기생인 유래승 대위에게 이렇게 물어보았다.

　　"야, 유 대위...! 너는 왜 안 뛰어내렸니?"
　　"사실 나도 순간적으로 많이 망설였어...!"
　　"내가 탔었다면 뛰어내리면서 낙법(落法)을 쓸 것 같은데?"
　　"만약 네가 뛰어내렸다면, 나도 같이 뛰어내렸을 거야...!"

　내가 고등학교 1학년 때인 1968년 연탄가스 중독으로 두 번째 죽음의 문턱에서 살아남은 지 9년 후, 나는 1977년 3월에 4개월간의 방공 초군반 교육을 마치고, 휴가 기간 중 4월 3일 약혼하였고, 그해 12월에 결혼하기로 되어있었다. 나는 5일간의 휴가를 마치고 4월 5일 위 부대에 보직되어 근무하던 중, 한 달이 조금 지난 상태에서 위와 같은 사고가 발생하였다. 당시 유명을 달리하신 황길헌 준위 외 2명의 병사에게 명복을 빈다. 그리고 나는 세 번째 죽음의 문턱에서 살아남게 해주신 대대장님을 비롯한 선임 탑승자였던 대대 작전 통제장교 오ㅇㅇ 소령님의 보이지 않은 도움의 손길(?)에 한없는 감사를 드립니다.

09

부모 같은
소중한 형님들

나는 4남 1녀 중 막내로 태어났다. 위로는 전주 누님으로 1929년 기사생(己巳生), 수유리 큰형님은 1934년 갑술생(甲戌生), 석관동 작은 형님은 1940년 경진생(庚辰生), 문정동 셋째 형님은 1946년 병술생(丙戌生), 그리고 나는 1951년 신묘생(辛卯生)이다. 형제간들의 나이를 잘 살펴보면 모두가 한결같이 5~6년 터울로 비교적 나이 차이가 크다. 나를 중심으로 형제간 나이 차이를 비교해 보면 누님과 22년, 수유리 큰형님과 17년, 석관동 작은형과 11년, 문정동 셋째 형과 5년 차이로 터울이 크다 보니 서로 대면하기 어려워하며 나는 성장했다.

다른 친구들은 형제간들과 싸우고 장난치며 성장했다는데 나에게는 상상도 할 수 없는 일이었다. 그나마도 나는 가끔 문정동 셋째 형님의 장난감이 되어준 기억을 더듬어보며 미소 지을 때가 있음을 다행스럽게 생각한다.

이제는 부모님은 물론, 누님과 형님들이 모두 작고(作故)하셨기에 외롭고 쓸쓸한 마음 가눌 길이 없다. 이제 나 홀로 남아 형님들로부터 은혜를 입었던 지나간 시절의 아련한 기억들을 하나하나 끄집어내어 본다.

이 사진은 내가 가장 아끼는 사진 중의 하나로 1977년 8월 내가 결혼하기 전 어머니(72세) 생신 모임 당시, 가족 모두가 함께 찍은 유일한 사진 중의 하나이다. 지금은 모두 작고하셨고, 필자 우측의 두 분 형수님과 앞에 품에 안겨있는 조카들만 생존해 있다. (뒷줄 왼편부터 셋째 형님, 둘째 형님, 큰형님, 필자, 둘째 형수님, 셋째 형수님, 가운데 왼쪽부터 큰형수님, 어머님, 누님, 앞줄 왼쪽부터 상명, 상균, 상민이 조카들)

수유리 큰형님의 눈치를 살피며 성장한 나

나는 유, 소년 시절까지, 즉 중학교 시절까지는 시골에서 성장했다. 내가 아주 어렸을 때는 모든 식구가 함께 살았지만, 내가 중학교 시절에는 석관동 작은형님은 결혼하여 서울에서 살고 계셨고, 문정동 셋째 형님은 직업군인이었으므로 집에 계시지 않았다. 그래서 시골에는 부모님과 큰형님 내외분, 상순이와 상국이, 그리고 나를 포함하여 일곱 명이 살고 있었다.

앞에서 언급하였듯이 아버지는 가정사와 농사에는 별로 관심이 없었으므로 농사를 비롯한 가정사의 모든 일은 어머니와 큰형님이 꾸려나갔으나, 실제적인 경제적 주도권은 큰형님이 갖고 계신 것 같았다. 이러한 환경 가운데 사춘기를 보내면서 적지 않은 고민이 있었던 것이 사실이다. 아무리 먹고살기 어려웠던 시절이었다 할지라도 어린 나에게도 갖고 싶고 먹고 싶은 것도 있었지만, 그러한 것들을 만족시키기는 쉽지 않았고, 결국은 큰형님께서 승인해 주셔야만 해결되었다. 그러니 어린 마음에 부모님보다도 큰형님을 더 어려워했고 부담스러웠던 것이 사실이었다. 그래서 큰형님 내외분의 눈밖에 벗어나지 않으려면, 스스로 알아서 처신해야 했다. 예를 들면 학교에서 집으로 돌아오면 스스로 논밭에 나가 일손을 돕든지, 아니면 꼴망태 둘러메고 풀이라도 베어야 했다.

그래서 그랬는지는 모르겠으나 큰형님께서는 한 번도 나에게 논밭에 나와서 거들어 달라고 말씀하신 적이 없었고, 산에서 땔감을 짊어지고 들어온 나를 보신 형수님은 나를 반기면서 "우리 막내 도련님 때문에

이 사진도 1977년 8월 어머니(72세) 생신 때 찍은 사진으로, 뒷줄 장구를 치고 계신 큰형님, 왼쪽에 큰형수님, 그 형수님 앞에 허리가 굽으신 우리 어머니, 뒷줄 필자 옆에 작은형님, 필자 앞에 셋째 형수님과 그 좌, 우측에 사촌 형님과 형수님이시다. 이 사진 속의 친척은 모두 작고하셨고, 필자와 둘째, 셋째 형수님만 생존하심을 보면서 세월의 무상함을 느끼게 한다.

올겨울은 따뜻하겠어요...!"라고 칭찬을 아끼지 않으셨다. 지금은 중고등학교가 의무 교육이지만, 당시 중학교는 의무 교육이 아니라 분기마다 공납금을 납부해야 했다. 그 어렵고 힘든 시기에 공납금이 한 번도 밀리지 않고 뒷바라지해 주신 형님 내외분께 진심으로 감사를 드린다.

이후 큰형님께서는 농촌 생활을 정리하시고 1980년대 초반에 어머님을 모시고 서울로 상경하여 수유리에서 정착하시면서 식당을 운영하시다가 큰형수님은 2007년 7월에, 큰형님은 2012년 12월에 지병으로 세상을 떠나셨다.

어려운 형편에도 뒷바라지해 주신 석관동 작은형님

석관동 작은형님은 내가 자칫 방황하기 쉬운 고등학교 시절을 잘 보살펴 주신 부모님과 같은 분이시다. 당시 석관동 작은형님은 결혼하시자마자 서대문구 홍제동 무악재 산기슭에 있는 문영 학원 재단의 서울 여자 상업고등학교 경비실에서 최초 근무하셨다. 그 후 1991년에 학교가 관악구 봉천동으로 이전하게 되었고, 형님께서는 근면하고 성실함을 인정받아 행정실에서 40여 년 동안 평생을 근무하시다가 정년퇴직하신 분이시다.

나는 우여곡절(迂餘曲折)[14] 끝에 1968년 1월 고등학교 진학 시험을 보기 위해 서울로 상경하게 되었다. 어머니가 마련해 주신 여비 4,000원[15]과

---

14 우여곡절(迂餘曲折): 내가 고등학교를 서울에서 다니게 된 이유는 힘들고 고된 담배 농사와 7학년의 콤플렉스를 벗어나고자 가출을 결심하게 되었다. 자세한 것은 "10. 고달팠던 나의 사춘기"(99~111p) 시절을 별도로 회상하며 언급할 예정이다.

15 여비 4,000원의 가치: 당시 80Kg 쌀 한 가마는 보통 5,500원이었으니, 여비 4,000원은 쌀

작은형님이 근무하고 계신 직장 주소만 들고 난생처음 서울역에 도착한 나는 전차와 시내버스를 갈아타고, 묻고 물으면서 홍제동 무악재에 있는 서울여자상업고등학교에 어두워질 때쯤 도착하여 형님을 만났다.

당시에는 전화가 없었으므로 형님과 연락이 어려웠기에 갑자기 나타난 동생을 보고 적잖게 놀랄 법도 한데 의외로 그렇지 않은 표정에 내가 놀랐다. 꼭 "너 올 줄 알았다. 그런데 빨리 왔구나!" 하시는 표정 같았다. 아무튼, 나는 형님이 퇴근하실 때 함께 성북구 인수동 집으로 왔고, 저녁 식사를 마친 후 작은형님께서는 나에게 이렇게 물으셨다.

"너 서울에 왜 왔니?"
"고등학교 시험 보러 왔어요!"
"어느 고등학교 시험 보려고?"
"선린상고, 또는 덕수상고!"
"뭐...? 상고는 전기, 후기(前期, 後期)시험 모두 끝났고, 남아 있는 건 공고 후기시험만 몇 군데 남아 있을 텐데...?"

나는 태산이 무너지는 절망감에 빠져버리고 말았다. 나는 은행원 되는 것이 꿈이었기에 원래는 전주상고를 들어가고 싶었다. 그러나 진학 문제로 내가 어머니와 큰형님과의 의견이 충돌되는 상황에서 전주상고 시험 볼 기회를 놓쳐버리고 말았다. 어찌하였든 서울로 상경한 나는 은행원이 되려면 상업계인 선린상고나 덕수상고에 들어가고 싶었는데, 전·후기

한 가마에 조금 밑도는 금액이지만 그 가치는 지금과 비교할 수 없이 큰 금액이다. 요즘 쌀값은 80Kg 한 가마에 평균 20만 원 정도로 볼 때, 당시 여비 4,000원은 요즈음 15~16만 원 정도 되는 금액이 아닐까?

시험 모두 끝났다고 했기 때문에 절망할 수밖에 없었다. 하지만 나는 형님 말씀을 믿고 어느 학교든 시험 볼 기회만 있다면 좋겠다는 생각으로 내일을 기다리며, 잠을 청했으나 잠이 오질 않아 거의 뜬눈으로 밤을 보냈던 기억이 난다.

다음 날 저녁에 형님이 퇴근하시면서 한양공고와 성동기계공고 입학 지원서를 가지고 오셔서 이렇게 말씀하셨다.

"봉수야! 여러 군데 상업계의 학교를 알아봤는데 전기 시험은 다 끝났다."

"후기시험 지원서 마감도 거의 끝난 상태인데, 다행히도 후기시험 전형 일자가 같은 공업계의 학교가 두 군데 남아있다."

"여기, 한양공고, 성동기계공고 지원서....!"

"............"

"너 어느 학교를 선택할 거야...?"

"............"

"시험 일자가 같은 날이기 때문에 한 학교만 선택해야지!"

"그리고 지원서 접수 마감 일자는 열흘밖에 남지 않았어? 지원서에 중학교 교장 직인도 받아와야 하고...! 일정이 바쁘다."

"............"

나는 두 장의 입학 지원서를 받아들고 한참을 생각하면서 선택의 여지가 없음을 알았다. 나는 시골에서 자라면서 상업계의 학교는 선린상고와 덕수상고, 공업계의 학교는 한양공고와 서울공고는 꽤 인지도가 높다는 것을 알고 있었다. 그런데 내 손안에 있는 지원서는 한양공고와 성동기계공고의 원서가 있을 뿐이다. 이제 은행원이 되겠다는 꿈은 접어야 하나? 그래도 시골에서는 인지도가 높은 한양공고가 더 낫지 않을까 생각했다.

"저, 한양공고 시험 보겠습니다."
"그래...! 공부 열심히 했니? 합격할 자신 있어?"
"............"
"너 시험 떨어지면 할 수 없어...! 시골로 다시 내려갈 거지?"
"...... 네~~~!"

당시 사용한 버스 회수권

그렇게 나는 한양공고를 지원하여 입학시험에 합격하였고, 3년 동안 작은형님과 형수님의 헌신적인 보살핌 가운데 고등학교를 졸업할 수 있었다. 작은형님은 나와 피를 나눈 형제간이기에 어찌할 수 없었다 할지라도, 형수님의 입장은 형님과는 또 다르다. 시동생을 데리고 보살핀다는 것, 아무나 할 수 있는 일이 아니며 쉬운 일이 아니다. 한 번은 작은형님께서 1개월간 통학할 수 있는 버스 회수권[16]과 용돈을 주시면서, "이 버스 회수권 분실하거나, 관리 잘못하면 학교 걸어 다녀야 돼!" 하시던 말씀이 지금도 생생하다.

---

16 버스 회수권: 버스 회사마다 지역과 금액에 따라 다양한 디자인과 색으로 구분되어 있었다. 당시 중·고등 학생들 버스 요금은 1장에 10원으로, 10장씩 한 묶음으로 되어있는 버스 회수권은 학생들에게는 없어서는 안 될 재산목록 1호였다. 심지어는 회수권 모아 빵 등, 군것질할 것을 사기도 했다.

나는 고등학교에 다니면서 방학 기간에는 시골 고향으로 내려가 큰형
님과 어머니의 농촌 일손을 도우며 보냈다. 그리고 방학이 끝나고 개학
을 위해 서울로 상경할 무렵이 되면 또 큰형님의 눈치를 보아야만 했다.
이번 학기만이라도 학비를 마련하여 주시거나, 내가 먹는 쌀 한 말이라
도 준비하여 주셨으면 하고 말이다.

큰형님의 어려운 형편을 모르지 않지만, 빈손으로 돌아오는 천근만근
무거운 발걸음으로 상경하는 열차 안에서, 작은형수님을 어떻게 뵐까?
생각하며 눈물을 흘린 것이 한두 번이 아니었다. 그렇게 어려웠던 가정
형편과 어려운 살림살이에 삼 남매(은영, 상표, 혜영)를 양육하시면서, 3년 동
안 나의 학비와 교통비를 한 번도 거르지 않고 마련해 주신 형님과 형수
님의 그 은혜를 나는 결코 잊을 수 없다.

석관동 작은 형님께서 생전에 어머님을 모시고 서울 동작동 현충원에 안장된 박정희 대통
령 부부의 묘소를 참배하고 계신 모습이다.

봉선생의 큰 소망, 민들레 꽃씨 되어

작은형님과 형수님은 나만 보살피고 거두신 것이 아니다. 내가 고등학교를 졸업하고 군에 있을 때, 조카인 상순이와 순영이를 대학교에 입학하여 졸업할 때까지 뒷바라지하신 분들이시다. 그 어렵고 힘든 상황에서도 어떻게 그리하실 수 있을까? 아무리 경제적으로 부유하고 넉넉한 살림이라도 마음이 없으면 할 수 없는 일이다. 넉넉하고 풍성한 마음을 가지신 형수님, 부족하고 없는 살림에도 동기간을 위한 일이라면, 마다하시지 않으셨던 석관동 형수님을 나는 존경하지 않을 수 없다. 나는 석관동 형님과 형수님께서 베풀어주신 그 은혜를 무엇으로 보답해야 할지? 그 은혜의 십 분의 일이라도 갚을 수가 있을까? 마음뿐이고 갚을 자신이 없다.

10여 년 전 일인가? 작은형님 내외분과 함께 고향 부모님 산소 벌초를 마치고 무사히 석관동 집에 잘 도착했다. 그런데 엘리베이터를 타려고 기다리는 순간 작은형님께서 갑자기 쓰러지셨다. 곧바로 경희의료원으로 모시고 갔고 그 후 파킨슨 질환으로 판정을 받았다. 그 후 집과 병원을 오가며 재활 치료에 전념하시다가 증세가 악화하여 2019년 8월경에 경희의료원에 재입원하셨지만, 온 가족들의 헌신적인 간호와 의료진의 진료에도 불구하고 회복하지 못하시고 2019년 10월 12일 영원히 가족의 곁을 떠나셨다. 나는 형님 생전에 자주 찾아뵙지 못한 송구스러운 마음의 빚을 어찌하면 갚을 수 있을까? 돌아가신 형님의 영전에 머리 숙여 사죄하며 명복을 빈다.

문정동 셋째 형님은 장난꾸러기

수유리 큰형님과 석관동 작은형님이 부모와 같은 형님이라면, 문정동 셋째 형님은 친구 같은 형님이시다. 10년 이상의 나이 차이가 있는 큰형님과 작은형님에 비하면, 문정동 형님과는 5년 차이밖에 나지 않았다. 그래서인지는 몰라도 어릴 때 비교적 문정동 형님은 나의 장난을 많이 받아준 편이기도 하지만, 나를 장난감 삼아 많이 울리기도 했던 형님이시다.

홍시 따줄 테니 이리 와 봐!

초등학교 입학하기 전 어릴 때의 기억이다. 당시 우리 집 본채와 사랑채 사이에는 조그마한 텃밭이 있었고, 그 텃밭 뒷쪽 대나무밭 언저리에 제법 큰 감나무가 한 그루 있었다. 그 감나무는 일반 감나무와는 종자가 조금은 다른지 당도가 아주 높았고, 특히 서리를 맞은 홍시는 정말 별미였다. 이 감나무는 곶감을 만드는 데 주로 사용하였으므로, 우리 집안에서는 그 감나무를 이름하여 "곶감 감나무"라고 불렀다. 낮은 곳에 열린감은 일찍이 따서 곶감을 만들었고 높은 곳에 있는 감들은 홍시가 되어 식구들의 간식거리가 되거나, 아니면 저절로 떨어지곤 했다. 내가 아주 어릴 때, 한 번은 문정동 형님이 이 곶감 감나무에 올라가서 홍시를 따며 나를 불렀다.

"봉수야! 이리 와 봐...! 홍시 따 줄게!"

나는 형님이 홍시 따 준다는 소리를 듣고 텃밭 곶감 감나무 밑으로 달려갔다.

"봉수야! 잘 받아...!"
"응...!"

그 순간 홍시는 내 머리 정수리에 떨어지면서 박살이 나버렸고 깨진 홍시는 이마를 타고 얼굴로 흘러내렸다. 나는 울고 말았고, 형님은 기다 렸다는 듯이 깔깔대고 웃으며 "아나...! 감 받아라...!"고 놀려 댔다. 형님 이 홍시를 잘 받도록 나에게 던져 주어도 어린 내가 받기 어려울 텐데, 일 부러 정수리를 향하여 던진 것은 이미 나를 놀리려고 계획된 작전이었 다. 실컷 울려놓고 홍시 몇 개를 따주며 나를 달래줬고, 그 이후로도 가 끔 나는 속는 줄 알면서도 홍시 얻어먹는 재미에 "홍시 세례"를 받아야만 했던 그리운 추억이 남아있다.

눈 감아 봐, 그러면 별이 보여...!

우리 집 앞에는 나지막한 언덕[17]이 하나 있었다. 그리고 그 언덕 밑에 는 우물이 있고, 언덕 위에는 반시(납작감) 감나무 한 그루가 있었으며, 언 덕과 우물 주변에는 잔디가 많이 있었고, 가을철에는 까만 잔디 씨가 많 이 맺혀있는 것을 본 기억이 생생하다. 햇볕이 제법 뜨거운 어느 가을날, 문정동 형님은 우물가에 있는 나를 부르며 손짓하기에 감나무 밑에 형이 있는 곳으로 갔다.

"여기에 누워 봐...!"

"왜...? 형..! 또 장난치려고?"

"아니야...! 그냥 누워 봐...!"

---

17 나지막한 언덕: 이 언덕의 감나무와 우물이 있었던 곳이 현재는 흔적도 없다. 지금은 도 로와 주차장이 되어있고 고향을 방문하여 이곳에 주차할 때마다 형님과 맺었던 아련한 추억들이 묻어나곤 한다.

나는 뭔가 불안한 느낌을 받았지만, 하는 수 없이 형님 곁에 포근한 잔디밭 위에 누웠다.

"눈을 감고 아~~! 하고 입을 벌려봐"
"옳지..! 이제 이것(잔디 대궁)을 이빨로 물어봐, 세게 물으면 별이 보여!"
"별이 보이지? 안 보이면, 더 세게 물어봐...!"
"응~~~!"

나는 형이 하라는 대로 눈을 감고 입을 벌리고, 강하고 세게 이를 악물었다. 그 순간 형님은 내 입에 물렸던 잔디 씨앗이 붙어있는 잔디 대궁을 힘껏 잡아당겼다. 아뿔싸...! 또 속았다. 내 눈에 별이 보이기는커녕, 입안에 잔디 씨만 모래알 구르듯 굴러다녔다. 형은 또 깔깔거리고 달아나며 "별이 많이 보이 드냐?" 놀렸고, 나는 형의 뒤를 쫓아가며 "퉤, 퉤" 잔디 씨를 뱉어냈다. 이러한 추억들을 아련한 추억이라고 하나 모르겠다.

옷을 홀라당 벗어버린 암탉

내가 초등학교 3학년 때, 그러니까 한 열 살쯤 되었을 때의 일로 기억이 난다. 어느 분의 제사를 모시려는지는 기억은 없지만, 제법 쌀쌀한 초겨울 어느 날 제삿날이었던 것은 확실하다. 당시 중학생이었던 문정동 셋째 형님을 아버지가 부르셨다.

"길수야...! 제사 때 쓰게 닭 한 마리 잡거라...!"
"네~~! 아버지...!"
"나는 오수장에 좀 다녀올 테니, 저기 돌아다니고 있는 저놈 암탉을 잡아서 어머니에게 드려라. 오늘 저녁 제사상에 올리게!"
"네~~! 알았습니다."

문정동 형님은 과거에도 닭을 잡아본 경험이 있었던 터라 아버지는 형님에게 그 일을 시켰다. 그런데 문제는 문정동 형님이 닭을 잡는 일을 직접 하지 않고, 나를 부르더니 나보고 닭을 잡으라는 것이다. 한마디로 말하면 형님은 나에게 닭 잡는 방법을 전수(傳受)한다는 것이다.

"야 ...! 봉수야 이리 와 봐...! 닭은 이렇게 잡는 거야...!"

설명하면서 목이 비틀어져 파닥거리는 닭을 나에게 주며 "꼭 잡으라"라고 했다. 나는 무서웠지만, 눈을 감고 두 손으로 비틀어진 목과 날개를 힘껏 잡고 있자니, 이내 파닥거리던 닭은 힘이 빠져 늘어지면서 죽었다. 그리고 죽은 닭을 뜨거운 물에 이리저리 돌려가며 털을 완전히 벗겨서 어머니에게 가져다드렸다.

그런데 어머니가 닭을 손질하려고 도마에 올려놓는 순간 닭이 꿈틀거리더니 일어나 비틀거리며 달아나는 것이 아닌가? 뒤뚱거리며 도망가는 '옷을 홀라당 벗어버린 암탉' 정말 가관(可觀)이었다. 형과 나는 깔깔대고 웃으며 대나무밭으로 도망가는 닭을 잡으려고 뛰어다니고 있는데, 뒤에서는 어머니의 불호령(不號令)이 떨어졌다.

"아이고~~~! 저놈들이 살아있는 짐승을 두 번, 세 번 고생시키고 죽이네. 저놈들이 얼마나 죄를 받을꼬...! 아이고 어쩌까...! 어쩌까...! 저거 불쌍해서...!"

형과 나는 닭이 털을 다 벗겨버린 알몸 상태였기에 잡으려 해도 손에 잘 잡히지도 않은 닭을 겨우 잡았다. 그러고는 형이 어머니가 안 보이는 곳에서 닭을 완전히 숨통을 끊어서 어머니에게 가져다드렸다. 그러고는 형이 하는 말이 "네가 힘만 세게 꽉 쥐고 있었으면 죽었지...?" 지금 생각하면 형님 말이 옳다. 어린 내 손목의 힘이 약하여 오랫동안 힘을 주지 못해 완전히 숨통을 끊지 못하였고, 또 하나는 뜨거운 물에서 털을 벗겨야 하는데, 내 손이 뜨거울까 봐 물을 미지근하게 했으므로 닭이 기절만 하였던 것 같았다.

하여튼 저녁을 먹고 새벽 무렵에 제사를 모시게 되었는데 문제가 또 터지고 말았다. 엄숙히 제사를 모시는 중에 문정동 형님이 제사상에 올려져 있는 닭을 바라보며 어제의 일이 생각이 났던지 '피식피식'하다가 웃음이 나와버렸고, 나 또한 웃음을 참지 못하고 같이 형과 함께 깔깔대고 폭소를 터트리고 말았다. 제사를 모시고 난 후, 자초지종(自初至終)을 알게 된 아버지로부터 얼마나 혼이 났는지...! 제사를 모시는 도중 웃지만 않았어도 어머니와 우리만 알고 쉽게 넘어갈 것을 온 식구가 다 알게 되어버린 잊을 수 없는 그 추억이 가끔 나를 미소 짓게 한다.

문정동 형님은 나를 상대로 많은 장난도 하셨지만 귀여워해 주셨다. 그리고 내가 성장하고 청년이 되어갈 즈음에는 나의 진로까지 상담해 주는 멘토의 역할까지 해 주신 분이시다. 내가 고등학교를 졸업하고 직업 군인의 길을 걷게 된 것도, 군에서 전역하자마자 사회 초년생의 길을 안내하시며 중소기업에 입사하도록 주선해 주신 분도 문정동 셋째 형님이시다.

그런데 뜻밖에도 문정동 형님께서 1998년 12월 담도암을 판정받으셨다는 청천벽력(靑天霹靂) 같은 소식을 들었다. 어찌하면 좋을까? 내가 할 수 있는 일이 무엇일까? 출퇴근하면서, 병원을 오가면서 승용차 안에서 통곡하며, 얼마나 울었는지 모른다. 솔직히 말하면 아버지가 돌아가셨을 때 보다, 더 많은 눈물을 흘린 것 같다. 그러나 형님께서는 애석(哀惜)하게도 1999년 6월 19일 54세의 젊은 나이에 운명하시어 고향 선영에 모셨다.

생전에 건강하셨던 문정동 셋째 형님과 어머니의 모습

　　문정동 형님이 작고(作故)하신 지 10여 년이 지난 2009년 어느 날, 셋째 형수님께서 나에게 형님의 유해를 가족들이 자주 찾아뵐 수 있는 곳으로, 이장(移葬)하시겠다는 의향을 밝히시면서 도움을 요청하셨다. 따라서 나는 형수님과 자녀들의 의견을 존중하여 형님이 생전에 10년 이상 직업 군인이었고, 월남 참전의 경력을 근거로 호국원에 안장(安葬)될 수 있도록 주선하였다. 그리하여 2010년 7월 14일 형님의 유해(遺骸)는 작고(作故)하신

지 11년 만에 고향 선영에서 국립이천호국원[18]으로 모셔 왔다.

우리 형님 세 분 모두는 내가 장성하여 어른이 될 때까지, 부모와 같이 키워주시고, 보살펴주신 분들이시다. 어느 한 분도 나는 그 고마움을 잊을 수가 없다. 이제 내가 돌아가신 형님들에게 그 은혜를 무엇으로 보답할 수 있을까? 아무리 궁리해 봐도 갚을 길이 없어 후회만 된다. 오직 할 수 있는 길이라면, 우리 아이들이 나의 뜻을 알고 사촌 형제 남매들끼리 서로 사랑하고, 우애하며 지내기를 바랄 뿐이다. 그래서 나는 기회만 되면 상재와 상진이에게 부탁하며 주문(注文)하고 있다. 사촌 형제의 어려운 일을 외면하지 말고 상부상조하라고 말이다.

나는 돌아가신 세 분 형님에게 지은 마음의 빚을 내려놓을 수 있을까? 이제는 내려놓을 수도 없으니 평생 안고 가야 할 것 같다. 형님들이 나에게 베푸셨던 그 은혜에 보답할 수 없는 아쉬움을 간직하면서 그리워할 뿐이다. 부족한 동생을 용서해 주시고 남아 있는 사랑하는 가족들 지켜주세요. 그동안 고마웠습니다. 사랑합니다.

---

18 국립 이천호국원: 국립 호국원 형님은 직업군인으로 월남전 참전, 7사단, 수도방위 사령부에서 근무하시다 대위(헌병)로 예편(14년 복무)하셨다. 형님이 작고(作故)하셨을 당시는 이천 호국원이 없었다. 따라서 이천에 호국원이 개원되자마자 2010년 7월 14일 고향 선영에 안장되어 있던 형님의 유해를 화장하여 이천 호국원으로 모셔 왔다. (안장 No: 08200648)

10

고달팠던
나의 사춘기

나의 사춘기 시절은 그립고 아름다운 추억이 묻어나는 학창 생활보다는 어렵고 견디기 힘든 시절이었다. 왜냐면 부모로부터 학비를 받아 가며 학교 다닌다면 내 마음이 편하고 조금은 떳떳할 텐데, 현실이 그러하지 못하여 형님들의 도움으로 학교에 다녀야 하기에 어린 나에게는 큰 부담이 되었고, 그로 인해 형님들의 눈치를 볼 수밖에 없었다. 더욱이 가정 형편이 어려웠던 현실을 생각하면 한가하게 친구와 어울리며 돌아다닐 수가 없었다. 그러므로 나에게는 친구들과 어울려 추억을 쌓아가는 시간보다는 방과 후 집으로 돌아와 일손을 거들어야 하는 나날들이 나에게는 더욱 힘들었다.

담배 농사보다 힘들고 고된 농사가 있을까?

내가 중학교 다니던 때, 즉 1960년대 중반 우리 마을에서는 담배 농사가 한창이었다. 논 한 마지기(200평)에 벼농사 1년 지어 수확해 봤자 잘해야 나락으로 5~6가마(쌀 80Kg 2~3개) 수확하는 것이 고작이었다. 여기에 인건비 농약 등 생산비를 제하고 나면 남는 것이 없었고 오히려 손해였다. 이때 농가 소득을 획기적으로 올릴 수 있는 대체 작물이 "담배 농사"라고 알려지자 거의 모든 농가가 벼농사를 포기하고 담배 농사로 전환하기 시작했다.

당시 벼농사와 담배 농사의 연간 소득을 비교하여 보면, 같은 면적과 같은 시기에 파종하고 같은 시기에 수확하는데, 벼농사의 연간 소득[19]보다도 담배 농사의 연간 소득이 수십 배(수백만 원 이상)의 소득이 보장될 뿐만 아니라, 한겨울에 큰 목돈을 만질 수 있다는 기대감에 농민들이 담배 농사로 전환하는 것은 어찌 보면 당연했다. 당시 우리 집에서도 안정적이고 높은 소득을 올릴 수 있는 담배 농사를 마다할 리가 없었다. 문제는 담배 농사가 많고 많은 농사 중, 힘들고 고되기로 따지면 둘째가라면 서러울 정도로 힘들고 고된 농사라는 것이다. 내가 경험한 담배 농사의 경험은 이렇다.

3~4월경 온상 모판에 담배씨를 파종하였다가 싹이 나오면 골고루 자랄 수 있도록 솎아주다가, 5월에는 논밭에 대략 50Cm 간격으로 심는다. 이때부터 본격적인 담배 농사를 짓게 되는데 가마솥, 불볕더위가 한창인 8월부터 수확하는 4개월간 엄청나게 달라붙는 담배벌레 잡기, 불필요한 순 제거 작업, 꽃 순 자르기 등 오로지 노랗게 익어가는 담뱃잎만 바라보고 농사를 짓는다. 뜨거운 불볕더위에 벌레를 잡고, 곁가지 순을

---

19 벼농사의 연간 소득: 벼농사는 1마지기(200평 기준)에 쌀로 3가마(80Kg) 생산하기가 어려웠다. 그래도 풍작에 농사를 잘 지어서 1마지기에 쌀 4가마를 생산했다고 치면, 1마지기의 소득은 당시 쌀 1가마*₩5,500*4가마=₩22,000이다. 10마지기(2,000평)를 경작하면 1년에 22만 원의 소득이 된다.

제거하는 것은, 아무 일도 아니다. 내가 경험하고 가장 힘든 것은 담뱃잎을 따고 나르는 일이다. 담뱃잎은 밑기둥에 노랗게 익은 것부터 수확해야 한다. 이 시기를 놓치면 담배 품질도 떨어지고 말려도 빛깔이 잘 나지 않는다. 그래서 무슨 수를 써서라도 제때 수확해야 하기에 일손을 거들지 않으면 안 되었다.

나는 방과 후 집에 돌아오면 논밭으로 나가서 담뱃잎을 따거나, 어머니와 형님과 형수가 따놓은 담뱃잎을 밖으로 날라야 했다. 담배밭에 들어가면 바람이 잘 통하지 않기 때문에 찜질방이나 다름없다. 그보다 참기 어려운 것은 특유의 고약한 담뱃진 냄새, 숨이 턱턱 막히는 담배밭 고랑에서 담뱃잎이 나의 온몸을 스칠 때 끈적거리는 담뱃진과의 사투를 어찌 말로 표현할 수 있을까? 특히 담뱃잎을 따낸 자리에는 담뱃진이 더 많이 나온다. 이 담뱃진이 온몸에 묻어 땀과 범벅이 되어 피부가 씻기어 쓰리고 아프고, 머리카락은 뻣뻣하다. 온몸에 묻은 검붉은 담뱃진은 비누로 닦아내어도 잘 지워지지 않고 끈적거리며, 몸에 배어있는 냄새 때문에 옆 사람에게 피해를 주는 경우가 허다했다.

캄캄해질 때까지 따놓은 담뱃잎을 온 식구는 이고 지고 집으로 오자마자, 저녁 식사하기가 바쁘게 담뱃잎을 엮어야 했다. 담뱃잎을 빨리 엮어서 건조하지 않으면 담뱃잎이 떠서 품질 가치가 떨어지기 때문이다. 그리고 시래기처럼 엮어진 잎담배는 바람이 잘 통하는 건조장에 걸어놓고 말린다. 그리고 잘 건조된 말린 잎담배는 한 장 한 장, 일일이 손질해서 크기와 색상의 정도에 따라 상, 중, 하품으로 분류해야 한다. 그리고 분류한 담배는 꼭지의 지름이 대략 3Cm 정도 되게 싸서 포장하여 담배 수매(공판)를 준비해야 한다.

나의 기억으로는 담배 수매 일자는 11월 말부터 시작하여 12월경에 이루어진다. 담배 농사는 3~4월경 파종하여 11월 수매에 이르기까지 대략 8개월간의 농사를 짓게 되는데, 담배 농사 중 가장 힘들고 고된 작업은 담뱃잎을 따고, 엮는 과정이 아닐까 싶다. 왜냐면 삼복더위의 찜질방과 같은 담배밭 고랑에서 담뱃잎을 따고 나르면서 담뱃진과의 사투를 벌여야 하고, 따온 담뱃잎이 뜨지 않도록 쉴새 없이 엮어서 건조해야 하기 때문이다.

온 식구가 다 그랬겠지만, 나는 이 담뱃진과의 사투가 가장 싫었다. 하루 이틀 이어진 사투가 아니라 중학교 3년 내내 담뱃진과 싸움이었다. 집에서 담배 농사를 짓지 않거나, 내가 고향을 떠나지 않는 한 담뱃진과의 사투는 계속될 것이기에 나는 어느 때부터인가 나도 모르게 고향을 떠나야겠다고 생각하게 되었다.

7학년[20]이라는 콤플렉스

내가 중학교 시절에 견디기 힘들었던 또 하나의 이유는, 중학교 입학시험에 불합격하였다는 콤플렉스가 있었다. 중고등학교가 의무 교육인 지금은 지원하는 학교의 추첨과 배정을 통해 입학하지만, 당시에는 중고등학교는 의무 교육이 아니기에 지원하는 학교의 입학시험에 합격해야만 진학할 수 있었다. 그래서 나는 초등학교를 졸업하고, 중학교 진학을 위해 오수중학교에 전형 원서를 제출하였고, 입학시험을 보고 난 후 합격자 발표 날짜를 손꼽아 기다리고 있었다. 그러던 중 눈보라가 세차게

---

20 7학년: 나는 중학교 입학시험에 실패하여 초등학교 6학년에 재수하였고, 그 이듬해 중학교 시험에 합격하였다. 즉 초등학교를 7년간 수학한 경험이 있다.

불어대며 추운 어느 날 문정동 셋째 형님께서 나를 부르셨다.

"봉수야...! 오늘이 합격자 발표일인데 가봐야지?"
"………"

나는 웬지 불길한 생각이 들었다. 그래서 나는

"추워서 가기 싫어, 형이 갔다 와...!"

나는 추워서 가기 싫다는 핑계를 대고, 형님에게 미루고 말았다. 그러고는 형이 합격의 소식을 갖고 오기만을 기다리고 있었다. 한참 만에 돌아온 형님은 "너, 합격자 명단에 없던데, 내년에 다시 시험 봐야겠다!"라고 말했다. 순간 나는 창피함이 온몸에 느껴지면서 눈물이 나오기 시작했다. 그런데 형님은 고맙게도 나를 꼭 껴안으면서 "울지 마...!"라고 위로해 주시면서, "너만 불합격한 것이 아니라, 우리 마을에서 지원한 친구들이 대부분 다 불합격했다"라고 말했다. 어찌했던 중학교 입학시험에 떨어진 나는 처음 겪은 좌절감과 창피함 때문에 한참 동안 두문불출(杜門不出)하였던 그때의 그 기억이 지금도 생생하게 떠오르곤 했다.

아무튼, 나는 중학교에 들어가기 위해서는 초등학교 6학년에 다시 재수(再修)할 수밖에 없었다. 즉 초등학교 7학년으로 재수하여 1년 후배들과 다시 학교에 다녀야 했던 어린 내 마음의 상처는 커져만 갔다. 어찌하였든 나는 그 이듬해에 오수중학교 시험에 합격하여 초등학교 1년 후배들과 함께 중학교를 졸업하였다.

다른 친구도 마찬가지였겠지만, 나는 불합격했다는 그 충격과 초등학교 7학년으로 다시 재수했던 뼈아픈 상처를 안고 중학교 3년 동안 보이지 않는 아픈 마음의 꼬리표를 달고 다녔다. 그 마음의 상처인지는 모르겠으나 중학교 친구들과 어울리기를 멀리했고, 고등학교 진학의 문제도 큰형님께서는 오수에서 다니라고 권유했지만, 나는 오수에서는 학교에 다니지 않겠다고 고집을 부렸다. 내가 그렇게 고집을 부리고 전주 상고 시험을 보려고 한 이유 중 하나가 중학교 입학시험에 떨어진 콤플렉스가 있었기 때문이었다.

가출(家出)을 생각하다

앞에서 언급하였듯이 나는 중학교 재학 3년 동안 육체적, 정신적으로 힘든 시절이었다. 중학교 시험에 떨어졌다는 부끄러움과 창피함으로 친구들과 어울리는 것을 멀리하였다. 그러므로 내가 방과 후에 친구들과 잘 어울리지 않고, 집으로 돌아와 바쁜 일손을 거드는 모습이 부모님과 큰형님의 눈에는 착한 아들이요, 착한 동생으로 보였을지는 모르겠다. 하지만 중학교 3년 동안 담배 농사에 질려버린 나는 육체적으로 고달팠고, 다른 친구들은 그렇지 않은 것 같은데 중학교 입학시험에 떨어졌다는 자괴감(自愧感)이 왜 그리 강했는지 정신적으로 힘들어하는 이중고에 시달려야만 했다. 그래서 나는 언제부터인지 몰라도 내 마음 한쪽에서는 고향을 떠나겠다는 마음이 자리 잡고 있었다.

어느덧 나는 중학교 졸업을 앞두고 있었다. 이제는 고향을 떠나 고등학교에 진학하느냐? 아니면 이 자리에 눌러앉아 담배 농사를 지으며 농부의 길을 선택하느냐? 하는 기로(岐路)에 서 있었다. 내가 고향을 떠나지 않는 한, 담뱃진과의 사투는 계속될 것이기에 선택의 여지가 없이 나는 고향을 떠나 고등학교에 진학하기로 마음먹었다. 당시 대학교에 진학하는 것은 가정 형편상 기대할 수 없었고, 나의 소박한 꿈은 전주 상업고등학교를 졸업하여 당시 젊은이들의 로망인 은행원이 되어 평범한 직장 생활을 하는 것이 소망이었다.

당시 1968학년도 고등학교 입학 지원서 접수 및 시험이 1967년 12월에 있었던 것으로 기억이 난다. 그래서 나는 전주 상고 시험을 보기 위해 입학 지원서 접수와 관련하여 어머니와 큰형님과 의논하였다. 아마 시험을 보기 대략 2개월 전이니까 1967년 10월쯤으로 기억되는 어느 날, 어머니와 큰형님께 이렇게 말씀을 드렸다.

"앞으로 두 달 후, 12월에 고등학교 입학시험이 있어요."

"그래, 어느 학교 다니고 싶은데?"

"전주 상고를 시험 보고 싶어요....!"

"우리 형편상 전주에 있는 학교는 어렵다. 통학도 어렵고, 하숙하든? 자취하든? 방을 얻어야 할 텐데...!"

"방 하나만 하나 얻어 주세요. 하숙하든 자취하든 나머지는 제가 벌어서 다닐게요."

"야! 우리 형편이 그러질 못하니 그러지 말고, 오수 상고 다녀...!"

"네~~~? 싫어요....!"

"오수 상고가 뭐 어때서..! 집에서 다녀도 되고...!"

"아무튼, 저는 오수 상고는 싫어요.!"

"오수 상고가 싫은 이유가 뭐냐?"

"..............!"

나는 사실 "오수 상고"가 싫은 것이 아니라, 고향을 떠나 공부하고 싶은 것이었다. 고향을 떠나기 위한 나의 명분은 딱 두 가지였다. 첫째는 고향에서 학교 다니면 다른 농사도 아닌 담배 농사를 거들지 않을 수가 없기에 그것을 피하려고 했고, 둘째는 중학교에 떨어졌다는 콤플렉스 때문에, 오수에서 학교 다니면 중학교 친구들과 자주 부딪치는 것을 피하고자 한 것이다. 그러나 나의 솔직한 심정을 말할 수도 없었고, 설령 사실대로 말한다 해도 설득이 안 될 것이기에 말하지 않았다. 그래서 오수 상고가 싫은 이유를 말하지 못하고 머뭇거리고 있는데 큰형님께서 어린 내 마음을 뒤집어놓은 말씀을 하셨다.

"오수 상고는 원서만 내면 다 들어간다고 들었다. 오수 상고도 너는 감지덕지(感之德之)로 알아라 이놈아....!"
"............!"
"중학교도 떨어진 놈이 무슨....! 네 실력으로 전주 상고 합격할 것 같아..!"
"............!"
"오수 상고 다니기 싫으면 학교 그만 둬라...!"
"............! 네, 저 고등학교 안 갈 거예요"

그러고는 문을 박차고 나와 아래채 사랑방으로 들어가 이불을 뒤집어쓰고 한없는 눈물을 쏟아냈다. 사실 나는 중학교에 떨어졌다는 자괴감(自愧感)을 떨쳐버리려고 중학교 3년 동안 무진 애를 썼다. 그것은 오직 고등학교 진학할 때는 내가 원하는 학교 입학시험에 당당히 합격하여 들어가겠다고 다짐하면서 나름대로는 최선을 다하여 열심히 공부했다. 한마디로 담뱃진과 사투를 치르면서 주경야독했다. 1, 2등은 못 했어도 항상 상위권은 유지해 가며, 명문고인 전주 고등하교는 못 가더라도 전주 상고는 가능성을 짐작하면서 설득도 해 보았다. 하지만, ("중학교도 떨어진 놈이 무슨....! 네 실력으로 전주 상고 합격할 것 같아..!")라는 큰형님의 말씀이 귓전에서 맴돌 때마다 뜨거운 눈물이 흐르는 것이 한두 번이 아니었다.

큰형님께서는 내가 가장 듣기 싫어하고 아파해 하던 아킬레스건과 같은 나의 약점을 건드린 것이다. 물론 나의 내면에 그러한 콤플렉스가 있을 줄 모르시고 하신 말씀으로 생각한다. 하지만 어린 나에게는 당시에 받아들이기 힘든 말씀이었다. 이제 정말 나는 고등학교 진학을 포기해야 하나? 담배 농사를 지으며 담뱃진과 사투해야 하나? 몇 날 며칠을 고민하며 생각해도 어떻게 해야 할지 생각이 나지 않았다.

그날 이후 어머니와 큰형님에게 전주 상고 시험 봐서 떨어지면, 농사 지으면서 살겠다고 몇 번을 설득했으나 허사가 되었다. 한창 입시 준비를 위해 공부해도 부족할 터인데, 책상에 앉아 있어도 공부가 되지 않았다. 그때부터 나는 입시 시험을 포기하고 방황하기 시작했다.

당시 11월에는 담배 공판 날짜에 맞추어 한창 바쁠 때이다. 예전 같으면 방과 후에 일찍 집에 와 일손을 거들 때인데, 친구들과 어울려 다니다가 늦게 집에 들어오고 집에 와서도 잠만 자기 일쑤였다. 이른바 반항이 시작된 그때부터 내가 술과 담배를 접하게 되지 않았나 생각된다. 그런데 몇 날 며칠을 그렇게 보내도 큰형님께서는 나를 찾지도 않았고, 어머니만 애가 타시는지 한숨 소리만 들렸다. 그 틈바구니에서 나는 처음으로 가출을 생각하게 되었고, 어느 날 정신을 차려보니 전주 상고 시험 보는 날짜가 이미 지나버렸음을 알게 되었다.

나는 정신이 번쩍 들었다. 내가 방황하며 두어 달 허송세월로 보내는 동안 이미 고등학교 전기 전형 시험이 모두 끝이 났고, 후기시험만 남아 있다는 사실을......! 큰형님 말씀대로 오수 상고를 지원하면 고등학교를 졸업할 수는 있을지 모른다. 그러나 나는 고향에서 학교는 다니기는 정말 싫었기에 이제는 가출만이 내가 가야 할 길로 판단하고 가출을 결심했다.

이제 언제 떠나야 하나? 그냥 아무도 모르게 야반도주(夜半逃走)해 버릴까? 그러나 아무리 생각해 봐도 아무도 모르게 집을 나가는 것은, 남아 있는 식구들에게 더 큰 걱정을 안겨주는 것 같았다. 왜냐하면, 당시 우리 집안 친척 중에도 아들이 가출한 가정이 있었는데, 집 나간 자식 걱정하며 애태우시는 그 부모님의 모습을 지켜보았기 때문이다.

서울로 유학(遊學)한 촌놈

1967년 12월 성탄절 때쯤으로 기억되는 어느 날, 나는 가출하되 어머니한테는 말씀을 드리고 떠나는 것이 내 마음이 편할 것 같아 아무도 없을 때 조용히 어머니에게 말씀을 드렸다.

"어머니...! 나, 어머니한테 할 말 있어요...!"
"뭔데...? 네가 할 말 있다는 것 내가 안다. 학교 때문이지?"
"응..! 그런데...! 정말 나는 오수 상고는 안가? 그래서 나는 지금부터 독립할 테니 그렇게 아세요. 그리고 내가 자리 잡으면 꼭 연락할게요...!"
"이놈아...! 너 집 나가겠다는 소리야?"
"네, 그럴 거예요."

"이 어미 죽는 꼴 안 보려면 조금만 기다려 봐...! 서울 올라갈 차비 만 들어 줄 테니, 서울로 올라가....!"

"아니, 어머니...! 이게 무슨 소리야?"

"지난번에 서울 작은형이 집에 왔을 때, 네 이야기 해놨어."

나는 서울은 생각해 본 적도 없고, 서울로 보내 달라고 해 본 적도 없었다. 그런데 서울로 올라가라니? 금시초문에 나는 놀라지 않을 수가 없었다. 그래서 어머니께 자초지종을 묻게 되었고, 그 말씀을 정리해 보면 이렇다.

내가 큰형님과 진학 문제로 갈등이 시작되면서 방황하고 있을 때, 마침 서울에 계신 석관동 형님께서 집에 오신 적이 있었는데, 그때 큰형님과 어머니께서 석관동 둘째 형님에게 "봉수가 전주에서 학교 다니겠다면서 방을 얻어 달라는데, 형편이 그렇지 못하다. 학자금과 양식은 때가 되면 보내겠다"라는 약속을 하고 동생을 거둬달라고 부탁했다고 한다.

나는 정말 믿을 수가 없었다. 내가 다니고 싶은 학교는 전주 상고였지, 서울에 있는 학교가 아니었다. 그런데 문제는 전주 상고 시험 볼 기회마저 놓쳐버렸고, 이제 후기시험만 남겨놓은 상태이다. 나는 서울로 상경한다는 기쁨보다도 두려움이 먼저 앞섰다. 그렇다고 포기할 수도 없는 진퇴양난이었다. 더구나 서울로 상경하여 시험을 치러야 할 학교는 어떤 학교인지? 언제 시험을 보아야 하는지? 아무런 정보도 없이 무작정 상경해야 하는 내 마음은 무겁기만 하였다. 아무튼, 나는 앞으로 내 앞길이 어떻게 펼쳐질지 가늠하지 못한 채, 태산 같은 걱정을 안고 어머니가 마련해 주신 여비 4,000원과 석관동 작은형님이 근무하시는 직장 주소만

중학교 3학년 시절 "삼총사", 어디서에서 찍었는지...?!

들고 1968년 1월 서울로 상경하였다. (86페이지 아래 둘째 줄과 연결하여 다시 한번 읽게되면, 이해하는데 도움이 될 것이다)

　나는 정말 서울에서 학교 다니겠다고 상상도 해 보지 않았었다. 다만 오수를 떠나 전주에서 학교 다니겠다는 강한 나의 주장과 오수에서 학교 다니라는 큰형님의 강한 의견 충돌이 빚어진 결과라는 것을 부인하지 않는다. 어찌했든 나는 서울로 상경하여 한양공업 고등학교 입학시험을 보았고, 다행히도 공예과(工藝科)[21]에 합격하여 입학하게 되었다.

　만약 내가 한양공고 시험에 불합격하였다면, 아마 나는 성북구 인수동 작은형님 집을 나왔을 것이고, 고향으로 발길을 돌리는 대신 정처 없이 방황하며 헤매지 않았을까? 그리고 나는 어떤 길을 걸어왔을까? 가끔

21　공예과(工藝科): 미술 분야 중 조형예술의 한 장르인 공예(工藝)에는 금속공예, 도자공예, 목칠공예, 섬유공예를 중심으로 이론과 실기를 조화롭게 구현하는 학문이다. 공예과는 당시 실업계 공업고등학교 중, 한양공고에만 이 학과가 편성되어 있었다고 한다.

상상하며 나를 돌아본다. 아무튼, 원치 않았던 서울 유학 생활이 나에게
는 7학년이라는 콤플렉스를 잊고, 어려움을 극복하는 전화위복의 계기
가 되었음은 사실이었다. 석관동 작은형님과 형수님의 헌신적인 보살핌
으로 나는 학교 다닐 수 있었기에 다시 한번 두 분께 감사드립니다.

간성(干城)의 길

11

청운(青雲)의
꿈을 품다

1968년 어느 봄날 일요일로 기억이 난다. 그때는 내가 한양공업고등학교에 입학한 지 얼마 되지 않았고, 성북구 길음동(당시 인수동) 둘째 형님 집에 살고 있을 때였다. 당시 문정동 셋째 형님께서는 육군 소위로 임관(단기사관 #2기)하여 수도경비 사령부(지금은 수도방위 사령부) 헌병대에 근무 중이셨는데, 내가 시골에서 올라와 한양공고에 입학하였다는 소식을 듣고 형님 집을 방문한 적이 있었다.

이때 문정동 셋째 형님께서는 헌병 지프를 타고 오셨는데 그 복장의 위엄에 나는 도취(陶醉)되고 말았다. 어린 내 눈에 비치는 형님의 외모는 정말 멋있었다, 즉 훤칠하고 날씬한 키, 머리에는 헌병 헬멧과 선그라스, 각지게 주름 잡힌 카키복에 반짝이는 요대(腰帶)와 권총, 번뜩거리는 군화, 어디 하나 흐트러짐이 없는 절도 있는 모습에 매료(魅了)된 적이 있었다. 이때부터 나는 군인을 동경(憧憬)하기 시작했고, 기회가 되면 꼭 한번 도전해 보고 싶은 욕망이 생기기 시작했다.

고등학교 2학년 때(앞줄 왼쪽이 필자), 가을 소풍 당시 서오릉에서 찍은 친구들.
위 사진 중 나를 포함 4명은 지금도 반창회 모임 시 자주 만나곤 하는데, 3명은 어디에 있
는지....!?

육군사관학교 불합격

어느덧 나에게도 고등학교 졸업반이 되어 나의 진로를 생각하지 않을
수가 없었다. 그때 나는 고등학교 3학년 내내 대학교에 진학하고 싶은
강한 욕망이 일어났으나, 가정 형편을 생각할 때 부모님으로부터, 또는
형님으로부터 학비 지원을 받아 가며 대학교에 다닌다는 것은, 현실적으
로 어렵다는 결론을 내렸다. 원래 나는 상업계의 학교를 졸업하여 은행
원이 되는 것이 꿈이었으나, 공업계의 학교에 다니면서 그 꿈을 접게 되
었다. 그리고 나는 졸업을 앞두고 3년 동안 전공했던 공예 분야의 전공
을 살려서 금속 또는 목칠공예 분야로 사회에 진출할까? 아니면, 문정동
셋째 형님처럼 직업군인의 길을 선택할까? 고민하기 시작했다.

내년 1월이면 나는 고등학교를 졸업하게 되고 또 1년 후, 1972년에는
영장에 의해 소집되어 군에 입대해야 한다. 군에 입대하면 3년이란 세월

은 국가에 의무적으로 헌신해야만 하는 기간이다. 병역의 의무는 남자들에게는 반드시 지켜야 할 의무이긴 하나, 이 짧지 않은 3년의 기간이 자칫 허송세월이 될 수도 있다. 그래서 나는 이 기간이 허송세월이 아닌, 내 인생에 꼭 필요한 기간으로 만들어야 하겠다는 생각과 함께, 직업군인의 길을 걸으면서 대학교에 다닐 수 있는 길이 있을까? 생각하고 고민하던 중, 육군사관학교 제31기 사관생도를 모집한다는 소식을 접하게 되었다. 육군사관학교에 입학하게 되면, 국비로 대학 졸업과 동시에 육군 소위로 임관되어 직업군인의 길을 걸을 수 있다. 한마디로 두 마리의 토끼를 한 번에 잡을 수 있는 절호의 기회가 눈앞에 와있었다. 그런데 나에게는 육군사관학교 시험을 응시할 수도 없는 불리한 상황이었다.

당시 실업계인 우리 학교에서는 고등학교 3학년에 올라가면서 대학교 진학을 희망한 자는 '종합반'에 편성되어 대학입시를 준비해야 하고, 그렇지 않으면 취업을 준비해야 한다. 즉 나는 형편상 종합반에 들어가지 않았으므로 육군사관학교 시험에 응시할 수 없는 불리한 조건이었으나, 담임선생님의 특별한 배려로 학교장의 추천을 받았다. 그리고 나는 1970년 10월에 육군사관학교 제31기 사관생도 모집 시험에 응시하였으나 불합격하면서 육군사관학교의 높은 벽을 실감할 수밖에 없었다. 만약 내가 이 시험에 합격하여 졸업하고 임관하였다면 우리 교회의 이종선 장로님과 동기가 되었을 것이다.

그 이후 또다시 나는 과거 중학교 입학시험에 떨어졌던 생각이 나면서 한동안 콤플렉스에 시달려야만 했다. 그래서인지 육군사관학교 시험에 응시했던 이력, 그리고 불합격했다는 사실을 우리 가족뿐만 아니라, 누구에게도 지금까지 말해 본 적이 없었다. 그러나 이제는 그러한 콤플렉스도, 부끄러움과 수치심도 없기에 떳떳하고 편안한 마음으로 모든 분에게 이 글을 통해서 처음으로 밝힌다.

나를 위한 맞춤형 학교

육군사관학교 시험에 불합격한 그해 1970년 12월 어느 날 밤, 다음 달 고등학교 졸업을 앞두고 종로에서 친구와 만나 송년회를 겸한 졸업 기념 반창회(班窓會) 첫 모임이 있었다. 우리는 내년이면 졸업과 함께 사회로 첫 출발하게 됨을 자축(自祝)하며, 서로의 진로를 모색하면서 여흥시간을 보냈다. 대학교 진학을 희망하여 종합반에 편성된 친구들은 지난달 대학입학예비고사 시험을 마치고, 대학교 본고사에 준비하는 친구도 있었고, 나처럼 취업을 준비하는 친구도 있었다.

나는 반창회에 참석은 하였으나, 즐겁게 어울리지 못하고 불안한 마음을 떨쳐버릴 수가 없었다. 왜냐하면, 나는 지난 10월에 육군사관학교 생도 모집 시험에 불합격한 바가 있었기에 지워졌던 과거 중학교의 콤플렉스가 되살아나 위축된 내 마음이 더욱더 심란(心亂)하였기 때문이었다. 나는 앞으로 어떻게 해야 하나? 대학입학예비고사도 치르지 않았으니 대학교 본고사에 지원할 수도 없고, 육군사관학교 시험에도 불합격했고, 나는 무엇을 해야 하나? 내년이면 나도 21살인데 나의 진로가 아무것도 결정된 것이 없어 앞이 캄캄했다.

나는 친구들이 건네준 술잔을 마다하고, 취기 어린 몸을 이끌고 밖으로 나와 홍제동 집으로 가는 시내버스에 몸을 실었다. 언제 저렇게 많은 눈이 내렸는지 시내버스는 힘겹게 무악재를 넘어 홍제동에 정차했다. 나는 시내버스에서 내려 집으로 가기 위해 육교를 건너 홍제동 파출소 앞을 걷고 있었다. 그때 파출소 앞의 안내 게시판에 붙은 "육군3사관학교

봉선생의 큰 소망, 민들레 꽃씨 되어

제8기 사관후보생 모집" 공고문이 나의 시선을 멈추게 했다. 나는 추운지도 모르고 희미한 가로등의 불빛 아래 공고문을 하나하나 꼼꼼히 살펴보았다. 지금은 공고문 내용이 자세히 생각나지 않으나 확실하게 기억에 남는 것만 정리해 보면 다음과 같은 내용이다.

육군3사관학교 제8기 사관후보생 모집

- ▶ 모집인원: ○○○명
- ▶ 지원자격: 고등학교 이상 졸업자 또는 고등학교 졸업예정자
- ▶ 원서접수 기간/장소: 1971년 ○월 ○일 ~ ○월○일/지방병무청
- ▶ 시험일자: 1차 필기시험 - 1971년 ○월 ○일 오전 ○○시부터
   2차 체력검정 및 신체검사(1차 합격발표 시 공고)
- ▶ 시험장소: 각 지방병무청에서 지정 장소(지원서 접수 시 안내)
- ▶ 합격발표/장소: 1차 1971년 ○월 ○일/지방병무청 게시판
   2차 최종합격발표-개별통지(입영 일자 통보)
- ▶ 입소 및 교육 기간: 1971년 7월 ~ 1973년 7월(2년)
- ▶ 졸업 후 특전 및 혜택
   1) 육군 소위로 임관
   2) 초급대학교 2년 전문학사인정
   3) 복무 기간 중 4년제 대학 편입 및 위탁 교육 가능
   4) 의무 복무 7년 근무 후 장기복무 가능

나는 위와 같은 육군3사관학교 후보생 모집 공고문을 살펴보면서 쿵쿵거리는 심장의 박동 소리와 함께 흥분되기 시작했다. 비록 육군사관학교 진학은 실패했지만, 육군 소위로 임관과 동시에 정규 대학에 편입할수 있는 길이 아직 남아있다는 희망이 있었기 때문이다. 이때 처음 알게된 육군3사관학교는 이른바 나만을 위한 맞춤형 학교라 할까? 내가 바라

고 있던 두 마리의 토끼를 한 번에 잡을 수 있는 절호의 기회가 또다시 내 앞에 와 있다는 것을 정말 믿을 수가 없었다. 아직 시험을 보기 전이지만 합격이나 된 것처럼, 그날 밤을 기뻐하며 보냈던 당시의 기억이 아직도 생생하다.

육군3사관학교 합격

나는 육군3사관학교 후보생 모집에 지원하기로 마음을 먹고, 1971년 1월 고등학교를 졸업 후, 시험 준비에 들어갔다. 50여 년 전 일이라 기억이 희미하기는 하나, 지금 기억으로는 3월에 1차 필기시험(국어, 영어, 수학, 국사), 4월에 2차 시험인 체력검정 및 신체검사, 그리고 최종 합격자 발표가 있었던 것으로 기억이 난다.

나는 시험준비를 하면서 석관동 형님 그리고 문정동 형님께 나의 진로 문제를 포함한 육군3사관학교 시험에 응시하겠다는 말씀을 드렸더니, "너의 결정을 존중하며 응원한다. 하지만 장교로서의 군인의 길은 어렵고 험난한 길이다. 특히 육사 출신이 아닌 일반 출신 장교들이 살아남으려면, 험난한 길을 각오해야 한다"라는 격려의 말씀이 지금도 귓가에 울리는 듯하다.

그 후 나는 육군3사관학교 시험에 응시하였고, 최종 합격 통지서를 받은 나는 천하를 얻은 것처럼 기뻐했다. 그도 그럴 것이 내년에 자동으로 징집되어 군에 입대할 것이, 1년 이상 앞당겨지면서 앞이 보이지 않았던 나의 진로 문제가 트이기 시작했고, 더군다나 2년간의 교육 훈련을 마치고 육군 소위로 임관되면 내가 그렇게 원하던 정규 대학에 편입할 수 있는 자격이 부여된다는 기대감이 부풀었기에 어찌 기뻐하지 않을 수 있으랴...!

12
혼魂이 빠져버린
입교入校 첫날

1971년 7월 11일 일요일 새벽이다. 막내아들 군대 간다고 새벽잠 설치신 부모님께 큰절하고, 그리고 큰형님과 형수님께 인사드리고 문밖을 나서니 이내 눈시울이 뜨거워지고 있었다. 그러나 나는 보무(步武)도 당당하게 기쁜 마음으로 육군3사관학교가 위치한 대구 영천을 향해 오수역에서 서울로 향하는 새벽 열차에 올랐다. 그리고 지그시 눈을 감고, 생각에 잠겼다. 앞으로 얼마나 힘들고 고된 훈련이 나를 기다리고 있을지? 그리고 그 훈련을 잘 견디어 낼 수 있을지? 하지만 21살 청년 나에게는 걱정도 두려움도 전혀 없었다.

나는 대전에서 동대구로 향하는 열차를 갈아타기 위해 내리면서 주변을 돌아보니, 내 또래쯤 되어 보이는 많은 친구들이 같은 열차에 오르는 것으로 보아, 저 친구들도 나와 함께 입교하는 친구들이라고 생각했다. 이내 나는 그들과 함께 동대구를 거쳐 영천역에 도착하여 대기하고 있던 군용트럭을 타고 늦은 오후, 군악대의 환영을 받으며 육군3사관학교 연병장에 도착하여 간단한 신분 확인 절차를 마쳤다. 그리고 지금까지 입고 있는 모든 옷을 벗고, 지급된 노란 사각팬티로 갈아입은 후, 각자 자기가 입고 왔던 옷과 신발, 모자 등의 피복들을 포장하여 고향으로 발송하는 절차를 모두 마친 후, 지정된 장소에 집합하였다.

동작 그만.! 실시.! 그리고 원위치.!

안내 조교의 호명에 따라 5중대에 배치된 나를 포함한 우리는 중대 막사에 도착하여 전투복, 모자, 군화를 포함한 기본 장구류 등을 지급받아 각자 내무반(지금은 생활관)으로 인솔되었다. 인솔자의 안내에 따라 내무반에 들어와 보니, 20명이 한 내무반에서 생활할 수 있도록 침상과 관물대에 이름과 교번이 순서대로 부착되어 있음을 확인할 수 있었다. 그리고 나는 제4소대 제8내무반 입구 왼쪽 2층 중간쯤에 내 이름과 교번(6973)이 적혀 있는 침상과 관물대가 있음을 확인하고, "여기가 앞으로 내가 2년간 잠자면서 훈련을 받아야 할 요람"이라는 것을 직감적으로 느꼈다. 그리고 어느 정도 시간이 지났을까? 우리가 지급받은 보급품을 관물대에 정리하고 있는 그때였다. 복도에서 누군가 우렁찬 목소리로 명령하는 소리가 들렸다.

"올 것이 왔구나...! 드디어 시작하는 건가...!?"
"동작 그만...! 지금 내무반에 있는 모든 사관후보생[1]들은 전투복으로 갈아입고 중대 연병장으로 선착순 집합한다. 다시 한번 전달한다. 지금 내무반에 있는 사관후보생들은 전투복으로 갈아입고 중대 연

---

1 사관후보생(士官候補生): 내가 입학할 당시에는 "사관후보생(士官候補生)"으로 모집되었으나, 13기부터는 "사관생도(士官生徒)"로 모집되었다.

병장으로 선착순 집합한다. 실시...!"

훈련되지 않은 오합지졸(烏合之卒)들..! 우리는 조금 전에 입고 왔던 옷을 다 벗어 포장하여 고향으로 발송했기 때문에 현재는 노란 사각팬티만 입고 있었다. 우리는 최대한 빨리 전투복으로 갈아입기 위해 이리 몰리고, 저리 뛰어다니며 야단법석이다. 어느새 인지 벌써 조교 1명씩 내무반에 배치되어 전달자의 명령을 복창하며 우리들의 일거수일투족을 감시하고, 눈을 부라리며 우리들의 행동을 살피고 있다.

"동작 그만...! 누가 움직이나? 눈동자가 돌아가는 소리가 난다...!"

또다시 "동작 그만...!" 명령이 떨어졌다. 그런데 그 소리를 듣지 못한 후보생들은 전투복을 갈아입느라 정신이 없다. 그러나 그들은 즉시 호출되어 별도의 기합을 받는다. "동작 그만...!" 명령이 떨어지면 동작을 그대로 멈추고, 숨소리까지 죽여가며 다음 지시를 받아야 한다. 만약 집중하지 않으면 흘러듣기 쉽고 이내 호출되어 별도의 기합을 받게 된다.

"동작 그만...!" 다시 한번 전달한다. 현재 복장에서 군화를 신고 중대 연병장으로 선착순 집합한다. 실시...!"

현재 복장이라 했으니 바지만 입은 사람, 전투복 상, 하의를 다 입은 사람, 아직도 노란 사각팬티만 입은 사람, 각양각색(各樣各色)이다. "동작 그만...! 원위치...!" 똑같은 반복 명령이 수십 번은 이루어진 것 같다. 군기가 빠진 정신을 군인정신으로 바꾸기 위해, 혼을 쏙 빼놓기 시작했다. 민간인 신분에서 군인의 신분으로 탈바꿈하기 위한 반드시 거쳐야 할 과정이 아닐까? 그러나 몸에 배지 않은 나는 체력의 한계를 느끼기 시작했다. 벌써 온몸이 땀에 범벅, 콧물 범벅 정말 아비규환(阿鼻叫喚)이 따로 없다. 어떤 친구는 노란 사각팬티 차림에 군화를 신다가 뛰어나왔다. 우리는 웃지도 못하고 바짝 긴장하고, 선착순 일렬로 서서 헉헉대며 다음 명령을 기다린다.

"동작 그만...!" 앞에서 뒤로 번호...!

"하나, 둘, 셋, 넷, 다섯,..........열 아홉, 스물, 스물 하나, 스물 둘,...!"

"번호 그만...! 1번부터 20번까지 후보생들은 내무반으로 들어가서 전투복에 통일화를 신고 현 위치에 집합한다. 그리고 나머지 후보생들은 좌측 100m 전방 포플러 나무를 시계 반대 방향으로 5번 돌고, 내무반으로 들어가서 전투복에 통일화를 신고 현 위치에 집합한다. 실시...!"

".............!"

"동작 그만...! 원위치....! 명령을 내리면 귀관들은 '실시', '원위치'를 항상 복명복창 한다. 알겠나...! 실시...!"

"실시...!"

"원위치...!"

"실시...!"

1971년 7월 11일 처음으로 육군3사관학교에 도착한 첫날 배운 용어는 "동작 그만...! 실시...! 원위치...!" 이 세 단어를 몸소 실습으로 체험하면서 저녁도 먹기 전에 혼이 다 빠져버린 상태로 우리는 어울리지 않는

봉선생의 큰 소망, 민들레 꽃씨 되어

전투복 차림으로 중대 연병장에 집합하였다.

선착순에서 살아남기

이제 첫날인데 까마득한 2년의 세월을 어떻게 견디나? 견딜 수는 있을지? 나는 만감이 교차하며 바짝 긴장하고 중대 연병장에 집합하였다. 그때 날카롭고 차가운 인상의 장교가 단상에 올라서 우리를 향하여 자신을 소개하며 이렇게 지시했다.

"나는 앞으로 귀관(貴官)들의 내무생활과 훈육을 책임지는 5중대장 김재신 대위이다. 오늘 저녁 식사가 끝나고 중대로 복귀함과 동시에 노란 사각팬티로 갈아입고, 맨발로 활동한다. 오늘만이 아니라 매일 정규 교육 시간이 끝난 이후부터 일석 점호시간까지는 별도의 지시가 없는 한 노란 사각팬티에 맨발로 활동한다. 그리고 저녁 식사 후 여러분들에게 내일부터 진행되는 교육 훈련 준비를 위한 지시 사항과 내무생활 지침을 교육할 예정이니 19:00까지 중대 연병장으로 집합한다. 이상 지시 끝"

중대장의 지시가 끝나자 우리는 소대장의 인솔하에 소대별로 식당으로 이동했다. 식사하러 이동하는 도중 발이 맞지 않는다고 선착순, 오와 열이 맞지 않는다고 선착순, 전방을 보지 않고 땅을 쳐다보고 걷는다고 선착순이다. 이건 저녁 식사하러 가는 것 아니라, 트집을 잡아 선착순을 시키는 것 같았다. 선착순에서 살아남아야, 조금이라도 편하다. 잠시라도 그 편안함을 누리기 위하여 박이 터진다. 옆에 있는 친구가 누구인지?

이름이 무엇인지? 아무도 보이지 않는다. 지금은 나 혼자 살기에도 바쁘다. 키 크고 덩치 큰 사람이 새치기해도, 나같이 왜소한 사람은 밀린다. 이것이 훈련되지 않은 우리들의 모습이다. 선착순에도 질서가 있고, 양보가 있어야 한다. "장교는 국제 신사"라는 말을 처음 들어보았다. 선착순의 진정한 의미를 깨닫고 체험하여 군인의 모습으로 변화될 때까지 선착순은 계속되었다.

아무튼, 우리는 저녁 식사하기 전에 몇 번의 선착순을 거친 다음에 저녁 식사를 마칠 수 있었다. 그리고 19:00에 중대 연병장에 노란 팬티 차림에 맨발로 집합한 우리는 내일부터 실시되는 교육 준비 사항과 내무생활 요령에 대하여 교육을 받았다. 그러나 아직 우리는 기초 군사훈련을 받지도 않은 상태이다. 앞으로 어떤 고통과 고된 훈련이 어떻게 전개될지? 그리고 나의 체력과 인내력의 한계는 어디까지일까? 육군3사관학교에 도착한 첫날, 1971년 7월 11일 일요일이 그렇게 지나갔다.

13

너희들이 자갈밭에서
맨발로 뛰어봤나?

나는 2주일간의 강도 높은 기초 군사훈련이 진행되는 가입교(假入校) 기간을 거치면서 정식 입교(入校)를 눈앞에 두고 있었다. 그때 강도 높은 훈련을 견디지 못하고 자퇴 또는 규정을 어겨 강제로 퇴교 조치 된 후보생이 수십 명이나 되었다. 하지만 나는 이 교육 훈련을 견디지 못하고 자퇴하거나, 퇴교를 당하여 낙오된다면, 사회에 나가서 무엇을 할 수 있을까? 나는 어떠한 고통과 힘든 훈련이 있다고 할지라도 인내하며, 젊은 패기와 투지로 극복하겠다고 나 자신과 스스로 약속했다. 그리고 나는 1971년 7월 26일 육군3사관학교에 정식 입교하여 대한민국의 장교가 되기 위한 2년간의 피나는 교육 훈련이 시작되었다.

내가 육군3사관학교에 입교하여 2주간의 가입교 기간을 거치면서 가장 강렬한 인상(印象)을 받았던 것은, 브랜드 칼라(Bland Color)2가 파란색인 사

2　브랜드 칼라(Bland Color): 브랜드 칼라(Bland Color)는 기수별(期數別)로 구분되어 있었다. 6기 선배는 파란색, 7기 선배는 빨간색, 그리고 이제 입교한 우리 8기생은 노란색, 그리고 9기생은 초록색이었다. 이 브랜드 칼라의 사각팬티는 멀리서도 선, 후배를 쉽게 구분할 수 있으며, 각종 행사 시에 이미지 마크(Image Mark)로 사용되었다.

각팬티를 입고 맨발로 자갈밭을 구보(驅步)하는 6기 선배들의 모습이었다. 구릿빛 체격에 흐트러지지 않는 시선과 대오(隊伍), 그리고 우렁찬 구호(口號) 소리에 압도되었다. 나는 맨발로 자갈밭을 걷고 뛰는 것을 상상도 해 보지 않았다. 그런데 나에게도 현실로 다가왔고, 선배들처럼 뛰지 못하면 낙오되지 않을까? 두렵고 무서웠다. 지난번 중대장이 맨발 구보에 대한 말씀이 생각났다.

"오늘 이 시간부터 정규 교육 훈련 시간 이외에는 노란 사각팬티에 맨발로 보행한다. 그리고 모든 보행은 직각 보행이다. 보다시피 학교 내 모든 도로, 중대 막사 주변 및 연병장(충성 연병장 제외)은 자갈이 깔려있다. 자갈길을 보행할 때 시선은 전방 15도, 보폭 45도, 팔은 90도 큰 걸음이다. 맨발로 걷는다고 해서 땅을 내려 보거나, 자갈을 피해서도 안된다. 안 되면 될 때까지 훈련은 반복된다. 이상 훈시 끝"

노란 팬티와 맨발

화장실 갈 때도 맨발, 식당에 갈 때도 맨발, 야외 훈련을 제외하고 교내의 활동 모두가 맨발 구보였다. 한 사람이 잘못하면 연대 책임을 물어 내무반 전체, 아니면 소대, 중대 전체가 맨발로 자갈밭에서 선착순이다. 야간에 불침번 또는 동초(動哨) 근무를 잘못하면 모두가 기상하여 중대 막사를 선착순 돌리기를 한두 번 경험한 것이 아니다. 처음에는 발바닥이 찢어지고 피가 나와도, 절뚝거리며 맨발로 자갈밭을 뛰며 걷기를 반복해야만 했다. 맨발로 단체 이동할 때 대오가 맞지 않는다고, 땅을 보고 걷는다고 선착순도 수십 번 했다. 때로는 아침점호를 맨발 구보로 2Km를 뛰어야 했다. 한두 번 눈물 흘린 것도 아니다. 자퇴할까도 수십 번 생각해 보았다. 맨발로 자갈밭을 뛰는 것뿐만 아니라, 모든 훈련 자체가 강도 높은 훈련을 통해 강인한 체력을 보유한 초급장교를 양성하는데, 중점을 두고 훈련이 진행되었음을 알게 되었다. 즉 육군3사관학교를 창설하게 되는 배경을 보면 왜 우리가 그렇게 고도의 힘든 훈련을 받아야 했는가를 이해할 수 있다.

1968년은 북한이 각종 무력도발을 감행한 한 해였다. 1월에는 김신조 일당의 '1·21 무장공비 청와대 기습사건'을 시작으로 1월 23일에는 '미 정보함 푸에블로호 납치사건', 그리고 11월 3일에는 120명의 무장공비를 울진, 삼척지구에 침투시켰다. 1968년에 계속된 북한에 의한 일련의 무력도발은 대한민국의 군 정예화를 앞당기게 하는 계기(契機)가 되었다. 이러한 사건을 계기로 박정희 대통령은 국방력 강화를 위해, 먼저 1968년 4월 1일 '싸우면서 일하고, 일하면서 싸운다'는 슬로건을 내걸고 250만의 향토예비군을 창설하였고, 4월부터는 고등학교 이상의 학교에서 군사 기본훈련이 시작되었다.

특히 국방력 강화라는 시대적 요청과 박정희 대통령의 지시에 따라 북한 124군 부대의 군관을 능가하는 장교 육성을 위해, 1968년 10월 15일에 육군3사관학교가 경북 영천에 창설되면서 초대 교장으로 정봉욱 소장이 임명되었다. 그래서 정봉욱 소장은 1. 21사태 당시 북한 124군 부대원(전원 장교) 김신조 일당이 청와대 300m 앞까지 산악에서 12km를 1시간에 주파했던 그들의 체력을 능가하는 초급장교 양성을 위해 강도 높은 훈련을 지시했다고 한다.

지금 생각하면 왜소한 체격이었던 내가 그렇게 고되고 피나는 훈련을 끝까지 어떻게 참고 견디며 극복했었는지? 그리고 잘 견디고 인내하여 빛나는 육군 소위로 임관한 나 자신이 정말 자랑스럽다.

14

수양록修養錄

    수양록(修養錄)은 육군3사관학교에 입교하고부터 졸업할 때까지 하루도 빼놓지 않고 기록한 일기장이다. 이를테면, 충무공 이순신 장군이 왜군과 싸우면서 전장(戰場)의 상황과 전투에 임하는 그날그날의 심정을 기록한 '난중일기(亂中日記)처럼, 나의 수양록 또한 교육 훈련을 받으면서 고되고 어려웠던 순간들의 감정을 기록하고, 부족하고 잘못한 것을 반성하며, 나 자신을 국제 신사의 자질을 갖추어나가겠다고 다짐하면서 2년 동안 써나가는 일기장이다.

    그런데 나에게는 그 보물 같은 수양록을 현재 가지고 있지 않다. 지금으로부터 50년 전 육군3사관학교를 졸업과 동시에 가지고 나왔던 책들, 즉 수양록을 포함한 모든 책을 고향 집에 보관하였고, 그 후로 나는 20여 년 동안 전후방을 옮겨 다니면서, 그것들을 챙기지 못하였다. 더구나 내가 어렸을 때 부모님과 모든 가족이 함께 살았던 초가집을 허물고 큰형님께서 1994년 한옥으로 신축하면서, 내가 당시 보관하였던 그 책들이 어디에 있는지 알 수가 없다.

    만약 그 수양록이 지금 나에게 있다면, 내가 이 자서전을 집필하는 데

당시 나의 각오, 정신 상태를 좀 더 생동감 있게 표현할 수 있을 텐데, 50
여 년이 지난 그날들의 기억을 끄집어내는 데 한계가 있음을 절실히 느
끼면서, 당시 수양록에 기록했으리라고 생각되는 몇 가지의 추억들을 더
들어 본다.

나의 각오(覺悟) – ○○년 ○월 ○일

나는 1971년 7월 26일 육군3사관학교 8기로 정식 입교하였다. 이제부
터 졸업할 때까지 2년간 피나는 교육 훈련이 진행될 것이다. "조국, 명예,
충용"이라는 교훈(校訓)을 항상 기억하며, 장교가 되기 위한 길을 걸을 것
이다. 어떠한 고난과 시련이 닥쳐올지라도 오뚜기처럼 일어나야 한다.
나의 소속은 제5중대 제4소대, 교번 6973번 사관후보생임을 잊지 말자.

입교식에서 학교장(소장 이근양)의 훈시 중 "민간인의 묵은 때를 벗겨내고,
군인정신과 사명감이 투철한 호국(護國)의 간성(干城)이 되는 길은 그리 순탄
치 않을 것"이라는 말씀에 강인한 체력, 전술 전기의 다양한 훈련을 통하
여 수양(修養)되는 과정은 험난한 여정이 될 것이라는 예감(豫感)이 든다.

총기 손질 불량 – ○○년 ○월 ○일

오늘부터 1주일간 식사 당번을 맡았다. 식사 배식 30분 전까지 식당
에 도착하여 배식을 준비하고, 후보생들이 식사가 끝나면 설거지와 식당
정리 정돈을 해야 한다. 그러다 보니 내무생활에는 허점이 많았다. 점호
나 내무검사에는 복장 상태, 비품과 침구 정돈 상태, 병기 손질 상태 등을
검사한다. 오늘 일석점호 시 '총기 손질 불량'으로 지적을 받았다.

"네...! 6973번 한봉수 사관후보생, 총기 손질 불량 쪼그려뛰기 20회
실시"

양심 불량 – ○○년 ○월 ○일

매주 토요일 오전 10시에는 내무검사가 있는 날이다. 내무검사, 점호
행사 등은 가입교 기간이 지나면 중대장 후보생의 지휘하에 자치적으로
진행한다. 이때 암기사항, 복장 및 태도, 관물 정돈 및 장구류, 개인위생,
내무반 및 담당구역 환경정리에 이르기까지 내무생활 전반적인 검열을
받는다. 이때 지적을 받으면 너도나도 불량 복창과 쪼그려 뛰기가 실시
되었다. 나는 '장교의 책무'라는 암기 사항 불량으로 지적을 받고 쪼그려
뛰기 20회를 부여받았다.

여러 사람이 각기 다른 지적을 받고 거의 동시에 쪼그려 뛰기를 하고
있으므로 소대장이 일일이 확인하지 못한다. 나는 이것을 이용하여 "하
나, 둘, 셋, 넷... 일곱... 아홉, 열... 열둘.., 열넷... 열 아홉, 스물"하고 요
령을 피웠다. 이것을 수양록에 '양심 불량'이란 제목으로 기록하고 수양
록을 제출했다. 이것은 양심을 속이지 말라는 스스로 원칙을 지키기 위
한 것이었다. 그리고 중대장의 호출을 받았다. 나는 기합받을 것을 각오
하고 중대장에게 불려갔다.

"충성...! 6973번 한봉수 사관후보생! 중대장님께 불려 왔습니다."
"사관후보생이 요령을 피우면 되나! 장교가 요령을 피워서는 안 된
다. 알겠나...!"

"네, 알겠습니다."

"너는 요령을 피웠기 때문에 벌점 5점이다. 그러나 너는 양심을 속이지 않았으므로 벌점을 부여하지 않겠다. 알겠나...! 돌아가라...!"

"네, 알겠습니다. 돌아가겠습니다. 충성!"

그날따라 부드럽게 대해 주신 중대장이 지금도 기억이 생생하다.

장교의 책무 - ○○년 ○월 ○일

얼마 전 내무검사를 받을 때, '장교의 책무'를 완전히 암기하지 못했다고 지적을 받았다. 다음 내무검사에는 지적받지 말아야지 한번 암기하며 적어본다. 당황하지 말고, 침착하게, 그리고 큰 소리로...., 파이팅 하자...!

"장교는 군대의 기간(基幹)이다. 그러므로 장교는 그 책임의 중대함을 자각하여, 직무수행에 필요한 전문지식과 기술을 습득하고, 건전한 인격의 도야와 심신의 수련에 힘쓸 것이며, 처사를 공명정대히 하고, 법규를 준수하며 솔선수범함으로써 부하로부터 존경과 신뢰를 받아, 역경에 처하여서도 올바른 판단과 조치를 할 수 있는 통찰력과 권위를 갖추어야 한다."

패자의 눈물 - ○○년 ○월 ○일

담력을 키우는 유격훈련장에서 '패자의 눈물'을 흘려보지 않은 자가 누가 있을까? 2개 분대 전원(20여 명)이 겨우 들어설 수 있는 좁은 흙탕물

구덩이에서 상대편을 밖으로 밀어내야 하는 싸움이다. 이른바 '참호격투' 는 내가 살기 위해 동료를 밖으로 밀어내야만 했다. 마지막까지 많이 살아남은 분대가 승리한다. 패배한 자는 선착순과 오리걸음과 P.T 체조(유격 체조)로 몸을 단련시킨다. 종아리와 허벅지가 경련을 일으킨다. 내일은 어떻게 견디어야 할까?

나는 전사했습니다. - ○○년 ○월 ○일

오늘 소대 공격 훈련을 받을 때 있었던 일이다. 공격대기 지점에서 돌격 신호와 함께 목표 고지를 향해 뛰어 올라가 백병전을 해야 하는 힘든 훈련이다. 어느 사관후보생이 고지를 점령하려고 뛰어 올라가다 말고 대검이 꽂혀있는 총기를 거꾸로 땅에 박았다. 그리고 개머리판에 철모를 벗어 걸고 누워버렸다. 교관이 추궁하자 그 후보생의 답변이 명언이다. " 나는 전사했습니다." 교관을 포함해 모두가 박장대소(拍掌大笑)했다.

영점사격 - ○○년 ○월 ○일

고경 사격장은 학교 정문에서 대략 4~5Km 떨어진 소화기 사격장이다. 사격훈련이 있을 때면 항상 앞에 총 자세로 구보(뜀 걸음)로 학과 출장을 했다. 풋풋한 사과 향이 나던 과수원을 지나고, 포도밭을 지나 사격장에 들어섰다.

교관님의 강의가 끝나고, PRI(사격술 예비 훈련으로 일명 피가 나고, 알이 배고, 이가 갈리는 훈련)를 지겹도록 실습했다. 당시 우리에게 지급된 소총은 M1 소총이다. 4.3Kg 무거운 M1 소총으로 앉아 쏴, 쪼그려 쏴, 엎드려 쏴, 전진 무의탁,

의탁 사격 등 무릎이 까지고, 팔꿈치가 벗겨지는 훈련이다. 자세가 나오지 않는다고 총구 끝에 무거운 추를 달아 기합 줄 때는 정말 이가 갈리는 훈련이다. 온몸이 뻐근해지는 근육통을 느끼면서 두려운 마음으로 사선에 올라섰다.

가장 먼저 했던 사격이 25m 영점 표적지를 두고, 3발씩 3번 쏘아가며 탄착군을 형성해야 하는데, 마지막 9발까지 쏘았는데도 탄착군은 엉망진창이다. 탄착군을 형성하지 못한 후보생은 별도로 집합하여 특수 기합을 받아야 했다. 나도 그 무리에 섞여서 사격장 옆 개울가 진흙탕 물에서 뒤로 취침, 앞으로 취침, 좌로 굴러, 우로 굴러 몇 번을 하고 나니 정신이 없다. 전투복 바지 주머니의 이상한 느낌에 손을 넣어보니 웬 미꾸라지 한 마리가....!

인내(忍耐) - ○○년 ○월 ○일

오늘 겨우 25m 영점사격에서 영점을 잡았다. 아파도 인내하고, 힘들어도 인내하고, 배고파도 인내하라. 참고 견디면 내가 꿈꿔온 무엇이든 할 수 있다. 오늘 사격을 마치고 복귀하면서 많은 생각을 했다. 어제만 해도 사격에 자신이 없었던 내가 최선을 다하면서 영점을 잡고, 우렁찬 목소리로 군가를 부르며 뛰다 보니, 힘들었던 구보가 오늘은 즐겁다. 이런 말이 생각난다.

"피할 수 없으면 즐겨라" 그러니 나도 즐겨보자. 한봉수 파이팅...!

어떤 축구 감독이 이런 메시지를 선수들에게 남겼다고 한다. "전반전이 불리한 채 끝이 난 상황이라면 절대 포기하지 말라. 전반전 점수는 큰 의미가 없다. 그 너머를 보라, 승리할 수 있는 길은 끝까지 인내하는 것이다." 라고....!

자퇴(自退) – ○○년 ○월 ○일

내 가슴속 한쪽에 드디어 '자퇴'라는 단어가 자리 잡기 시작한다. 주변의 동기 중 진짜로 나가는 동기들을 보게 되면서 나도 자퇴해버릴까? 라는 생각이 좀처럼 사라지지 않게 되었다. 이런 '자퇴'에 대한 유혹은 심신의 고통과 더불어 급속도로 팽창한다. 급기야 "그래 뭐! 자퇴하면 되지!"라는 마음이 지배적인 생각으로 자리 잡게 되면, 훈련에 대한 열정이 점차 사라지고 좌절하게 된다.

가입교(假入校) 기간의 '기초군사훈련'을 받던 도중 수십 명의 후보생이 자퇴 또는 퇴교 조치 되었다. 오늘도 몇 명의 후보생들이 양심 평가를 통해 퇴교 조치 되었다는 소식이 들려왔다. 무섭다. 그리고 두렵다. 이제 겨우 반환점을 돌았는데...! 견디어 낼 수 있을까? 아니, 살아남을 수 있을까? 젊은 놈이 이쯤 못 참아 서야 어찌 되려고...! 넌, 할 수 있잖아...! 오늘도 나에게 스스로 최면을 걸어 본다.

졸업을 앞두고...! – ○○년 ○월 ○일

졸업식에서 졸업성적이 우수한 후보생에게는 사열대에서 임석한 상관이 계급장을 달아주는 영광을 얻게 된다. 하지만 그렇지 않은 모든 후보생에게는 각자에게 2개의 소위 계급장이 지급된다. 이때 입회한 가족이 없는 후보생은 계급장을 쥔 손을 펴고, 가족이 입회한 후보생은 계급장을 움켜쥔다. 이것을 신호로 가족이 계급장을 양쪽 어깨에 달아주고, 입회한 가족이 없는 후보생의 계급장은 중대장과 소대장이 양쪽 어깨에 계급장을 달아준다. 과연 나의 어깨에 5만 촉광의 소위 계급장은 누가 달아 줄까?

봉선생의 큰 소망, 민들레 꽃씨 되어

15

문정동 형님으로부터
받은 벌점 3점

정식 입교한 지 얼마 되지 않은 어느 날, 나는 일석점호를 끝내고 수양록을 쓰려고 자리에 앉았다. 눈을 지그시 감고 오늘 수양록에 무슨 내용을 쓸까? 생각에 잠겼다. 그때 마침 당직사관 후보생이 나를 부르면서 전화가 와있으니 당직실 소대장에게 가보라는 것이었다.

(나에게 전화를...? 누가...?) 궁금하게 생각하며 당직실을 노크했다.

"똑...! 똑...! 똑...!"
"응, 들어와...!"
"충성! 6973번 한봉수 사관후보생...! 당직실에 불려 왔습니다."

당직실에 들어가 보니 소대장 서태석 중위가 수화기가 내려져 있는 전화기를 가리키면서 전화받으라는 신호를 하셨다.

"_(누구지?) 충성! 6973번 한봉수 사관후보생...! 전화받았습니다."

"어, 나야 나...! 형이야...!, 너 별일 없지?"

나는 수화기 너머에서 들려오는 반가운 문정동 형님 목소리를 듣는 순간 쏟아지는 눈물을 간신히 억제하려 애쓰고 있었다_{(별일 없긴? 젠장, 지금 나는 자갈밭에서 선착순 하느라 발바닥이 찢어지고 갈라지고, 온몸이 알이 배서 걷지도 못하겠구먼....!).}

"응, 형..! 나 잘 있어! 걱정하지 마! 나 건강해...!"

"그래 다행이다. 힘들지 않아? 다친 데는 없니..?"

"응" _(없긴 왜 없어...! 발바닥이 찢어져 걷지도 못하겠는데...!)

"그래, 다행이다. 궁금해서 전화했어...!"

"건강하고 견딜 만해...! 근데 형은 별일 없어...? 거긴 어디야?"

"응, 여긴 27사단...! 곧 수경사로 옮길 거야!"

"그래요? 형님도 건강하시고 잘 있어요."

"알았다. 몸조심하고, 건강하게 잘 있거라."

"네, 고마워요 형님...! 안녕히 계세요."

문정동 형님 내외분, 그리고 상민이와 상균이.
내가 휴가 나왔을 때 경복궁 향원정 앞에서

나는 수화기를 조심스럽게 내려놓았다. 그러고는 돌아서서 "용무 마치고 돌아가겠습니다"라고, 보고하려는 순간, 소대장(서태석 중위)이 나의 왼뺨을 후려쳤다. 나는 영문도 모르고 관등성명을 댔다.

"네, 6973번 한봉수 사관후보생...!"
"귀관이 잘못한 것을 알고 있나?"
".......!, 모르겠습니다....!"

소대장은 양 손바닥으로 사정없이 나의 앞가슴을 서너 번 밀치면서,

"아직도 모르겠나?"
"네, 6973번 한봉수 사관후보생...! 네, 잘 모르겠습니다....!"

또다시 소대장의 양 손바닥이 사정없이 나의 앞가슴을 여러 차례 강타하면서,

"모른다고...? 그러면 너의 잘못을 스스로 알 때까지....!!!?"

이번에는 좌, 우 귀싸대기를 후려치고 앞가슴을 강하게 서너 번 밀치며,

"지금도 모르겠나?"(앗차! 그거였구나)
"네, 6973번 한봉수 사관후보생...! 이제, 알 것 같습니다."
"뭘 잘못했나?"
"..... 까? ..... 다!"의 용법을 잠시 잊었습니다."

"그렇다. 너는 너의 형님과 대화 중 의문문과 긍정문 사용법을 모르고 있었다. 군인의 대화는 오직, ... 까? ....다!" 이 외의 대답은 할 수 없다. 알겠나...!"

"네, 알겠습니다."

"너에게 벌점 3점을 부과한다. 돌아가라!"

"충성! 6973번 한봉수 사관후보생...! 용무 마치고 돌아가겠습니다."

내무 교육 시간에 모든 대화법은 "의문문에는 ... 이랬습니까? ....저랬습니까? 긍정과 부정문에는 ... 했습니다. ...저랬습니다. 그렇지 않습니다."라고 교육을 수시로 받았다. 그런데 이 대화법이 익숙하지 않아 형님의 목소리를 듣는 순간 감정을 억누르지 못하고 일반인들이 흔히 사용하는 대화법이 그대로 자연스레 나온 것이었다. 아마 나는 그날 수양록에 이렇게 적었을 것이다.

'○○년 ○월 ○일' '제목: ....까? ....다!의 용법'

오늘 생각하지도 않았는데 셋째 형님으로부터 반가운 전화를 받았다. 그리고 형님으로부터 벌점 3점의 선물을 받았다. 패기 있고, 힘찬 목소리로 "형, 저 잘 있습니다. 건강합니다. 거기 어디입니까? 그렇습니까? 별일 없습니까?"

... 까? ... 다! 가 아직 입에 붙지 않았다. 세월이 약이겠지? 그래...! 군인의 언어와 태도가 민간인과 같으면 안 되지? 그런데, 오랜만에 동생의 안부를 들은 형님의 마음은 어떠할까? 나는 지금도 양쪽 볼때기가 얼얼하고 입안에선 피가~~~!, 그리고 가슴이 먹먹한데~~~!

내가 1985년 육군의 모범 장교로 선발되었을 때의 일이다. 4박 5일간의 전국 산업 시찰 견학을 위해 모범 장교들이 서울 용사의 집에 모이는 날, 용산역 앞에서 당시 소대장 서태석 중위(당시 소령?)를 우연히 만난 적이 있다. 반가운 마음으로 그 소대장과 다방에서 차를 나누며, 그 이야기를 꺼냈더니 그 일을 기억하시면서 "그 형님께서 지금도 현역이십니까?"라고 물으셨다.

훗날 당시 소대장이었던 서태석 중위가 나와 같은 5중대 이인석 사관후보생의 매제가 되었다는 소식을 들었고, 가끔 이인석 동기생을 만나면, 그때를 회상하며 추억을 떠올리곤 한다.

16

전투 수영 戰鬪水泳

내가 육군3사관학교에 입교하여 1년쯤 지났을까? "군대 수영"이란 훈련 과목이 있었다. 이 훈련 과목은 도보로 적을 공격하는 도중 하천을 건널 때, 또는 부교(浮橋)를 설치하지 않고 강을 건널 때 단독군장 또는 완전무장하여 하천이나 강을 수영으로 건너가는 방법을 가르치는 과목이다. 따라서 공격 도중에 하천이나 강을 건너는 작전을 군의 전술 용어로 "도하작전(渡河作戰)"이라고 하는데, '군대 수영'이라는 용어보다는 '전투 수영'이라는 용어를 쓰는 것이 합당할 것으로 본다.

전투 중 하천, 강, 호수 등을 도하(渡河)할 때는 단독군장 또는 완전군장을 하고 전투 수영으로 도하해야 한다. 그래서 수영의 기본 원리와 기본 자세부터 배우면서, 차근차근 가장 난이도(難易度)가 높은 완전군장으로 입영(立泳)하는 것까지 배우게 된다. 그래서 전투 수영 첫 시간에는 수영의 원리와 기본자세에 대한 이론교육이 끝나면 실습하게 된다.

내가 전투 수영 훈련을 받을 때는 유격 훈련을 받기 1개월 전, 그러니까 1972년 5월쯤으로 기억된다. 나를 포함한 우리 5중대 후보생들은 노란 사각팬티만 입고, 수영 기본 훈련을 받기 위해 야외 수영장에 집합하였다. 1시간의 이론교육이 끝나자, 교관은 후보생들을 A, B, C, D 급으로 분류했다. 등급 분류 기준은 수영팬티만 입고 25m 완주 가능(A급), 10m 가능(B급), 5m 가능(C급), 그리고 수영을 못하는 자 즉, 일명 "맥주병"은(D급)으로 분류해 놓고, 본인이 선택하여 등급별로 수영 기초훈련을 받기 시작했다.

내가 어렸을 때 성장했던 우리 마을에는 강물이나 큰 시냇가도 없기에 자연스럽게 물과 접할 기회가 별로 없었다. 다만 초등학교 저학년 때, 방과 후 집으로 오던 중 둔남천 '멍청이 다리'[3]밑에서 물장구치던 기억밖에 없다. 이 개천은 어린아이들이 물에 들어가도 가슴을 넘지 못하는 수심이 아주 낮아 그야말로 땅 짚고 헤엄치며 멱감는 수준을 넘지 못하고 성장했다. 그랬던 내가 육군3사관학교에 입교해서 전투 수영을 배우게 된 것이다.

한 번도 수영해 본 경험이 없었던 나는(D급) 조교의 지시에 따라 처음에는 팔과 다리의 동작, 머리의 동작, 호흡하는 요령을 지상에서 실습했다. 그리고 실전에서 얕은 물에서 훈련하다가 수심이 깊은 곳으로 이동하여 신체 각 부위의 동작, 그리고 물에 뜨는 요령을 배우게 된다. 그런데 문제는 조교들이 수시로 후보생들을 수심이 깊은 곳으로 유도하여 물을 먹이는 것이다. 물을 먹이는 방법도 여러 가지다. 심하면 장대 끝으로 밀어 넣는다.

수영을 잘하는 후보생들은 잠수하여 피해 버리지만, 나 같은 초보자

---

3   멍청이 다리: 오수에서 집으로 오는 길목에 조그마한 실개천(둔남천)이 있다. 이 개천에 2~3m 정도 높이의 양쪽 난간이 없는 시멘트로 만들어진 다리가 하나 있었다. 이 다리는 장마철이 되면 조금만 비가 와도 다리가 넘치기 때문에, 사람이나 차량이 통행하지 못한다. 그래서 붙혀진 별명이 "멍청이 다리"이다.

들은 물론이거니와, 어설프게 수영하는 후보생들은 꼼짝없이 당한다. 실컷 물만 먹고 나와서 기진맥진하고 만다. 그것도 한두 번이지 훈련할 때마다 괴로움을 당하고 보니, 이제는 물에 대한 공포심과 두려움이 앞섰다. 나는 수영 실력이 향상되지 않아 점심시간, 일과 후에 별도로 수영장에서 훈련받은 기억이 난다. 수영에 자신 있어도 완전군장하고 입영으로 25m를 건너는 후보생은 별로 없었다. 하물며, 수영팬티만 입고서도 5m를 가지 못한 내가 가장 난이도(難易度)가 높은 단독군장 또는 완전군장으로 입영(立泳) 훈련을 받는 것은, 나에게는 고문이나 다름이 없었다. 이것이 물에 대한 트라우마인가? 어느 때부터인지 나는 수영을 포기하는 "수포자(水抛者)"가 되고 말았다. 그때 포기해서 그랬는지, 나는 지금도 수영을 하지 못한다. 아니 배우고 싶지도 않다..

내가 육군3사관학교에 입교하여 졸업할 때까지 2년간 교육 훈련을 받는 과정 중, 내가 가장 힘들었고 고생하였던 훈련 과목을 꼽는다면 당연히 전투 수영이다. 그리고 이 전투 수영은 유격 훈련의 마지막 훈련 과정인 13m 수중 낙하와 200m 수중 하강 훈련으로 이어지면서 수영하지 못한 나에게는 적지 않은 스트레스와 부담이 있었던 것이 사실이다. 만약, 수영하지 못한 후보생은 졸업하지 못한다는 규정이 있었다면 나는 소위로 임관하지 못했을 것이다.

17

유격 훈련 遊擊訓練

유격 훈련(遊擊訓練)하면 고소공포증(高所恐怖症)이 떠오르게 된다. 왜냐면 사람이 가장 두려워하는 높이에서 훈련받기 때문이다. 그렇다면 인간이 가장 두려워하는 높이의 한계는 얼마일까? 사람이 높은 곳에서 떨어지면 어떻게 되는지 알고 있다면 누구나 높은 곳에서 공포를 느낀다. 대체로 높이와 공포의 강도가 비례하는 편이나 20m를 넘을 경우, 오히려 현실감이 떨어질 수 있다고 한다. 그러므로 인간이 가장 큰 공포를 느끼는 구간의 높이는 상당수가 10~20m 사이라고 주장한다. 그래서 대다수 유격장의 산악장애물과 레펠 코스 그리고 공수부대의 기초 강하 훈련용 모형탑, 즉 막 타워(Mock Tower)가 이 정도 높이에서 훈련하도록 설계되어 있다.

육군3사관학교의 화산 유격장은 보병학교의 동복 유격장, 부사관학교의 고산 유격장과 함께 우리나라의 악명 높은 3대 유격장 중의 하나로, 내가 유격 훈련을 받았던 화산 유격장은 국내 최대 규모를 자랑하는 곳이다.

내가 유격 훈련을 받은 시기는 입교 2년 차, 그러니까 1972년 6월에 유격 훈련을 받았고, 8월에 공수 기초훈련을 받은 것으로 기억된다. 우리 중대원 모두는 학교에서 해발 828m의 화산 유격장까지 주간에 40Km를 완전군장으로 행군하여 입소했다. 그리고 그곳에서 2주간의 유격 훈련을 받았는데, 1주 차에는 일반 유격 훈련인 기초 장애물, 산악기술, 참호 격투, 수상 담력, 과정을 거치고, 2주 차에는 종합 유격 과정인 생존, 침투·습격, 매복, 적지에서의 도피·탈출 등의 훈련을 마친 후, 야간에 40km를 행군하여 학교로 복귀하는 것으로 훈련을 마친다. 이때 내가 힘들고, 어렵게 훈련받았던 기억을 되살려 본다.

외줄, 두줄, 세줄 건너기

외줄, 두줄, 세줄 건너기는 계곡 양쪽을 마닐라 로프로 연결해 놓고, 계곡을 건너가게 함으로 체력과 담력을 기르는 훈련이다. 지형에 따라서 약간의 차이는 있으나, 보통 인간이 가장 두렵고 공포를 느낀다는 10m~20m 정도의 높이에서 대략 30m~50m 정도를 건너는 것은 여간한 담력과 체력으로는 감당하기가 힘들다.

나의 경험으로는 외줄, 두줄, 세줄 건너기 중에서 내가 가장 힘들고 두려웠던 종목은 외줄 건너기였다. 두줄과 세줄 건너기는 그런대로 통과했으나, 외줄 건너기의 훈련은 정말 끔찍하다. 외줄을 출발해서 어느 정도까지는 그런대로 이동할 수 있었으나, 이동할수록 나의 몸무게 때문에 외줄이 V 자로 처지게 되면서 매우 격한 오르막 급경사를 이루게 된다. 출발해서 10m 정도나 왔을까? 이때 나는 왼쪽 다리에 힘이 들어가 롤링 (Rolling)되고 말았다. 즉 거꾸로 대롱대롱 매달리는 이른바 '통닭구이'처럼 된 것이다. 원래의 자세로 돌아가기란 체력의 한계와 요령 부족으로 거의 불가능하다. 앞으로 남은 20m 정도는 더 가야 한다. 오직 내 팔의 힘으로 거꾸로 매달려서 목적지에 도착하였을 때, 나는 거의 탈진 상태가 되어 건너왔다. 그런데 조교가 편히 쉬라고 내버려두지 않는다.

두줄(왼쪽)과 세줄(오른쪽)을 건너고 있는 필자

"6973번 올빼미…! 외줄 건너기 실패…! 유격체조 쪼그려 뛰며 돌기 20회, 마지막 구호는 하지 않는다. 실시…!""
"6973번 올빼미…! 쪼그려 뛰며 돌기 20회, 실시…! 하나, …! 둘, …! 셋, …! 넷, …!"

레펠 "1", "2", "3" 코스

레펠 코스는 "1", "2", "3" 등의 세 개의 코스가 있다. 각 코스별로 높이가 각각 다른데 내가 기억하기로는 레펠 "1"코스는 대략 5m~10m의 높이를 1~2번 점프해서 지상에 착지하고, 레펠 "2"코스는 대략 10m~20m의 높이를 2~3번 점프해서, 그리고 레펠 "3"코스는 대략 20m~30m의 높이를 3~5번 점프해서 지상에 착지해야 하는 고난도의 극기와 담력이 요구되는 훈련이다. 높이가 30m 정도면 아파트 10층 높이 정도는 될 것이다.

모든 후보생은 종목별로 훈련하기 전에 단체로 유격 체조로 훈련을 시작한다. 그리고 레펠 코스 훈련에서도 유격 체조를 실시한다. 말이 체조이지 강도 높은 기합이다. 레펠을 하다가 잘못 미끄러져 내려오면 손바닥에 화상을 입으므로 석면 장갑을 착용해야 한다.

드디어 내 차례이다. 레펠 마지막 "3"코스 출발선이다. 잠깐 밑을 내려다보니 빨간 모자의 유격 조교와 유격 체조를 하며 대기하고 있는 후보생들이 조그맣게 보이는 가운데 오금이 저리어옴을 느낀다. 전방 15도를 바라보고 크게 심호흡하고 나는 큰 소리로 외쳤다.

"6973번 올빼미 하강(下降) 준비 끝...!"

헉~~위에서 밑을 내려보니 밑에 있는 후보생들이 개미처럼 보인다. 다리가 후들후들 떨리는데...! 이때 조교가 큰 소리로 묻는다.

"자신 있습니까...?"
"네...! 자~~신 있습니다..!!"
"애인 있습니까?"
"없습니다!!"
"애인이 없으면, 어머니 3회 복창...!!"

레펠 3코스

"어머니~~~! 어머니~~~! 어머니~~~!"

조교의 명령이 떨어졌다.

"하강........!"

나는 눈을 꼭 감고(눈 감으면 안 되는데 무서워서...), 반동을 주며 뛰어내렸다. 발이 바위에 닿는 느낌이 들어 눈을 떠보니 헉~! 겨우 2m 정도 내려왔다. 이제 남은 두 번 만에 28m를 내려와야 한다. 그런데 자신이 없다. 또 눈을 질끈 감고 반동을 주며 뛰어 본다. 또 눈을 떠보았다. 그런데 겨우 5m 정도밖에 못 내려왔다. 밑을 내려다보니 많은 후보생이 마구 기합을 받고 있다. 앞으로 20여 미터는 더 남아있는데, 나머지 한 번에....!?

"에잇~~죽기 아니면, 까무러치기다~~~!"

난 그냥 눈을 감고 반동을 주며 뛰어내렸다. 그런데…아이고~~발이 닿는 데가 없다…! 나는 허공에 매달린 채로 무시무시한 속도로 밑으로 미끄러져 내리고 말았다. 장갑을 끼웠는데도 손바닥이 뜨겁다. 드디어 땅에 닿았다. 나는 땅에 닿자마자 조교에게 개가 끌려가듯 끌려가 기합을 받았다. 아직도 손바닥은 화상을 입어서 화끈거리고 금세 물집이 잡혔다. 시범 조교는 3~5번 점프하여 정확하고 멋지게 지상에 착지하던데....!

13m 수중 낙하 훈련

13미터 수중 낙하 훈련은 "A" 지점과 "B" 지점의 강물 위에 대략 50m 길이의 외줄을 13m 높이로 매어 놓는다. 그리고 후보생은 대략 중간지점인 20~30m 구간까지 외줄로 건너간 후, 스스로 롤링(Rolling)하여 양팔을 어깨너비로 벌려서 로프를 잡고 낙하 준비를 한다. 그리고 조교의 노란색 깃발과 호루라기 신호에 따라 양손을 놓으면 수심이 4~5m 정도 되는 강물로 낙하하여 전투 수영으로 헤엄쳐 나오는 훈련이다.

나는 이 훈련을 받으면서 산악 훈련에서 외줄 타기는 육체적으로 힘들고 고된 훈련이라면, 13m 수중 낙하 훈련은 고도의 공포심과 두려움이 수반되는 담력 훈련이었음을 체험했다. 모든 외줄 타기를 포함한 산악기술 훈련에는 안전장치인 생명줄이 있지만, 13m 수중 낙하 훈련은 생명줄이 없이 20여 미터를 낙하지점까지 건너가야 한다. 실수해도 낙하지점 근처에서 물로 떨어져야지, 만약 낙하지점까지 가기도 전에 실수하여 맨땅이나 바위에 떨어지면 큰 사고로 이어진다. 더구나 나는 수영도 할 줄 모른다. 그러니 얼마나 힘들었을까?

왼쪽 사다리로 올라가 외줄 타기로 건너가서 13m 상공에서 수중 낙하

봉선생의 큰 소망, 민들레 꽃씨 되어

이 훈련은 고도의 집중이 요구되므로 훈련장 주변에서 기합도 없다. 오직 교관, 조교, 후보생들이 숨을 죽이며 실수를 하여도 낙하지점에서 실수하기를 기도하며 마음 졸이고 바라볼 뿐이다.

200m 수중 하강 훈련

유격 훈련의 꽃이요 백미(白眉)인 마지막 코스는 200m 수중 하강 훈련이다. 200m 수중 하강 훈련은 대략 해발 150m "A 지점"과 해발 70~80m "B 지점"의 수심이 깊은 강물이 흐르는 200여 미터의 구간을 대각선 방향으로 철심 와이어로프를 연결해 놓고, 후보생은 와이어에 걸린 활차에 매달려 "A 지점"에서 "B 지점"까지 약 200m를 하강한다. 이때 속도는 50~70Km의 빠른 속도로 하강하게 되는데, 수면으로부터 대략 5m 지점에 도달했을 때, 조교의 노란색 깃발과 호루라기 신호에 따라 양손을 놓으면 수심 4~5m 지점으로 낙하하였다가 전투 수영으로 헤엄쳐 나오는 훈련이다.

오늘날의 "집라인(Zip Line)과 똑같은 원리로 여기에는 안전장치인 생명줄이 있으나, 우리가 훈련하는 200m 수중 하강 코스는 안전장치인 생명줄이 없다. 그래서 이 훈련은 최고도의 공포심과 두려움이 수반되는 극기와 담력 훈련이다. 그리고 이 훈련은 50~70Km의 가속도가 붙은 상태에서, 조교의 노란색 깃발과 호루라기 신호를 잘못 보고, 손을 빨리 놓거나 늦게 놓으면 대형 사고로 이어질 수 있으니, 긴장하며 심장이 쫄깃하지 않을 수 없다.

유격 훈련의 꽃이요 백미인 마지막 코스 200m 수중 하강, 드디어 내 차례가 돌아왔다. 나는 하강대 위에 올라섰다. 그리고 손안에 흐르는 땀을 옷에 닦고 양손으로 활차를 꽉 잡았다. 눈 감으면 죽는다. 저 멀리 노란 수기를 높이 치켜든 조교의 손이 희미하게 보인다. 나는 할 수 있다. 이때 조교의 명령이 떨어졌다.

"6973번 올빼미..! 하강 준비되었습니까?"
"넷...! 6973번 올빼미...! 하강 준비 끝...!"

이때 조교가 내 허리띠를 잡고 있던 손을 놓음과 동시에 반동으로 살짝 밀어주면서, "하강..!"

"유~~~~~~~~~ 격~~~~~~~~ 대~~~~~~~!!"

활차는 가속도가 붙어 빠른 속도(70Km ?)로 내려가기 시작했다. 점점 나의 시야에 조교가 들고 있는 노란색 깃발이 선명하게 보였다. 그리고 조교의 깃발이 내려가면서 호루라기 소리가 들렸다.

왼쪽에 노란색 수기로 신호하고 있는 조교

봉선생의 큰 소망, 민들레 꽃씨 되어

"처~~~~~~~~얼~~~~~~~~ 서~~~~~~~~~~~~~억""

　나는 활차에서 손을 놓고, 발을 가슴 쪽으로 당기면서 'L'자 유선형
이 되어 물속으로 한참 들어가다 올라왔다. 허우적거리며 군복을 입은
채 전투 수영으로 밖으로 나가야 한다. 나는 수영복만 입고서도 얼마 가
지 못하는 반 맥주병이다. 그런데, 군화에 전투복을 입고 밖으로 나오라
니…!!! 물을 몇 모금 억지로 마시고 나니, 조교가 탄 보트가 내 옆에 와
있었다. 50여 년의 세월이 흘렀어도 그때의 기억은 아직도 또렷하게 남
아있다.

18

육군 소위로
임관

　우리 후보생들은 졸업 및 임관 4개월을 남겨두고 막바지 훈련에 들어갔다. 육군3사관학교에서의 모든 교육은 종료하였고, 마지막 남은 교육 훈련은 각 병과별 초급장교 교육(OBC: Officer Basic Course)만 남겨둔 상태였다. 보병 병과를 부여받은 후보생들은 학교에 잔류해서 남은 교육이 이루어지나 나머지 포병, 기갑, 공병, 통신 병과를 부여받은 후보생들은 각 병과 학교에서 초급장교 교육을 4개월간(16주) 병과 교육을 받고 복귀하여 졸업하게 되어있다.

　1973년 2월로 기억되는 어느 날, 포병 병과를 부여받은 나는 초급장교 교육을 받기 위해, 전남 광주 상무대에 있는 포병학교에 입소(入所)했다. 그리고 우리는 적 표적의 관측, 측지, 사격지휘 및 전개훈련 등 포병 병과에 대한 기초교육을 4개월(16주) 동안 교육을 받고 1973년 6월에 학교에 복귀하여 1973년 7월 6일에 시행될 졸업 및 임관 준비에 들어갔다.

　자갈밭 선착순에서 발바닥이 갈라지고, 참호격투, PT 체조, 전투 수영, 유격 훈련과 공수 기초훈련, 가마솥 찜통더위에 소금을 먹어가며 훈련받던 기억이 주마등처럼 스친다. 2년간의 힘들고 고된 교육 훈련을 어찌 그리 버티었을까?

나는 학교 본부 측에서 준비한 "졸업 및 임관식 참석 초청장"을 받아 들고 누구에게 보낼까? 한참 고민했다. 고향에 계신 부모님과 큰형님께 연락드리고 싶었지만, 연로하신 부모님, 농사철에 바쁘신 형님께 부담될까 싶어 문정동 셋째 형님께만 초청장을 보냈다. 그리고 나의 어깨에 소위 계급장은 누가 달아줄까? 생각해 보았다.

1973년 7월 6일 금요일, 육군3사관학교 제8기 졸업 및 임관식이 충성 연병장에서 거행되었다. 이제 5만 촉광의 빛나는 소위 계급장을 양쪽 어깨에 달아주는 시간이다. 저만치에서 석관동 작은형님과 문정동 형님께서 군악대의 축하 팡파르와 함께 내 옆에 오셔서 양쪽 어깨에 소위 계급장을 달아주셨다. 그리고 고생했다, 수고했다, 축하한다는 덕담의 말씀을 듣는 순간 나는 뜨거운 눈물이 맺혔다. 나는 그렇게 꿈에 그리던 육군 소위로 임관하였다.

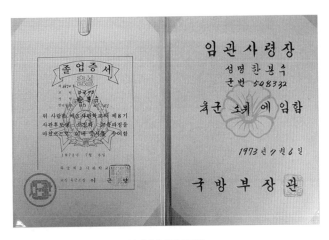

졸업장과 임관 사령장

올해 2023년 7월 6일은 우리가 육군 소위로 임관한 지 50주년이 되는 해이다. 그래서 8기 동기회에서는 "임관 50주년을 자축하고, 50년을 반추(反芻)"하는 행사를 2023년 7월 1일(토) 잠실 운동장 학생 체육관에서 성대하게 개최하였다. 이에 앞서 4월 28일(금)에는 희망하는 동기생과 그 가족들이 모교를 방문하여 학교장 환담 및 시설 견학, 그리고 후배 생도들의 충성제 관람 및 학교 발전 기금을 전달하는 행사를 개최하기도 하였다.

봉선생의 큰 소망, 민들레 꽃씨 되어

19

나를 살려준
비망록備忘錄

포병 병과로 임관된 대부분의 신임 소위는 70%가 관측장교(FO), 20% 는 전포대장(BEO), 10%는 연락장교(LO)의 보직을 받게 된다. 나는 임관 후 1주일간의 휴가를 마치고, 김용호 소위, 이택영 소위, 그리고 나, 이렇게 3명이 1973년 7월 12일 ㅇ군단 포병사령부 예하 부대인 제ㅇㅇㅇ포병대 대로 자대 배치를 받았다.

그리고 김용호 소위는 B 포대 전포대장, 이택영 소위는 C 포대 전포 대장의 보직을 부여받았고, 나는 연락장교의 보직을 받고, 평소에는 작 전과 소속으로 업무를 담당하다가, 훈련 또는 전시에 피지원 부대에 파 견되어 화력지원에 관한 연락 업무를 수행하는 임무를 부여받았다.

5만 촉광 다이아몬드의 자존심

신임 소위가 처음으로 자대에 배치되어 근무할 때 가장 어려운 점이 무엇일까? 직무수행에 필요한 전문지식과 기술은 스스로 노력하면서 교범에 있는 대로 적용해서 나가면 된다. 문제는 부사관과 사병에 대한 지휘통솔의 문제라고 생각한다. 신임 소위는 대부분 소대장 직책을 부여받고 휘하(麾下)의 부사관과 사병을 지휘 통솔 하게 되는데, 문제는 소대장 직책을 부여받은 신임 소위들이 부대 근무 경험이 부족하다 보니, 이른바 텃세(짠밥)를 부리는 자들에게 밀리기 쉽다는 것이다. 더구나 당시 신임 소위들의 평균 나이는 23세 전후로 고참 병장과 부사관들의 나이보다 어리다는 것이다. 따라서 그들은 신임 소대장들이 경험이 부족하고, 나이가 어리다는 구실로 소대장의 지휘 통제를 벗어나려는 경향이 있고, 심하면 소대장을 시험 또는 골탕을 먹이는 사례도 있다.

그렇다고 신임 소대장이 날 잡아먹으라고 그대로 있을 리가 없다. 신임 소대장 또한 그들의 심리를 잘 알기에 그들에게 약점을 잡히지 않도록 원리원칙과 규정을 지키며 솔선수범하면서 상명하복(上命下服)을 요구한다. 그들의 텃세에 눌려 끌려다니는 소대장, 이른바 "물 소위, 물 소대장"이라는 소리를 듣는 순간부터 소대장의 자질도, 더 나아가 장교의 자격도 없음은 당연하다. 그래서 신임 소대장은 부사관 그리고 사병과의 주도권을 잡기 위한 보이지 않은 기(氣) 싸움이 시작된다. 즉 신임 소대장으로 부임한 초반에 그들을 장악하지 못한다면 소대장 직책을 성공적으로 수행할 수 없다는 것은 자명한 사실이다.

나는 1973년 7월 12일 내가 제○○○포병대대로 자대 배치되어 연락장교(LO) 보직을 받았고, 평소 주간에는 대대 작전과에 소속되어 업무를 담당하고 있었다. 나는 특정 소대장 직책을 부여받지 않았으므로 나의 휘하(麾下)에는 지휘 통솔해야 할 대상이 없었지만, 1주일에 1회는 일과 시간 이후 본부포대 당직사관의 임무를 수행하면서 내무 생활을 통제해야 한다.

봉선생의 큰 소망, 민들레 꽃씨 되어

본부포대의 구성인원은 대부분 대대 참모부에서 근무하는 행정병, 그리고 운전병, 의무병, 취사병으로 구성되어 있다. 곡사 포대 인원보다 본부포대 인원을 지휘 통솔하기가 더 어렵다. 왜냐면 본부포대 인원은 각 참모부에 파견되어 근무하기 때문에, 참모부의 특성에 따라 야간근무와 열외 병력이 많으므로, 당직사관의 입장에서는 지휘 통솔하기가 매우 까다롭다. 즉 당직사관 지휘권 안에 들어와야 인원 장악이 되는데, 열외가 많다 보니 당직사관의 손이 미치지 못한 사각지대가 많다는 것이다. 사각지대가 많다는 것은 안전사고의 위험이 많이 노출되어 있음을 의미한다.

내가 본부포대 당직사관 임무를 처음으로 시작한 시기는 자대 배치 한 달 후부터 시작되었다. 나는 안전사고를 미연(未然)에 방지하려면 열외 인원을 최소한으로 감소하여 사각지대를 줄여야 함을 깨달았다. 그래서 나는 열외가 많은 부서와 인원, 열외의 빈도(頻度)를 파악해 보니 대대장 관사에 있는 대대장 운전병이 문제라는 것을 알았다. 당시 대대장 운전병은 말년 병장으로 전역을 3~4개월(?) 정도 남겨둔 병사인데 대대장 운전병 직책을 맡은 후, 내무생활은커녕 한 번도 일조, 일석점호 행사에 참여해 본 적이 없는 병사라는 것을 알게 되었다. 그러다 보니 대대장 관사가 사각지대이고, 운전병과 당번병이 특권이 아닌 특권을 누리며, 타 병사들로부터 지탄(指彈)의 대상이 됨을 파악했다. 이러한 병사를 심지어는 본부 포대장도 대대장 운전병의 열외를 인정해 주고 있었으니, 그 누구도 대대장 운전병의 잘못됨을 지적해 주는 사람이 없었다.

나는 본부포대 당직사관 근무 당시 대대장 관사를 수시로 방문하여 운전병에게 점호에 참여하고 내무생활에 동참할 것을 지시하였다. 대대장 운전병도 당번병도 내무생활에 열외 될 수는 없다. 대대장 관사가 멀지도 않고, 영내에 관사가 있다. 훈련이 자주 있지도 않고, 대대장이 출타하는 것도 별로 보지 못했다. 그 누구도 내무생활에 예외 될 수 없다는 것을 운전병에게 수시로 지시하였으나 그는 오히려 나를 비웃듯 핑계를 대며, 나의 요구에 불응한 것이 한두 번이 아니었다. 인격적으로 대우해 주고, 참는 것도 한계가 있다. 나는 내 능력에 한계가 있음을 깨닫고, 수차 본부 포대장에게 건의하여 대대장 운전병도 일과 시간이 끝나면 내무반으로 복귀하여 동료와 함께 내무생활에 동참하도록 건의를 드렸으나 이루어지지 않았다. 그래서 나는 대대장 운전병의 열외 행동으로 인한 내무생활의 부조리를 없애려면 잘못된 사례를 낱낱이 기록하고, 필요하면 그 근거를 제시하여 명분을 삼기 위해 비망록을 작성하기 시작했다.

차라리 일찍 군복을 벗자.

나는 사각지대에 숨어있는 불필요한 열외 병력이 규정된 내무생활에 참여하는 것이, 안전사고를 방지하는 필수 요소임을 알고, 이를 지휘체계를 이용하여 개선하고자 노력하였지만 개선되지 않았다. 그렇다면 내가 할 수 있는 일은 무엇인가? 정식 지휘 절차를 통하여 개선하려고 해도 되지 않는다면, 나도 포기해야 하나? 자문자답도 해 보았다. 내가 여기에서 포기하고 물러난다면 "그러면 그렇지...! 너라고, 별수 있겠니?" 뒤에 따른 나를 향한 수식어는 "한 소위는 물 소위"라는 조소와 야유는 불을 보듯 뻔해 보였다. 나는 정말 끓어오르는 분노를 참으면서 나 자신과 약속했다.

"차라리 일찍 군복을 벗자....!"

대대장 운전병만 내무생활로 끌어들이면 자동으로 불필요한 열외와 사각지대는 없어지리라고 나는 확신했다. 지휘 절차를 밟아서도 해결이 안 된다면, 손을 쓸 수밖에 없다. "미친개한테는 몽둥이가 약이다"라는 말을 곱씹으며,

"네가 내 앞에서 무릎을 꿇던지, 아니면 내가 군복을 벗던지...!"

내가 23살이던 1973년 10월 중순 어느 토요일 나는 본부포대 당직사관 근무 중이었다. 그날은 주말이기에 외출 외박 인원 명단을 확인해 보니 대대장 운전병이 이 명단에 포함된 것을 확인하였다. 그래서 나는 원칙대로 외출 외박 인원에게 점심 식사 후 13:00까지 신고 준비를 지시하면서, 특별히 당직 하사에게 대대장 운전병도 외박 신고에 참여하라고 지시했다. (물론 대대장 운전병은 신고에 참여하지 않을 것으로 예상은 하지만...!) 그리고 외출 외박 인원 신고를 받으면서 확인해 보니, 역시 대대장 운전병은 벌써 외박 출발을 했다는 것을 알았다. 즉 아무도 승인해 준 사람이 없는데(포대장은 모르고 있고, 대대장한테만 구두로 승인받음) 외박 명단에 올라와 있고, 멋대로 보고도 없이 외박을 나간 것이다. 규정대로 한다면 탈영 보고를 해도 무방한 일이기는 하나, 그렇게 끝내고 싶지는 않았다. 지금까지도 그렇게 나쁜 관례가 관행대로 진행되어 왔는데, 하루만 참자. 외박이 끝난 내일은 네가 내 앞에서 무릎을 꿇던지, 내가 군복을 벗던지 결판을 내야겠다고 결심하였다.

모든 외박 인원은 이튿날 18:00까지 부대에 복귀 신고를 해야 한다. 그러나 대대장 운전병은 18:00까지 복귀하지 않았다. 나는 당직 하사에게 대대장 운전병이 복귀하여 위병소를 통과하는 시간을 확인하라고 지

시하였고, 관사 당번병에게 운전병이 들어오면 당직실로 와서 복귀 신고를 하라고 지시하였다. 그리고 대략 1시간 정도 지났을까? 운전병이 위병소를 통과했다는 보고가 들어왔고, 관사 당번병으로부터 운전병이 들어왔다는 보고를 받았다. 한참을 지났지만, 운전병은 당직실로 오지 않았다. 그 후 여러 차례 연락하여 당직사관인 나에게 복귀 신고를 권유했으나 끝까지 불응했다. 나는 결국 운전병을 강제로 데리고 올 수밖에 없음을 인지하고, 5분대기조를 소집시키고 분대장에게 출동 명령을 내렸다.

"5분대기조 분대장은 지금 즉시 분대원과 함께 대대장 관사로 출동하여, 대대장 운전병을 당직실로 데리고 오라. 관사에서 소란 피우지 말고, 운전병을 유인해서 조용히 당직실로 데리고 오라. 만약 불응하면 포박해서 강제로 데리고 오라."

그리고 당직 하사에게 지시했다.

"당직 하사는 5분대기조에 의해 운전병이 당직실로 들어오면 도망가지 못하도록 밖에서 문을 잠가라."

물론 5분대기 분대장과 당직 하사도 평소 나의 뜻과 의도를 공감하고 있었기에 모든 것은 내가 책임질 것을 약속하고 사전에 협조하여 줄 것을 부탁하면서 나의 계획을 사전에 지시 한 바 있었다.

네가 무릎을 꿇을래? 내가 군복을 벗을까?

대대장 운전병은 사태를 직감했는지 다행히도 5분대기조 분대장에게 반항하지 않고 조용하게 당직실에 불려 왔다. 나는 운전병의 자세와 태도를 보는 순간 말로 타일러서는 안 될 것임을 직감했다. 그러나 나는 운전병이 스스로 잘못을 인정하고, "내무생활에 적극 참여 하겠다"라는 약속만 한다면, 다시 기회를 주려고 마음먹고 나는 내 마음을 진정하며 침착하게 운전병에게 물었다.

"야, 박 병장...! 너 군대 생활 몇 개월 남았나?"

"한 3~4개월 남았습니다."

"그래..! 시쳇말 말로 이런 말이 있다. 전역을 몇 개월 남겨둔 고참들은 떨어지는 낙엽도 피하여 다닌다고 하는데, 너는 그 의미를 모르나?"

"..........!"

"지금 네가 여기에 왜, 불려 왔나?"

"..........!"

"지금까지 네가 해왔던 열외 행동이 옳았다고 생각하나? 특히 어제 외박을 나갈 때 신고하고 출발해야 하고, 그리고 부대에 복귀는 규정된 시간 내로 귀대하여 복귀 신고하는 것은 당연한 것 아닌가? 그런데 너는 신고도 없이 네 멋대로 외박을 나가고 늦게 귀대하고, 네 멋대로 내무생활하는 것에 대해 어떻게 생각하나?"

"..........!"

"왜 대답이 없나? 그리고 너 그 태도가 뭐야? 열중쉬어도 아니고, 차렷 자세도 아니고? 상급자 앞에서 그 태도가 왜 그래? 너보다도 내

가 군 경험이 없어서? 신임 소위라, 내가 너보다 나이가 어려서 가소
롭다는 거니?"

".........!"

"네가 나에게 무릎을 꿇을래? 내가 군복을 벗을까?"

그때였다. 운전병은 나를 향하여 "아이...! X발....!, 퉤...! 퉤..!"하며
돌아서서 나가려는 순간, 옆차기로 운전병의 얼굴을 강타함과 동시에 옆
에 있던 야전 침대용 봉(棒:몽둥이)으로 옆구리, 엉덩이 부분을 수차례 가격
하자 피를 흘리며 쓰러지고 말았다. 그리고 나는 쓰러진 박 병장을 일으
켜 세웠으나 그는 힘없이 또 쓰러지고 말았다. 곧바로 나는 의무대로 전
화하여 치료를 부탁했고, 대대 당직사령, 포대장과 대대장에게 현재 상
황을 사실 그대로 직접 보고하였다. 그리고 마지막으로 ○군단 헌병대에
전화하여 스스로 자수했다.

나를 살려준 비망록(備忘錄)

시간이 얼마 되지 않아 군의관, 본부 포대장, 그리고 대대장이 도착하
였기에 그동안의 모든 경위를 사실대로 보고하고 설명했다. 그리고 출동
한 헌병대의 지프를 타고 ○군단 헌병대로 이첩되어 조사를 받았다. 나
는 사건 진술서에 육하원칙에 의하여 최초 자대 배치 후, 3개월 동안의
나의 근무 행적 그리고 대대장 운전병의 명령 불복종에 대하여 자세히
진술하였다. 물론 이때를 대비해서 대대장 운전병의 잘못된 행동을 육하
원칙에 의하여 기록한 나의 비망록(備忘錄)까지 제출하였다.

○군단 헌병대에 이첩되어 사건 조사를 1주일간 받으면서 나는 군단

징계위원회에 회부될 것으로 믿고 있었다. 그리고 징계(懲戒)의 결과 가장 낮은 견책(譴責)을 받더라도 군 생활에 치명적인 결함이 되어 향후 진로가 순탄치 않고, 나아가서는 현역 복무 부적격자로 결정이 되어 불명예 전역까지 고려해야 할 상황까지도 생각했다. 하여튼 원인이야 어찌 되었든 중상을 입힌 구타 사건이었다.

나는 이미 전역을 각오하고 시작했기에 두려움이 있다거나 후회하지는 않았다. 군 생활 이제 시작하는 신임 소위였던 나는 불의에 굴복하기가 싫었고, 부하들에게 끌려다니는 "물 소위"가 되는 것은 더욱 싫었다. 다만 한 가지 아쉽다면, 언젠가는 대학교에 편입해야 하는데, 그 기회를 잃어버릴 것 같은 생각에 미련이 남아있다는 것은 어쩔 수 없었다.

ㅇ군단 헌병대에서 대략 5일간의 조사가 끝나고, 다음 지시가 있을 때까지 군단 포병사령부에서 대기하라는 명령이 내려졌다. 아마 내 생각으로는 징계하기도 전에 자대로 원대 복귀를 시키면, 또 다른 사고로 이어지지 않을까 염려해서 나를 격리하는 것으로 생각했다. 아무튼, 나는 ㅇ군단 포병사령부에서 1주일 동안 대기하면서 군단 징계위원회에 회부될 것으로 생각하며 기다리고 있었다. 그런데 어느 날 포병 사령관(준장)의 호출을 받고 전속부관(중위)의 안내를 받아 사령관 집무실로 들어갔다.

"멸공! 소위 한봉수...! 사령관님께 불려 왔습니다."
"너는 네가 주도한 이번 구타 사건이 정당했다고 생각하나?"
"병사를 구타한 사실에 대해서는 잘못되었기에 반성하고 있습니다."
"그래..! 구타의 잘못을 인정하고 반성한다면 다행이다. 네가 비망록에 기록한 내용들이 감찰 조사에서 대부분 입증되었다. 군 생활을 시작하는 신임 장교로서 자네와 같은 패기도 없는 장교라면 그것도 문제다. 그러나 구타는 어떠한 명분으로도 정당화될 수는 없다. 네가 스스로 반성하고 있다고 하니 이번 한 번은 경고(警告)⁴로 그치겠다. 앞으로 또 이러한 일이 발생하면 그때는 용서하지 않는다. 알겠나…!"

"네, 명심하겠습니다."

나는 구사일생으로 포병 사령관의 배려로 징계를 받지 않고 "경고(警告)"로 끝났다. 나는 부대로 복귀하여 제일 먼저 대대 군의관을 찾아가 운전병의 근황을 물어보니 현재 포천에 있는 군 병원에 후송되었으며, 왼쪽 팔과 갈비뼈가 골절된 5~6주 이상 중상의 진단이 나와 회복되어도 그곳에서 전역하게 될 것이라는 소식을 들었다.

아무튼, 나는 군대 생활을 시작하는 시점에서 큰 위기를 넘기게 되었다. 이 사건으로 인하여 본부포대의 열외(列外)하는 고참 병사들은 완전히 사라졌고, 내무생활도 정상적으로 회복되었다. 하지만 나를 바라보는 시각은 긍정적인 측면에서 응원하고 격려해 주는 장병들도 많았지만, 대대장을 포함한 몇몇 고위층 간부들의 부정적인 시선도 있었음을 나는 느꼈다. 이 부정적인 시선이 제ㅇㅇㅇ포병대대로 전입된 지 10개월 만에, 그러니까 1974년 5월에 전출 명령으로 이어지지 않았나 조심스럽게 회고(回顧)해 본다.

---

4   경고(警告): 경고(警告)는 징계(懲戒)가 아니다. 일종의 훈계(訓戒)와 같다.

20

피우지 못한
꽃봉오리

내가 임관하여 ㅇ군단 포병사령부 예하 제ㅇㅇㅇ포병대대로 전입된 지 10개월 후, 그러니까 1974년 5월 중순 갑자기 제ㅇㅇ 향토 예비사단 포병 사령부로 전출 명령을 받았다. 당시 향토사단이었던 제ㅇㅇ사단이 제ㅇㅇ 보병사단으로 개편되면서 부족한 장교의 충원계획에 의거 차출된 것이다. 그런데 최소 1년간의 보직을 채우지 못하고 10개월 만에 차출된 것은, 아마도 작년 10월에 있었던 대대장 운전병에 대한 구타 사건의 영향이 많이 작용한 것 같았다. 당시에는 잘 몰랐으나, 긍정적인 측면에서 응원해 주고 격려해 주던 대대 참모들보다 지휘관인 대대장의 부정적이고 곱지 않은 시선이 나를 전출시켰을 것으로 생각했다.

아무튼, 나는 제ㅇㅇ보병사단 포병사령부(현재는 포병여단)에 전입되어 제ㅇㅇㅇ포병대대 A 포대 관측장교 보직을 부여받았다. 서두에서 언급했듯이 제ㅇㅇ사단은 향토 예비사단에서 제ㅇㅇ보병사단으로 개편되면서 새로 부임한 사단장 김윤호 소장(훗날 합참의장)의 일성(一聲)은 "군인정신을 개조"한다는 것이었다. 즉 향토 예비사단의 이미지를 개선하여 번

169
제2장 간성의 길

개 부대에 걸맞도록 전광석화(電光石火) 같은 전투사단으로 만들겠다는 것이다.

따라서 훈련의 강도와 빈도가 상상을 초월했다. 예를 들면 매일 아침 점호(06:00)에 전 장병이 참석해야 하는데, 점호 복장은 위관장교 이하는 완전군장, 영관장교 이상은 단독군장으로 집합해야 한다. 그리고 중대장 인솔하에 2Km~4Km를 구보하는 것으로 하루가 시작되었다. 교육 훈련은 사단장 지시하에 매일같이 오전에는 각개전투, 총검술, 제식훈련 등의 병 공통 기본과목, 오후에는 주특기 훈련을 실시하였다. 저녁에는 야간 훈련, 때로는 취침 이후나 새벽에도 수시로 비상소집 훈련을 실시하였다.

그리고 사단장을 포함한 참모들은 아침 점호부터 저녁까지 예하 부대를 수시로 순시하고 감독하며, 사단장 지침을 위반 하거나 미흡할 경우는 그에 대한 엄중한 책임 추궁이 뒤따랐다. 그뿐만이 아니라, 사단 예하의 모든 대대급 규모에는 5분 대기조를 소대 단위로 운용하도록 하여, 돌발 상황에 대처하는 강도 높은 훈련과 검열이 반복되는 고달픈 시절이었다. 참으로 향토 예비사단에서 보병 전투사단으로 개편되는 과정은 긴장의 연속이었고, 정말 매일매일 피를 말리는 지옥 같은 훈련의 연속이었다.

MG50 훈련장에서

5분대기조 소대장

내가 제○○보병사단에 전입했을 당시 포병사령부 예하에 ○○미리 곡사포 ○개 대대, ○○○미리 곡사포 ○개 대대가 편성되어 있었다. 당시 모든 포병대대는 전술 진지로 전개되지 않고 사단 사령부 내에 집결되어 있었으며, 화포는 포상(砲床)도 없이 평지에 위장망만 쳐놓은 상태였다. 그리고 사단장 지침에 따라 5분대기조의 운용은 대대별 1개소대 규모로 상시 24시간 운용하도록 지시되었다.

따라서 내가 근무하고 있는 제○○○포병대대에서는 포대장 책임하에 5분대기 1개 소대를 편성하여 1개월간 운용하다가, 매월 1일 다른 포대로 인계하는 식으로 운용했다. 즉 5분대기 소대는 A, B, C 포대 순으로 3개월마다 1개월씩 관측장교가 소대장의 임무를 수행하였다. 따라서 5분대기 소대장은 포대 기본 훈련은 물론 5분대기 소대 훈련을 병행하는 업무의 이중고로 인한 정신적 육체적으로 엄청난 스트레스를 받고 있었다.

나는 지난 7월 1일부터 5분대기조 소대를 지휘하고 있었다. 매일 아침 점호 시 완전군장에 구보로 시작하여 일과 시간에는 강도 높은 교육과 훈련, 저녁이면 수시로 5분대기조 비상 훈련 및 점검을 받아야 했다. 5분대기조 점검을 받다 보면, 크고 작은 지적 사항들이 나오기 마련이다. 5분대기조 소대가 갖추어야 할 기본 장비가 있다. 차량의 준비, 탄약, 무전기 소통 상태, 3일간의 비상식량, 개인 장구류, 소대장 및 분대장과 각 개인 임무 숙지 상태, 상황 조치 요령 등, 어느 한 가지라도 지적을 받으면 소대장에게 그 책임과 추궁이 따른다. 이러한 비상 점검을 수시로 특히, 야간에(대대, 포사, 사단) 점검을 받다 보니 하루에 세 번 이상 점검받을 때도 있었다. 정말 체력적으로, 정신적으로 견디기 힘든 날들이었다.

동기생의 죽음

지난 7월 한 달 동안 5분대기조 소대장 임무를 수행하던 나는 1974년 8월 1일부로 그 임무를 동기생인 B 포대 관측장교 김성종 소위에게 인계하였다. 이제 그 힘들었던 5분대기조 소대장 임무를 인계하였으니 앞으로 두 달간은 여유가 있을 것 같기에 마음이 조금은 여유로웠다. 그러나 5분대기조 소대장의 임무가 줄었다고는 하지만, 사단장 방침에 의한 강도 높은 훈련은 계속되었다.

내가 1974년 5월 제○○○포병대대에 전입해 왔을 때, 동기생이 B 포대에 유래승, 김성종 소위, C 포대에 김효녕 소위가 관측장교 보직을 받고 근무 중이었다. 이제 내가 A 포대로 전입해 왔으므로 4명이 같은 대대에서 근무하게 되었다. 우리 동기생 4명은 일과 후 가끔 사단 후문 근처에 있는 식당에서 식사를 마친 후, 간부 휴게실로 돌아와 서로 위로와 격려하며 휴식하기도 했다. 그때 우리는 스물서너 살의 젊고 패기가 넘치는 청년 소위들이었다. 그랬기에 그리 힘든 아침 완전군장 구보로 시작하여 밤늦게까지, 나아가 5분대기조 소대장 업무까지 담당하며 견디지 않았나 생각된다.

내가 전입한 지 3개월 정도 지났을까? 그러니까 1974년 8월 말경⑦ 어느 날, 저녁 20:00경 사단 상황실에서 "사단 정문 위병소 근처, ○○초소에 무장 괴한 2명 출현"이라는 훈련 상황이 대대 상황실로 명령이 하달되었다. 당연히 B 포대 5분대기 소대장 김성종 소위는 출동 명령을 받고 소대원과 함께 즉시 사단 정문 ○○초소로 출동하였고, 사단 당직사령으로부터 대략 1시간 정도 훈련 및 점검을 받고 복귀하였다. 시쳇말로 "털어서 먼지 나지 않은 옷이 있으랴!"는 말이 있다. 오늘 점검 지적 사항은 '비상식량이 부족'했다는 지적을 받았다고 김성종 소위로부터 연락을 받았다. 그리고 우리 동기생 3명은 김 소위를 위로하기 위해 사단 후문 식당에서 라면을 안주 삼아 소주를 곁들인 야식을 했다. 그런데 그날따라 김성종 소위가 침통한 표정을 지으며, 울먹이는 모습을 보였다.

"야..! 김 소위, 진정해라! 부족한 전투식량 채우면 되지...!"
"채우는 것도 한두 번이지..! 오늘 자체 점검할 때도 부족해서 보충했는데, 이번 사단 검열에서 또 부족했거든, 이게 말이 되니...?"

김성종 소위의 말을 들어보면 이랬다. 오늘 점심 식사를 마치고, 5분 대기조 자체 훈련을 위하여 출동 명령을 하달했고, 김 소위 자신이 직접 점검했다. 자체 점검 결과 비상식량이 부족한 것을 발견하고, 대대 군수과에 요청하여 부족한 7봉지⑦를 보충했고, 분대장에게 원인 규명을 지시하였다. 그런데 원인 규명도 아직 못했는데, 사단 검열에서 또 지적받았기 때문에 더욱 실망이 크다는 것이었다.

우리는 김성종 소위의 말을 듣고 비상식량 건빵은 식품이기 때문에 병사들이 쉽게 손을 대는 것으로 판단했다. 그래서 앞으로는 비상식량 보관용 상자를 만들어 잠금장치를 해놓고 열쇠는 소대장이 휴대하는 것으로 의견을 모았다. 그리고 우리는 24:00경 각자 내무반 옆에 마련된 소대장실로 돌아가 취침에 들어갔다.

그리고 다음 날 아침 06:00경 아침점호를 준비하는데 김성종 소위가 보이지 않자, B 포대 당직 하사는 나에게 뛰어와서 "김 소위를 깨워도 일어나지 않는다"라고 보고하였다. 나는 급히 김 소위 방으로 뛰어가 흔들어 깨워 보았다.

"야...! 김 소위, 일어나...! 정신 차려...!"

"..........!"

나는 김 소위의 가슴을 만져보고, 맥도 짚어보고, 코에 귀를 대보았으나 반응이 없었다. 이미 호흡이 멎은 것 같았다. 이때 유래승, 김효녕 소위가 도착하여 같이 김 소위를 흔들어 깨워도 아무 반응이 없었다. 나는 생전 처음으로 주검을 지켜보면서, 갑작스러운 김성종 소위의 사망에 큰 충격을 받았다. 평소에 건강했던 김 소위였고, 책임감이 강했던 친구였다. 2년 동안 생사고락을 같이하며, 힘들고 고된 훈련을 받고 임관한 동기생이었다. 어제저녁까지만 해도 맡은 임무에 충실했던 5분대기조 소대장이었다.

김성종 소위의 부검 결과 직접적인 사망원인은 '심부전증을 동반한 심정지'라는 결과가 나왔다. 거기에다 과로에 의한 피로가 누적되었고, 강한 정신적 스트레스가 죽음을 부르는 데 한몫했을 것으로 보인다. 그렇게 동기생 김성종 소위는 임관한 지 1년 2개월 만에 피우지 못한 꽃봉오리가 되어 우리의 곁을 떠났다. 호국간성(護國干城)이 되어 국가에 충성하겠다던 청년 장교를 보내는 영결 식장에서 울먹이며 조서를 읽었던 나는 지금도 그 기억이 아련히 떠오른다. 그 후 김성종 소위는 중위로 추서되었고, 순직으로 처리되면서 1974년 9월 서울 현충원에 안장되었다.

김 소위와 나는 임관 후 짧은 3개월간의 만남이었으나 수십 년 지기처럼 기억이 오래 남는 것은 왜일까? 김 소위의 고향은 경남 하동, 약간 검은 피부에 무뚝뚝한 경상도 사나이, 그러나 마음이 여리고 정이 많은 친구, 그 친구의 바둑 실력은 아마 2단, 나는 7급 정도의 실력이다. 내가 바둑 배우겠다고 졸라대면 "밥은 네가 사지.....!? 그리고 내가 아홉 점 깔

고도 한 번도 이기지 못한다고 나를 골려댔던 김 소위에게 밥은 많이 사
준 것 같다. 이 글을 쓰면서 당시 50여 년 전의 기억을 되살리다 보니 시
려온 감정에 눈시울이 뜨거워 짐을 느끼면서, 영원한 나의 동기생 김성
종 소위의 영전에 명복을 빈다.

21

첫사랑은
깨어지기 쉽다는데…

내가 25살 되던 해, 1975년 1월 1일부로 소위에서 중위로 진급하였다. 그리고 중위로 진급되면서 나는 제ㅇㅇㅇ포병대대 A 포대 전포대장 보직을 받게 되었다. 제ㅇㅇㅇ포병대대로 전입되어온 지 7개월 만이다. 1975년 새해에 접어들면서 우리 대대는 ㅇㅇ지역에 진지를 구축하여 6월에 부대 이동을 완료하였고, 상급 부대의 전투 준비태세 검열도 무사히 마쳤다.

그리고 1975년 11월 내가 ㅇㅇ유격훈련장에서 부대원을 데리고 훈련을 받던 중 아버지가 돌아가셨다는 전보를 받았다. 당시 아버지의 연세는 79세, 나는 25살이었다. 아버지가 돌아가셨다는 전보를 받아 든 순간, "내가 결혼한 것을 끝내 보지 못하고 돌아가셨구나….!"하고 생각하니 눈시울이 뜨거워졌다.

너도 이제 결혼해야지…!!

나는 아버지의 부음 소식을 듣고 고향으로 내려가는 동안 부모님이 자주 나에게 일찍 결혼하라시던 말씀을 거절했던 지난날들이 계속 오버랩(Overlap) 되었다.

　　"애, 봉수야! 너 결혼 빨리했으면 좋겠구나...!"
　　"네~~~? 벌써 내가 무슨 결혼을 해요? 25살밖에 안 됐어요...!"
　　"네 나이만 생각하니? 네 어머니는 일흔이고, 나는 이제 여든이 눈앞이다."
　　"그래도 저는 아직 때가 아니야, 군 생활 이제 시작인데, 자신 없어요."

　그도 그럴 것이 부모님께서는 나를 늦게 낳은 막둥이다 보니 당신들 입장에서는 생전에 자식을 출가시키고 싶었던 것은 당연하였으리라고 생각한다. 그래서 부모님은 내가 소위로 임관하자마자 휴가를 갔을 때도, 가끔 명절 때 부모님을 뵈었을 때도 내가 빨리 결혼 했으면 하시며, 나에게 의향을 묻고는 하셨다. 심지어는 큰형님께서도 같은 생각으로 나에게 결혼을 권유하신 적도 있었다. 하지만 나는 당시 결혼할 준비도, 생각도 전혀 없었다.
　1975년 6월에 부대가 ㅇㅇ지역으로 이동되는 과정에서 어수선했던 부대의 환경도 연말이 되면서 서서히 정착되어 안정되어 갔다. 따라서 나의 육신도, 정신도 점점 여유가 생기기 시작했고 특별한 일이 없으면 외출 외박도 자유롭게 이루어졌다. 당시 우리 대대는 장교 숙소(BOQ)가 마련되지 않아 나는 부대 근처에 월세를 정해놓고 숙박하며 출퇴근하였다. 그리고 나는 가끔 시간이 있을 때는 석관동 작은형님 댁(당시 홍제동에 거주)을 찾아뵙는 여유도 있었다.

1976년 연초 어느 일요일, 나는 외출하여 홍제동 작은형님 댁을 방문하였더니 형님께서 이렇게 말씀하셨다.

"이제 결혼해야 하지 않겠느냐? 사귀는 여자 친구 있느냐?"

나는 또 당황했다. 고향에 내려갔을 때 어머니가 말씀하셨을 때도 "아직은 때가 아니다"라고 말씀드렸을 뿐이다.

"아직 결혼할 생각 안 해 봤어요. 사귀는 여자 친구도 없고...!"
"네 생각만 하지 말고 어머니 연세도 있으니 잘 생각해 봐!"

형수님께서도 어머니 연세를 생각해서라도 결혼을 서두르는 것이 좋겠다고 맞장구를 치셨다.

"네, 알겠습니다. 깊이 고민해 보겠습니다."라고 말씀드리고 부대로 복귀했다.

나는 며칠 전 형님과 형수님께서 말씀하신 내용을 곰곰이 생각해 보았다. 아버지가 살아 계실 때에도 가끔 결혼 이야기를 꺼냈을 때마다 나는 일축(一蹴)해 버렸었다. 그런 후 막상 아버지가 작년에 돌아가시자 나는 부모님 생전에 결혼하지 않은 것도, 불효라는 생각을 하면서 후회해 본 적도 있었다. 당연히 어머니를 생각한다면 빨리 결혼하는 것이 자식 된 도리일 것이다. 그러나 나의 현실을 무시하고 대책 없이 결혼한다는 것은 무책임한 일이 아닌가? 결혼하여 가정을 이루려면, 주거(住居) 문제, 생활비, 향후 자녀 양육 문제 등의 대책이 어느 정도는 준비되어 있어야 하는데, 어느 한 가지도 준비된 것이 없었다. 그리고 자신도 없었다.

나는 지금까지 26살의 나이가 되도록 여자 친구를 소개받아 본 적도 없었고, 사귀어 본 적도 없었다. 어찌 생각하면 그것은 당연한 일이 아니었을까? 고등학교를 졸업하자마자 육군3사관학교에 입학하여 폐쇄된 공간에서 2년간 훈련받으면서 눈 돌릴 틈도 없었고, 소위로 임관하여 2년이 지난 오늘까지 바쁜 군 생활로 뒤를 돌아볼 여유가 전혀 없었기 때문이다. 그러나 이제 조금은 여유가 있기에 결혼에 대해서도 생각해 보는 겨를이 생기는 것 같았다.

얼마 전 홍제동 형님 댁을 방문했을 때 형님 내외분이 결혼을 권유하시면서, 형수님께서 이런 말씀을 해주신 기억이 난다.

"어떤 사람이 모든 것 다 갖추어 놓고 결혼한 사람이 있습니까? 적당한 혼처가 있고, 상대방과 마음만 맞으면 살아가면서 맞추어 가야지요. 결혼해야 저축도 하지, 혼자 있을 때는 그게 어려워요. 어머니가 지난번에 마땅한 자리가 있으면, 한번 알아보라고 말씀하셨어요. 어머니 연세도 생각해 보시고요."

나는 형수님의 말씀이 계속 내 머릿속에서 맴돌고 있음을 수시로 느꼈다. 나는 마음이 흔들리기 시작했다. 어머니 연세가 지금 71세로 아직은 건강하시지만, 만약 내가 결혼하기도 전에 돌아가신다면 나는 평생을 두고 후회할 것 같았다. 아버지가 돌아가셨을 때도 후회하였는데, 어머니마저 돌아가신다면 나 자신을 감당하기가 더욱 어려울 것 같았다. 나는 자꾸 마음이 흔들리면서 적당한 혼처가 있다면, 결혼하기로 마음을 먹었다.

"그래, 형수님 말씀이 맞다. 부족한 것 맞추어 가며 살자."

정탐꾼 "1"

내가 26살이 되던 해, 그러니까 1976년 4월 어느 날 외출하여 홍제동에 계신 작은형님 댁을 찾아갔더니 마침 문정동 셋째 형님께서 먼저와 계셨다. 약속하고 온 것이 아니기에 깜짝 놀랐고, 더욱 반가웠다. 어찌 그날이라고 나의 결혼에 관한 이야기가 안 나올 수가 있을까? 형수님께서 먼저 물으셨다.

"도련님...! 그동안 생각해 보셨어요?"
"네, 많이 생각해 봤습니다. 적당한 상대가 있다면......!"
"아...! 그래요? 잘됐네요. 그럼, 오늘 바로 만나 봐요...!"
"네......!!? 오늘......???"

마치 형수님께서 평소 준비해 놓은 것처럼 말씀하시니 나는 놀라지 않을 수 없었다. 그날 형수님께서 하신 말씀은 대략 이렇다.

당시 홍제동 작은형님 댁에 세를 들어 살고 계신 분이 있었는데, 그분의 친정 조카가 고모(姑母)의 집에 살면서 집에서 가까운 거리의 직장인 육교 양행으로 출퇴근하고 있었다. 그런데 언제인가 어머니께서 시골에서 올라와 홍제동에 계실 때, 옆집 아가씨(세를 들어 사는 고모의 조카)를 몇 번 보신 모양이다. 그리고 눈여겨보고 마음에 드셨는지 형수님에게 그 아가씨를 잘 살펴보고 그 집과 한번 주선해 보라고 말씀하셨다고 한다. 물론 형수님께서도 옆집에 있는 그 아가씨를 잘 알고 있었고, 그 아가씨의 고모 또한 내가 가끔 형님 집을 오갈 때, 먼발치에서라도 나를 보았을 터라 당사자들끼리 만날 수 있도록 주선(周旋)하기가 그리 어렵지는 않았을 것이다. 즉, 시동생과 친정 조카를 맺어주기 위해 한 지붕 밑에서 밀담(密談)을 주고받는 중에 내가 홍제동 형님 댁을 찾은 것이다. 지금까지 이야기를 듣고 계시던 문정동 셋째 형님께서 말씀하셨다.

"그 아가씨가 있는 곳이 가까워요?"
"네, 그리 멀지 않아요. 저 밑에 큰길 육교 양행에서 근무해요"
"봉수야! 너 시간 내기도 어려울 텐데 외출 나온 김에 오늘 만나봐?"
"형님도 참, 말이 되는 소리를 해야지...! 연락도 없이 찾아가요?"
"야...! 연락하고 직장으로 찾아가는 놈이 어디에 있니? 그것은 바보들이나 하는 짓이지...! 안 그래? 모른 척하고 찾아가서 살펴보는 것 어때...? 너는 부인될 사람인지? 나는 제수씨가 될 사람인지? 정탐해 보는 거지....!!

문정동 셋째 형님 말씀에 온 식구가 한바탕 웃으면서, 작은형님과 형수님께서 맞장구를 치시는 바람에 나도 얼떨결에 "그럴까요"하고 동조하고 말았다. 어차피 정탐하는 것이라면 혼자 하는 것보다, 둘이 하는 것이 좋겠다 싶어 나는 가려고 일어섰다. 그랬더니 셋째 형님께서 말씀하셨다.

"아니...! 그렇게 가려고?"
"그럼 어떻게.....?"

"정탐꾼이 군복 차림은 좀 그렇지....! 작은 형님이 입던 옷에, 그리고 밖에 검정 고무신 있더라.

"형, 나 연기할 줄 몰라...! 대충 하자고요...!"

아무튼, 나는 작은형님이 입던 옷에 고무 신발을 신고, 어색한 복장으로 정탐을 위해 가족들의 웃음을 뒤로하고 문정동 형님과 나는 집을 나섰다. 그리고 형님께서 나에게 이렇게 말씀하셨다.

"육교 양행 문을 열고 들어가는 순간부터 너와 나는 전혀 모르는 사이야...!"

"알았어요. 우리는 서로 각자 다른 고객일 뿐이지...!"

형님과 나는 약간의 시간 차이를 두고 형님이 먼저, 그리고 내가 육교 양행 문을 열고 들어갔다. 물론 형님과 나는 물건을 고르는 척하면서 그 아가씨의 외모를 힐끔힐끔 곁눈질하며 훑어보았다. 그 아가씨는 물건을 고르는 형님과 내 곁에 와서 물건을 고르는데, 도움을 주려고 하는 것 같았다. 하지만 나는 어딘가 어색하고 연기력도 부족하고 웃음을 참으면서 뭔가는 물건을 사야겠다고 고르고 있는데, 형님께서 "이 넥타이 얼마입니까?" 하는 소리가 들렸다. 그때 나도 얼른 "코닥 필름"한 개를 들고 형님보다 먼저 계산대로 갔다.

계산에 별로 관심 없는 나는, 곁눈질이 아닌 정면으로 그 아가씨의 얼굴을 주시해 보았다. "동그란 얼굴에 비교적 눈이 큰 아가씨, 그리 크지 않은 키, 그리고 순하고, 착할 것 같은 아가씨"처럼 느껴졌다. 나는 얼른 계산을 마치고 먼저 밖으로 나와 형님을 기다렸다. 곧바로 넥타이 한 개를 손에 들고나오시는 형님의 얼굴을 보니 역시 웃음을 참는 모습이 역력해 보였다. 우리 형제는 약속이나 한 것처럼 그동안 참았던 웃음을 터트리고 말았다.

나는 문정동 형님의 갑작스러운 제안에 형님과 함께 정탐꾼이 되어 '눈이 큰 아가씨'와 첫 만남⑺의 추억을 지금도 고이 간직하고 있다. 그리고 얼마 후 1976년 5월 5일 어린이날, 시청 앞 ㅇㅇ다방에서 정식적인 첫 만남을 시작으로 교제하기 시작했다.

우리 어머니는 16살 때 시집오셨대요.

내가 눈이 큰 아가씨와 처음 만났을 때 내 나이는 26살, 그녀는 21살이었다. 내가 훈련이 없거나 특별한 일이 없는 한 우리는 자주 만나 서로를 알아가게 되면서, 정탐을 가장하여 그녀를 만나 본 그때의 첫인상, 즉 그리 활발한 성격은 아니나, 내성적이며 순수하고 착한 이미지는 빗나가지 않았음을 그녀와 만날 때마다 확인할 수 있었다.

그녀는 아직은 나이가 비교적 어리기 때문에 결혼을 전제로 한 교제는 아니었을지도 모르겠으나, 나는 결혼을 전제로 한 교제이었음은 두말할 필요가 없었다. 따라서 내가 바라는 결혼할 상대자의 이상형은 무엇보다도 "생활력이 강한 상대"이면 더 좋겠다는 생각을 하고 있었다. 왜냐면 군인이라는 직업의 특성상, 특히 장교들은 보직이 자주 변경되다 보니 한곳에 머물지 않고 자주 이사(移徙)⁵를 해야 한다. 따라서 주거지의 잦

---

5 이사(移徙): 내가 1977년에 결혼하여 1993년 군에서 퇴역할 때까지, 16년 동안에 이사를 24번 했다. 즉 1년에 2번 한 적도 있었으니, 아이들은 "친구 사귀어 놓으면, 또 이사 간다"라고 울은 적도 많이 있었다.

은 이동은 자녀의 교육 문제와 경제적 자립에 단점이 되는 요인이기 때문에, 생활력이 강한 알뜰한 살림꾼을 나는 선망(先望)한 것이다.

그동안 나는 그녀와의 몇 번의 만남을 통하여 점점 그녀에게 호감이 가기 시작했고, 그녀 역시 내가 싫지 않은 모습이라는 것을 느꼈다. 진실하며 차분하고 순한 성격, 화려하지 않으면서 단정한 맵시, 팔등신에 미모는 아니지만 그렇다고 밉지도 않은 그녀였다. 한 가지 부족한 점을 꼽는다면, 앞에서 적극적으로 끌고 나아가는 활발한 리더형은 아닌 것 같았다. 그러나 내가 가장 중요하게 생각하는 경제적 관념에서 내실을 추구하는 모습에 나는 더욱 호감을 느끼게 되면서, 나의 평생 동반자가 되었으면 하는 생각을 하기 시작했다. 나는 그녀를 결혼을 대상으로 접근하며 교제하고 있는데, 상대방은 아직은 어린 나이기 때문에 어떤 생각인지가 궁금했다.

우리가 처음 만난 지 몇 개월이 지난 무더운 여름 어느 날, 우리는 송추 유원지 계곡에서 시원한 물에 발을 담그고 더위를 식히고 있었다. 그리고 나는 그때 그녀의 진심을 알고 싶어 단도직입(單刀直入)적으로 물었다.

송추 유원지에서

"신자 씨는 결혼에 대해 생각해 봤나요?" (역시 깜짝 놀라는 표정이었다.)

"네...! 결혼이요...?"

"왜, 나이가 어리다고 생각하나요?" (사실 나도 아직 너는 어리다고 생각해...!)

"네...! 그런 것도 있지만, 전혀 생각해 보지 안 했어요."

"아~~! 그렇군요. 어리다고 생각 마시고, 깊게 고민 한번 해보세요?
기회는 자주 오지 않습니다."

"네~~~에!?"

나는 지난번 신자 씨와 헤어지고 난 후, 다음 달에 ㅇㅇ에서 실시되는
대대 ATT 훈련 준비에 여념(餘念)이 없었다. 오늘은 토요일이라 서울로 외
출할 계획으로 훈련을 일찍 끝내고 사무실로 돌아오니, 위병소 근무자로
부터 나를 찾아온 면회자가 있다는 연락을 받았다. "혹, 신자 씨...!" 반신
반의(半信半疑)하며 나가보니 역시 신자 씨가 나를 찾아왔다. 그렇지 않아도
외출하여 홍제동에 도착해서 연락하려던 참이었다.

"아니...! 이렇게 연락도 없이 오시면 어떻게 해요? 훈련이라도 나갔
으면 어찌하려고요...?"

"네....!? 얼마 전에 저 여기 온다고 편지했는데 못 받으셨어요?"

"그래요..? 받지 못했어요. 아무튼, 내가 부대에 있어서 다행이네요.
그러지 않아도 오늘 홍제동에 가서 연락하려고 했는데....! 잘됐네..!
오늘은 인천으로 바다 구경 갑시다."

"잠시 여기서 기다려요. 옷 갈아입고 올게요."

나는 행정반으로 돌아와 편지의 행방을 물으니 며칠 전에 행정병이

내 책상에 가져다 놓았다고 했다. 그리고 내 방으로 돌아와 옷을 갈아입으며 확인해 보니 여러 가지 서류와 함께 섞여 있는 편지를 내가 보지 못한 것이었다. 아무튼, 그날 우리는 연안 부두에서 배로 대략 10분 정도 소요되는 작약도에서 오후 시간을 보냈다.

"나 오늘 비록 가까운 거리이기는 하지만, 신자 씨 덕분에 배 처음 타 봤어요. 신자 씨는 어땠어요?"

"저도 오늘 배 타는 것 처음이지만, 바다 구경도 처음입니다."

"처음 경험하는 것은 항상 설레지요. 두근거리고 들뜨는 기분이 아닐까요...? 제가 오늘 그렇게 설레는 기분입니다."

"그렇게 설레세요?"

"네, 처음으로 고백하려니 두근거리고, 반응이 어떨까? 하고 설레는 거죠. 지금도 결혼하기는 어리다고 생각하세요?"

"나이가 어린 것, 부정할 수는 없잖아요. 그런데 전혀 준비가 안되어 있어요."

"우리 어머니는 16살 때 시집오셨대요."(그리고 꼭 안아 주면서....!)

"저도 전혀 준비 안 되어 있어요. 우리 이제부터 함께 준비합시다."

정탐꾼 "2"

우리의 사랑이 그렇게 익어 갈 무렵 나는 대위로 진급하였고, 이제 대대 전술 훈련(ATT)도 지난 11월에 끝났으니, 신자 씨와 함께 고향에 계신 어머니와 큰형님께 인사드리려고 준비하고 있는데, 갑자기 육군본부로부터 방공초군반(OBC #7기) 교육 명령이 내려졌다. 즉 야전포병에서 방공포병으로 전과(轉科)[6]되면서 방공포병에 대한 병과 기초교육을 받으라는 것이었다. 당시 방공포병은 지대공 방공 무기를 미군으로부터 인수받는 ○○○계획에 의하여 본인들의 의사와는 관계없이 부족한 장교들을 야전포병 장교 중에서 차출하여 보충했다. 이때 야전포병에서 차출된 위관급 장교 50여 명이 차출되었고, 내가 근무하고 있는 대대에서는 나하고 유래승 대위가 차출되어 교육받게 되었다.

장교의 보직 이동은 전출입 및 교육 명령서에 의하여 지체없이 움직인다. 따라서 나는 신자 씨를 어머니와 큰형님에게 인사시킬 것을 후일로 미룰 수 밖에 없었다. 그리고 나는 광주 상무대 근처의 농성동에 하숙집을 정하여 놓고, 1976년 12월 3일 광주 상무대 안에 있는 방공포병학교에 입소하여 방공 병과 기초교육을 받기 시작했다. 전남 광주에서 어머니와 큰형님이 살고 계시는 고향까지는 그리 멀지 않기에, 교육을 받는 도중 주말이면 자유롭게 외출, 외박을 할 수 있으므로 자주 고향에 들르곤 했다.

어느 날 주말이 되어 고향에 갔더니 어머니께서 이렇게 말씀하셨다.

"얼마 전에 네 형도 집에 없었고 나도 없을 때, 어떤 신사 한 분이 마을에 와서 네 이름을 대며, 너에 대해서 자꾸 묻더란다. 나이는 몇 살이며, 학교는 어디서 다녔으며, 성격과 품행은 어떠며, 직업은 무엇이며, 자세히 묻고 갔단다."

"누구한테 물어봤대요?"

---

6   전과(轉科): 야전 포병에서 방공포병으로 병과를 옮기는 것

"그 신사분이 둔터 양반[7]에게 그렇게 자세히 묻더란다."

"그분이 어디서 왔다고 그래요?"

"영동에서 왔다고 하던데, 영동이 어디에 있냐?"

"하~~~하~~~하~~~~알았어요, 어머니 바깥사돈 되실 분이네요."

"응 그래, 나도 둔터 양반한테 대충 들었다.

결론부터 말하자면, 내 장인 되실 어르신이 우리 마을에 오셔서 나를 정탐하러 오신 것이다. 그분의 입장에서는 당연히 "내가 어떤 사람인지? 사위가 될 자격이 있는지? 가문은 어떤지?"하고 궁금하셨을 것이다. 그래서 우리 마을에 도착하여 여기저기 둘러보고 있는 도중에 둔터 양반을 만났다고 한다. 그래서 둔터 양반이 대략 눈치를 알아차리고, 마침 우리 집에는 아무도 없기에 오수로 모시고 가서 대접해 드렸다고 한다. 아무튼, 지금도 둔터 양반을 만나면 가끔 그때의 이야기를 말씀하시고는 했다.

"아저씨가 평소에 나한테 잘 보였으니까 장인 되실 분한테 그때 말을 잘해 줬지, 그러지 않았으면.....!!!"

"아이고, 정말 감사합니다. 말씀 잘해 주셔서....!!!"

그 후로 얼마 되지 않아서 약혼식을 올리자고 연락이 왔다. 나는 지금 3월 말까지 교육을 받는 중이라 시간 내기도 어렵고, 굳이 약혼식까지

---

7   둔터 양반: 둔터 양반 즉, 한상은(韓相殷)씨는 나의 3종 조카(9촌)이지만, 나보다 12살(띠 동갑)이나 더 많으신 분이다.

봉선생의 큰 소망, 민들레 꽃씨 되어

해야 할 필요가 있을까 생각했다. 그러나 어머니와 형님, 형수님들의 뜻도 상견례를 못 했으니, 약혼식을 하는 것도 좋겠다는 결론을 내렸다. 그리고 내가 교육이 끝나고 휴가 기간 중인 1977년 4월 3일 약혼을 하였고, 그해 12월 17일 결혼하여 충남 부여로 신혼여행을 갔다.

내가 부여로 신혼여행지를 선택한 이유는 나름대로 이유가 있었다. 지금이야 신혼여행을 해외로 가는 것이 대세이지만, 당시 젊은 사람들이 선택한 신혼여행지는 여유가 있는 사람들이야 제주도로 여행을 갔었다. 그러나 대부분 부산 해운대, 태종대, 그리고 경주 정도가 신혼여행 장소였다. 나는 4월에 약혼식을 올린 후, 6월부터 내가 근무하고 있는 경남 양산에서 신혼살림을 시작했다. 따라서 주말에 시간 나는 대로 가까운 경주, 해운대, 그리고 태종대는 많이 다녀본 경험이 있었다. 그리고 중학교 3학년 때, 부여로 수학여행을 갔었는데 나는 여러 가지 사정으로 수학여행을 가지 못했다. 그래서 자연스레 신혼여행지를 부여로 선택한 것이다.

결혼 직후 워커힐 로비에서

나는 아내와 처음 만난 지 1년 만에 약혼, 그리고 8개월 후 결혼하였을 때 나는 27살, 아내는 22살이었다. 내가 앞에서도 언급하였듯이 아내를 만나기 전에는 단 한 번도 여자를 사귀어 보거나 연애를 해 본 경험이 없었다. 누구에게 소개를 받아 본적도, 내가 적극적으로 나서본 적도 없었다. 다른 친구들은 많은 사람을 만나고 교제해 본 후에 결혼했다고 하는데 나는 처음으로 소개를 받고 결혼하게 된 것이다.

"당신 아버지가 사람 보는 눈은 있으셔...! 어린 철부지 데려다 고생 시키지는 않을까 정탐도 하시고, 그냥 믿고 결혼시켜도 되는데, 나 같은 사람 놓치면 안 될 것 같아 찍어 놓고, 나랏일에 바쁜 사람 데려 다 약혼식까지....!!!"

보통 첫사랑은 깨어지기 쉽다는데....! 나는 지금도 가끔 아내와 당시 그때의 이야기를 나누며 미소를 짓는다.

봉선생의 큰 소망, 민들레 꽃씨 되어

22

진급이
무엇인지…

진급을 갈망(渴望)하는 이유는 무엇일까? 그 이유는 미국의 심리학자인 '매슬로우의 인간 욕구 5단계 이론(Maslow's hierarchy of needs)'에서 그 이유를 찾아볼 수 있다. 이 이론에 의하면 사람은 누구나 다섯 가지 욕구를 가지고 태어나는데 이들 다섯 가지 욕구에는 우선순위가 있어서 하위의 기본적인 욕구부터 상위의 단계까지 충족하려는 본능을 말한다. 즉 인간의 가장 상위 욕구인 자아실현을 위해 맨 밑에 있는 ① 생리적 욕구 ② 안전의 욕구 ③ 애정의 욕구 ④ 존중의 욕구 ⑤ 자아실현의 욕구를 단계별로 충족한다는 것이다.

그렇다면 진급하려는 욕구는 어느 단계에 해당이 될까? 그것은 말할 필요도 없이 4단계인 존중의 욕구에 해당한다. 인간은 누구나 자신이 속한 조직에서 신분에 따라 인정과 존경을 받고 싶어 한다. 그러기 위해서 회사에서 부장으로 승진하고 임원이 되기 위해 피나는 노력을 하게 되는 것이다.

보이지 않은 피 튀기는 전쟁

군 조직에서도 예외는 아니다. 어찌 생각하면 일반 사회보다도 군 조직에서의 진급은 더 치열하다. 후배로부터 추월당하지 않아야 하고, 때로는 선배를 뛰어넘어야 내가 살아남을 수 있다. 즉 내가 살아남기 위한 과정은 한마디로 "보이지 않는 피 튀기는 전쟁"이라고 할 수 있다. 그러나 그 과정은 공정해야 하고 정당해야 하는데, 현실은 그러지 못한 것 같다.

청운(靑雲)의 꿈을 안고 장교가 되었는데, 그 누군들 장군이 되고 싶지 않은 사람이 과연 있을까? 일반적으로 위관급 장교의 진급(소위~대위)은 특별한 결함이 없는 한 70% 이상 진급된다. 그러나 영관급으로 올라갈수록 진급의 문은 좁고, 문턱은 높아진다. 특히 장군으로 진급하는 것은, 말 그대로 하늘의 별 따기가 아닐까 싶다. 즉 나름대로 각자의 위치에서 최선의 노력을 다했으나, 개인의 역량, 당시 환경과 여건에 부합하지 못해 그 자리에 멈춘 것뿐이다.

내가 군 생활 중 육체적으로 가장 힘들어했던 시절은 1974년부터 1976년까지(중,소위) 제ㅇㅇ보병사단 예하 제ㅇㅇㅇ포병대대에서 근무할 때였다면, 정신적으로 가장 힘들어했던 시기는 방공 고군반(OAC #10기) 교육을 마치고, 1979년 3월부터 1982년 12월까지(대위) ㅇㅇ군단 예하 제ㅇㅇㅇ방공 포병대대에서 근무했던 시절로 생각된다. 다시 말하면, 1974년 소위, 중위 때 근무했던 제ㅇㅇㅇ포병대대와 5~6년의 세월이 지난 1979년~1982년까지 근무했던 제ㅇㅇㅇ방공 포병대대는 아이러니하게도 철조망을 경계로 한 인접 부대임을 볼 때, 경기도 ㅇㅇ지역은 내가 육체적, 정신적으로 가장 힘들게 군대 생활을 했던 곳이라는 것을 결코 잊을 수가 없는 곳이다. 그리고 이때는 큰아이(상재)가 3~4살, 둘째(상진)가 갓 돌을 지나고 있었으니 경제적, 육체적, 정신적으로 견디기 힘든 삼중고(三重苦)

를 겪으면서 이곳 부천에서 보낸 시절이었다.

당시 소령 진급은 제ㅇㅇㅇ방공 포병대대 및 제ㅇㅇㅇ방공 포병대대, 그리고 ㅇㅇ군단 포병참모부, 즉 세 곳에서 근무하고 있는 방공포병장교 진급 대상자 15~16명 중에서 매년, 단 1명만 진급이 되었다. 그야말로 평균 15:1의 피 튀기는 전쟁이 아닐 수 없었다. 당시 나는 1980년 1차에 선배(6기), 1981년 2차에 동기(8기), 1982년 3차에 후배(9기)에게 진급 선발에서 밀리고 말았다. 나는 이때처럼 좌절하고 실망해 본 적이 없었다. 그때마다 위로해 주고 격려해 준 사람은 아내였다. 아내의 위로와 격려는 가족이기에 당연하다 할지라도, 주변에서 동료와 선배들의 위로와 격려는 결코 잊을 수 없다. 특히 1982년 3차 진급 심사에서 누락되었을 때 당시 대대장이었던 김중식 중령, 그리고 동기생인 김영환 소령의 위로와 격려가 없었다면, 나는 일어서지 못하였을지도 모른다. 아무튼, 이때 3차에 걸친 진급 누락이 차후 중령 진급 심사에 결정적인 요인이 될 줄이야....!

왜 나는 소령 계급에서 멈췄을까?

군대 계급을 보면 소위로 임관 이후 대장까지 9번의 진급을 거치게 되는데 어느 계급으로 진급했을 때가 가장 기쁠까? 장군이 된 기쁨은 두말할 필요가 없겠으나, 아마 계급마다 다르리라고 생각한다. 군 구조의 특성상 피라미드형 계급구조로 대부분의 장교들이 중령 진급을 하지 못하고 사회로 복귀한다. 그래서 영관장교가 된 이후 소령에서 중령으로 진급했을 때가 가장 기뻐하지 않을까 생각한다.

그러나 나는 중령으로 진급하지 못하였기에 3차 진급에 실패하고 마지막 차에서 소령으로 진급했을 때가 가장 기뻤다고 말할 수 있다. 또 기뻐할 수 있는 것은 군인연금은 20년 이상 복무한 자만이 수혜자가 되는데, 대위 계급으로는 만기 전역하게 될지라도 연금 수혜자가 될 수 없으나, 소령 계급으로 만기 전역하게 되면 노후가 보장되는 연금 수혜를 누릴 수 있으므로 더욱 기뻤던 것 같았다.

막차에 올라탄 소령 진급

1982년 3차 소령 진급 심사에서 실패한 나는 한때 전역을 생각하기도 했으나, 앞에서 언급한 제○○○대대장 김중식 중령, 제○○○ 오리콘 포대장 김영환 소령의 격려와 응원으로 실낱같은 마지막 희망을 바라보며, 1983년 1월 ○○군단 포병참모부 방공장교로 보직을 옮겼다. 대부분의 진급 심사는 특별한 경우가 아니면 3차 선발로 종료가 된다. 그러나 포기하지 말고 최선을 다하라는 선후배와 동기, 또한 당시 ○○군단 포병참모부에서 같이 근무했던 방공과장 송영섭 중령, 그리고 동기생인 포병 기획장교 배영식 소령의 응원, 그리고 가족의 성원에 보답하기 위해 최선을 다했다. 그 결과 바늘구멍보다도 더 힘들다는 실낱같은 4차 진급 심사에서 통과되는 영광을 얻게 되었다.

소령 진급 대상자가 발표되던 1983년 10월 어느 날, 제일 먼저 축하해 주셨던 두 분, 곧 문정동 셋째 형님과 당시 ○○군단 참모장이시던 김학옥 준장의 축하해 주신 말씀이 지금도 기억이 생생하다. 그때 나의 진급을 위해 물심양면으로 후원해 주시고 도움을 주셨던 문정동 셋째 형님을 비롯한 모든 분에게 진심으로 다시 한번 감사를 드린다.

그런데 왜 나는 중령 진급을 하지 못하고 소령 계급에서 멈췄을까? 나 자신을 돌아본다. 내가 중령 진급을 하지 못한 가장 큰 원인은 앞에서도 언급하였지만, 대위에서 소령 진급이 늦어지므로 인해서 진급 차수에 밀

봉선생의 큰 소망, 민들레 꽃씨 되어

리게 된 것이 가장 큰 원인이라고 볼 수 있다. 차 상위로 진급을 위해서는 최소한 1~2차에는 진급해야만 유리한 조건인데, 나는 4차(막차)에 진급했다. 즉, 나는 1983년 10월에 진급 선발에 확정되었고, 이듬해 3월 1일 소령으로 진급하였다. 따라서 1~2차에 진급한 동기생에 비해 2~3년이 늦어지므로 차 상위 계급에 필요한 핵심 보직을 쌓아야 할 기간이 부족했다. 다시 말하면, 81년도 1차 진급한 동기생은 84년도에 중령 1차 심사에 들어가는데, 나는 그때 소령 진급을 하였으니 내가 얼마만큼 뒤처져 있다는 것을 피부로 느낄 수 있다.

그래서 나는 장교 진급 선발기준에서 가장 중요한 핵심 보직을 받지 못해 경쟁에서 밀리게 되는 것은 당연했다. 그뿐 아니라 내가 주요 핵심 보직의 경력을 쌓기도 전, 중령 진급 심사 이전에 근속 정년(소령 11년)에 해당이 된 것이다. 그러므로 적시적기에 진급하지 못하면 불리한 조건을 안고, 유리한 조건을 가진 자와 싸워야 하는 현실에 부딪히게 된다.

과연 나는 불리한 조건을 안고 보이지 않은 피 튀기는 전쟁에서 나의 노력한 대가는 얼마나 인정받을 수 있을까? 그리고 과연 내가 살아남을 수 있는 확률은 얼마나 될까? 그것은 매우 희박하다는 것을 절실히 느끼고 있었다. 그러할지라도 포기하기에는 아쉽고, 미련이 남는 것은 인지상정(人之常情)일 것이다.

그래도 포기하기는 아쉬워…

나는 ㅇㅇ군단 포병참모부 방공장교 직책을 마치고, 1984년 2월 20일 소령 진급 예정자 신분으로 제ㅇㅇㅇ방공 포병대대 제2포대 포대장으로 부임하였고, 3월 1일부로 대위에서 소령으로 진급했다. 당시 제ㅇㅇㅇ방공 포병대대 예하 포대의 나이키 지대공미사일은 전국 6개의 중 소도시의 고지대에 위치하여 한반도의 중.고고도(中.高高度) 대공방어를 수행하고 있는 부대로, 나는 ○○지역에 위치한제2포대 포대장으로 보직되어 근무 중이었다.

당시 내가 포대장으로 재직하던 중, 1985년 연초에 방공포병 사령부로부터 "격고지(隔高地) 자체 경계 시범"을 보이라는 사령부 지시를 받았다. 즉 이 시범은 대부분의 유도탄 부대가 높은 고지대(高地帶)에 위치하고 있어서, 자체 경계가 취약함을 고려하여 적 특수부대 및 게릴라 침투에 대비한 효율적인 자체 방어 대책을 강구하여 전 사령부 예하 포대에 전파하려는 데 목적을 둔 것이다.

나는 이때 이 시범을 준비하면서 "나의 존재"를 방공포병 사령부에 널리 알리는 절호의 기회로 삼고 자체 방어 시범 준비에 사활(死活)을 걸었다. 내가 연구하여 발표했던 유도탄 사이트의 자체 경계의 핵심은 경계의 기본 요소인 '3선 방어'의 개념을 유도탄 사이트에 도입하여 우리 실정에 맞게 적용하는 안을 제시하였다.

당시 나는 본 시범을 위하여 4개월 동안 최선을 다하여 준비하였고, 1985년 5월 중순쯤 방공포병 사령관(강두익 소장, 육사#12기), 제 ○ 방공포병 여단장(강명오 준장, 육사#17기) 그리고 예하 대대장 및 장병을 모시고 성공적인 시범을 마쳤다. 그리고 내가 제시한 "유도탄 부대를 중심으로 한 격고지(隔高地) 자체 경계 시범"의 개선안이 채택되어 예하 부대에 전파되었다. 아무튼, 나는 이 시범을 통하여 나의 존재를 알렸고, 방공포병 사령관으로부터 인정을 받았다.

그 후 방공포병 사령관(강두익 소장)은 사령관직에서 물러나 육군 교육사령부 방공계획 단장으로 보임되셨다. 그 후 내가 포대장을 마치고 대대 작전 과장으로 근무하고 있을 때, 전 방공 포병 사령관(강두익 소장)이 나를

왼쪽에 현장견학 설명을 하고 있는자 필자. 필자 우측 제○방공 포병 여단장(강명오 준장),
그 우측에 작전처장(유○○ 대령), 가운데 방공 포병사령관(강두익 소장), 우측 ○○○대대
장(전공남 중령)

대전 육군교육사령부 방공계획단으로 불러들일 줄은 꿈에도 생각해 보
지 않았다.

나는 1986년 5월 제2포대 나이키 유도탄 포대장 임기(2년)를 무사히 마
치고, 동기생인 박상규 소령에게 인계하고 대대 작전 과장으로 보직을
옮겼다. 그리고 소령 3년 차 근무하고 있는 나로서는 향후 진로와 진급
에 대하여 생각하지 않을 수 없었다. 나는 앞으로 어떻게 처신해야 하나?
잠을 이룰 수 없는 고민이 시작되었다.

나는 앞에서 언급하였듯이 중령 진급에 불리한 조건이므로 명함도 내
밀 수 없다고, 자포자기(自暴自棄)하기는 아쉽다고 생각했다. 솔직한 나의
심정은 중령 진급을 위하여 최선을 다하지도 않고 포기하기는 정말 싫었
다. 그러려면 한직(閑職)이 아닌, 고생할지라도 꿈을 펼칠 수 있는 주요 핵
심 보직을 받아야 하고, 그 직책에서 업무능력과 인사고과에서 상위 등
급을 인정받아야 한다. 정말 소령 계급에서 멈추기 싫었던 것이 당시 나

의 솔직한 심정이었다. 그래서 나는 진급하기에 유리한 직책의 보직을 받기 위해 방공포병 사령부로 보직을 옮기기로 마음을 먹고, 당시 작전처 교육장교 보직을 마치고 중령으로 진급하여 대대장으로 부임할 예정인 동기생 조정수 소령을 찾아가 도움을 요청했다.

"조 소령! 내가 너에게 신세를 좀 져야겠다. 도와줄래?"

"내가 널 도와줄 능력이 있나? 뭔데, 말해 봐?"

"너는 진급도 했고 교육장교 보직도 끝나가는데, 대대장은 어디로 결정되었나?

"응, 제〇〇〇방공 포병대대로 나가게 될 것 같아...!"

"그래, 축하한다. 나는 사령부 작전처 교육장교, 네 후임으로 보직을 받고 싶다. 만약 네 후임 결정이 안되었다면, 작전처장(유〇〇 대령)과 인사처장(이〇〇 중령)에게 나를 추천 해주겠니? 그다음엔 내가 알아서 할게...!"

"응, 그래 너를 추천하는 것은 어렵지 않아, 도와줄게...!" 그런데 말이지, 타이밍(Timing)이 조금 맞지 않네? 현 방공포병 사령관(강두의 소장)이 계속 계신다면 너에게 유리하겠지만, 후임으로 박〇〇 소장(육사#14기)으로 결정되어 곧 이·취임식이 있을 거야. 신임 사령관으로 교체된 후 사령부 분위기가 어떨지 모르겠네?"

"그래, 나도 그것이 걱정되기는 하지만, 모든 사람이 박〇〇 장군은 인격적이고 합리적인 분으로 알고 있기 때문에 별일 없을 거야!"

"그러겠지? 아무튼, 기회를 봐서 나의 후임으로 너를 적극적으로 추천할 테니 기다려 봐!"

"조 소령, 정말 고맙다. 언젠가는 너에게 꼭 신세 갚을 거야!"

봉선생의 큰 소망, 민들레 꽃씨 되어

"고맙긴 무슨 소릴!"

조 소령과 나는 그렇게 약속하고 우리는 헤어졌다.

너 아직도 여기에 있나?

나의 기억이 확실하진 않지만 조 소령과 약속하고 헤어진 지 얼마 지나지 않아 1986년 11월경 방공포병 사령관의 이·취임식이 계획대로 진행되었다. 전임 방공포병 사령관 강두익 소장(육사#12기)은 육군 교육사령부 방공계획 단장으로 보임되었고, 신임 방공포병 사령관에는 박ㅇㅇ 소장(육사#14기)이 보임되었다. 그런데 방공포병 사령관 이·취임식을 한 지 대략 2주일(?)이 지난 후, 갑자기 엊그제 취임한 박ㅇㅇ 소장이 해임되고, 이ㅇㅇ 소장(육사#15기)이 신임 방공포병 사령관으로 부임하였다.

왜 2주일여 만에 방공포병 사령관이 교체되었는지? 그 이유를 여기서 설명한다는 것은 부적절하기 때문에 생략한다. 그러할 즈음 전 방공포병 사령관(강두익 소장)은 ㅇㅇ지역에 있는 육군교육사령부 방공계획 단장으로 보임되어 있었는데, 당시 전속부관인 윤갑동 준위로부터 나에게 전화가 왔다.

"부관님! 안녕하세요. 한 소령입니다. 웬일입니까? 사령관님(방공계획 단장) 잘 계시지요?"

"네 그런데... 요즈음 단장님 심기가 매우 불편하십니다."

"왜 그러실까요?"

"방공포병 사령관 말입니다. 2개월도 아니고, 2주 만에....!"

"그러시겠네요. 직접 인계해 주신 분인데....!"

"한 소령님께 전화드린 것은 다름이 아니고, 한 소령님이 여주 포대장 시절 자체 경계 시범을 보신 후, 단장님께서 가끔 한 소령님을 칭찬하시면서 말씀하십니다. 지금도 그렇고요."

"과찬의 말씀입니다. 비행기 높이 띄워 놓고 손 놓아버리면 난 어떻게 하라고요."

"아니! 사실입니다. 사령관님께서 육군 교육사령부에 오셔서 방공계획단 인원 구성 때문에 고민을 많이 하십니다."

"아~~! 그래요? 어느 정도 인원 구성은 되었습니까?"

"네, 중령급, 대령급은 거의 인선(人選)이 완료되어 육군본부에 인사 명령 요청 중입니다. 그런데 실무자인 소령급을 확정 못 했는데, 사령관님께서 한 소령님을 자꾸 언급하십니다. 한 소령님께서 여기에 오셔서 사령관님을 보좌해 주셨으면 해서요. 사실 그것 때문에 한 소령님께 의향을 물어보라는 단장님의 지시가 있어서 전화드렸습니다."

"감사합니다. 부족한 저를 잊지 않으시고 불러주심을 감사드립니다. 하지만, 바로 답변하기는 그렇고 저에게도 고민할 수 있는 시간을 좀 주셨으면 합니다."

"긍정적으로 판단하시리라 믿고, 단장님께 보고드리겠습니다."

"부관님! 서둘러 보고하지 마세요. 실수하면 안 되니까요. 빠른 기일 내로 연락드리겠습니다."

나는 고민하지 않을 수 없었다. 강두익 장군의 요청을 받아들여 육군 교육사령부 방공계획단으로 보직을 옮기게 되면, 진급을 포기해야 한다. 즉 실권(實權)이 없는 빛바랜 부서에서 진급은 어렵기 때문이다. 그리고 만약, 내가 원하는 대로 다행히 방공포병 사령부 작전처 교육 장교로 보직을 받고 신임 방공포병 사령관인 이〇〇 장군을 모신다면 나의 불리한

봉선생의 큰 소망, 민들레 꽃씨 되어

조건을 극복하고 진급은 가능할까? 나는 방공포병 사령부 작전처 문을 두드릴 것이냐? 아니면 나를 부르고 있는 교육사령부 방공계획단으로 들어간 것이냐? 어느 쪽을 선택할 것인지 저울질할 수밖에 없었다.

나는 신임 방공포병 사령관이신 이○○ 장군을 모시고 한 번도 같이 근무해 본 경험이 없었지만, 그분의 독특한 성격과 지휘방침 때문에 함께 근무했던 장교와 부사관들이 고생한다는 것을 나는 이미 잘 알고 있었다. 그러나 나는 어떤 분을 모시든 나 하기 나름이라고 생각하며 부딪쳐가면서 최선을 다하리라고 마음먹고, 나는 지난번 사령부 조정수 소령과의 약속이 있었기에 작전처 교육 장교로 추천되었다는 소식이 오기만을 기다리고 있었다.

그러던 중 1986년 12월 초 신임 방공포병 사령관(이○○ 소장)의 대대 초도(初度) 방문이 있었다. 이때 나를 포함한 대대장과 참모들은 신임 사령관 영접을 위하여 지휘부 앞에서 도열(堵列)하고 있었다. 마침 신임 방공포병 사령관이 도착하여 승용차에서 내리자마자 대대장(고영달 중령)은 참모들을 인사시키려고 제일 먼저 나를 가리키며, "부대대장 겸 작전 과장 한봉수 소령입니다"라고, 소개했다.

"네, 작전 과장 한봉수 소령입니다."
"야…! 한봉수, 너, 아직도 여기에 있나?"
"…, …., …"

진급을 포기하다

나는 신임 사령관님의 예상치 못한 갑작스러운 질문에 당황하여 답변하지 못했다. 순간, 이러한 질문에 무어라고 답해야 할까? 대답을 못한 것이 아니라 대답할 상황이 되지 못했다. 앞에서도 언급했지만 나는 이ㅇㅇ 장군과 한 번도 같이 근무해 본 적도 없고, 마주쳐 본 적도 없었다. 다만 신임 사령관으로 부임하기 전, 과거에 인접 부대 여단장, 사령부 참모장을 하셨으니 방공포병 장교로서 하급자인 나는 그분을 아는 것은 당연하지만, 장군이 초면(初面)의 소령인 나에게 "너 아직도 여기에 있나?"라는 질문을 나는 어떻게 받아들여야 할까?

"너 아직도...!"라는 뉘앙스는 풍문에 떠돌고 있는 한명회의 살생부처럼 "내 수첩에 네 이름이 빨간 글씨로 메모가 되어있으니, 너 조심해"라고, 경고하는 것일까?

대대장으로부터 대대 현황 브리핑을 보고받은 후, 배석하고 있는 참모들을 바라보며, 신임 사령관은 또 나에게 두 번째 질문을 하셨다.

"야...! 한봉수, 대대에서 근무한 지 얼마나 되었니?"
"네, 1984년 3월부터 올해 3월까지 여주 포대에서 2년간 포대장으로 근무하였고, 그 이후 현재까지 대대본부에서 작전 과장 직책을 수행하고 있습니다."
"음, 그래....!"

아무튼, 나는 신임 사령관이 초도방문 당시 나에게 던지고 간 두 가지의 질문에 대한 퍼즐을 풀어보기 위해, 당시 대대장(고영달 중령)과 후배 참모들에게 자문(諮問)해 보았으나, 긍정과 부정이 팽팽했다. 나는 장고(長考) 끝에 방공포병 사령부 작전처로 보직을 옮기려고 준비하던 계획을 포기하고, 나를 요청한 교육사령부 방공계획단에서 강두익 장군을 보좌하기로

봉선생의 큰 소망, 민들레 꽃씨 되어

결정을 내렸다. 이는 내가 스스로 진급을 포기하는 결정이나 다름이 없었다.

내가 진급을 포기하고 교육사령부 방공계획단을 선택한 동기는 이렇다. 첫째, 겨우 취임 2주밖에 되지 않은 선배 사령관(박○○ 소장, 육사#14기)을 끌어내린 신임 사령관(이○○ 소장, 육사#15기) 휘하에서 특이한 성품의 소유자 그분의 비위를 맞추며 충성할 자신이 없었다. 그렇다고 진급이 보장되는 것도 아니기 때문이다.

둘째, 앞에서 언급했듯이 나는 4차에 소령 진급했으므로 앞으로 신임 사령관님의 재임 중 1~2년의 짧은 기간에 진급할 자신이 없었다. 공연히 사령부로 보직을 옮겨 진급하겠다고 온 가족이 생고생만 하다가 뜻을 이루지 못하면, 그 후유증이 더 심할 것 같았다.

셋째, 그동안 기회가 오지 않아 미루어 왔던 대학교에 편입하여 이루지 못한 꿈을 이루고 싶었다. 방공포병 사령부로 보직을 옮기게 되면 대학교에 편입하기가 현실적으로 어려워지기 때문이다.

넷째, 앞으로 남은 군 생활 몸조심하며 노후가 보장되는 군인연금 대상자가 되어 아름답게 퇴역하고 싶었다.

나는 지금도 당시 나의 결정에 대하여 단, 한 번도 후회해 본 적이 없다. 그리고 서서히 나는 후회하지 않는 아름다운 퇴역을 위해 준비할 것을 다짐했다. 그리고 방공포병 사령부 작전처로 보직 옮기는 것을 포기한다고 조정수 소령에게 전달함과 동시에 육군 교육사령부 방공계획단에 합류하겠다는 나의 뜻을 단장 전속부관인 윤갑동 준위에게 전달하였다.

23

사라진
비밀문서

    나는 제ㅇㅇㅇ방공포병대대 작전 과장 보직을 마치고, 1987년 3월 1
일부로 육군 교육사령부 방공계획단으로 보직을 옮겨 대공포 교리 연구
업무를 진행하면서, 부차적으로 방공계획단의 비밀문서 취급 업무까지
도 담당하고 있었다. 육군 교육사령부 방공계획단은 교육사령부 내의 기
존에 편제되어 있는 방공포병의 무기체계 소요제기, 시험평가, 전술 교
리 등을 연구하는 전투 발전 부서를 방공계획단으로 통합 편성한 부서
로, 방공포병 사령관 임기를 마친 강두익 소장이 방공계획단 단장으로
부임하여 방공계획단을 지휘하고 있는 부서이다.

    내가 교육사령부에 전입하자마자 나에게 첫 번째 부여된 임무는
1987년 7월에 예정된 "전반기 전력화 지원 사업 분석 회의" 시 "방공포병
교리 발전 방향"에 대하여 발표하라는 과제를 단장으로부터 임무를 부여
받았다. 나에게 주어진 기간은 대략 5개월로, 짧은 기간에 교리를 연구하
여 발표하는 것은 현실적으로 어려웠으므로 무엇을(What), 왜(Why) 어떻게
(How) 하겠다는 "교리 발전 방향"을 중심으로 준비하였다.

방공 교리 분야에 대한 전력화 지원 사업 내용을 발표하는 필자

당시 발표 내용을 본 지면(紙面)에 밝힐 수는 없으나, 주요 핵심 내용은 이렇다. 당시 우리 군은 "적 방공 전술 교리"에 매우 취약해 있었다. 따라서 나는 적성 국가인 북괴, 중공, 소련(당시에 사용된 용어)의 방공 무기체계 및 교리에 대한 자료를 수집하여 정립하고, "적 방공 전술에 대응한 아군의 방공 전술 교리"를 재정립하겠다는 추진계획을 발표하였다.

비밀문서의 행방(行方)은?

내가 교육사령부 방공계획단으로 전입된 지 1년 정도가 지난 1988년 어느 날, 육군본부에서 "수도권 저고도 방공 벨트"라는 2급 비밀문서가 방공계획단에 접수되었다. 이 문서는 우리의 수도권에 적 항공기가 저고도로 침투 공격 시, 당시 수도권에 배치된 대공포(○○미리 발칸포, ○

○미리 오리콘 대공포) 전력으로 지대별(地帶別) 대공화망(對空火網)을 구성하여, 적의 기습 공격에 대응하라는 비밀문서이다. 따라서 나는 대공포 주무 담당 실무 장교이자, 비밀문서 관리 책임자로서 이 문서를 접수하여 방공계획 처장과 방공계획 단장에게 보고 결재 후, 비문(祕文) 관리실에 보관하였다.

그리고 며칠이 지난 어느 날 오전, 처장이 업무상 상기 비밀문서 열람을 요구하시기에 비밀문서 취급 절차에 의해 처장에게 반출(搬出)하여 드렸다. 반출된 비밀 문건은 업무상 열람을 마친 후에는 즉시, 늦어도 당일 일과 시간 이내에는 문건을 반납하여 비문 관리실에 보관해야 함이 원칙이다. 그런데 퇴근할 시간이 가까웠는데도 처장님이 비문 반납을 하지 않기에 처장에게 비문 반납을 요청하기 위해 사무실로 갔다.

"처장님! 오전에 가져가신 비문 주셔야지요?"
"그래..? 내가 안 줬나...? 반납한 것 같은데....!"
"네, 받지 못했습니다. 처장님 책상 서랍을 잘 확인해 보세요."
"아니야? 점심시간에 한 소령 책상에 올려놓았는데?"
"저는 보지 못했습니다. 혹시 서랍에 없는지 다시 확인해 보시지요."
"알았어, 확인해 볼게..!"

나는 처장님이 책상 서랍 여기저기를 확인하시는 것을 보면서, 혹시 내가 자리를 비운 사이 처장님이 내 책상에 갖다 놓은 것을 잘못 보았나? 생각하고 내 사무실로 돌아와 내 책상 서랍과 주변을 샅샅이 찾아보았으나 해당 비문은 없었다. 사무실에 있는 다른 장교들에게 물어봐도 모른다는 것이었다. 그래서 나는 다시 처장실로 가서 말씀드리려고 일어섰

봉선생의 큰 소망, 민들레 꽃씨 되어

다. 그때 처장님이 내 사무실로 들어오시면서 이렇게 말씀하셨다.

"내가 오전에 비문을 열람하고 점심을 먹으러 식당에 가면서, 한 소령 책상에 올려놓았으니 잘 찾아봐요." 하고 퇴근하셨다.

"........"

하나님! 비밀문서 어디에 있습니까?

나는 퇴근 시간을 앞두고 "사라진 비밀문서"의 행방(行方)을 찾기 위해 같은 사무실에 근무하고 있는 분들에게 물어봐도 모두가 "모른다"라는 대답일 뿐, 알 수가 없었다. 나는 분명히 처장님으로부터 비문을 되돌려 받지 못했다. 만약, 처장님 말씀대로 점심때 내가 자리를 비운 사이에 처장님이 비문을 내 책상 위에 올려놓았다면, 그 비문을 누가 가져갔나? 일과 시간이 끝나면 반출되었던 비문은 반드시 퇴근 전, 비문 관리실의 지정된 장소에 절차에 의하여 반납되어야 한다. 만약 비밀문서 관리 취급의 부실로 비문을 분실하게 되면 비문 관리 책임자인 나는 물론, 함부로 비문을 책상 위에 올려놓은 처장님도 책임을 면하기는 어렵다.

나는 1983년도에 수도군단에서 근무할 당시 군종 목사님(문만필 중령)으로부터 세례를 받았고, 지금까지 주님을 영접하고 하나님을 믿는 성도로서 주일마다 교회를 나가고 있는 성도이기는 하지만, 믿음의 확신과 구원의 확신이 없는 교인이었음을 고백한다. 흔히들 말하는 '선데이 크리스천(Sunday Christian)'이었다. 한마디로 기도할 줄도 모르는 무늬만 기독교인이었음을 고백한다. 그런데 사라진 비문의 행방을 모르는 절체절명(絕體絕命)의 순간, 벼랑 끝에 서보니, 나도 모르게 하나님을 찾게 되었음을 고백한다. 작년에 대전으로 이사 오기 전에 고속버스 안에서 우리 가정 지켜 달라고 기도한 이후 두 번째 기도인 것 같다.

『하나님 아버지! 저는 기도할 줄도 모릅니다. 나에게 닥쳐온 이 어려운 일을 어떻게 해결해야 할지도 모르겠습니다. 저는 진급도 포기하고 여기에 왔어요. 제가 앞으로 4~5년 무탈하게 근무하면 군인 연금의 수혜자가 될 수 있습니다. 그런데 비문을 찾지 못하면 그 꿈마저도 포기해야 하는 상황이 될지도 모릅니다. 하나님...! 그 비문이 어디에 있습니까? 어찌해야 찾을 수 있습니까? 그 방법을 좀 알려주세요. 예수님 이름으로 기도합니다. 아멘!』

모두 퇴근해 버리고 없는 텅 빈 사무실에 혼자 남아 고민하면서 기도하였다. 나는 기도를 마친 후에 곰곰이 생각해 보았다. 설령 처장님이 내 책상 위에 그 비문을 갖다 놓았어도 같이 근무하신 분들이 그 문건에 손대지 않았을 것(장난으로)이라는 확신이 섰다. 그리고 만약 책상 위에 그 비문이 있었다면 누군가는 나에게 알려주었을 것이라고 확신했다. 그렇다면 덜렁대는 성품의 처장님이 책상 서랍 안의 다른 서류와 함께 섞여 있는 비문을 찾지 못한 것이라는 믿음이 들면서, 처장님의 책상 서랍을 내가 직접 확인해 볼까? 하는 마음이 생겼다.

그런데 상급자의 책상 서랍을 허락도 없이 뒤지는 것은 큰 결례이다. 더 큰 문제는 사무실 출입문과 책상 서랍 모두가 잠금장치가 되어있다. 하지만 열쇠 전문가를 불러서라도 잠금장치를 해제하여 확인해 보고 싶은 충동이 강하게 일기 시작하면서 114안내전화로 열쇠 전문가를 찾았다. 나는 열쇠 전문가를 불러 처장님의 책상 서랍 잠금장치를 해제한 후,

봉선생의 큰 소망, 민들레 꽃씨 되어

그분을 돌려보내 놓고 차근차근 꼼꼼하게 서랍을 확인해 보니, 내가 예상한 대로 서랍 안에 여러 서류와 함께 섞여 있는 비문을 찾아냈다. 정말 나는 그 비문에서 빛이 나는 것 같았다.

"후유~~~! 하나님 찾게 해 주셔서 고맙습니다. 정말 감사합니다"

나는 감사한 마음으로 찾은 비문을 들고나올 때, 갑자기 생각나는 것은 비문을 찾은 것은 천만다행이지만, 부하가 상급자를 의심하고 허락도 없이 자물쇠를 풀고 책상 서랍을 뒤졌다는 이유로 인해 처장님이 오해하여 불편한 관계가 될 수도 있겠다는 생각이 들었다. 그래서 나는 이제 "사라진 비문"을 찾았으니, 내일 출근하여 처장님 입회하에 함께 차근차근 찾아보자고 권유하는 것이, 더 나을 것 같다는 생각이 들었다. 그래서 나는 그 비문을 원래 있던 그 자리에 그대로 다시 넣은 후, 잠금장치를 해놓고 퇴근했다.

나는 홀가분하고 편한 마음으로 사무실을 나와 퇴근을 위해 시내버스를 타면서, "하나님 감사합니다. 미련한 저에게 지혜를 주셔서 감사합니다. 비문을 찾게 해 주셔서 감사합니다. 또 처장님이 오해하시지 않도록 처리할 수 있는 지혜를 주셔서 고맙습니다"라고 나도 모르게 감사의 기도가 나왔다.

다음 날 출근하여 오전에 일찍 처장님께 "사라진 비문"을 함께 찾아보려고 처장님 사무실로 갔으나 처장님은 단장님 사무실에서 환담 중이셨고, 또 나는 다른 부서와 업무 협조와 회의가 끝나고 보니 벌써 점심시간이 되었다. 그래서 나는 점심 후에 처장님께 말씀드리기 위해 일찍 점심을 먹고 사무실로 돌아와 의자에 앉아 잠시 눈을 감고 생각에 잠겨 있었는데, 갑자기 처장님이 우리 사무실로 들어오자마자 내 의자를 걷어차면서 이렇게 말씀하셨다.

"야, 인마...! 한 소령! 너 비문 찾았나? 잃어버린 비문은 찾지 않고 한가하게 잠잘 시간이 있나?"

나는 깜짝 놀라 앞으로 휘청거리며 일어나서 옆을 바라보니 처장님이었다. 순간적으로 나는 이성을 잃어버리고 흥분하여 처장님의 멱살을 잡고 얼굴을 강타하려고 주먹을 올리는 순간, 옆에 있던 동기생 박동선 소령이 내 손을 꽉 붙잡음과 동시에 나를 뒤에서 껴안았다.

"야, 한 소령! 안돼, 참아라...!"
"야, 박동선! 이 손 놔라....!"

.

.

.

그 순간 점심을 마치고 사무실에서 휴식하고 있던 선배 장교들이 나를 뜯어말렸다. 이때 흥분하면서 서로 주고받았던 대화를 여기에 기록함은 부적절하기에 기록하지 않는다. 다만 내가 진정하면서 처장님에게 큰 소리로 이렇게 말했다.

"그 비문은 분실한 것이 아니라, 분명히 처장님 책 서랍 속에 있을 것이라고 나는 확신합니다. 나는 오늘 아침에 출근하자마자 처장님 입

봉선생의 큰 소망, 민들레 꽃씨 되어

회하에 책상 서랍을 확인하려고 처장님 사무실에 갔으나 안 계셨습니다. 그래서 점심시간에 확인하려고 처장님을 기다리고 있었습니다. 그런데 처장님은 책상 서랍을 자세히 확인해 보셨습니까? 저는 분명히 처장님 책상 서랍 안에 있을 거라고 확신합니다. 처장님 책상 서랍 문 열어주세요. 제가 직접 그 비문 찾아내겠습니다."

"그래? 한 소령! 너 아주 당당하게 큰소리를 치는데, 만약 내 책상 서랍에 비문이 없으면 어떻게 책임질 것인가?"

"네, 처장님 서랍에서 그 비문을 찾지 못한다면, 저는 오늘부로 전역 지원서 제출할 테니 바로 결재해 주세요. 만약 처장님 책상 서랍에서 비문이 나오면 처장님은 어떻게 책임을 지시겠습니까?" (설마 처장이 아침에 서랍 속에 있는 비문을 치우지 않았겠지?)

".........! 좋아, 내 서랍 열려있으니 가서 확인해 보자"

나는 어느 위치에 그 비문이 있는지를 이미 알고 있기에 다른 쪽을 먼저 확인해 가면서 처장님 입회하에 하나하나 자세히 살펴보는 척하였다. 그리고 그 비문을 찾아내어 처장님 앞에 당당하게 내밀었다.

"처장님! 비문 여기에 있지 않습니까? 제가 처장님께 책상 서랍 자세히 살펴 달라고 몇 번 말씀드렸는데, 자세히 확인해 보셨나요? 그리고 처장님께서 비문을 내 책상 위에 올려놓으셨다고 하셨는데, 비문을 아무렇게 나 없을 때, 책상 위에 올려놓고 분실되면 그 책임도 나에게 있나요? 물론 비문 관리 책임자의 도의적인 책임은 있겠지요? 하급자에게 모든 책임을 전가하는 처장님의 오늘 행동은 저에게 큰 실수를 하셨습니다."

"............! 내가 한 소령한테 어떻게 해주기를 바라는가?"

"그만두세요...! 처장님에게 바라는 것 없습니다."

나는 어디로 가야 하나?

나는 사무실로 돌아와 흥분을 가라앉히고, 방공계획 단장님의 전역 행사계획을 살펴보았다. 단장님의 전역식 행사계획은 이미 방공포병학교에 전달되어 준비하고 있었다. 이때 내가 교육사령부 방공계획단에 합류한 지 1년이 조금 넘은 시점이었다. 이제 단장님이 전역하시면 방공계획단은 해체된다. 그러면 나는 어디로 가야 하나? 머리가 복잡해졌다.

방공계획 단장 강두익 소장의 전역을 앞둔 1988년 여름 어느 날, 전속 부관으로부터 단장님께서 나를 찾는다는 연락을 받고 단장님 사무실로 갔다. 그랬더니 단장님께서 차 한 잔 주려고 불렀다면서 이렇게 말씀하셨다.

"한 소령, 비문 때문에 마음고생 많이 했지?"

"아니... 단장님께서 어찌 그것을?"

"전속부관으로부터 다 들었다. 찾았으니까 다행이지 뭐...! 네가 마음 풀어라."

"네 알겠습니다."

"나의 전역식 행사 준비를 방공학교에서 준비한다면서?"

"네! 그렇습니다. 얼마 전에 행사 준비 문제로 방공학교에 다녀왔습니다."

"아...! 그래, 그리고 아마 박동선이가 대우중공업에 취직한 것으로

봉선생의 큰 소망, 민들레 꽃씨 되어

결정되었지?"

"네, 그렇습니다. 이미 박동선 소령이 그리로 갔습니다."

"뭔가 잘못됐다. 네가 그리 갔어야 했는데….!"

"아닙니다. 방산 업체에서는 현역이 근무하지 못합니다. 그래서 박동선 소령이 전역을 조건으로 취직이 되었습니다. 저는 앞으로 4~5년 후면 연금 대상이 됩니다. 그때까지 근무하겠습니다."

"아…, 그렇구나…! 네 말에도 일리가 있다. 오히려 박동선보다 네가더 훨씬 나을 거야. 연금 대상은 노후가 보장되니까."

"사실 저도 대우중공업 제의가 들어왔을 때, 고민 많이 했습니다."

"잘 결정했다. 내가 방포사에 있을 때 너희 포대에서 경계 시범을 보였었지? 그때 그 시범 준비와 내용에 감명받았다. 지금 다 부질없는 말이지만, 그 후에 내가 사령관 재직 시절 사령부로 너를 일찍 불러들이지 못한 아쉬움이 많았다."

"네…! 인정해 주시고, 기억해 주셔서 감사합니다."

"그래…! 앞으로 방공계획단이 해체되면 어디에서 근무하고 싶니? 네가 원하는 곳 있으면 말해봐! 내가 마지막으로 너에게 해줄 수 있는 것은 그것뿐이다."

"단장님, 감사합니다. 저는 방공포병학교에서 근무해 본 경험이 없습니다."

"응 그래..? 그러면 내가 방공포병학교장(당시 강명오 준장 육사 #17기)에게 전화하지. 너를 요청하라고….!"

"단장님, 감사합니다."

나는 단장님께서 방공포병 학교장이 나를 요청하도록 조치하시겠다

는 말씀을 듣고, 복잡해졌던 머리가 한결 가벼워졌다. 그것은 방공계획
단이 해체된 후, 내가 가야 할 곳이 마땅하지 않았는데 그 길이 트였기 때
문이다. 가고 싶은 곳은 많지만, 오라는 데가 없는 그 서러움을 무슨 말
로 표현할 수 있을까?

24

겁맹에서
벗어나기

1988년 12월 31일 육군 교육사령부 방공계획단이 계획대로 해체되면서 1989년 1월 나는 육군 방공포병학교에 전입되어 전투 발전부 교리 연구 장교의 보직을 맡았다. 내가 걱정되었던 것은 당시 방공포병학교에 근무 중이던 동기생 김영곤 소령이 나보다도 2년(?) 정도 먼저 학교에 전입하여 교수부 교육장교 직책을 맡고 있으면서 진급(2차 또는 3차)을 위해 준비하고 있었는데, 내가 전입됨으로 인해 오해가 있지 않을까? 하는 문제였다. 왜냐면 같은 병과 동기생끼리 진급 경쟁이 되는 것은, 서로 부담이 되기 때문이다. 따라서 난 김영곤 소령이 오해하지 않도록 내가 먼저 마음 문을 열고, "내가 여기에 전입한 것 신경 쓰지 말고, 올해는 꼭 김 소령이 먼저 진급하기를 응원한다"라고 했다. 다행히 김영곤 소령은 그해 중령 진급 심사에 통과되어 내 마음이 한결 가벼웠던 것이 사실이었다.

내가 지난 2년 동안 육군 교육사령부에서 근무할 당시 애로를 느꼈던 것은, 서투른 타자 실력 때문에 보고 문서 작성하는 데 무척 애를 먹은 것이다. 당시 우리 사무실에 중령이 4명, 소령이 2명, 그리고 타자병 1명이 근무하고 있었다. 각자 맡은 연구 프로젝트(Project)에 대한 보고서 작성을 타자병 1명에게 의존하다 보니 적기적시(適期適時)에 보고서를 작성하여 보고하기가 매우 어렵다는 것을 알고 타자 연습을 하였지만, 수준 향상에는 한계가 있었다. 그런데 당시 사회에서는 사무자동화를 위한 개인용 컴퓨터(PC)가 출시되기 시작했다. 그러나 아직 군에는 컴퓨터가 보급되지 않았지만, 언젠가는 군에서도 컴퓨터가 보급되어 사무자동화가 되리라 예상하고 기회가 되면 컴퓨터를 배워야 하겠다고 생각했다.

1989년 1월 내가 방공포병학교에서 교리 연구 장교로 보직되어 부여받은 업무는 "적 방공포병 전술"에 대한 교리 연구였다. 내가 소속되어 있는 교리 발전처에 인원 구성도 교육사령부와 비슷했다. 당시 교리 연구관은 처장(중령)을 제외하고 군무원 3명, 소령 2명, 대위 1명, 타자병 1명이었다. 나는 이 연구 프로젝트(Project)를 맡으면서 적 방공 전술에 대한 자료수집의 어려움보다, 사업 계획의 수립부터 최종 연구 결과물을 도출할

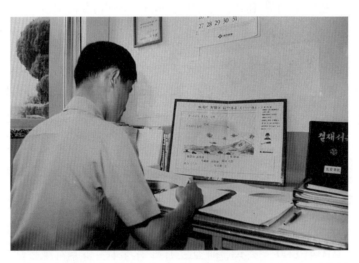

적 방공 포병 전술 교리를 연구하던 당시의 모습. 이때는 컴퓨터가 없이 문서를 작성했기에 어려움이 많았었다.

때까지 수많은 검토와 보고의 과정에서 이루어지는 행정적인 뒷받침이 적기적시(適期適時)에 이루어져야 함은 이미 교육사령부에 근무하면서 경험한 바가 있었다. 따라서 나는 타자병에게 문서 작성을 의존하지 않고 컴퓨터를 배우면서 "적 방공포병 전술"에 대한 교리 연구 사업을 진행하기로 마음을 먹었다.

나는 곧바로 386PC(MS-DOS 운영체제)와 프린터를 구입하여 배우기 시작했다. 컴퓨터를 배우려면 일반 학원에서 이론과 실습을 병행하여 체계적으로 배워야 하나, 당시 나는 경제적 어려움으로 컴퓨터를 준비하는 것도 버거웠으므로 컴퓨터학원에 등록하는 것을 포기하고, 독학으로 컴퓨터를 배우면서 나에게 주어진 교리 연구 사업을 적기적시(適期適時)에 사업을 완료하였다.

워드 프로세서는 문서를 작성, 수정, 저장할 때 쓰는 프로그램이다. 글자 크기, 글꼴, 색깔 등을 다양하게 선택할 수 있고 그림, 표, 도표, 도형 등을 삽입할 수 있으며 맞춤법 검사 기능, 한자 입력 기능 등 다양한 기능을 가지고 있는 프로그램이다. 당시 가장 많이 사용되는 워드 프로세서는 MS 워드와 한글과 컴퓨터의 한글 프로그램이 있었고, 1990년 중반에는 Windows 운영체제로 업그레이드되었다. 이후 나는 MS 워드는 물론 아래아 한글, 엑셀, 파워포인트 사용법을 독학으로 배우면서 전문가 수준은 아니지만, 업무 수행 중 내가 불편하지 않을 정도의 수준을 갖추었다.

훗날 내가 군에서 전역하여 중소기업인 자동차 부품 제조회사에서 근무할 때, 그동안 배웠던 컴퓨터에 운용 능력이 근무에 많은 도움이 되었음은 두말할 필요가 없었고, 지금도 나는 컴퓨터를 다루는 능력은 전문가 수준은 아니지만, 사무관리에 전혀 불편함 없이 사용하고 있다.

25

만학도(晚學徒)

나는 1971년도에 고등학교를 졸업한 후 바로 육군3사관학교에 입교하였다. 앞에서 언급하였지만, 내가 육군3사관학교를 선택한 동기는 당시 정규 대학에 들어갈 수 있는 경제적 형편이 되지 않았기에 직업군인의 길을 걸으면서 기회가 되면 정규 대학에 편입하기 위해서였다. 그런데 막상 장교로 임관하여 전, 후방 부대를 오가며 근무하다 보니, 대학교에 편입할 기회가 쉽게 오지 않았다. 그 이유는 첫째, 지금은 대학교가 지방에도 많이 설립되어 있으나, 당시 내가 근무하고 있는 지역에서 출, 퇴근이 가능한 지역에 대학교가 그리 많지 않다는 것이고, 둘째, 설령 가능한 대학이 있다고 할지라도 지휘관으로부터 추천 내지는 승인받기가 쉽지 않았다는 것이다.

1982년경으로 기억이 되는데, 경기도 부천에 있는 제ㅇㅇㅇ방공포병대대 작전 과장으로 근무할 때였다. 당시 나는 성균관대학교 행정학과 편입 시험을 보기 위해 준비하면서 지휘관의 추천서를 요청하였으나, 작전 과장이라는 주요 직책의 업무상 야간에 오랫동안 부대를 벗어날 수 없다는 이유로 지휘관 추천서를 받지 못해 포기한 경험이 있다. 기회는 자주 오지 않은데, 또 얼마나 기다려야 하나? 그 기회는 나에게 또 찾아올까? 1987년 대전에 있는 육군 교육사령부 방공계획단에서 근무할 당시 충남대학교 행정대학원 최고 관리자 과정에 입학하면 혹시 편입할 수 있는 길이 쉽게 열리지 않을까 생각하며 1년 동안 다녔으나 인맥을 넓히는 데 만족할 수밖에 없었다. 그러나 항상 내 머릿속에는 정규대학교에 편입하고자 하는 욕망은 사라지지 않았다.

대학교 편입

나는 육군 교육사령부 방공계획단이 해체되면서 1989년 1월 ○○에 있는 육군 방공포병학교로 전입되어 근무하게 되었다. 나는 지난 2년 동안 육군 교육사령부에서 근무할 때, 인맥에 의한 대학교 편입을 생각했던 것이 잘못 판단하였음을 깨닫고, 이제는 누구에게 의존할 것이 아니라 내가 스스로 편입 시험에 도전하겠다고 결심하였다. 그리고 1년 동안 시험 준비를 하여 1990년 연초에 경북 산업대학교(현재 경일대학교 전신) 경영학과 편입 시험에 응시하여 합격하였다. 나는 육군3사관학교를 졸업하면서 당시 초급대학 전문 학사학위를 발판으로 경북 산업대학교 경영학과 3학년 편입에 성공한 것이다. 내가 1971년 고등학교를 졸업 후, 대학교 진학을 포기하고, 육군3사관학교에 입학하면서 언젠가는 정규 대학에 편입하겠다는 그 꿈이 19년이라는 세월이 지난 후, 40살이라는 늦은 나이에 이루어진 그 기쁨은 이루 말할 수가 없었다.

남들은 대학교에 편입하는 것이 그 무슨 대수냐고 말할 수 있겠지만, 나는 그렇게 생각하지 않는다. 당시 학벌주의 사상이 팽배하던 그 시절에 어찌 보면 학벌은 생존의 도구가 아니었을까? 지금이야 많이 변하였다고는 하지만 학연(學緣), 지연(地緣), 인연(人緣)을 무시할 수 없었던 그 시대에 대학을 다니는 학생들을 부러워했고 나에게는 로망이었다. 어찌했든 나는 불혹(不惑)의 나이 40세에 만학도(晩學徒)가 되어 1990년부터 1991년까지 경북 산업대학교에서 경영학을 공부하였고, 이듬해 2월에 졸업하였다.

대학원 입학

나는 어렵게 편입하여 대학을 졸업하고 경영학 학사 학위는 받았으나, 무언가 부족하고 아쉬움이 많았음을 느끼면서 그냥 주저앉고 싶지않았다. 그것은 대학원에 들어가고 싶은 충동이 졸업 이전부터 나의 마음을 강하게 움직였기 때문이었다. 사실 나에게는 경제적인 여유라고는 전혀 없었다. 대학교 2년간 학비 마련도 어려운 형편이었는데 대학원이라니… 당시 큰아이 상재는 중학교 1학년(14살), 둘째 상진이는 초등학교 4학년(11살)이었다. 자식은 학원에도 보내지 못하면서 나 혼자 공부한다고 대학원에 가겠다는 생각이 가장(家長)으로서 과연 옳은 일인가? 나 자신에게 여러 차례 되묻기도 하였다. 그러나 나의 마음은 변하지 않았다. 그래서 어느 날 퇴근하여 저녁 식사를 마치고 아내의 의향(意向)은 어떤지 물어보았다.

"여보! 그동안 어려운데도 대학교 다닐 수 있도록 뒷받침해 줘서 고마워요!"
"아니야! 뒷받침해야 하는 것은 당연하지요."
"이해해 줘서 정말 고마워요! 그런데 대학교 졸업하고 곧바로 대학원에 진학하고 싶은데, 당신과 아이들한테 미안해서.....!"

"대학을 졸업하는 것은 당신이 이루고 싶었던 꿈이었잖아요. 그것을
내가 막을 수는 없잖아요. 대학원 진학도 마찬가지예요. 당신이 이루
고 싶은 꿈을 누가 막아요. 응원할 테니 도전해 보세요"

"정말 응원해 줘서 고마워요. 그러나 나 혼자 공부한다고, 당신과 애
들에게 못 해줘서 미안하네...!"

"경제적 부담이 되는 것은 사실이지만, 하나님께서 채워주시리라 믿
어요."

그 후 나는 아내의 응원에 힘을 얻어 1992년 경북 산업대학교를 졸업
과 동시에 영남대학교 경영 대학원에 응시하여 합격하였고, 입학하면서
"인사조직(人事組織)"을 전공과목으로 선택하였다. 경영 대학원 과정은 석
사학위(碩士學位) 과정으로 2년 6개월간 수학(修學)해야 한다. 즉 5학기로 마
지막 학기는 논문 학기로 선택한 전공 분야의 논문이 통과되지 않으면
졸업(卒業)이 되지 않고 수료(修了)로 인정된다. 즉 전공 분야의 석사학위를
받으려면 논문 심사에 통과되어야 석사학위를 수여받을 수 있다. 그러니
까 내가 1992년 3월에 대학원에 입학했으므로 순조롭게 학위논문이 심
사에 통과가 된다면, 1994년 8월에 졸업과 동시에 학위를 받게 된다.

갈등(葛藤)

나는 1992년 대학원에 입학과 동시에 내년에 예정된 전역을 준비해
야 했다. 전역 준비는 다름 아닌, 사회로의 첫발을 내딛기 위한 직업의
선택, 즉 제2의 인생을 살아가기 위하여 무엇을 어떻게 준비할 것인가?

하는 문제이다. 내가 대학원에 다니던 중 1992년 여름에 지인의 소개로 방위 산업체인 대우통신(대우전자의 전신)에 지원서를 제출한 적이 있었다. 그러나 민간인 신분이어야 하므로 전역을 조건으로 입사를 승인한다는 통보를 받은 바 있었다. 그때 전역 지원서를 내고 대우통신에 입사할까? 고민하면서 가족과 지인들과 의논한 결과, 노후가 보장되는 군인연금 대상 1년을 남겨두고 전역하여 대우통신으로 입사하는 것은 개인적인 리스크(Risk)가 너무 크다는 조언을 듣고 포기하고 말았다.

1993년 새해에 접어들자 나는 마음이 쫓기면서 더욱 무거워지기 시작했다. 왜냐하면, 8월 31일 전역 날짜는 다가오는데 직장은 결정되지 않았고, 대학원 과정은 아직도 3학기나 남았는데 걱정이 태산이었다. 차라리 작년에 대학원을 포기하고 전역하여 대우통신에 입사할 걸 그랬나? 후회도 해 보면서, 만약 서울에 있는 직장이 되면 대학원은 어떻게 해야 하나? 당시 대학원 졸업 1년을 남겨두고 전역하게 될 것을 이미 예견(豫見)하고 대학원에 진학하였지만, 막상 현실에 부딪히다 보니 불안과 초조함이 앞서면서 고민이 시작된 것이다.

당시 군에서는 전역을 앞둔 직업군인에게는 조기에 사회에 적응할 수 있도록 본인의 희망에 따라 전역 6개월 전에 직업보도반에 입소하여 사회 진출을 위해 준비하거나, 아니면 본인 스스로 직업을 찾을 수 있도록 6개월간의 휴가를 주는 제도가 있었다. 나는 당시 대학원에 다니고 있었기에 직업보도반을 신청하지 않았고, 그 대신 3월부터 출근하지 않고 직장 문제와 대학원 논문을 준비하고 있었다.

1993년 4월 중순 어느 날, 내가 전역을 앞두고 직장과 대학원 문제로 한창 고민하고 있을 때, 문정동 형님께서 전화 연락이 왔다.

"형님! 저예요. 별일 없으시지요?"

"응 그래, 자네 언제 전역하나?"

"올해 8월 31일부로 전역해요. 5개월 남았어요"

"다름이 아니고 내가 알고 있는 지인(知人)의 회사에서 중견 간부를 찾기에 자네가 적격일 것 같아서 추천했는데 자네 생각은 어때?"

"형님 정말 감사합니다. 그런데 어떤 회사입니까?"

"자동차 부품 제조업체인데 탄탄한 중소기업으로 서울과 지방을 포함하여 공장이 4개가 있어, 만약 자네가 그 회사에 들어가게 되면 4개의 회사를 총괄하는 기획 및 조직관리 업무를 맡게 될 거야. 깊이 생각해 봐!"

"네, 알겠습니다. 고민해 보고 곧 연락드리겠습니다."

사실은 그 자리에서 "네, 나를 불러만 준다면 즉시 달려가겠습니다"라고 대답해야 옳았다. 하지만 대학원이 아직 3학기가 남아있기에 그것이 걸림돌이 되어 즉답(即答)을 못한 것이다. 회사에서 대학원까지의 거리가 가깝다면 문제 될 것이 없지만, 일주일에 2~3일을 수강을 위해 서울에서 대구까지 당일치기로 오가는 것이 어디 쉬운 일인가? 특히 연구논문은 수시로 담당 교수의 지도를 받아야 한다. 그렇지만 회사도, 대학원도 포기하고 싶지 않았다. 따라서 나는 직장이 우선 결정되고 난 이후에 대학원 문제는 그다음에 생각하기로 하고, 문정동 형님께서 추천해 주신 회사에서 불러만 준다면 다니겠다고 말씀을 드렸다.

그 후 얼마 지나지 않아 4월 말경, 서울에서 사장과 면접을 겸한 상견례가 이루어진 자리에서 사장은 "가능하면 빠른 기일 안에 올라와서 근무를 시작하면 좋겠다"라고 말씀하셨다. 그래서 나는 문정동 형님 덕분으로 전역을 4개월 남겨두고, 1993년 5월 13일 경기도 구리시 수택동에 있는 ㈜동아전기부품에 취직되어 출근하기 시작했다. 그리고 대학원 문제도 이우용 사장님과 직속 상급자이신 정인선 이사님께 말씀드렸더니, 오히려 어렵게 시작한 공부 열심히 하라는 격려와 함께 흔쾌히 시간을 허락해 주셨다.

고생은 1년, 후회는 평생

모든 것이 순조롭게 해결되었다. 전역하기 이전에 직장도 결정되었고 서울로 이사도 완료하였다. 대학원 다니는 것도 회사로부터 승인을 받았으니, 모든 것이 순풍에 돛을 단 것처럼 순조로워 보였다. 그러나 현실은 그렇게 쉽지가 않았다. 18시에 시작되는 강의 시간에 맞추려면 회사에서 늦어도 14시에는 대구로 출발해야 한다. 그리고 22시에 강의가 끝나자마자, 출발하여 집으로 돌아오면 새벽 2시가 넘었다. 강의가 끝나고 원우(院友)들과 미팅이라도 있는 날에는 새벽 3시가 넘어야 집에 돌아올 수 있었고, 특히 논문 지도를 받아야 할 때면 시간은 더 타이트(Tight) 했다. 이렇게 1년 6개월(3학기) 동안을 수강하러 일주일에 2~3회를 서울에서 대구까지 당일치기로 왕복한다는 것은 체력적, 정신적, 안전의 문제가 큰 부담이 아닐 수 없었다. 더구나 회사 적응과 업무 파악이라는 이중고(二重苦)에 시달린 나는 휴학계를 내려고 어느 날 아내와 의논했다.

"여보! 당신 보다시피 회사 다니면서 대구까지 대학원 다니는 것이 너무 힘드네. 그래서 휴학계를 내야 할 것 같아요."
"네~~~? 휴학계요? 당신 후회하지 않을 자신 있어요? 차라리 대학

224

봉선생의 큰 소망, 민들레 꽃씨 되어

원 포기하세요.”

“............!”

“당신이 그렇게 원하던 꿈인데요. 그 꿈을 포기하다니요?”

“포기는 안 하지!!? 언젠가는 복학할 거야..!”

“당신 힘든 것, 내가 왜 모르겠어요. 휴학계를 내면 언제 다시 복학할 건가요? 회사 그만두고 복학할래요? 그건 아니잖아요. 그래서 한번 휴학하면 복학하기는 어렵다는 거지요.”

“당신 말이 다 맞아요. 내가 너무 힘들어서 그러지!”

“고생은 1년입니다. 후회는 평생하는 거고요. 1년 고생하시고 마침표 찍으세요. 그것이 내가 해줄 수 있는 말입니다. 힘을 내세요...!”

“고마워! 열심히 해 볼게...!”

나는 아내의 “고생은 1년, 후회는 평생”이라는 논리적인 설득과 응원에 힘을 얻어 휴학하려던 것을 포기하고, 본격적인 석사학위 논문을 준비하였다. 논문 제목은 “비공식 조직(非公式 組織)의 존재와 활용에 관한 연구(군 조직의 사병을 중심으로)”를 제시하여 군 초급 지휘관에게 효율적인 지휘통솔에 이바지하고자 하였다. 물론 본 논문이 지도 위원의 심사에 통과됨으로써 1994년 8월 26일 영남대학교 경영 대학원을 졸업하였다.

대학원을 졸업한다는 것이 다른 사람에게는 작은 도전이었을지는 몰라도 당시 나에게는 환경적, 경제적, 육체적인 어려움을 극복해 낸 큰 모험이자 도전이었다고 자부(自負)한다. 그리고 이 글을 쓰면서 느끼는 것은, 당시 믿음이 없었던 내가 “너희 염려를 다 주께 맡기라 이는 그가 너희를 돌보심이라(벧전 5:7)”는 주님의 말씀을 믿고 기도함으로 나아갔더라면 정신적인 어려움이 없었을 것이라고 확신한다.

"비공식 조직의 존재와 활용에 관한 연구" 논문과 학위기

그러나 그 어려움 속에서도 내가 석사학위(碩士學位)를 받을 수 있도록 어려운 살림에도 내핍(耐乏)하며 끝까지 좌절하지 않도록 힘을 북돋아 주고 격려해 준 아내와 가족에게 항상 고마움을 느낀다. 아울러 물심양면으로 후원해 주시고, 응원해 주신 동아그룹 이우용 회장님(당시 사장), 그리고 정인선 사장님(당시 이사)께 진심으로 감사드립니다.

26

나는 군번이 두 개

군번(軍番)은 군대에서 각 개인의 군인을 식별하기 위해 부여하는 고유 식별 번호를 말한다. 영어로는 Service Number라고 부른다. 과거에는 사관학교 출신자의 경우 학교 임관 성적순에 따라 차례로 군번을 부여했었다. 하지만 임관 성적순에 따라 부여하던 기존의 군번 부여 방식이 임관 성적의 우열 의식과 인권 및 사생활을 침해한다는 지적에 따라, 2014년 해군과 해병대를 시작으로 2017년 육군, 2020년 공군에서 기존 성적순이 아닌 성명의 가나다순으로 군번 부여 방식을 바꾸었다.

군번이 새겨진 인식표에는 "군종(軍種: 육군, 해군, 공군, 해병대), 군번, 성명, 혈액형"이 각인되어 있고 한 사람당 2개씩 지급된다. 그 이유는 전투 중 전사(戰死)했을 때, 한 개는 본인 신분 확인을 위해 치아(齒牙) 사이에 끼우고, 나머지 한 개는 소속 부대에 전사 통보용으로 사용하기 때문이다. 따라서 군인은 항상 인식표를 목에 걸고 생활하는 것을 원칙으로 하고 있다.

동일(同一)한 군(軍) 내에서 여러 개의 군번을 소유한 사람은 많이 있다. 즉 예를 들면 육군 내에서 사병 군번, 부사관 군번, 그리고 장교 군번을 소유한 사람은 많이 있다. 그러나 타군(他軍)의 군번까지 소유한 사람은 흔하지가 않다. 그런데 나는 육군과 공군 두 개의 장교 군번을 가지고 있다. 내가 육군과 공군 두 개의 군번을 소유하게 된 사유는 다음과 같다.

육군 군번 '508332'

육군 군번은 1973년 7월 6일 육군 소위(육군3사관학교 #8기)로 임관하면서 군번을 부여받았기 때문이다. 내가 임관할 당시 군번을 부여하는 방법은 서두에서 언급했듯이 임관 졸업성적을 기준으로 부여했다. 즉 졸업성적 1등을 한 생도가 지난 기수(期數)의 마지막 군번의 뒤를 이어 군번을 부여받는다. 내가 임관할 때는 1,228명이 졸업을 하였는데, 그중 나는 241등을 했고, '508332'라는 육군 장교 군번을 부여받았다. 이 군번은 내가 육군에서 공군으로 전군(轉軍) 될 때까지 18년간(1973년 7월~1991년 6월) 나와 애환을 같이 했던 잊을 수 없는 고유 식별 번호이다.

공군 군번 '76084'

내가 공군 장교의 군번을 받게 되는 경위를 설명하면 이렇다. 나는 ○○에 있는 육군 교육사령부 방공계획단이 해체되면서 1989년 1월 ○○에 있는 육군 방공포병학교로 전입되어 근무하게 되었다. 내가 육군 교육사령부에서 근무할 당시 노태우 정부에서는 육군의 예하 부대인 방공포병사령부(나이키 및 호크 지대공미사일)와 방공포병학교를 공군으로 전군(轉軍)[8]시킬

---

8   전군(轉軍): 국방부 장관은 전시·사변 등의 국가 비상시 또는 군 조직의 개편으로 군 간에 인력 조정이 필요할 때에는 해당 군인이 소속한 군을 변경(이하 "전군"(轉軍)이라 한다)하여 복무하게 할 수 있다.

봉선생의 큰 소망, 민들레 꽃씨 되어

것을 검토하고 있다는 소문이 간간(間間)이 들려왔었다. 그런데 그 소문은 뜬 소문이 아니라 현실로 다가왔다. 육군에서 사단급인 방공포병사령관(소장)이하 전 부대, 약 ○만여 명이 동시에 공군으로 전군(轉軍)되는 것은 흔히 있는 일이 아니다.

그런데 왜 육군 방공포병부대 및 병과가 공군으로 전군이 되었는지? 좀 더 쉽게 이해하려면 한반도에서 전쟁이 일어났을 경우 공중 무기 운용체계를 어느 정도 이해해야 한다. 당시만 해도 우리나라는 육군, 해군, 해병대, 공군이 각 군(軍)별로 그들이 보유하고 있는 공중 무기를 해당 지휘관이 운용함에 따라서, 단일 지휘관의 지휘 통제가 되지 못하는 전쟁원칙에 충돌이라는 의문이 제기된 것이다. 따라서 당시 노태우 정부에서는 한반도에서 전쟁이 일어날 경우, 한반도에 투입되는 모든 공중 무기 지휘 통제 체계를 공군으로 일원화하는 방안을 검토하였다. 이 계획이 소위 말하는 '국방개혁 ○ ○ ○ 계획'이다. 이 계획에 의하여 한국방공식별구역(KADIZ)에서의 효율적인 통합 영공 방위능력을 위해 국방부는 1991년 7월 1일에 방공포병학교와 방공포병사령부 및 예하 방공포병여단 등 방공포병 병과 모든 장병이 동시에 육군에서 공군으로 전군하였다.

이때 내가 근무하고 있던 육군 방공포병학교가 공군으로 전군(轉軍)되면서 공군 교육사령부로 예속(隸屬)되었고, 육군본부에서 관리하던 나의 인사기록부는 공군본부로 이관되었다. 이때 '76084'라는 새로운 공군 군번이 나에게 부여되었다. 나는 육군 장교로 임관하여 18년을 근무하였고, 공군으로 전군(轉軍)되어 2년을 근무하다 1993년 8월 31일 43세의 나이로 전역하였다.

27

명예로운
전역轉役

　　어렸을 때 나의 꿈은 상업계의 고등학교를 졸업하고 은행원이 되는 것이 꿈이었다. 그러나 시골 촌놈이 생각하지도 않았던 서울 유학 생활이 시작되면서 석관동 작은형님과 형수님의 보살핌 가운데 한양공업 고등학교를 무사히 졸업할 수 있었다. 그리고 직업군인의 길을 걸으면서, 기회가 되면 대학교에 편입하겠다는 꿈을 갖고 육군3사관학교에 입교한 때가 1971년 21살이었다. 그렇게 푸른 제복을 입고 군 생활을 시작한 지 22년! 호국(護國)의 간성(干城)이 되어 인생의 전반전을 군복과 함께 숨 쉬고 땀 흘리며, 뛰고 또 뛰었던 지난날들이 주마등처럼 스쳐 지나간다.

대한민국 장교의 긍지와 자부심

　　육군3사관학교에 처음 입교(入校)하던 날, "동작 그만! 원위치! 실시!" 그리고 맨발로 자갈밭 선착순에 혼(魂)이 나갔던 그날들을 어찌 잊을 수가 있을까? 군대 수영을 포기하고 "수포자(水抛者)"가 되었던 내가 육군 소위로

봉선생의 큰 소망, 민들레 꽃씨 되어

임관하여 전방과 후방을 오가며 젊음을 불태웠다. 임관 초기에 고된 훈련과 스트레스로 피우지도 못한 꽃봉오리가 되어 버린 동기생의 죽음을 지켜보아야 하는 말 할 수 없었던 비통함, 마지막 차에 소령으로 진급할 때까지 좌절의 쓴맛을 보며 애태웠던 지난날들, 그러나 후회하지는 않았다.

　나름대로 최선의 노력을 다했으나, 나의 역량과 당시 환경의 여건에 부합하지 못해 그 자리에 멈추었을 뿐이다. 그래도 내가 호국의 간성(干城)이 되어 22년을 국가에 충성한 만큼, 그리고 나의 역량만큼 국가로부터 남들이 누리기 어려운 수혜(受惠)를 지금도 받고 있으니, 그 어디 자랑스럽지 않을 수 있을까? 그래서 나는 대한민국의 장교가 되었다는 것에 긍지와 자부심을 가지고 있다.

전역을 앞둔 소고(小考)

　내가 전역할 날짜는 1993년 8월 31일로 정해져 있다. 더 근무하고 싶다고 붙잡아 주지 않는다. 22년 동안 하루도 빠지지 않고 입고 애환을 같이했던 푸른 제복을 43살의 나이에 벗어야만 한다. 이제 사회로 나가면 세상 물정 아무것도 모르는 사회 초년생일 뿐이다. 그동안 군 복무 중에는 전역 후 진로에 대해 별로 생각도 해 보지 않았으니 준비가 없었고, 그러다 보니 크게 고민도 없었다. 막연하게 어떻게 될 거로 생각했던 것이 사실이었다. 굳이 변명한다면 현 업무에 집중하고, 전념하다 보니 아직 다가오지 않은 미래에 대해서는 소홀하지 않았나 싶다. 그러나 내가 전역 3개월을 남겨두고 있을 때 문정동 셋째 형님께서 서둘러 직장을 주선해 주심으로 순조롭게 진로가 결정되었다.

　내가 큰 어려움 없이 고생하지 않고 여기까지 온 것은, 부모님과 같은 소중한 형님들이 계셨기 때문이었다. 앞에서 언급한 바 있지만, 철없던 어린 시절 응석과 투정을 받아주신 수유리 큰형님, 어려운 형편에도 나를 고등학교를 졸업할 수 있도록 뒷바라지해 주신 석관동 둘째 형님 내외분, 그리고 내가 군 생활을 잘할 수 있도록 나침반이 되어주시고, 내가 전역하기도 전에 직장까지 주선해 주셨던 문정동 셋째 형님 내외분 모두가 나에게는 부모님과 같은 소중한 분들이시기에 어찌 그 은혜를 잊을 수가 있을까? 그리고 지나온 숨 가쁜 여정 속에서 우리 가족들에게 고맙다고, 사랑한다고 한마디 못 했기에 늦었지만, 이제라도 진솔한 나의 마음을 전한다.

"여보! 내가 22년 군 복무를 하는 동안 국가에 충성하고, 명예롭게 전역할 수 있도록 내조해 주셔서 고맙습니다. 돌아보면 경제적으로 매우 어렵고 힘든 시기를 인내하며 잘 극복하여 대학교, 대학원을 졸업할 수 있도록 뒷바라지해 준 것 감사합니다."

봉선생의 큰 소망, 민들레 꽃씨 되어

그리고 사랑하는 우리 아들 상재와 상진이에게도 고맙다는 말을 전하고 싶다. 너희들 어렸을 때 너희의 눈높이에 맞춰주지 못하고, 내 생각과 내 눈높이에만 맞춰왔음에도 너희들은 빗나가거나 방황하지 않고 바르게 성장해 줘서 정말 고맙다. 내가 건강하고 명예롭게 군복을 벗을 수 있었던 것은 오직 가족들의 헌신과 사랑으로 나를 응원하고 격려해 준 덕분임을 생각하니 감개무량하다.

제**3**장

사회 초년생

28

새로운
각오 覺悟

나는 43살 되던 해, 1993년 8월 31일 22년의 군 생활을 마감하고 전역하였다. 그리고 전역하기 전 6월경에 서울 송파구 문정동 주공 아파트로 이사도 완료하였다. 나는 전역을 하면 한동안 자유롭게 여행도 하고 싶었고, 자유분방하게 수염도 기르고 머리도 길러보리라고 막연히 생각도 해보았다, 그러나 그 막연한 생각은 현실로 이루어지지는 않았다. 왜냐하면, 나는 전역하기 전 1993년 5월 중순에 취업이 되었기 때문이었다. 지금까지 나의 인생을 축구 경기에 비교한다면 지나온 젊었을 때 군 생활은 전반전 경기를 마친 것으로 볼 수 있다. 그러나 이제 휴식시간도 없이 남은 인생 2막과도 같은 후반전을 향해 새로운 출발과 각오로 도전을 시작해야만 한다.

군(軍)이라는 폐쇄적이고 특수한 환경 속에서 22년간 길이 들여진 내가 새로운 세상에서 어떻게 적응하며 살아남아야 할까? 두려운 마음으로 인생 2막을 어떻게 헤쳐 나가야 할지 걱정이 되지 않을 수 없었다. 하지만 나는 새로운 환경에 적응하는 자만이 살아남고, 그러지 못한 자는 도태되어 사라진다는 이른바 "적자생존(適者生存)"의 이치를 마음에 새기어 보며 새로운 각오를 다짐하기도 했다. 내가 가야 할 길에 놓인 수많은 장애물을 "장애물이 아닌 디딤돌"로 여기고 이를 극복하리라고 생각하면서 새로운 직장인 경기도 구리시 수택동에 있는 자동차 부품 제조업체인 ㈜동아전기부품 회사에 출근하였다.

나는 1993년 5월 13일 처음으로 회사에 입사했을 당시 기획실장(부장)이라는 직책을 부여받았다. 내가 소속된 회사는 ㈜동아전기부품이지만, 업무는 동아그룹(Group)[1] 전체를 관장하는 기획실장의 업무를 수행하는 막중한 직책이었다. 그런데 그 막중한 기획실장이라는 직책을 수행한다는 것이 적지 않은 부담이 되었음은 두말할 필요가 없었다. 이를테면 자동차 부품의 생산, 제조 시스템에 관한 지식이 전무(全無)한 나로서는 어디서부터 업무를 파악하고 접근해야 할지 앞이 보이지 않은 것이다.

여기에다 설상가상으로 낙하산 인사로 입사하여 기획실장이라는 주요 직책을 맡았다는 따가운 시선을 외면할 수도 없는 이중고(二重苦)를 맞게 된 것이다. 이미 예상한 일이기는 하지만, 그 정신적 압박의 강도가 상상외로 크다는 것을 곧바로 느끼게 되었다. 생산, 제조 시스템에 관한 지식의 전무(全無), 그리고 낙하산이라는 장애물을 어떻게 돌파하고 나아갈 것인가? 이것이 내가 제일 먼저 해결해야 할 과제였다. 따라서 나는 스스로 이렇게 다짐했다.

"그래, 낙하산 인사라는 것을 부인하지 말고, 인정하자. 저들이 생각

---

1 동아그룹(Group): 자동차 부품 제조업체로 ㈜동아전장 창동공장 및 경주공장, ㈜동아전기부품 구리공장, 동아정공 인천공장이 있으며, 1993년 당시 그룹사 전체 연 매출은 약 50억 정도 되는 중견 중소기업이다. 현대, 기아, 대우자동차의 2차 밴더 업체이다.

하는 낙하산으로 내가 입사한 것은 사실이니까....!"

그래서 저들의 불신을 조금이라도 씻으려면 스스로 생산, 제조시스템
에 관한 전문 지식을 쌓아야 한다. 그래서 낙하산 인사도 기존 회사원 못
지않은 실력을 겸비함으로써 인정을 받으므로 그들의 텃세를 조금이라
만회해야 한다는 각오를 다짐했다. 그래서 하나의 제품이 어떤 과정을
거쳐서 생산되고 납품되는지? 가장 빠른 기간에 제조업체의 시스템을
알기 위해, 당분간 생산 현장 근무를 요청하기로 마음을 먹었다.

29

네가 뛰어넘어야 할 장애물

앞에서 언급했지만, 나는 생산제조업체의 업무 시스템에 관한 지식이 전무(全無) 했다. 즉 완제품을 생산하는데 원자재의 소요와 수급절차, 생산공정과 품질관리, 그리고 출하(出荷) 및 납품이라는 사이클(Cycle)에서 이루어지는 절차를 모르고 어떻게 근무할 수 있을까? 지금까지 단, 한 번도 접해 보지 않은 업무, 이 장애물을 극복하고 뛰어넘어야 한다. 그래서 이 장애물을 디딤돌로 삼아 다음 단계로 도약해야만 한다.

그래야 이 회사에서 살아남을 수 있다. 모르는 것이 창피(猖披)한 것이 아니라, 모르는 것을 배우려고 하지 않는 것이 창피한 것이다. 따라서 나는 사장님께 자청하여 현장 적응 및 업무 파악을 위해 구리공장과 창동 공장에서 각각 1개월씩 근무하면서 생산 현장의 실무 경험과 물류의 흐름, 그리고 자재 명세서(BOM)를 파악하게 되었다.

자재 명세서(BOM)

내가 영남대학교 경영 대학원에 다닐 때 농업기계(트랙터, 경운기, 이양기 등) 부품 제조회사를 경영하는 원우(院友)가 있었다. 이분에게 내가 자동차 부품 제조업체의 효율적인 업무 파악을 위한 팁(Tip)이 무엇이냐고 물었더니, "대부분의 생산 제조업체는 자재 명세서(BOM: Bill of material)를 관리하고 있다. 따라서 생산 제조업체의 업무 시스템을 최대한 빠른 기간에 파악하려면 자재 명세서를 열람하고 생산 현장에서 어떻게 조립되는지를 살펴보라. 이것이 신속한 업무 파악의 지름길이다"라고 조언해 주었다. 그래서 나는 자재 명세서를 이해하려고 생산 현장에서 업무를 파악하기 시작했다.

자재 명세서(BOM: Bill of material) '비오엠, 붐(BOM) 또는 원단위'라 부르기도 하는데, 좁은 의미로는 제품을 만들기 위해, 필요한 재료 부품, 중간 조립품과 이들의 필요 수량을 나열한 목록을 말하고, 넓은 의미로는 제조 기업에서 진행하는 기획부터 설계, 생산, 품질의 전체 생명주기에 걸친 기준 데이터의 관리에 사용되는 정보라 할 수 있다.

BOM의 구성을 좀 더 구체적으로 설명하면, 하나의 완제품을 생산하기 위해서는 자재가 소요되는데, 자재별로 구매 업체의 상세 내역 및 조달 방법, 소요 단위(수량, 무게, 규격, 재질, 사진 등), 구매 가격, 소요 주기 등을 기록한 목록, 그리고 이를 조립하는 순서를 도표화(圖表化) 된 다이아그램(Diagram)이 포함되어 있다. 이는 제품 원가계산과 자재비 산출에 필수적인 회사의 주요 자산으로 대부분 대외비로 취급한다.

따라서 BOM이 대외로 유출(流出)될 경우 회사의 제품 원가가 공개될 수 있고, 이로 인한 경영정책이 노출(露出)되어 회사의 경쟁력 약화로 막대한 손해를 끼칠 수 있다. 그래서 BOM은 대외비로 분류하여 아무에게나 함부로 공개하지 않는다. 따라서 처음 입사한 나에게 회사의 대외비로 취급하는 BOM을 공개하지 않아 처음에는 업무를 파악하는 데 많은 애로가 있었던 것이 사실이었다.

BOM의 종류는 사용 영역에 따라 설계 분야에 초점을 맞춘 BOM과 제조 분야에 초점을 맞춘 BOM으로 나눈다. 나는 이중 제조 분야에 초점을 맞춘 BOM을 중심으로 업무를 파악하면서 제품에 문제가 생기거나, 새로운 제품을 개발하는 등 부품 정보가 변경될 때마다, 설계자에게 확인 후 최신의 정보를 업데이트하는 데 주안을 두고 BOM을 확인했다.

또한, BOM의 수량은 한두 개가 아니라, 납품되는 완제품의 수량과 동일하다. 예를 들면, 완성 자동차 한 대에 들어가는 부품이 30,000개라고 가정하고, 우리 회사가 "H" 자동차 회사에 납품하는 제품 Position이 1%(300개)를 차지하고 있다면, BOM 수량도 300개라는 것이다. 이렇게 수백 개 이상 되는 BOM을, 한두 달에 파악하여 이해하고 업무에 적용하는 것은 현실적으로 매우 어려운 일이다.

따라서 나는 회사별로 주력 아이템(Item)을 중심으로 BOM을 파악하고 정리하였다. 이렇게 약 3개월을 생산 현장에서 BOM을 가지고 씨름하다 보니 제조업체 생산공정이 어느 정도 개념을 이해하기 시작했다. 나의 경험으로는 생산 제조업체의 시스템을 빠른 기간 안에 효율적으로 숙지하기 위해서는 주력 아이템의 BOM을 현장 생산공정에 대입하여 파악하는 것이 지름길이라는 것을 알게 되었다.

전사적 자원관리(ERP) 시스템

내가 회사에 입사한 지 2년 정도가 지난 1995년으로 기억된다. 회사의 연 매출 실적이 200억 이상으로 급성장하다 보니, 기존 수작업에 의

봉선생의 큰 소망, 민들레 꽃씨 되어

존했던 업무처리와 그동안 부서별로 사무자동화(OA: Office Automation)에 의한 자재 입고 및 매출실적 등의 집계 계산, 청구서와 전표의 작성, 팩시밀리에 의한 서류의 전송은 경쟁력 향상에 한계가 있음이 제기되었다. 따라서 부서별 사무자동화(OA)의 사무처리와 의사 결정 활동에 이르기까지 모든 부서와 생산 현장까지 기업의 경영자원을 아우르는 폭넓은 공장 자동화(FA: Factory Automation)가 요구됨이 제기되었다. 이른바 전사적 자원관리(ERP) 시스템을 도입하여 정착하는 사업을 추진하자는 것이었다.

전사적 자원관리(ERP: Enterprise Resource Planning) 시스템이란, 기업의 경영자원을 효율적으로 관리하여 기업 경쟁력을 높이기 위해서는 기업 내의 모든 경영자원을 전사적으로 통합된 관점에서 관리할 수 있도록 지원해 주는 시스템이다. 구체적으로 설명하면 생산관리, 판매관리, 인사관리, 재무관리 등 기업의 전반적인 업무를 시스템을 사용, 각 부서가 상호 공유하여 기업의 정보 및 데이터를 보다 효율적으로 관리할 수 있게 해주는 관리체계 시스템이다. 즉 인력, 자재, 영업 및 판매, 회계 등 기업의 모든 자원을 전체적으로 통합화하여 최적화된 기업 활동을 가능하게 하는 전산 시스템으로, 이 시스템을 소프트웨어로 구현하여 Package로 설계한 시스템을 ERP라고 한다.

ERP 시스템을 도입하여 경쟁우위 확보를 위해서는 업무 프로세스 혁신이 필요하며, 프로세스 혁신을 위해서는 반드시 정보시스템의 혁신이 뒷받침되어야 함은 두말할 필요가 없다. 아무리 프로세스를 혁신적으로 변화시키더라도 정보기술의 활용을 통해 이를 효과적으로 지원하지 못한다면 프로세스 혁신의 기대효과는 감소하게 된다. 마찬가지로 새로운 하드웨어나 소프트웨어를 구입하여 아무리 훌륭한 정보시스템을 구축하더라도 이를 활용하는 현업의 비즈니스 프로세스가 개선 또는 혁신되지 않는다면 소기의 성과를 달성할 수 없게 될 수도 있다.

CIM-2000 Project

따라서 우리 회사에서는 ERP 시스템이 완성되어 정착되면 기업은 저비용으로 고효율을 높일 수 있으며, 기업의 인프라를 핵심 역량에 집중시킬 수 있어 원가절감 및 기업의 가치가 향상되기 때문에, 이 사업을 추진하려는 것이다. 따라서 이 사업을 총괄 주관하여 시스템을 구축하는 사업을 기획실이 콘트롤하여 책임을 지고 사업을 추진하라는 사장님의 지시가 내려졌다. 이 사업이 "CIM-2000 Project"였다. 솔직히 고백하면 당시 나의 전산 및 컴퓨터 운용에 대한 전문적인 수준이 미약했었다.

나의 컴퓨터의 운용수준은 한글 및 엑셀에 의한 문서작성과 파워포인트에 의한 프레젠테이션 정도를 처리하는 개인 업무 수준이었다. 그런데 자동차 부품 제조회사에서 대략 2년 동안 근무하면서 이제 겨우 생산제조 업체의 물류 흐름을 이해하는 수준은 되었으나, ERP 전산화 구축 작업을 완성 시킬 수 있는 정도의 실력은 갖추지 못한 것이 사실이었다.

"CIM-2000 Project" 추진 계획을 설명하고 있는 필자

봉선생의 큰 소망, 민들레 꽃씨 되어

"CIM-2000 Project"추진 사업, 즉 ERP 시스템을 구축하려면, 전산시스템 운용의 전문가 수준이 되어야 하고, 자동차 부품 제조회사의 물류 흐름 및 제조 시스템을 완전히 숙지해야만, 이 사업을 정착시킬 수 있는 확률이 높다. 따라서 이 사업의 총괄 책임자이며, 기획실장인 내가 컴퓨터와 전산 운용에 전문 지식이 부족한 나로서는 이 무거운 중책을 맡아 사업을 추진한다는 것에 막중한 부담과 중압감이 밀려오기 시작했다.

내가 ㈜동아전기부품 기획실장으로 입사하여 첫 번째 극복해야 할 과제가 생산 현장의 흐름과 자재 명세서(BOM) 숙지였다면, 두 번째 극복해야 할 과제는 "전사적 자원관리(ERP) 시스템의 전산화 정착"이었다. 어떻게 하면 이 사업을 성공적으로 완수하여 사장님의 경영방침에 부응하고 회사의 원가절감과 나아가서는 기업의 경쟁력과 부가가치를 높일 수 있을까? 이때 나는 무엇보다도 부족한 나의 전산 업무 지식을 조력해 줄 수 있는 부서와 책임자가 있어야 함을 절실하게 느꼈다. 따라서 기획실장인 내가 ERP 전산화 사업을 추진하기 위해서는 동아 전체를 총괄하는 전산실 운영이 불가피함을 판단하고, 당시 사업장별로 독립되어 있는 전산실을 기획실로 통합하고 전산실 실무 책임자를 임명하여 ERP 전산화 구축 작업을 실시하는 것이 효율적이라고 판단하였다.

나는 "전사적 자원관리(ERP) 시스템의 전산화 정착" 시행계획을 사장님께 보고드리면서 기존 공장별로 운영하던 전산실을 기획실로 통합하여 기획실장 통제하에 사업을 추진하기 위하여 ㈜동아전장에 소속을 둔 전산 운용 전문가(당시 최종범 과장)를 기획실로 인사 발령 하도록 승인을 받아 업무에 착수했다. 이 사업을 추진하면서 가장 애로가 많았던 것은, 각 부서의 협조가 원활하게 이루어지지 않은 것이었다.

ERP 시스템의 정착을 위해서는 반드시 기존 부서들의 업무협조 즉,

각 부서에서 보유하고 있는 기본 데이터(Basic Source)를 공개해야만 가능한 일이다. 그러나 조직 구성원의 적극적 지원과 참여, 그리고 전산화에 대한 인식의 부족으로 난항에 빠진 적도 많았었고, 때로는 사업을 중도 포기하고 싶은 생각도 해보았다.

아무튼, 당시 내가 최대 역점 사업으로 추진했던 "전사적 자원관리(ERP) 시스템의 전산화 정착" 사업이 100% 성공했다고 할 수는 없다. 다만 사무자동화(OA: Office Automation)와 공장 자동화(FA: Factory Automation)라는 인식이 부족한 상황에서 정보처리기술과 사무기기 관련 기술을 한데 묶어 사무실에서의 업무처리를 할 수 있도록 기반을 조성하는 데 큰 일조를 하였다고 평가한다.

단 아쉬웠던 것은 "전사적 자원관리(ERP) 시스템의 전산화 정착" 성과가 빠른 기간에 가능하다는 등의 섣부른 기대와 장기적인 관점에서의 철저한 계획, 사무자동화 기기들의 표준화 및 호환성 등 기술적인 문제를 충분히 고려하지 못하여 ERP 시스템을 조기(早期)에 정착시키지 못한 것이 아쉬웠다.

봉선생의 큰 소망, 민들레 꽃씨 되어

30

홍보전략

　내가 회사에 입사했던 1993년 당시만 해도 회사를 소개할 수 있는 카탈로그(Catalog), 브로슈어(Brochure) 등 홍보 매체가 전혀 없었다. 그도 그럴 것이 우리 회사 모든 제품이 일반 고객 수요의 충족에 따른 생산이 아니라, 자동차 제조회사(현대, 기아, 대우, 삼성, 쌍용 등)의 2차 벤더(Vendor)로 주문자 위탁생산(OEM: Original Equipment Manufacturing) 방식에 의해 주로 만도기계㈜, 한라공조㈜, 두원공조㈜에 납품하는 업체로 한정되어 있었기 때문에, 회사 및 제품 소개의 필요성이 대두되지 않았기 때문이었다. 그러나 이제는 국내 완성차 업계만을 상대로 하는 영업전략은 경쟁력이 떨어져 무한 경쟁 시대에서 살아남을 수 없으므로 해외 시장의 진출이 절실하게 요구되고 있었다. 따라서 회사는 해외 시장의 개척과 제품개발에 주안을 두고 기업부설 덕수 연구소 설립과 중국 영성과 미국 디트로이트에 현지법인을 설립하여 해외 시장 개척에 심혈을 기울이기 시작했다.

도메인(Domain)

이즈음 인터넷 시대가 열리게 되면서 우리 회사도 이에 발맞추어 변화하지 않으면 안 되었다. 그래서 인터넷이라고 하는 가상공간에서 우리회사의 존재를 부각(浮刻)시키려면 도메인(Domain)이 필요했고, 회사 홈페이지가 필요했다. 도메인이란 인터넷상의 컴퓨터 주소를 알기 쉬운 영문으로표기한 것이다. 인터넷에 연결된 컴퓨터에 접근하기 위해서는 컴퓨터(서버)의 고유 IP 주소라는 0~255까지의 숫자로 생성된 값을 알아야만 한다.

예를 들어보면 211. 214. 83. 196과 같은 숫자를 말한다. 그러나 숫자로 표현된 IP 주소는 사람들이 기억하기 어렵기 때문에 사람들이 쉽게 이해하고 기억하기 쉽도록 영문자로 표현된 주소를 대신 사용할 수 있도록한 것을, 인터넷 "도메인(Domain)"이라고 한다.

즉, 도메인이란 사람들이 기억하기 쉬운 영문(혹은 국가별 언어)으로 된 인터넷 주소 체계로 공인된 IP 주소와 도메인은 전 세계적으로 중복되지 않는 고유(unique) 주소이며, 인터넷에 연결된 전 세계의 어떠한 컴퓨터와도통신을 가능하게 해 준다.

따라서 우리 회사가 향후 21세기를 지향하는 선두 기업이 되고자 하는 의미를 담아 "www.dongah21.co.kr"이라는 인터넷 도메인(웹주소)을 만들었고, 우리 회사의 도메인은 도메인 관리 업체인 "후이즈(Whois)"에 등록하여 웹서버를 관리하도록 했다. 그리고 회사 홈페이지의 구축과 영상제작을 위한 계획을 준비하였다.

홈페이지(Home Page) 및 영상 제작

앞에서도 언급했지만, 당시 우리 회사를 소개하고 안내하는 홍보 매

봉선생의 큰 소망, 민들레 꽃씨 되어

체가 전혀 없었다. 따라서 글로벌 시대에 발맞추어 해외 시장개척을 하려면 무엇보다도 회사의 홈페이지(Home Page) 및 영상 제작의 필요성이 대두되었음은 주지의 사실이었다. 따라서 기획실장인 내가 해야 할 일은 무엇인가? 해외 시장 개척에 염두를 두고 우리 회사에서 생산되는 자동차 부품을 어떻게, 어떤 방법으로 외국 바이어(Buyer)들에게 소개할 것인가? 그리고 향후 인터넷의 활성화로 기업과 기업이 거래하는 B2B(Business to Business) 또는 광고, 발주, 수주 등의 상거래 및 대금 결제 수단으로 전자상거래(EC: Electronic Commerce)가 이루어질 경우를 대비하여 회사의 홍보전략이 요구되었다.

그래서 나는 회사를 소개할 수 있는 "홈페이지(Home Page)의 개발과 영상 제작"을 위한 계획을 사장님께 보고하고 사업을 착수하기 시작했다. 이를 위해서 가장 먼저 시급하게 선행되어 진행해야 할 것은 모든 생산 제품의 사진 촬영과 그리고 제품별 규격과 사양에 대한 번역 작업(4개국어- 한국어, 영어, 일어, 중국어)을 동시에 진행하였다. 물론 제품 카탈로그(Catalog)와 브로슈어(Brochure)도 기업의 이념 및 현황, 계획 등의 기업 소개, 제품 소개 등을 수록한 책자형의 팸플릿과 전단지 제작을 완료했다.

당시에 만들어진 홈페이지와 회사 및 제품을 소개하는 영상은 계속 업데이트하여 관리하였고, 이는 망우동 본사 임대 사옥에서 2003년 10월 기흥 사옥을 준공하여 입주하면서, 회사 1층 로비에 동아 홍보실(Information Briefing Room)을 설치하고 디자인하는데 기초가 되었다.

31

사세 확장과
IMF 극복

1988년 서울 올림픽이 유치되면서 자동차 대중화로 국내 자동차 산업은 급속하게 발전함에 따라 1988년 국내 생산이 100만 대를 돌파하면서 우리나라는 세계 10대 자동차 생산국으로 부상하였다. 1990년대에 들어서서 한국 자동차 산업은 대량 수출 및 독자 기술 개발, 그리고 국제 경쟁력 확보를 위한 글로벌 생산 체제의 구축과 연구개발 투자를 확대하기 시작했다. 따라서 자동차 부품 업체들도 완성차의 수출과 내수 증가에 힘입어 본격 성장하였으며, 부품 국산화율도 큰 폭으로 증가하였다. 그 결과 1995년 국내 완성차 업계는 수출 100만 대를 달성하였다.

조직구조의 변경

우리나라의 자동차 산업이 한창 호황기를 누리던 시기, 즉 1993년 5월에 내가 회사에 입사할 당시 그룹사 전체의 연간 총매출액은 대략 50억 정도였지만, 국내 완성차 시장의 성장에 힘입어 자동차 부품 업체들이 급성장함에 따라 1995년에는 우리 회사도 연 매출 200억을 달성하게 되었다.

1995년 당시 동아 본사는 경기도 구리시 수택동에 있는 ㈜동아전기부품 구리공장 건물을 사용하고 있었는데 생산공장과 제조설비의 확장이 요구됨에 따라 동아 본사의 이동과 새로운 지역에 생산공장을 신축하는 방안을 검토하게 되었다. 따라서 1995년 연초에 구리시 수택동에 있는 동아 본사의 조직구조를 개편하여 기획실과 재정부, 그리고 연구개발(R&D) 부서를 서울시 중랑구 망우동 소재의 사옥을 임대하여 본사를 이전하게 되었다.

아울러 2000년에는 사세(社勢)가 확장됨에 따라 회사의 운영을 전문경영인 체제로 전환하면서 만도기계㈜에서 근무경력이 있던 ㅇㅇㅇ 사장을 영입하여 회사를 운영하도록 하고, 동아 창업자인 이우용 사장은 회장의 업무를 수행하는 등의 조직체계를 전환하였다. 이후 충남 공주시 정안면에 ㈜동아전기부품 공주공장 신축부지(新築敷地)를 확보하여 공장을 신축, 1999년 2월에 준공하여 공장을 가동하기 시작했다. 그리고 2002년에는 경기도 화성시 동탄(기흥)에 공장 부지를 확보하였고, ㈜동아전기부품 중앙연구소 및 본사 사옥을 신축하여 2003년 10월에 입주를 완료하였다.

회사가 성장하면서 "품질은 가격이 아니라 가치다"라는 슬로건 아래 품질보증 활동으로 고객 만족과 전사적 품질관리 및 지속적인 프로세스 개선으로 완전무결(Zero Defect)에 도전하여 QS9000, TS16949, ISO14001, Single PPM의 품질 인증을 확보하기도 하였다. 그 결과 1996년 경기도 지정 300대 유망 중소기업으로 선정되었고, 1998년 산업자원부 100PPM 품질혁신 운동 우수업체 수상, 1999년 재정경제부 성실 납세의무 우수표창, 2000년 산업재해 예방 우수 국무총리 표창 수상, 2003년도 SINGLE PPM 품질 혁신 대통령 표창을 받기도 하였다.

이렇게 회사의 사세(社勢)가 확장되고 성장하는 과정에서도 낙하산 인사라는 따가운 시선 속에서 엄청난 스트레스는 날로 증가하였다. 하지만 어려운 환경과 여건 가운데에서도 나는 인내하며 최선을 다해 나 자신과 회사의 발전을 위해 노력하였다. 그 결과 나는 1998년에는 이사로, 2003년에는 상무이사로 승진과 함께 본사 조직을 개편하면서 경영지원 본부장이라는 중책을 맡기도 하였다.

이처럼 내가 승진하면서 회사에서 10여 년 이상을 근무할 수 있었던 것은, ㈜동아전기부품 정인선 사장님(당시 전무이사)께서 나를 믿고 신뢰하며 적극적인 후원과 배려가 있었기 때문이었다. 다시 한번 정인선 사장님께 진심으로 감사를 드린다.

개성공단 입주의 적절성 검토

2000년 여름철로 기억된 어느 날, 회장님께서 나를 부르시더니 정부에서 추진하는 "개성공단 입주 신청서"를 주시면서 우리 회사도 "개성공단에 입주하는 방안을 검토"하라고 지시하셨다.

당시 내용을 살펴보면 이렇다. 개성공단은 김대중 정부 당시 햇볕정책의 일환으로 현대아산과 분야별 제조업체의 중소기업들로 개성 공업단지를 조성한다는 내용이다. 즉 북한에서는 개성공단 부지(敷地)와 노동력만 제공하고, 남한에서는 설비투자 및 기술 지원을 제공하면서 인건비는 전액 달러(원화는 불가)로 북한에 지급한다는 조건이다.

이러한 정부 시책이 1998년 11월에 시작된 금강산 관광 개발에 이어

개성공단의 추진이 2000년대에 전개되기 시작했다. 그리고 2003년에 개성공단을 착공하여 2004년 공장 준공, 2005년부터 기업의 입주를 시작하겠다는 김대중 정부의 대북 햇볕정책의 핵심 사업이었다. 따라서 개성공단은 개성공업지구 지원에 관한 법률안이 2007년도 제265회 국회에서 임종석 의원 등 50인에 의해 발의, 통과된 법률안이었다.

나는 회장님께서 주신 자료를 토대로 각종 자료를 분석하여 검토한 결과를 종합하여 아래와 같은 내용을 중심으로 "개성공단 입주를 포기"하는 것으로 보고를 드렸다.

그 이유로 김대중 정부 햇볕정책의 화해 분위기가 항상 계속되지는 않는다. 북한의 위장평화 전술에 넘어가서는 안 되며, 언제 어떤 태도로 나올지 알 수 없는 북한의 체제를 믿을 수 없다. 따라서 남북 간의 정치적 분위기가 나빠질 때마다 북한의 일방적인 공장폐쇄 조치로 그 위험부담은 고스란히 개성공단에 입주한 우리 중소기업이 감당해야 할 몫이다. 때로는 북한이 우리 직원을 억류하여 볼모로 잡고, 트집을 잡으며 무리한 요구를 할 때 대책이 없다.

국가의 정책은 정치적이기 때문에, 참여한 중소기업의 리스크를 국가가 얼마만큼 얼마나 지원할지는 알 수 없으므로 그 리스크는 고스란히 참여 업체가 부담할 수밖에 없다. 특히 아래 사항을 검토해 볼 때 개성공단에 섣부른 투자는 우리 기업 경영에 치명적 손실이 될 수 있음을 판단했다.

첫째, 개성이라는 공단 위치가 우리 기업인에게는 불리하다. 만약 공단의 위치가 우리 지역인 문산이나 파주라면 문제는 달라진다. 북한에서 노동력을 지원하지 않을 때, 우리의 노동력을 투입하여 공장 가동의 중단으로 인한 피해를 최소화할 수 있기 때문이다.

둘째, 개성공단에 입주를 위한 투자 비용에 대한 회수가 불투명하다. 최악의 경우 100% 손실로 보아도 무방하다. 공장폐쇄 조치 기간만큼 지연될 수 있다는 것을 명심해야 한다.

셋째, 북한으로부터 제공받은 노동력에 대한 인건비를 100% 달러로 지급해야 한다. 이때 달러가 인상된다면 그에 대한 환차손(換差損)도 감안해야 한다.

그 후로 정부의 개성공단 사업은 2000년 현대아산㈜과 북한과의 실무 합의가 시작됐으며 2003년 6월 착공하였고, 2004년 6월 시범 단지에 식기회사 리빙아트, 의류회사 신원 등의 15개 사가 입주 계약을 체결하였고, 2005년부터 업체들의 입주가 시작되어 공장이 가동되었다. 그러나 2013년 4월~8월 한차례 중단되었으며, 2016년 2월 10일 공장 가동을 전면 중단하여 현재에 이르고 있다. 이처럼 개성공단은 남북 간 분위기가 나빠질 때마다 통행 제한이 걸리는 등 홍역을 치르면서, 급기야는 2018년 4월 문재인 대통령과 김정은 국무 위원장의 판문점 합의 후속 조치로 평화의 상징인 "남북한 공동 연락사무소"를 개설하고 문을 열었으나 빛을 보지 못하고, 북한이 일방적으로 2020년 6월 16일 폭파하여 오늘에 이르고 있다.

그동안 개성공단에 입주한 123개 입주 기업 중 30% 정도의 기업들은 이미 도산되었고, 개성공단 재개의 소식은 기약이 없으며 최근 북측이 개성공단 입주 기업 공장을 무단 가동하고 있다는 소식이 정부의 확인과 일부 언론 보도를 통해 사실로 확인됨에 따라 개성공단 입주 기업들은 엄청난 실망과 분노를 금하지 못하는 실정이다.

나는 지금, 이 글을 쓰면서 그때 당시 "개성공단 입주를 포기"하자고, 보고 드렸던 것이 얼마나 다행인지 모른다.

외환 금융(IMF) 위기의 극복

호사다마(好事多魔)라고 했던가? 내수 증가에 힘입어 매출이 증가함에 따라 설비투자와 생산공장의 신축 등으로 회사의 사세(社勢)가 확장되고 있을 때, 예기치 않았던 외환 금융위기가 불어닥쳤다. 즉 1997년 12월 IMF 금융위기로 국가 부도 위기에 처하면서 정부는 국제통화기금(IMF: International Monetary Fund)에 구제금융을 신청하기에 이르렀다. 이 때문에 기업들이 줄도산이 이루어졌고, 소비자 물가는 상승하고 가계 소득이 줄어들어 국민들이 힘든 시기를 보내게 되었다. 우리 회사도 IMF의 위기를 극복하기 위한 대책으로 구조조정 등의 대책을 마련하고, 인원을 감축하는 방안까지도 검토하라는 사장님의 지시가 있었다.

나는 사장님의 지시인 구조조정에 의한 인원 감축안은 함께 동고동락(同苦同樂)했던 직원들을 더욱 어려운 시기에 추운 길거리로 내모는 비효율적인 방안으로 판단하였다. 따라서 나는 구조조정으로 인원을 줄여서 인건비를 삭감하는 대신, 전 직원들이 IMF 위기를 함께 극복하자는 의미로 급여를 삭감하자는 방안을 제시하였다. 이른바 "매출 감소율에 연동"하여 급여를 삭감하자는 방안(20~30%의 삭감)을 보고를 드렸더니 승인하여 주셨다. 그래서 우리 회사는 IMF 금융위기 때 구조조정을 하지 않고 모든 직원이 인건비의 삭감이라는 극약처방으로 고통을 분담하며 외환 위기를 극복할 수 있었다.

32

박수拍手 칠 때 떠나자

내가 1993년 5월 경기도 구리시에 소재한 ㈜동아전기부품 회사에 기획실장으로 입사한 지가 11년이 넘었다. 그동안 사세(社勢)가 확장되면서 1995년 본사를 서울시 중랑구 망우동 임대 사옥으로 이전하고, 경기도 화성시 동탄에 기흥 사옥을 준공하여 2003년 10월에 입주할 때까지 나에게는 많은 어려움도 있었고, 시행착오도 많았다. 또한, 내가 입사할 당시 동아그룹 전체 연 총매출액이 대략 50억 정도였으나, 2003년도에는 1,000억을 달성하게 될 때까지 나는 최선을 다하여 근무하였다.

나는 그동안 낙하산 인사라는 따가운 시선에서 벗어나려는 처절한 몸부림 가운데 적지 않은 스트레스로 퇴사하려는 마음을 먹었던 것이 한두 번이 아니었다. 그때마다 나는 자신에게 최면을 걸듯, "여기까지 왔는데 무너지지 말자, 나를 여기에 심어준 형님의 체면도 생각해야지, 투철한 군인정신으로 끝까지....!!" 나 자신을 응원하기도 했다. 그러나 나는 육체적으로, 정신적으로 점점 피폐(疲弊)해지고 있음을 느꼈다. 중랑구 망우동 본사로 출퇴근할 때에 느끼지 못했던 육체적 피로감이 경기도 화성시 동탄 기흥 사옥으로 옮겨지고 출퇴근 거리가 멀어지면서 더욱 심해졌다.

이때 설상가상으로 3년 전에 경영전문인으로 영입된 ㅇㅇㅇ사장님과 보이지 않는 알력(軋轢)이 생기므로 나와의 관계가 삐걱거리기 시작했다. 앞에서 언급하였듯, 회사의 사세(社勢)가 확장되면서 2000년도에 엔지니어 출신인 ㅇㅇㅇ사장을 우리 회사의 전문경영인으로 영입하여 회사를 총괄하는 사장으로 모셔왔다. 그분 또한 우리 회사에 영입되어 총괄사장을 맡은 이상 회사에 지대한 실적과 성과를 올려야만 회장님으로부터 인정을 받고 지탱해 나갈 것이나, 그러지 못하면 그분의 입지(立地)도 어려울 것이었다.

나는 그동안 기획실장과 경영지원본부장 직책을 수행하면서 경영 실적을 분석하여 그 결과를 회장님께 월례 회의 및 사업 보고를 통해 주기적으로 보고를 드렸었다. 그러나 언제부터인가는 알 수 없으나 내가 분석한 경영 실적과 총괄사장이 제시한 경영 실적의 괴리(乖離)가 나타나기 시작한 것이다. 즉 나는 매출 실적에 의한 데이터를 분석한 것이고, 전문경영인 총괄사장은 자기의 경험과 지식에 의한 해석의 차이로 충돌이 되기 시작한 것이다.

이러한 충돌이 계속된다면 회사의 분위기는 물론 나 자신에게도 이로울 것이 하나도 없다. 내가 육체적, 정신적 스트레스에서 벗어나려면, 하루라도 빨리 퇴사하여 새로운 출발을 위해 준비하는 것이 옳은 길이었다. 나의 마음은 이미 퇴사하기로 굳혔지만, 아내를 어떻게 설득할 것인가 그것이 문제였다. 물론 간간이 퇴사의 의향을 밝혔기에 무작정 반대하지는 않을 것으로 생각했다. 그래서 나는 흔히들 말하기를 "박수(拍手) 칠 때 떠나라"라는 말을 상기하면서, 나는 구차하고 추한 모습으로 남아있다가 밀려나기보다는 회사가 안정되어 있고 성장하고 있는 현시점에서 스스로 퇴사하기로 마음먹고 가족에게 말하였다. 그리고 2004년 7월 말경 회장님에게 사직서를 준비하여 퇴사의 의향을 밝혔다.

"회장님! 저 퇴사를 결심했습니다."
"갑자기 무슨 소리야? 왜 그래…!"
"건강 때문에 좀 쉬어야 하겠습니다."
"당신, 건강이 문제가 아니라 ○ ○ ○ 사장과 문제가 있지?"
"아닙니다. 종합검진을 받아야 합니다."
"앞으로 1주일간 여유를 줄 테니 깊이 생각해 봐!"
"제가 오랫동안 생각하고 내린 결론입니다. 승인해 주십시오."

마침 2004년 8월 12일(목) 오전 10시 본사에서 임원 그리고 부서장 회의가 있는 날이었다. 나는 회의를 시작하기 전에 임원과 부서장들에게 마지막으로 인사하고, 내 사무실로 돌아와 동아 홈페이지의 사내 게시판에 사직을 알리는 이메일을 남기고 회사를 떠났다.

나는 동아에 입사한 이래 11년 동안 그 누구보다도 회사를 사랑했고, 부족하지만 나의 역량을 다하여 근무하였다고 자부한다. 정신적으로 육체적으로 힘들기도 하였지만, 막상 회사를 떠나려니 마음이 착잡했다. 이때 내 나이는 54살이었다.

나는 회사를 사직하게 되면 대략 1년 정도는 직장을 잡지 않고 쉬면서 그동안 얽매였던 일상에서 탈출하고 싶었다. 군 생활 22년과 사회생활 11년, 30여 년이 지나는 동안 마음 놓고 쉬어 본 적이 없었기 때문이다. 그래서 1년간은 일을 하지 않고, 여행을 다니면서 그동안 구속되었던 일상의 삶에서 여유를 갖고 한가로운 생활도 한 번쯤은 하고 싶었다. 그래서 제일 먼저 계획한 것은 국내 여행이었다.

　여행 코스는 서울에서 강원도 평창, 미시령을 경유 고성 통일전망대를 시작으로 동해안 7번 국도를 따라 남쪽으로 내려오면서 포항과 경주를 거쳐, 남해안 일대, 그리고 해남 땅끝마을, 목포, 홍도 흑산도, 군산, 부안, 서산을 경유 서해안 고속도로를 이용하여 서울로 올라오는 우리나라 해안을 일주하는 5박 6일간의 여행을 다녀왔다.

러브콜Love Call

나는 회사를 그만둔 이후 혼자 산행을 자주 하였다. 아내가 출근하고 난 이후 대충 집안 정돈을 마치고 가까운 산에 가거나, 아니면 중랑천을 도보로 또는 자전거로 산책하는 것이 매일 되풀이되는 일과였다. 가까이 있어도 자주 가보지 못한 도봉산, 북한산, 수락산, 불암산도 이때 자주 오르내리면서 마음을 달래곤 하였다. 5박 6일간의 여행을 다녀와서도 즐거운 마음으로 하루하루를 보내고 있었다.

그런데 언제부터인지 모르겠으나 불안한 마음이 들기 시작했다. 날이 가면 갈수록 가슴이 뛰며 통증이 오고, 무언가 쫓기는 듯한 불안한 마음이 계속되었다. 그동안 직장 생활 때문에 마음대로 쉬지 못했으니, 여행을 다녀왔으면, 좋아지련만 어찌 된 일인지 점점 심해진 것 같았다. 퇴사 후 1년 정도는 다른 생각하지 않고 푹 쉬고 싶었다. 직장을 그만둔 강박관념 때문인가? 아니면 신체에 이상이라도 있는 것인가? 벌써 우울증이 시작된 것인가? 병원에 가서 진단을 받아보아도 이상이 없다는 것이었다. 이럴 때쯤에 함께 근무했던 경영지원본부 총무과 이상조 부장이 서울에 올라왔다면서 시간이 되면 만나자는 연락을 받고 약속 장소로 나갔다.

"오랜만이요. 이 부장...! 별일 없었지요?"

"네, 그저 그렇습니다. 상무님 요사이 바쁘십니까?"

"그럼 바쁘지...! 원래 할 일 없는 백수가 더 바쁜 거야...! 그건 그렇고, 회사 분위기는 좀 어때?"

"상무님 퇴사하시고 회사가 좀 어수선합니다. 회장님께서 ㅇㅇㅇ사장님을 쪼이니까 그 여파가 고스란히 우리에게.....! 한 상무님 방패막이의 위력을 이제야 조금이라도 알 것 같습니다. 회장님께서 조만간 조직을 변경하실 것 같아요."

"그래요...? 회장님께서 조직을 변경하신다...! 뭐 혹시 아는 것 없어요?"

"느낌이 오는 것은 있지만, 확실치 않아서요....!?"

"회장님이 손을 대신다는 것은 큰 그림의 조직변경일 텐데 어떤 그림일까? 정말 궁금하네...!"

"네, 아직 저는 모르겠어요. 혹시 회장님이나 정 전무님이 상무님을 다시 부르신다면 컴백(Come Back) 하실 거죠?"

"이 부장 무슨 소리야? 그럴 리가 없지만, 부른다 해도 사양하겠네...!"

"왜요...? 직원들도 상무님을 기다리고 있어요. 조만간에 정 전무님도 기흥 본사 내근[2]으로 들어오신다는 소문이 있던데요...!?"

"그래...!? 잘 되었네, 정 전무님이 들어오시면 회장님을 잘 보좌 하실 테니까."

앞에서도 언급했지만, 나는 정인선 전무님[3]으로부터 여러모로 많은

---

2   기흥 본사 내근: 내가 퇴사할 당시 정인선 전무님은 동아 그룹사의 재정을 총괄하는 임원으로 중랑구 면목동에 별도의 사무실에서 근무하고 계셨다.

3   정인선 전무: 내가 퇴사하고 난 후, ㅇㅇㅇ 사장이 물러나고 동아 총괄사장이 되었다.

은혜를 입었다. 그분에게 지금도 죄송하게 생각한 것은, 내가 퇴사할 당시 정 전무님에게 내가 퇴사하겠다는 결심을 사전에 말씀을 드리지 않은 것이다. 왜냐하면, 내가 퇴사하겠다는 결심을 사전에 정 전무님에게 말씀을 드리게 되면 나를 설득하실 테고, 그러면 나의 결심이 흔들릴 수도 있기 때문이었다.

　사실 나는 입사한 지 3년 정도 지났을 때, 사직서를 제출한 경험이 있었는데 그때를 더듬어 보면 이렇다. 1996년 기획실장으로 있을 당시 비서를 통하여 사장님 책상에 사직서를 올려놓고 퇴근한 후, 며칠 동안 출근하지 않은 적이 있었다. 당시 나에게 기획 및 인사, 전사적 자원관리(ERP) 업무로 인한 엄청난 스트레스와 피로 때문에 너무 힘든 시기였다. 설상가상으로 기획과장(회장님 친동생)과 호흡이 맞지 않아 퇴사를 결심하고 사직서를 제출한 것이다. 사장님께 말씀드리지 않고 일방적으로 사직서를 제출하고 출근하지 않는 것은, 사장님께 예의가 아니었다. 그래서 며칠 쉬었다가 정식으로 사장님을 찾아뵙고 사직서를 수리해달라고 요청할 계획이었다. 그런데 내가 출근을 않은지 3~4일 지났나? 느닷없이 기획과장이 우리 집을 어떻게 알고 찾아왔기에 커피를 대접한 적이 있었다.

　　“우리 집을 어떻게 알고 기별도 없이 찾아왔어요?”
　　“실장님께서 이럴 때 활용하라고 비상 연락망 만들어놓으셨지요.”
　　“아, 그랬든가?”
　　“실장님…! 죄송합니다. 제가 잘못했습니다.”
　　“이 과장님이 뭘 잘못했습니까?”
　　“철없는 행동 잘못했습니다. 정신 차리겠습니다.”
　　“이 과장님의 잘못된 언행 하나하나가 사장님에게 누(累)가 된다는 것,

귀가 따가울 정도로 말했지요? 나는 이미 사직서 제출했으니, 과장님이 기획실장 대행하시고, 인사 명령 내달라고 요청하면 되지요..!"

"앞으로 명심하고 잘하겠습니다. 노여움 푸시고 내일부터 출근해 주세요."

"그러지 않아도 내가 다음 주에는 회장님을 찾아뵐 겁니다. 내가 일방적으로 사직서 올려놓고 나온 것 찾아뵙고 말씀드리려고 했습니다."

"사장님께서 실장님이 업무가 과중하다고 판단하셔서 자재관리 담당 임원을 영입하겠다고 말씀하셨습니다. 그러면 실장님이 업무 로드가 많이 줄어들지 않겠습니까? 그러니 출근하셔서 기획실 업무를 다시 주관해 주세요"

"네, 이과장의 뜻은 알겠으니 돌아가세요."

나는 1주일 만에 출근하여 일방적으로 사직서를 제출한 것에 대한 죄송함을 말씀드리고, 사직서를 처리해 달라는 요청을 드리기 위해 사장님 집무실을 두드렸다.

"한 실장...! 그래 며칠 잘 쉬었나?"

"네, 사장님! 제가 사장님께 직접 보고드리지 않고 일방적으로 사직서 책상에 올려놓고 나간 것 잘못했습니다."

"그래, 그건 잘못했지..! 그래서 사직서 찢어버렸다."

"저는 사장님을 잘 보필할 자신이 없습니다. 정리해 주십시오."

"당신 힘든 것 내가 알아! 그리고 기획과장하고 부딪치는 것 다 알고 있어...! 딴생각 하지 말고 근무해...! 그리고 자재관리 업무를 전담할 임원을 결정했다. 그 사람이 오면 당신이 좀 수월해질 거야! 나가서 마음잡고 일해요."

"⋯⋯⋯!!"

"왜 그러고 있어. 빨리 나가서 일하라니까?"

"알겠습니다."

그런지 얼마 후, 자재 담당 임원(김종우 상무)이 영입되어 자재관리 업무를 담당하게 되었다. 그리고 나는 처음으로 제출했던 사직이 무산되어 어쩔 수 없이 기획실 업무를 다시 챙기게 되었다. 어떻게 생각하면 사직하겠다고 회사를 떠난 사람을 다시 그 자리에 앉히는 것, 즉 재신임을 받았다는 것은 개인적으로 영광된 일이기도 하겠지만, 한편으로는 더 많은 부담이 되었던 것도 사실이었다.

어찌했든 1996년 첫 번째 사직이 무산된 지, 8년 후 2004년 8월 두 번째 제출했던 사직서가 내가 입사한 지 11년 만에 정식으로 수리되었다. 그리고 내가 퇴사하여 홀가분하게 산행과 여행으로 나날을 보내고 있을 때, 경영지원본부 총무과 이상조 부장을 만난 것이다. 그리고 그 자리에서 회사의 분위기를 듣게 되었고, 윗선에서 다시 나를 부르실 의향이 있음을 알게 되었으나, 나는 고맙기는 하나 사양한다는 뜻을 전하였다.

그리고 총무과 이상조 부장과 헤어진 지, 대략 2주 정도 지났을까? 정인선 전무님으로부터 만나자는 전화가 왔다. 지난번 이상조 부장과 만났을 때 나의 의향을 전해 들은 정 전무님께서 직접 나의 의향을 묻고 싶은 것은 아닐까? 짐작하면서 과거 중랑구 망우동 임대 사옥이 있던 근처의 찻집에서 정 전무님을 만나게 되었다.

"정 전무님..! 오랜만에 뵈는데, 좋아 보이십니다."

봉선생의 큰 소망, 민들레 꽃씨 되어

"그래요...? 한 상무님도 별고 없으시죠? 이상조 부장으로부터 소식 들었어요. 자주 산행과 여행으로 마음을 닦고 있다고...!?"

"네, 노는 게 일인데 이럴 때 원 없이 돌아다니렵니다."

"어이구...! 한 상무님 성격에 오래 쉬지 못할걸....?"

"아닙니다. 이번엔 단단히 마음먹었습니다. 참, 전무님...! 본사로 들어가셨다면서요?!"

"예, 본사로 들어와서 한 상무님 이야기 들었어요. 나한테 한마디 말도 없이 그렇게 도망가시면 됩니까?"

"할 말이 없습니다. 무조건 잘못했고 죄송합니다. 만약 제가 퇴사하겠다고 전무님에게 의사를 밝혔다면 나의 굳은 결심이 흔들릴 수가 있기에 말씀드리지 않았습니다. 오해를 풀어 주시면 고맙겠습니다."

"내가 한 상무님의 마음을 왜 모르겠습니까? ㅇㅇㅇ 사장도 정리되고, 회장님께도 승인받았습니다. 이제 한 3개월 쉬셨으니, 회사에 다시 들어오셔서 회장님을 보필해 주세요. 그리고 나도 좀 도와 주시고....?!"

"그렇게 생각해 주셔서 감사합니다. 제가 동아에 입사하여 적응할 때까지 전무님께서 저를 아껴주시고, 보살펴주신 은혜를 생각하면 전무님 말씀을 따라야 하겠지요. 저는 8년 전에 이미 사직서를 제출한 이력이 있습니다. 물론 그때는 회장님께서 승인하지 않으셨지만, 지금은 승인하셔서 정리가 끝난 상태입니다. 제가 회장님의 부르심을 받고 다시 들어가게 되면 모양이 우습지요. 그리고 설령 제가 재입사를 한들 윗분을 모시고 얼마나 근무하겠습니까? 죄송합니다."

"혹시나 했는데, 역시 빈손으로 돌아갑니다."

정인선 전무님과 헤어진 지 얼마 지나지 않아 ㅇㅇㅇ 사장이 물러나고 정인선 전무님은 동아 총괄사장이 되었다. 정인선 전무님은 1975년 2월 이우용 회장님이 동대문구 면목동에서 동아상사를 창업할 당시 롯데제과㈜에서 재정 및 회계를 담당하는 직원이었다. 이때 이우용 사장이 정인선 롯데 직원을 부장으로 스카웃하여 동아상사의 경리 및 회계 등의 재정과 회사의 살림살이를 맡겼다. 즉 정인선 전무는 1975년부터 2004년 내가 퇴사할 당시까지 동아그룹과 함께해 오면서 이우용 회장님을 보필해 온 창업 일등공신이다.

1999년 5월 홍천 대명콘도에서 워크샵 중 정인선 전무님과 함께

앞에서 간간이 언급하였듯이 정 사장님은 내가 동아에 입사했을 때부터 퇴사할 때까지 나를 도와주고 아껴주신 분이시다. 나는 그분의 은혜를 평생 잊을 수 없는 은인이다. 정 사장님께서 퇴사하신 직후에는 자주 만나 식사도 같이하였는데 코로나가 일상을 바꿔 놓았듯이 우리의 관계도 가끔 전화나, 카톡으로 안부를 묻는 정도로 변해 버렸다. 정 사장님께 다시 한번 감사하다는 말씀을 전하고 싶다.

봉선생의 큰 소망, 민들레 꽃씨 되어

34

또 다른
경험

내가 군에서 전역했을 때 나이가 43세, ㈜동아전기부품 회사에서 퇴사했을 때는 54세였다. 나는 퇴사할 때 1년 정도는 푹 쉬면서, 마음의 여유를 갖고 나만의 시간을 갖기로 했었다. 그래서 자주 산행하고 5박 6일간의 여행을 다녀오기도 했다. 그런데 그것이 마음먹은 대로 쉽게 되지 않았다. 시간이 흐르면 흐를수록, 날이 가면 갈수록 가슴에 통증을 동반한 정신적인 불안한 상태가 시작된 것이다. 병원 진단에도 특별한 소견이 없었다.

이 모두가 직장을 그만둔 이후, 변경된 생활의 패턴에서 오는 스트레스의 현상인 것 같았다. 회사에서 퇴사한 후, 지난 1년 동안 누적되었던 이러한 육체적, 정신적인 스트레스를 벗어나려면, 무엇인가 새로운 분야에 관심을 가지고 집중하면 나아지리라 생각하고 취업을 준비하기로 마음을 먹었다.

법인 택시 운전

내가 퇴사 후 1년 동안 쉬겠다는 나와의 약속 기간이 거의 끝이 날 무렵, 이제는 새로운 일을 찾아야 했다. 그래서 가장 먼저 도전한 것이 "개인택시" 운전 자격을 획득하려는 것이었다. 내가 개인택시 운전 자격에 도전하게 된 동기는 운전하기를 좋아하는 것도 하나의 동기라고 할 수 있다. 그리고 수입의 많고 적음을 떠나서 개인택시를 운전하는 직업은 무엇보다도 "자유로운 직업이 아닐까?"라는 생각이 들면서, 즉 욕심만 부리지 않으면 누구에게도 구속되지 않은 자유로운 삶을 누리면서, 자가용 시대에 걸맞게 언제라도 마음만 먹으면 여행을 다닐 수 있는 여건이 가장 큰 장점이라고 생각했기 때문이었다.

당시 개인택시 운전 자격을 획득하려면, 첫째 법인회사 차량 운전기사 5년 이상 무사고 경력이 있거나, 둘째 영업용 법인 택시 3년 이상 무사고 경력이 있으면 개인택시 운전 자격을 획득할 수 있었다. 그러나 나는 법인회사 차량 운전기사 경력이 없으므로 영업용 법인 택시 경력을 쌓아야 했다. 그래서 나는 2005년 8월 교통안전공단에서 실시하는 소정(所定)의 소양 교육을 마치고 시험에 통과되어 "택시 운전 자격증"을 획득하였다.

택시 운전 자격증을 획득한 후, 2005년 9월 나는 집에서 가까운 녹천역 근처에 있는 ㈜석원산업이라는 법인 택시 회사에 입사하여 운전을 시작하였다. 그야말로 전혀 경험해 보지 않은 새롭고 낯선 여정이 시작된 것이다. 영업용 택시 회사의 근무 형태는 또 다른 근무의 양상(樣相)으로 이에 적응하지 않으면 안 된다. 근무 형태는 주간에만 근무하는 경우, 야간에만 근무하는 경우도 있으나, 대부분 새벽 04:00시에 교대하는 주간 근무와 오후 16:00시에 교대하는 야간 근무를 1주일 간격으로 교대하는

봉선생의 큰 소망, 민들레 꽃씨 되어

근무 형태를 선택하는데, 나도 이 근무 방법을 선택하여 근무하기 시작했다.

모든 것이 경험이 없고 낯설다 보니 사납금(社納金)도 내지 못하여 기본급에서 깎아 먹는 것은 예사고 안전에도 불안함을 많이 느꼈다. 경험이 부족하다 보니 다른 기사에게 손님도 뺏기고, 길도 잘 알지 못하고, 도로 교통정보도 잘 몰라 공차운행으로 길바닥에 시간만 소비한 것도 한두 번이 아니었다. 특히 당시에는 내비게이션이 보편화되지 않았기에 고객을 태우고 길을 몰라 헤매노라면 등에서 식은땀이 줄줄 흐른 경우도 많았다.

내가 택시 운전을 1년 정도 하는 동안, 지금도 잊히지 않은 실수가 있다. 택시 운전을 시작한 지 얼마 되지 않았을 때, 강남역에서 70대 중반으로 보이는 점잖으신 남자 손님이 타시면서 "남산 하야트호텔로 갑시다"라고 했다. 강남역에서 남산 하야트호텔로 가려면, 그대로 직진하여 한남대교를 건너 장충단로, 그리고 버티고개에서 내려오는 삼거리에서 유턴하여 우측 남산 소월로로 진입하여 1Km만 가면 왼쪽에 하야트호텔이 있다. 그런데 나는 하야트호텔이 명동에 있는 것으로 착각하여 한남고가 차도로 올라서 남산 1호 터널을 지나고 말았다.

그때 손님께서 "이 길이 하야트호텔 가는 길이 맞습니까?"하고 물으셨을 때, 내가 착각했다는 사실을 그때 깨달으면서 정신이 바짝 들었다.

"사장님! 제가 착각했습니다. 죄송합니다. 저 밑에 명동에서 다시 하야트호텔로 모시겠습니다. 그리고 요금은 받지 않겠습니다."

"아니요. 택시 운전하신 지 얼마 되지 않으신 분 같은데, 안전 운전하세요. 마침 시간 여유가 있으니 죄송해할 것 없어요. 기사님 덕분에 명동 구경하고 하야트호텔로 가도 됩니다. 여기서 내려 주세요."

나는 등에서 식은땀이 흐르는 것을 느끼면서 택시요금을 받지 않겠다고 거듭 말씀드렸으나 거스름돈도 받지 않으시고 걸어가시는 노신사의 뒷모습을 바라보면서 죄송한 마음뿐이었다. 이제 시작인데 앞으로 또 어떤 수많은 일이 얼마나 나를 기다리고 있을까? 점점 두려워지고 있음을 느꼈다.

택시 운전이란 직업은 불특정 다수의 고객을 상대하는 서비스업종이라고 볼 수 있다. 남녀노소를 불문하고, 다양한 직업군(職業群), 다양한 성격과 성품, 다양한 장소와 환경 가운데 고객을 만나 보았다. 앞에서 예화로 소개한 70대의 노신사처럼 나의 잘못도 책망하지 않고 수고한다고 격려의 말을 아끼지 않은 고객도 많이 있지만, 그렇지 않은 사람도 많이 있다. 이를테면 내가 경험한 손님 중에는 택시요금 내지 않고 도망가는 사람, 술주정과 고성방가(高聲放歌), 라디오 볼륨을 고막이 터질 정도로 크게 올려달라고 진상(顚想)을 부리는 사람도 많이 경험했다. 일일이 다 열거할 수 없는 한마디로 천태만상(千態萬象)의 사람을 만나 본 것이다.

한번은 가슴을 쓸어내리는 위험한 경험도 해보았다. 택시 운전을 시작한 지 4개월 정도 지난 때였다. 그러니까 연말연시의 분위기가 한창이던 2005년 12월 말경 눈이 내리는 어느 날 밤 11:00쯤 되었는데, 서대문 사거리에 손님을 내려 주고 광화문 네거리 방향으로 가던 중 강북삼성병원 맞은편에 도달했을 때, 한 젊은 남자 손님이 나를 세웠다. 겉으로 보기에 멀쩡한 것 같아서(당시 나는 술에 취해 비틀거리는 사람 앞에는 차를 세우지 않았다) 차를 세웠더니, 손님이 곧바로 문을 열고 조수석에 앉자마자 수원 영통으로 가자고 했다. 나는 손님에게 뒷좌석에 앉아줄 것을 몇 번 요청했으나, 뒤에 앉으면 시야가 가려진 것이 자기는 싫다고 굳이 고집을 피우기에 거리끼기는 했지만, 별일 없을 것이라고 생각하면서 출발했다.

봉선생의 큰 소망, 민들레 꽃씨 되어

내가 조심히 손님의 표정을 살펴보니 술에 취하기는 하였으나, 눈을 감고 조용하기에 다행히 주사(酒肆)는 없겠다고 생각했는데, 내가 잘못 본 것이다. 내 차가 남산 1호 터널을 나와 한남대교를 지나서 경부고속도로 입구에 도착했을 때까지 조용했던 손님이 갑자기 라디오를 틀면서 볼륨을 크게 올렸다. 나는 손님에게 조용하게 부탁하면서 볼륨을 적당한 소리로 낮추었다.

"손님...! 소리가 너무 크면 안전운전에 방해가 되니 볼륨을 줄이겠습니다."

"기사님...! 저는요, 소리가 작으면 잘 안들려요."하면서 볼륨을 또 높였다.

"손님..! 정말 부탁드리겠습니다. 지금 눈도 내리고 있습니다. 안전운전에 방해되니 볼륨을 다시 줄이겠습니다. 저를 도와주세요."

"소리가 작으면, 안 들린다고요? 기사님이 고객에게 맞춰야지, 왜 자기 생각만 해요?"하면서 볼륨을 또 높였다. 이런 행동이 여러 차례 반복되며 오고 갔다.

"손님..! 운전하는 기사를 방해하면 어떤 처벌을 받게 되는 줄 모르십니까?"하고 라디오를 꺼버리고 적당한 곳에 정차하여 순찰대에 연락하려고 했다.

그랬더니 갑자기 손님이 돌변하여 내가 있는 쪽으로 몸을 기대면서 자기가 운전하겠다고 핸들을 잡고 흔드는 것이었다. 나는 차가 흔들리는 것을 느끼면서 "하나님 아버지....!!!" 나는 핸들을 놓치지 않으려고 방어운전과 동시에 비상 경고등을 켜고 간신히 조금은 넓은 갓길로 정차하여 시동을 껐다. 그리고 차에서 내려 112에 신고했다. 눈이 내리는 경부고속도로상에서 경험했던 아찔한 순간이었다. 얼마 지나지 않아 곧바로 도착한 고속도로 순찰대 경찰관에게 그동안의 경위를 설명하고, 손님을 경찰관에게 인계하면서 이렇게 말했다.

"나는 이 손님을 수원 영통까지 데려다줄 자신이 없으니, 순찰 차량으로 데려다주세요."

"기사님...! 그것은 규정상 안 됩니다. 기사님께서 끝까지 책임지고 목적지까지 손님을 데려다주어야 합니다. 그러지 않으면 기사님께서 책임을 다하지 못한 귀책 사유가 됩니다. 그 대신 저희가 목적지까지 뒤를 따라가면서 기사님 차량을 보호할 테니, 무슨 일이 있으면 비상 경고등을 켜십시오."

"알겠습니다. 그렇게 하겠습니다."

나는 그제야 조금은 안심하고 손님을 태우고 목적지로 출발하였다. 가끔 룸미러로 뒤를 보니 순찰차가 비상 경고등을 켜고 내 차에 바짝 붙어 따라오고 있었으며, 목적지에 도착하여 경찰관은 손님이 통행료를 포함한 택시요금까지 지급하는지를 확인하였다. 그리고 나보고 먼저 출발하라는 신호를 보내기에 고맙다는 인사를 드리고, 서울로 출발했다. 경찰관이 나를 먼저 출발하라는 신호는 혹시 있을지도 모르는 손님으로부터 보복행위를 차단하려는 세심한 배려인 것 같았다. 그날 나를 안전하게 끝까지 지켜준 두 분의 경찰관에게 다시 한번 고맙다는 말을 전한다. 나는 서울로 올라오는 길에 먼저 하나님께 감사의 기도를 드렸다.

봉선생의 큰 소망, 민들레 꽃씨 되어

『나에게 당황하지 않고 침착하게 해주셔서 감사합니다. 흥분하여 손님과 싸우지 않게 해주셔서 감사합니다. 신속히 경찰관을 불러 대응하도록 지혜를 주셔서 감사합니다. 이 모두가 하나님의 은혜입니다. 살아계셔서 역사하시는 예수님 이름으로 기도합니다. 아멘!』

그렇게 기도를 마치고 나니까 눈물이 쏟아지기 시작하는데 운전할 수가 없을 정도로 시야를 가렸다. 마침 죽전휴게소가 보이기에 휴게소로 들어가 감사의 눈물을 펑펑 쏟아내었다. 사실 나는 9개월 전, 즉 2005년 3월 중순부터 매일같이 가정예배를 드리고 있었다. 나의 신앙 이야기에 대해서는 제4장에서 자세히 언급하겠지만, 눈이 내리는 고속도로에서 대략 10여 분간의 취객과 혼전(混戰)의 절박함 속에서 처음으로 "하나님 아버지...!"를 찾게 된 것은, 가정예배를 통한 나의 신앙을 성숙시키는 시발점이 되었다고 생각한다.

해가 바뀌어 2006년에도 개인택시 운전 자격 획득을 위한 영업용 법인 택시 운전을 계속하였다. 그런데 문제는 체력에 한계가 드러나고 있었다. 주간 근무에 들어가려면 최소한 03:00시에 일어나야 하고, 야간근무는 04:00시 까지 운전해야 한다. 매일 12시간을 운전해야 하는 고된 직업이 법인 택시 운전이라는 것을 알게 되었다. 더구나 운전하다 보면 규칙적인 식사가 어렵고, 식사 시간 맞추기가 어려울뿐더러, 오래 앉아 있다 보니 허리에 많은 무리가 오기 시작했다. 내가 체력적으로 서서히 한계가 드러나면서 안전과 건강상의 이유로 가족들의 반대가 시작되었다. 나는 하는 수 없이 고민 끝에 법인 택시 3년 무사고 운전 경력을 쌓아 개인택시 운전 자격을 획득하려던 꿈을 1년 만에 접고 말았다.

우리 교회에 개인택시와 법인 택시를 수십 년 이상 운전하시는 성도님들이 많이 계시는데, 나는 그분들을 정말 존경한다. 그리고 이렇게 묻고 싶다.

"고객으로부터의 스트레스, 그리고 체력을 감당하는 비결이 무엇입니까?"

내가 개인택시 운전 자격을 획득하겠다는 도전을 1년 만에 그 꿈을 접으면서, 나는 이렇게 결론을 내렸다.

"도전은 성공과 실패로 나뉘는 것이 아니라, 경험과 추억으로 남는 것에 의미를 두자. 도전하여 실패했다고 낙망하며 좌절하지 않고, 오히려 그것은 새로운 경험을 쌓고 아름다운 추억을 간직함에 더 가치가 있다."라고 말이다.

외국인 관광객 투어(Tour)

나는 법인 택시 회사인 ㈜석원산업에서 퇴사한 후, 2006년 9월경에 인바운드(In-Bound) 전문 여행사인 ㈜국제관광 회사에 입사했다. 이 회사는 국내 관광을 위해 우리나라를 찾는 외국인들을 유치하여 관광을 시켜주는 회사이다. 즉 우리나라를 찾는 외국인 관광객들의 일정별 관광코스, 숙박, 식사, 안내 등의 계획을 사전에 수립하고, 이들 관광객이 인천공항에 도착했을 때 픽업(Pick Up) 순간부터 관광을 마치고 출국할 때까지 관광을 시켜주는 회사이다.

봉선생의 큰 소망, 민들레 꽃씨 되어

내가 ㈜국제관광 회사에서 담당하는 일은 회사에서 수립한 관광계획에 의하여 관광 가이드와 함께 인천공항에서 외국 관광객을 픽업(Pick Up)하여 그들이 관광을 마치고 출국할 때까지 운전기사 역할을 담당하는 것이다. 이를 위해 나는 15인승 승합차를 구매하여 지입차량(持入車輛)으로 ㈜국제관광 회사에 입사했다.

그런데 실상 이 회사에서 1년 동안 근무한 결과 오래 다닐 수 있는 회사는 아니라는 것을 알게 되었다. 나는 지금도 그렇지만, ㈜국제관광 회사에 입사할 당시 "나는 기독교인으로서 주일을 지킬 수 있는 조건"으로 입사했다. 왜냐하면, 하나님을 믿는 성도는 주일을 반드시 지켜야 한다는 신념이 있어야 하고, 주일을 제대로 지키지 않는 성도는 믿음이 올바르게 성장할 수 없다고 생각했기 때문이다.

㈜국제관광 회사가 유치하는 외국인의 관광객은 주로 일본(70%), 중국(20%), 기타 베트남, 태국, 필리핀 등 동남아시아권(10%) 수준이다. 특히 일본과 중국은 우리나라와 생활권이 비슷하므로 금요일에 입국하여 관광하고 주일날 오후 출국하여 월요일에 출근이 가능한 2박 3일 코스를 선택하여 관광하는 것이 대부분이다. 그리고 그들은 관광하는 도중에 가이드와 운전기사가 교체되는 것을 싫어하는 경향이 많다.

따라서 내가 입사할 당시 "주일을 지켜야 한다는 조건"으로 입사했으므로 나에게 주말과 연계된 관광객을 배당하지 않고, 평일에 입국하여 관광을 마치고 평일에 출국하는 관광객만 배당받았다. 그리고 나의 급여는 일정하게 정해진 것이 아니라 케이스 바이 케이스(Case by Case), 즉 운행 일수 및 시간, 이동 거리, 관광객의 숫자에 따라 건별로 책정이 된다. 그러다 보니 가끔 평일에 들어오는 관광객 배당으로는 연료값도 모자라는 형편이었다. 어쩔 수 없이 나는 입사한 지 1년 만인 2007년 9월에 ㈜국제

관광 회사를 그만둘 수밖에 없었다.

자격증(資格證: Certificate)

내가 ㈜국제관광 회사를 그만둔 후에 휴식하고 있으면서 새로운 일을 찾고 있을 때, 중학교 동창인 친구(임ㅇㅇ)가 지하철 택배 사업을 동업하자는 제안이 들어왔다. 당시 그 친구의 아내가 이미 택배 사업을 하고 있었고, 그 노하우(Know How)를 나에게 전수하겠다는 것이었다. 지하철 택배 사업을 하려면 "화물운송 종사자 자격증" 획득이 필수이므로 교통안전공단에서 시행하는 시험 준비를 하면서 친구가 제안한 택배 사업을 위한 타당성 분석을 해보았다. 그러나 타당성 분석 결과 잠재되어 있는 위험 요인이 너무 많아 포기하였다. 그러나 언제라도 "화물운송 종사자 자격증"은 필요할 수 있다고 판단하여 2007년 11월 "화물운송 종사자 자격증"을 획득하였다.

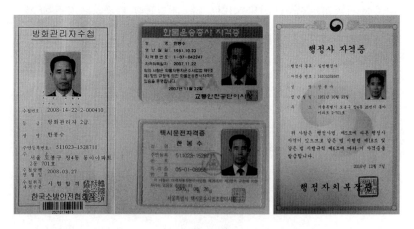

내가 획득한 자격증

봉선생의 큰 소망, 민들레 꽃씨 되어

나는 ㈜동아전기부품 회사에서 퇴사 후 지금까지 3년 동안 몇 군데 회사에 다녔지만, 여러 가지 환경과 여건이 맞지 않았기에 오래가지 못하였다. 이제는 좀 더 안정적이고 오래 다닐 수 있는 직업이 무엇일까? 깊이 생각해 보았다. 그러다가 고향 친구의 소개로 알게 된 것이 건물관리업무였다. 건물 관리를 하려면 건물 및 설비, 그리고 전기, 가스등 위험물 관리에 대한 기초지식 및 응급조치 능력을 겸비해야 한다. 그중에서 "소방 안전관리자 2급"이상의 자격 구비는 필수 조건이었다.

　따라서 나는 먼저 "건물관리소장"이 갖추어야 할 자격을 취득하기 위하여 2008년 3월 소정(所定)의 교육을 받고 시험에 합격하여 건물관리에 필수 자격증인 "소방 안전관리자 2급(당시 방화관리자 2급)" 자격증을 획득하였으며, 그 후 2016년 12월 "행정사" 자격증을 획득한 바 있다. 그리고 나는 지인의 소개로 ㈜대등ABM이라는 건물관리 용역업체에 2008년 5월에 입사하여 현재까지 15년 동안 건물관리소장으로 근무하고 있으니, 22년간의 군 생활 다음으로 후회하지 않는 직장 생활을 하고 있다.

제**4**장

나의 신앙 이야기

35

나를 향한
구원救援의 손결

　나의 신앙 이야기는 일종의 신앙 간증(干證)이라고 할 수 있다. 막상 나의 신앙 이야기를 집필(執筆)하려고 하니 두려운 생각이 밀려왔다. 왜냐면 간증(干證)하려면 때로는 들춰내기 싫은 나의 치부(恥部)까지도 드러내야 하고, 부끄럽고 창피함도 감수해야만 하기 때문이다. 내가 그것을 감당할 수 있을까? 그러나 하나님께서 "두려워하지 말라. 내가 너와 함께 함이라. 나의 의로운 오른손으로 너를 붙들리라(이사야 41:10)"는 말씀에 담대한 믿음으로 용기를 얻고, 나의 신앙 이야기를 쓰려고 한다. 성령님께서 나에게 기도로 시작하라는 마음을 허락하여 주심을 감사드립니다.

『할렐루야...! 지금도 살아계셔서 역사하시고, 저희의 생사화복(生死禍福)을 주관하신 하나님 아버지! 저의 평범한 삶의 이야기라 할지라도 영원히 묻히지 않게 글로 남기도록 인도해 주심을 감사드립니다. 이 글을 쓰는 동안 성령님이 함께하셔서 담대한 믿음으로 이 글을 쓰게 하옵소서. 하나님의 오른손으로 나를 붙들어 주셔서 두려움이 없게 하옵소서. 나의 간증 내용이 과장되거나, 왜곡되지 않고 사실 그대로 간증하도록 지혜를 주시옵소서. 우리를 죄에서 구원하여 주신 예수 그리스도 이름으로 기도합니다. 아멘...!』

나의 70여 년의 삶을 신앙적인 관점에서 요약하여 표현한다면, 하나님을 전혀 모르고 소년기를 지나 청년 시절까지 살아온 30년, 하나님을 믿기는 하였으나, 하나님을 잊어버리고 살아온 중년의 삶 20년, 그리고 나의 죄를 회개하고 하나님과 동행하려고 노력하는 장년의 삶 20년이라고 말할 수 있다. 즉 다시 말하면 주님을 나의 구주로 영접하지 않은 젊은 시절 30년의 삶은 온전히 세상을 부러워하며 쫓아가는 영적 암흑기였고, 주님을 영접하기는 했으나, 세상의 미련을 버리지 못해 한쪽 발은 세상을, 한쪽 발은 하나님을 향하는 양다리 걸친 영혼이 잠들어 있는 20년의 삶이었음을 고백한다. 이제 나이 70代에 들어서면서 그동안 영혼이 잠들어 있으므로 하나님을 외면하고 살아왔던 지난날을 회개하고, 앞으로 남은 인생을 하나님 말씀에 순종하고 주님을 따르겠다고 다짐한 지금까지 20여 년의 삶을 돌아보면서 나의 신앙 이야기를 풀어보려고 한다.

'제1장 나의 성장기'에서 내가 어릴 때 "대산 할머니"가 주신 동화책을 뜯어서 딱지치기했다는 내용을 언급한 바가 있다. 내가 성인이 되어 "대산 할머니"가 주신 그 책은 모세가 출애굽 할 때 홍해 바다를 건너는 내용의 동화책이라는 것을 알게 되었다. 눈이 오나 비가 오나, 한결같이 새벽 기도까지 빠지지 않고 교회에 다니셨던 믿음 좋으신 그 할머니께서 "너 심심할 때 이 동화책이나 읽어보라고 이유없이 주셨을까?"

분명히 할머니께서는 "봉수야..! 너, 하나님이 어떤 분이신지 아니? 예수님 믿고 구원받아야지?" 하시고 동화책을 주시며 어린 나를 전도하셨다고 생각한다. 나는 그 동화책을 다 읽고 난 후, 뜯어서 딱지치기로 버렸지만, 내가 성장해 오면서 잊히지 않고 당시의 상황들이 자꾸 오버랩(Over Lap)되는 것은 우연이 아니라, 내가 어렸던 60여 년 전에 하나님께서 "대산 할머니"를 보내시어 "나를 향한 구원의 손길"이 하나님의 섭리 가운데 이미 시작된 것이 아니었을까? 생각해 본다.

하지만, 하나님께서는 내가 결혼을 한 후에도 주님을 영접하지 못한 나를 더욱 불쌍히 여기시고 부평에서 살고 있을 때, 전셋집 주인의 어머니이신 권ㅇㅇ 권사님을 보내시어 나를 구원시키기 위한 본격적인 하나님의 개입이 시작되었음을 내가 예수님을 영접하고 하나님을 믿게 되면서부터 확신하게 되었음을 고백한다.

36

죽 끓여서
개밥 줬습니다

내가 대위(大尉) 시절 제ㅇㅇㅇ방공포병대대 제3포대 포대장 보직을 마
치고, 1980년 10월경 대대본부로 보직을 옮겨 작전 과장으로 근무하고
있을 때였다. 그때 나는 부천에서 1년 정도 살다가 1981년 6월 작은아들
상진이가 태어나면서 인천시 부평구 부개동으로 이사하여 전세로 살고
있었다. 당시 집주인은 40대 중반의 부부로 자녀와 함께 어머니를 부양

인천시 부평구 부개동 2층 전셋집에서

하며 아래층에서 살고 있었고, 우리 부부는 2층에서 상재(4살), 상진(1살)이와 함께 수도군단으로 전보될 때까지 2년 정도 살았었다.

당시 집주인의 어머니(권○○ 권사)는 독실한 기독교 신자로서 집 근처에 있는 ○○○○감리교회를 섬기면서 열심히 신앙생활을 하신 분이셨다. 이분은 내가 보기에도 신실한 기독교인으로 영혼 구원을 위한 특별한 달란트가 있으신 분으로 기억하고 있다. 그분은 우리가 그 집으로 이사한 지 얼마 되지 않아 아내를 교회로 인도하여 등록시켰을 뿐만 아니라, 그 지역에서도 많은 사람을 전도하신 분이라는 것을 알게 되었다. 또한, 권사님은 나를 전도하기 위하여 노력을 많이 하신 분이라고 생각되는데, 내가 퇴근하면 저녁 식사 마치기를 기다렸다가 2층으로 올라오셔서 나를 전도하시곤 하였다.

"상재 아빠...! 우리 모두는 죄인입니다. 죄인의 모습으로는 영생할 수 없고, 하나님 나라 천국에 갈 수가 없습니다. 예수님 믿고 구원받으세요. 이 세상은 잠시 머물다 가는 곳, 아침 이슬과 같은 세상에 미련을 두지 마세요, 영원한 천국에 소망을 두십시오."

한두 번이 아니라 귀가 따가울 정도로 권사님으로부터 들어왔던 말씀이었다. 그런데 나는 귀에 들어오지 않았다. 이해가 되질 않았다.

".........!"
죄...? 내가 무슨 죄를 지었는데? 나는 한 번도 남에게 피해 준 적도 없이 정직하게 살아왔는데...?

"네...! 권사님, 잘 알겠습니다. 지금은 부대 훈련도 있고, 바쁘기도 해요. 그러니 나중에 생각해 보겠습니다."

사실 아내는 이 집으로 이사를 온 지 얼마 지나지 않아 권사님의 인도로 교회에 출석하기 시작했다. 당시 나는 아내가 교회 다니는 것을 굳이 반대하지는 않았다. 오히려 나는 아내가 교회에 다니면서 무엇인가 긍정적인 측면에서 많은 변화가 있는 모습이 보인다면, 아내가 교회에 나가는 것을 굳이 반대할 이유는 없다고 생각했다. 그렇지만 나는 꼭 교회에 다녀야 한다는 필요성도 느끼지 못했던 것이 사실이었다. 그래서 나와 집주인이신 권사님과는 교회에 다니는 문제로 몇 개월째 줄다리기는 계속되어가고 있었다. 그러던 1982년 어느 날 토요일 저녁에 내가 퇴근한 줄 아시고 권사님이 우리 집에 또 올라오셔서 나에게 하신 말씀이 이러했다.

"내일 주일은 우리 교회에 "총동원 전도 주일"이니 교회에 같이 가요?"
"아, 그래요...! 상재 엄마로부터 내일 교회에서 전도 주일 행사가 있다는 말은 들었습니다."
"네.....! 들으셨군요. 그러면 내일 교회에 오셔서 설교 말씀 한번 들어 보세요"
"............"

옆에서 듣고 있던 아내가 권사님을 거들면서 하는 말이 "상재 아빠! 망설이지 말고 내일 같이 가요. 목사님 말씀 듣는 거 뭐가 어려워요." 이

286
봉선생의 큰 소망, 민들레 꽃씨 되어

때 권사님께서 하신 말씀이 "그렇게 하세요. 지금은 잘 모르시겠지만, 말씀을 듣다 보면 깨닫게 되고, 하나님을 알게 되면서 차츰차츰 믿음이 생기게 됩니다."

"..........! 네, 알겠습니다. 지금은 뭔지 모르겠지만, 일단 내일 교회에 가보겠습니다."
"할렐루야...! 고맙습니다. 잘 생각하셨어요...!"
"네, 권사님...! 잘 이끌어주세요."

나는 권사님의 적극적이고 끈질긴 설득을 더는 외면할 수 없어 일단 내일 교회에 가겠다고 말씀을 드렸다. 다음날 나는 오전 11:00시 예배에 참석하려고 아이들을 데리고 아내와 함께 아래층으로 내려가니 벌써 권사님께서 대문 앞에서 우리를 기다리고 계셨다. 그리고 우리는 집 근처에 있는 ㅇㅇㅇㅇ감리교회 예배당에 도착하여 권사님의 안내로 자리를 잡고 앉아 예배가 시작되기를 기다렸다.

나는 예배가 시작되기를 기다리면서 지그시 눈을 감으니, 지나온 날들[1]이 떠올랐다. 내가 생전 처음으로 교회에 발을 내디딘 그때, 나는 32살이었고, 아내는 27살이었다. 이윽고 예배 시간이 되자 담임 목사님께서 예배를 인도하시며 순서에 따라 말씀을 선포하시기 시작했다. 당시 설교 내용이 자세히는 생각이 나지 않으나 주요 핵심 내용은 이러했다.

---

[1] 지나온 날들: 어렸을 때, "대산 할머니"가 주신 동화책을 뜯어서 딱지치기 했다가 혼났던 일, 그리고 내가 3년 전 지휘관으로 재직 중일 때(제ㅇㅇㅇ방공 포병대대 제3포대-ㅇㅇ군 ㅇㅇ면) 군 시설물을 리모델링하여 진중교회를 만들어 신우회에 예배 장소를 지원하여 병사들의 신앙 전력화에 힘썼던 일들이다.

『(전반부 생략~~~!) "우리 교회는 올해 연초에 성도 배가운동(倍加運動)의 일환(一環)으로 '총동원 전도 주일'을 선포하였습니다. 그래서 모든 성도가 동원되어 가능한 모든 방법으로 불신자들을 전도하여 교회로 모시고 나와 예배에 참여하고 있습니다. 일단 불신자들을 교회로 데리고 오면 그다음은 하나님께서 책임지실 것으로 믿습니다. 지금까지 불신자 한 사람의 영혼을 구원시키기 위하여 수고하고 헌신하신 우리 교회 성도님들에게 하나님께서 큰 상급으로 보답하실 줄 믿습니다. 오늘 우리 교회에 처음으로 나오신 분들께 진심으로 감사드립니다.

(이하 중간 부분 생략)

"우리 교회 권○○ 권사님께서 오래전부터 ○○○라는 분(내가 알기로는 이 지역 유지-有志)을 태신자(胎信者)[2]로 작정하여 우리 교회에 나오시게 하려고 무진 애를 쓰셨습니다. 그런데 나중에 알고 보니 ○○○라는 분은 이미 ○○교회에 등록하여 그 교회로 출석하고 있었습니다. 권○○ 권사님의 수고와 보람도 없이 다른 교회로 빼앗기고 말았지요. 한마디로 열심히 죽 끓여서 개밥을 줬습니다. 전도하신 권○○ 권사님도 그러셨겠지만 나도 무척 섭섭했습니다." (~~~!이하 생략)』

목사님의 설교 말씀을 듣는 순간 나는 둔기로 한 대 얻어맞은 것 같은 큰 충격을 받았다. 그때까지 나는 교회를 한 번도 가보지 않았고 말씀도 들어본 적이 없었다. 그래서 믿음이 전혀 없었던 나였지만, "○○○라는

---

2   태신자(胎信者): 태신자(胎信者)란 기독교인이 전도해야 되겠다고 마음속으로 정하고 기도하고 있는 대상을 말한다. 즉 태신자란 "작정한 전도 대상자" 또는 "믿음으로 마음에 잉태한 전도 대상자"를 뜻한다.

봉선생의 큰 소망, 민들레 꽃씨 되어

분을 다른 교회로 빼앗겼지요. 한마디로 권○○ 권사님은 열심히 죽 끓여서 개밥을 줬습니다"라는 목사님의 표현은 상식적인 면에서도 분명 잘못되었다고 생각했다. 나 개인적으로는 전셋집 주인이시고, 아내를 처음으로 교회로 인도하여 출석하게 하셨으며, 이제는 나까지도 교회로 인도하신 권사님에게 위로와 격려의 말씀이 아닌 인신공격성의 말씀은 나의 귀에 상당히 거슬렸던 것이 사실이었다.

그때부터 나는 흥분하기 시작했다. 얼굴이 빨개지면서 가슴이 답답하고 두근거리기 시작했다. 궁금한 것 질문하여 명쾌한 답변을 들으면, 가슴이 뻥 뚫리고 시원해질 것 같았다. 그래서 질문하려고 손을 드는 순간 좌, 우측에 앉아있던 권○○ 권사님과 아내가 나의 양손을 붙잡고 제지하였다. 이미 눈치를 챈 권사님과 아내는 나의 동태를 계속 살피고 있었던 것이었다.

"제발 참으세요...! 제발....!"
".........! 권사님께서 잘못하신 것이 무엇입니까? 목사님께 묻고 싶습니다."
"설교 중이신 목사님께 무슨 질문을 해요?"
"질문도 못 합니까? 답답해서 더 못 듣겠습니다. 차라리 집으로 갈게요."

나는 당시 목사님의 설교 말씀을 다 듣지 않고 예배 도중에 빠져나와 집으로 돌아와 버리고 말았다. 집으로 돌아와서 흥분을 삭히면서 곰곰이 생각해 보아도 목사님의 인신공격성의 표현 방법은 분명 옳지 않았다. 설령 목사님의 의도는 그러지 않았을지라도 목사님의 "빼앗겼다, 죽 끓여서 개밥 줬다."라는 표현이 믿음이 없었던 나에게는 크게 거슬린 것이 사실이었다. 만약 당시에 권ㅇㅇ 권사님과 아내의 제지(制止)가 없었다면 나는 목사님에게 이렇게 질문했을 것이다.

> 『목사님...! ㅇㅇㅇ라는 분을 다른 교회로 빼앗겼다고 하셨는데, 그 분이 꼭 이 교회로 와야만 되는 명분이 무엇입니까? 그쪽 교회는 하나님이 안 계시고, 이 교회에만 하나님이 계시다고 믿기 때문입니까? 전도하시는 분이 열심히 죽이라도 쑤었기 때문에, 그쪽 교회로 출석하였으니 다행이라고 생각하시면 안 됩니까?』

당시 나는 교회를 다녀본 적이 없었으니 성경 말씀을 듣지 못했고, 말씀을 모르다 보니 믿음이 없었던 나로서는 큰 충격을 받은 것이 사실이었다. 이제 하나님 말씀을 어느 정도 이해하고 믿음이 성장하여 장로가 된 내가 위와 같은 똑같은 상황에서 설교 말씀을 들었다면 나는 어떤 반응을 보일까? 생각해 보았다. "목사님도 실수하실 수 있어...! 사람을 보지 말고, 하나님만 바라보자."라고 기도하였을 것이다.

주님 영접迎接과 세례洗禮

나의 전셋집 주인이신 권○○ 권사님께서 나를 하나님 앞으로 인도하시려고 얼마나 노력하셨는데…! 내가 교회에 나가겠다고 했을 때 얼마나 기뻐하셨는데…! 처음으로 교회에 출석했던 주일날, "기대가 크면 실망도 크다."라는 의미를 새삼스레 느꼈던 기억이 지금도 생생하게 남아있다. 나는 그때 생전 처음으로 교회에 나갔다가 크게 실망한 나머지 시험(猜險)에 빠져 교회에 잘 다니던 아내마저 교회에 다니지 말라고 추궁하며, 나에게 전도하려고 다가오는 사람들을 거부하기 시작했다. 그 당시에는 "시험이 들었다"[3]는 단어도 몰랐으나 점점 믿음이 생기면서 시험이 무슨 의미인지를 알게 되었다. 아무튼, 나는 그때 단단히 시험이 들었음을 부인하지는 않는다.

---

3 시험(猜險)이 들었다: 내가 신앙에 혼란과 회의를 느끼고 실망했다는 의미이다. 신앙의 혼란, 회의, 실망을 느끼는 것은, 신앙이 올바르게 서 있지 못하고 맹종하거나 믿음이 약하여 성숙하지 않은 경우에 시험에 빠지게 된다. 올바른 신자는 인격과 신앙의 완성이 아니라 진행 중(성화의 과정)에 있다는 것을 알면 시험에 쉽게 빠지지 않는다.

당신이 변화되면 나도 교회에 나가리다.

나는 1983년 1월 ○○군단으로 전입되면서 ○○으로 이사를 하였고, 맡게 된 직책은 포병참모부 방공과 방공장교 보직을 받게 되었다. 당시 나는 신앙 문제로 아내와 자주 충돌하게 되었는데, 그 이유는 아내가 군단 사령부 내의 군인교회에 등록하자고 했기 때문이었다. 어느 날 아내가 또 교회에 가자고 했을 때 나는 부평에서 처음으로 교회에 나갔을 당시 시험에 빠진 이유를 설명하면서 아내에게 말했다.

"작년에 처음 교회 나가서 시험 든 것 뻔히 알면서 교회 가자고 해?"
"거기서는 목사님이 실수하셨다고 생각하세요!"
"실수 좋아하네...! 실수할 게 따로 있지, 인신공격하는 발언이 실수냐? 보통 사람도 인신공격하면 안 되는데....! 하물며 성직자가...! 그 것도 설교 시간에...?"
"당신 생각 이해는 해요. 거기하고 여기 군인교회는 다를 거예요."
"다르기는 뭐가 달라...? 다 똑같지! 당신 검증해 봤어?"
"검증 안 했으니까 검증해보려고 하는 거지요...!"
".......... 그래..? 그럼, 당신 교회에 가서 검증 잘 해봐...! 교회에 다니면서 당신이 변화되면 나도 교회에 나갈게....!"

나는 아내가 처음부터 교회에 나가겠다고 할 때 무조건 반대하지는 않았다. 나 또한 모든 목사와 모든 교회가 잘못되었다고 생각하지는 않는다. 어찌 생각하면 내가 믿음도 없고, 신앙에 대한 지식도 없으므로 인해서 이단(異端)을 구분할 수 있는 능력도 없을 뿐 아니라, 교회를 잘못 선택하면 패가망신(敗家亡身)한다는 생각에 접근하기가 어렵고 망설여진다는

봉선생의 큰 소망, 민들레 꽃씨 되어

표현이 적절한 것 같다.

그 후 아내는 사령부 안에 있는 충성교회[4]에 등록하여 교회에 나가기 시작했다. 주말이 되면 선, 후배와 동기생 그리고 가족들이 나를 교회로 인도하려고 권면했으나 나는 마음의 문을 굳게 닫고 열지를 않았다. 왜냐면 작년에 시험들은 탓도 있지만, 당시 TV와 매스컴 등 언론에서는 사이비 종교 및 종말론이 확산되어 사회에 문젯거리가 되고 있었다. 특히 어떤 기도원의 목사는 신유(神癒) 은사(恩賜)에 능력이 있다는 소문을 듣고 찾아온 신도들을 감금하고 폭행하는 등의 기사(記事)가 자주 보도되고 있었다. 따라서 나는 교회를 바라보는 부정적인 시각이 더욱 팽배해지면서 아내에게 교회에 다니지 말 것을 종용하게 되다 보니 자연적으로 아내와 불협화음이 일어날 수밖에 없었다.

그러던 중 어느 날 아내는 진중 교회인 충성교회 담임목사 인솔로 ㅇㅇㅇ기도원에서 금요일 철야(徹夜) 기도회가 있는데, 이 기도회에 참석하겠다고 말했을 때, 나는 반대하며 가지 못하도록 막았다. 아내는 충성 군인교회에서 선정한 기도원이고 담임목사님(중령)과 군단 참모(대령)들과 부군단장(소장)님도 참석하는 기도회니, 안심하라고 나를 설득했지만, 나는 이해하지 못하였고 심지어 입고 가려는 바지를 빼앗아 찢어버리는 일까지 있었다. 그 당시 나는 처음으로 교회에 나갔던 ㅇㅇㅇㅇ감리교회에서 시험(猜險)들은 후유증과 TV와 매스컴에서 연일 보도되는 사이비 기도원의 실체를 접하면서 교회에 대한 거부 반응으로 인하여 마음의 문이 쉽

---

4 충성교회: 사령부 내에 있는 진중교회로 군종 목사인 문만필 중령이 담임목사였다. 주일 예배시 장병들과 가족들을 포함하면 대략 200여 명 정도가 예배를 드렸던 것으로 기억된다.

게 열리지 않았다.

주님을 영접하고 세례(洗禮)를 받다.

그 당시 아내는 아내대로 나를 무척 원망하고 야속했을 것이다. 그렇다고 내 마음은 편할 리가 있을까? 당시 아내와 내가 갈등을 빚는 것은 경제적 문제도 아니고 성격 문제는 더더욱 아니고, 오로지 종교적 문제였다. 이렇게 종교적인 문제로 자주 갈등을 빚다 보니 서로가 정신적으로 지쳐가기 시작했다. 그때 큰아이 상재는 충성 유치원(6살)에 다녔고, 둘째 상진이는 3살이었다. 부모가 정신적으로 힘들다 보니 아이들 눈높이에 맞춰가기도 버거웠다. 집안이 평안해야 출근해서도 마음이 편안하고 일의 능률이 오른다. 어젯밤에 다퉜던 일로 주말이 즐겁지가 않았다. 어떻게 해야 훌륭한 부모, 사랑받는 남편, 화목한 가정을 만들 수 있을까? 지금 우리가 다투고 있는 이유는 다름이 아닌 종교적인 문제로 다투고 있다.

이렇게 다툼이 계속된다면 올해 내가 이루어야 할 진급의 목표는 이루어질 수 있을까? 앞에서 언급했지만 3차 진급 심사에서 실패한 나는 한때 전역을 생각하기도 했었다. 그러나 제505대대장 김중식 중령, 동기생인 김영환 소령의 격려와 응원으로 마지막 희망을 바라보고 어렵게 수도군단으로 보직을 옮겼다. 열심히 노력해도 그 꿈을 이루기가 어려울 형편인데, 이렇게 종교적인 문제로 갈등을 빚는다면 가정도 문제려니와 소령 진급의 꿈도 좌절될 수 있다는 것은 불문가지(不問可知)라는 생각이 들었다.

이렇게 한창 내가 고민하고 있을 때, 군수처에서 근무하고 있는 동기

봉선생의 큰 소망, 민들레 꽃씨 되어

생 최장규 대위(병참)가 점심 식사 마치고 휴게실에서 차 한잔하자고 연락이 왔다. 그래서 식사를 마치고 휴게실에 가보니 정보처 노갑섭 소령(3사 5기), 군수처 최장규 대위(동기생), 그리고 작전처 김진현 대위(3사 13기), 부관부 윤차원 대위(3사 11기)가 나를 기다리고 있었다.

이내 나는 분위기를 파악했다. 이분들은 열심히 교회에 다니는 기독교 신자였을 뿐만 아니라, 군단 사령부 내 신우회를 이끌어가는 주역들이기에 나를 전도하려고 만나자고 한 것을 직감으로 알아차렸다. 물론 이날 그분들의 설득으로 나는 흔들리기 시작하면서 종교적인 문제로 아내와 각을 세우지 말고 양보하자. 그리고 나도 교회에 나가 말씀을 들어보자. 그리고 하나님이 누구이며, 주님이 누구인지? 알아보자고 마음을 먹었다.

충성교회 야외 예배를 마치고(앞줄 왼쪽 첫 번째가 필자, 앞줄 우측 첫 번째가 군종 목사 문만필 중령, 그리고 목사님 우측에 부군 단장 안기옥 소장)

그 후부터 나는 진중 교회인 충성교회에 등록하여 교회를 나가기 시작하면서 주일 예배는 물론 야외 예배 등 주요 행사에도 열심히 참여하였다. 당시 나의 솔직한 심정은 "하나님의 말씀이 무엇인지? 왜 주님을 영접해야 하는지?"가 중요한 것이 아니라, 가정의 화목이 더 중요했고, 진급 심사가 목전에 있었기 때문에 아내와 다투기가 싫어서 마지못해 따라간다는 표현이 적합한 것 같다. 아무튼, 나는 모든 것 내려놓고 나의 신앙생활은 이렇게 시작되었다.

어찌하였든 내가 교회를 나가기 시작하니 가장 기뻐하고 좋아하는 사람은 아내였고, 가정도 점점 제 자리를 찾아오기 시작했다. 그리고 몇 개월이 지난 후, 아내와 나는 군종 목사님이신 문만필 중령으로부터 학습(學習)과 문답을 거쳐 세례(洗禮)를 받았다. 그리고 얼마 지나지 않아 육군본부의 소령 진급 심사에서 통과되었다는 통보를 받게 되었는데, 이때가 1983년 연말이었다.

당시 내가 주님을 영접하고 신앙생활을 열심히 한 성도였더라면 하나님께 의지하고 기도하며 준비했을 텐데, 세상의 힘으로 이겨내려고 하니 얼마나 힘들었을까? 40년이 흐른 지금 그때의 일을 기억하면서 좀 더 일찍 주님을 영접하지 못한 그때를 후회해 보곤 한다.

38

홀로 서지 못하는
믿음

나는 ㅇㅇ군단 포병참모부 방공장교 직책을 마치고, 1984년 2월 소령 진급 예정자 신분으로 방공포병사령부 예하 제ㅇㅇㅇ방공포병대대 제2포대 포대장으로 부임과 동시에 부대 안에 있는 관사로 이사를 완료했다. 그리고 3월 1일부로 대위에서 소령으로 진급했다.

ㅇㅇ에서의 신앙생활은 부대 안에 진중 교회인 충성교회가 있고, 담임목사와 믿음이 깊은 선배와 후배들, 그리고 군인 가족들이 신앙심이 없는 우리를 잘 이끌어주었기 때문에 나름대로 재미있게 적응해 나갔다. 그런데 ㅇㅇ군단을 떠나 이곳 경기도 ㅇㅇ로 이사를 온 후에는 여건이 그러하질 못했다. 믿음이 단단하게 정립되어 있는 성도라면 그러지 않겠지만, 믿음이 깊지 않았던 우리가 대중교통으로 30분 이상 소요되는 ㅇㅇ읍내에 있는 교회에 나가기란 그리 쉬운 일이 아니었다. 더구나 교회에 오고 가는 이동 시간만 해도 1시간 이상 소요되고, 예배 시간까지 합치면 2시간 이상을 지휘관이 부대를 비운다는 것은 나에게 큰 부담이 아닐 수 없었다.

진중 교회를 세우다.

내가 포대장으로 부임한 지 얼마 되지 않았을 즈음, 아내와 내가 교회 다니는 문제로 고민하고 있을 때, 레이더 탐지병이 나에게 면담을 요청해 왔다.

"그래, 박ㅇㅇ 일병...! 무슨 일이 있나?"

"네, 포대장님...! 애로사항이 있어서 말씀드리려고 합니다."

"그래...? 뭐야 말해 봐...!"

"저는 군에 입대하기 전에 열심히 교회를 다녔습니다. 그리고 대학에서는 신학을 전공하였고, 휴학하고 군에 입대했습니다. 막상 자대에 배치되어 군 생활을 하다 보니 주일 예배드리기가 매우 어려웠습니다. 나뿐만 아니라 하나님을 믿는 병사들이 많이 있는데, 주일이면 외출을 허락받아 ㅇㅇ읍내의 교회에서 가끔 예배를 드리기는 하지만 열외 병력에 대한 통제가 심하므로 예배 참석에 어려움을 겪고 있습니다. 그래서 포대장님께 건의를 드리는 것은 "신우회를 조직하는 것과 신우회원들이 부대 안에서 예배드릴 수 있는 공간을 마련해 주시면 해서요? 전임 포대장님께도 여러 차례 건의를 드렸으나 이루어지지 않았습니다."

"그래...? 내가 생각하기에는 예배를 드리는 공간도 중요하지만, 그보다 더 중요한 것은, 주일마다 누가 예배를 인도하고 말씀을 전하느냐가 중요할 텐데 그런 점을 생각해 보았나?"

"네, 허락해 주신다면 모든 예배의 준비와 인도는 제가 주관해서 진행하고, 중요한 행사 때는 신학교 지인들을 통하여 목사님이나 전도사님을 초청하는 방안도 준비할 계획입니다."

봉선생의 큰 소망, 민들레 꽃씨 되어

"그래, 일단 너의 뜻을 알았으니 한번 검토해 보겠다."

나는 박ㅇㅇ 일병의 건의 내용을 듣고 긍정적인 측면에서 검토하였다. 사실 나는 5년 전 즉, 1979년 3월 고등군사반 교육을 마치고 ㅇㅇ군단 예하 부대인 제ㅇㅇㅇ방공포병대대 제3포대에서 포대장으로 근무하고 있을 때였다. 당시 군에서는 신앙 전력화를 위한 "1인 1종교 갖기 운동"이 한창 전개되고 있었던 시절이었으므로, 주일이 되면 병사들의 외출을 허락하여 시내에 있는 교회, 성당, 사찰로 예배를 드리기 위해 외출하여 예배드릴 수 있도록 허가를 해주었다.

문제는 병사들이 예배가 끝나면 바로 부대로 복귀해야 하는데 그러지 않고 식당, 당구장, 다방 등 시내를 배회하면서 민원이 발생하기 시작했다. 그때 나는 불필요한 이동 병력을 단속하기 위해 예배를 위한 외출을 금지하였다. 그 대신 부대 시설물을 보수하고 개조하여 진중 교회를 세워 병사들에게 예배의 공간을 마련해 줌과 동시에 신앙 전력화에 일조(一助)하고 근본적인 민원 발생을 사전에 차단함으로써 상급 지휘관으로부터 호평(好評)을 받은 경험이 있었다.

나는 박ㅇㅇ 일병과 면담을 끝내고 5년 전과 지금의 상황을 비교해 보았다. 당시 내가 제ㅇㅇㅇ방공포병대대 제3포대에서 근무할 때는 주님을 영접하지도 않았고 교회도 나가지 않은 상태에서 불필요한 이동 병력 단속에 주안을 두고 진중 교회를 세웠지만, 지금 제ㅇㅇㅇ방공포병대대 제2포대에서 근무할 때는 주님을 영접하고 교회를 다니던 중 근무지가 변경되어 교회에 가려고 해도 여건이 여의찮아 고민하고 있을 때, 병사로부터 예배드릴 수 있는 공간을 만들어 달라는 요청을 받은 것이다.

그래서 나는 박○○ 일병을 군종병(軍宗兵)[5]으로 임명하고, 신우회를 조직하여 필요시 자유롭게 예배를 드릴 수 있도록 하였다. 그리고 예배를 드릴 수 있는 공간을 마련하는 것은 마침 여유시설(餘裕施設)이 있었기에 과거의 경험을 살려 이 시설물을 리모델링하였고, 교회 내부에 비치해야 할 각종 성물(聖物)은 민간 선교 지원 단체로부터 지원을 받아 비치하였다. 그리고 진중 교회의 이름을 "반석교회"라고 명명(名銘)하여 예배를 드리기 시작했다. 그 후 나와 아내도 병사들과 함께 이 교회에서 예배를 드리기 시작했다.

야...! 너는 자존심도 없니?

앞에서 언급하였듯이 내가 ○○군단에서 이곳 제○○○방공포병대대 제2포대 포대장으로 부임한 후, 처음 얼마 동안은 ○○읍내에 있는 교회로 나갔으나, 예배로 인하여 2시간 이상을 지휘관이 부대를 비운다는 것은 나에게 큰 부담이 아닐 수 없었다. 왜냐하면, 방공부대의 임무 특성상 실제 상황 또는 비상 훈련 상황이 발령되면 지휘관은 5분 이내에 작전통제소에 위치하여 포대를 작전지휘 통제해야 하기 때문이다. 그러나 이제 신앙생활은 진중 교회인 반석교회가 있으니 그러한 부담은 해소되었다. 이제는 부대 안에서 열심히 신앙생활 하면 된다고 생각했다.

그런데 문제는 그렇게 간단하지 않았다. 신앙적으로 가장 큰 애로사항은 믿음이 전혀 없는 나와 아내를 하나님 말씀으로 이끌어 줄 사람이

---

5 군종병(軍宗兵): 상급부대로부터 정식으로 인가받은 군종병이 아니라, 신우회 활성화를 위해 지휘관인 내가 재량으로 임명한 병사이다. 군종병은 기본 주특기 임무를 수행하면서, 부가적으로 신우회 운영과 예배 관련 업무를 담당하도록 하였다.

없다는 것이다. 즉 홀로 서지 못하는 믿음, 누군가는 우리를 믿음이 올바르게 설 수 있도록 이끌어주어야 하는데, 그 영적 멘토가 없다는 것이다. 진중 교회를 세우고 난 후 가끔 외부 목사님을 초빙하여 말씀을 듣기도 하지만, 대부분 신학을 전공하였던 군종병(박○○ 일병)으로부터 하나님의 말씀을 전해 듣는 것으로는 부족함을 느꼈다.

그러다 보니 점점 내 마음속에서는 군종병이 전하는 하나님의 말씀을 듣는 것이 아니라, 군종병이 전하는 사람의 말로 들리기 시작했다. 즉 지휘관이라는 권위 의식과 교만이 생기게 된 것이다. 사탄은 믿음이 없는 나에게 그가 가장 좋아하는 교만을 내 안에 심어놓고 사탄이 이렇게 속삭이는 것 같았다.

"야...! 너는 자존심도 없니? 박 일병이 뭘 알아? 부하에게 설교 말씀을 듣고 있게...!"

그래도 처음에는 큰마음을 먹고 시작했으나, 군종병한테 말씀 듣기가 싫어지면서 교회에 나가기가 싫었다. 여주 읍내 교회로 다시 나갈까 생각도 했지만, 불시 훈련 또는 작전 상황 발생이라는 부담 때문에 그러지도 못했다. 이렇게 한 주일 빠지고 나니 그 다음 주일에도 가기 싫고, 두 주일을 교회에 나가지 않으니 한 달 되고, 한 달이 1년 되더니 예수님 영접하기 전, 그 옛날로 돌아가 버리고 말았다. 아내와 아이들은 가위에 눌리고(상재 8세-능서초등학교 1학년, 상진 5세), 흉몽에 시달리고 사탄에 시달려야만 했다. 이럴 때 우리를 신앙으로 이끌어 줄 믿음의 선배가 있었다면 좋았으련만, 내 주변에는 그럴 만한 사람이 전혀 없었다.

여주에 있는 영릉(세종대왕릉) 입구에서

　그렇게 어느덧 2년이라는 세월이 지났을 때, 포대장이라는 지휘관 보직은 성공적으로 마쳤다 할지라도, 나와 아내의 영적 신앙 상태는 하나님을 믿지 않은 세상 사람들과 전혀 다르지가 않았다. 아무튼, 나는 여주에서 포대장이라는 지휘관 보직을 마치고 평택에 있는 대대본부 작전 과장으로 부임하면서, 나와 아내는 이제부터 교회에 열심히 다니면서 신앙생활하자고 아내와 다짐하였다.

봉선생의 큰 소망, 민들레 꽃씨 되어

39

저는 집사執事[6]가 아닙니다

나는 ○○에서 포대장이라는 지휘관 보직(2년)을 마치고 1986년 3월 ○○에 있는 제○○○방공 포병대대 작전 과장으로 부임하여 부대 안에 있는 관사로 이사를 하였고, 상재도 부대 인근에 있는 초등학교(2학년)로 전학을 마쳤다.

사실상 나와 아내는 경기도 ○○에서 2년 동안 살면서 교회를 나가지 않았다. ○○군단에서 신앙생활 1년, 그마저도 믿음 없이 끌려다니는 정도였으니, 솔직히 말하면 하나님을 믿는 성도(聖徒)라고 할 수 없었다. 그러나 "이제부터 시작이다."라는 새로운 마음으로 교회에 다니자고 아내와 다짐했고 부대 근처에 있는 군인교회에 등록하여 교회에 나가기 시작했다.

부대 근처에 있는 군인교회는 대대본부와 지원대의 장병, 그리고 인

6　집사(執事): 교회의 각 기관에서 일을 맡은 교회 직분의 하나로, 그 일에 헌신 봉사하는 사람

접 공군부대의 일부 군인 가족들이 다니는 조그마한 교회로 고정으로 시무하신 담임목사가 없었다. 그래서 주일 예배는 ㅇㅇ에 있는 방공포병사령부의 군종 목사님이 시간을 조정하여 주일에 오셔서 설교하셨고, 저녁 예배와 수요일 예배는 전도사(이** 준위, 장로, 당시 신학대학을 다니고 있었음)님이 주관하여 예배를 드렸다.

나는 교회에 등록한 후 얼마 동안은 교회에 잘 나갔었는데, 점점 교회에 가기를 거부하는 마음이 들기 시작하였다. 그 이유는 성도인 군인 가족들이 나를 "집사님! 집사님!"이라고 부르는 호칭이 낯설고, 서먹서먹하여 부담을 느낀 것이다. 왜냐면 나는 믿음이 전혀 없었고, 신앙생활 한 기간도 짧을뿐더러 어느 목사님으로부터 집사의 직분을 받은 적이 없었기 때문이었다. 나를 "집사님"이라고 부를 때마다, 나는 그분들에게 이렇게 말씀을 드렸다.

"저는 집사가 아닙니다. 집사 직분을 받지 않았어요. 그러니 '한 소령님!' 하시든지, 아니면 '작전 과장님!'하고 불러주세요"

그러나 주일날 교회에서 군인 가족들은 나를 집사님으로 계속 호칭하였다. 나를 집사님으로 부르시는 그분들의 심정을 충분히 이해한다. 내가 근무하고 있는 부대 안에서 나는 대대장, 부대대장 다음으로 서열이 세 번째이다. 더구나 당시 나는 부대대장까지 겸직하고 있었으니 두 번째 서열이었던 나를 예우하며, '집사'로 호칭하는 것은 아닐까? 하고 말이다.

그러나 그래서는 안 된다고 나는 생각했다. 당시 나는 믿음은 없었으나, 집사라는 직분은 교회에서 인준을 받고 목사님이 임명해야 '집사'로 인정이 되고 부를 수 있다는 것을 알고 있었다. 즉 집사는 계급이 아니라는 것이다. 안수집사나 장로의 직분을 받지 않았는데, '안수집사님!, 장로님!'하고 부른 것이 잘못된 것이고, 그 부름을 받은 당사자는 당연히 당황하고, 부담될 것이다. 마찬가지로 한 번도 집사의 직분을 받은 적이 없는 나를 만날 때마다, '집사님..! 집사님..!'하고 부르기에 당황하고 부담이 되었던 것이 사실이었다.

그래서 나는 "집사님!" 소리를 듣지 않으려고 교회 나가기를 거부하기 시작했다. 그러자 아내는 나를 설득하면서 교회 가자고 했지만, 어깃장을 놓으며 교회에 나가지 않았다. 이 또한 내가 믿음이 없었기에 극복하지 못하고 스스로 주저앉아버린 결과라고 생각한다. 이렇게 되니 또다시 신앙적인 문제로 아내와 불편하여지면서 사탄의 역사가 시작되었다.

40

집요執拗한 훼방毀謗꾼

내가 부평에 있는 ㅇㅇㅇㅇ감리교회에 처음으로 교회 나갔던 날, "죽 끓여서 개밥 주었다."라는 설교를 듣고 사탄의 시험에 들어 한동안은 교회를 나가지 않았었다. 그리고 1년 후 수도군단에서 근무할 때 선후배와 동기생의 권면과 전도로 주님을 영접하고 세례를 받았다. 그리고 교회에 나가려고 조금씩 마음 문을 열면 훼방(毀謗)꾼인 사탄이, 나와 아내의 마음을 뒤집어 놓았다. 부평에서 "죽 끓여서 개밥 준 설교"가 그랬었고, 안양에서 "사이비 기도원 사건"이 그랬었다. 그리고 여주에서 근무할 때에도 "군종병의 설교"를 듣는 나에게 교만을 심어놓고 "너는 자존심도 없냐?" 라고 몰아세운 사탄의 훼방이 그랬었다.

즉 나와 아내가 하나님의 말씀을 들으려고 주님께 가까이 다가서면, 반드시 사탄이라는 훼방꾼이 나타나 우리의 믿음이 성장하지 못하도록 집요(執拗)하게 방해한 것이다. 이제는 그 사탄들이 평택까지 따라와 나와 아내가 신앙생활을 하지 못하도록 방해 공작의 절정을 이루었다. 저를 섬겨야 할 백성이, 하나님 백성으로 뺏기게 생겼으니 오죽 했을까? 이제 그 사탄이 역사했던 그 이야기를 하려고 한다.

심방 예배드리는 분들이 부러워요.

내가 ○○에서 포대장 보직을 마치고, ○○○대대본부로 이사하면서 열심히 교회 다니며 신앙생활하자는 아내와의 약속을 지키지 못했다. 그 원인은 나를 집사라고 부르는데 부담을 가진 것이었으나, 실상은 신앙의 연조(年條)가 짧은 탓으로 믿음이 없었기 때문이다. 내 귀에 말씀이 들어오고 믿음이 섰다면, 잘못된 호칭이라 할지라도 대수롭지 않게 웃으며 넘겨도 될 일이었다. 하지만 나는 그것을 스스로 거부하고 하나님을 믿지 않은 세상 사람들과 어울리기를 더 좋아했다.

나는 운동 중에서 특별히 테니스를 좋아했다. 일과시간이 끝나자마자 테니스장으로 달려갔고, 운동이 끝나면 저녁 식사의 자리로 이어졌다. 운동을 좋아하고, 여흥을 좋아하는 내가 술을 마다할 이유가 있겠는가? 명분이 있든 없든 1차 식사만 하고 귀가하면 좋을 텐데 2차, 3차로 이어지다 보니, 귀가 시간은 늦어지고, 회식비로 지출이 심하여졌다. 이러는 나를 아내가 좋아할 리가 없었다. 교회에 열심히 다니는 아내의 눈에는 쌍심지가 켜지는 날이 많아지면서 다투는 일이 잦아졌던 것이 사실이었다.

한 번은 이런 일이 있었다. 1986년 내가 ○○에서 근무할 때, 제○방공포병여단 작전 통제소에서 근무하는 동기생 박정규 소령(현재는 목사, 필리핀 선교사, 부인은 전도사) 부부와 제○○지원대에서 근무하는 이○○ 준위(당시 장로, 신학을 전공하는 전도사) 부부가 주일 오후 우리 집에 심방 예배를 왔었다. 그분들 4명과 아내는 심방 예배를 드렸으나, 나는 심방 예배에 참석하지 않고 옆방에 있었다. 그런데 예배가 끝나고 그분들이 돌아간 후에 아내의 서글피 우는 소리가 들렸다.

"당신, 왜 울어...?"
"내 마음이 너무 가난하고, 저분들이 너무 부러워요. 우리도 저분들처럼 남을 위해 기도하며 살 수는 없을까요?"
"나를 끌어들이지 말고, 당신이나 그분들처럼 기도하며 살면 되지?"
"어찌 가장이 그렇게 무책임한 소리를 하나요? 나 혼자서 가정을 이끄나요? 그리고 술친구들이 당신 앞에서는 좋아하는 척하면서도 돌아서면, 당신을 흉보고 그 허물이 내 귀에 다 들려와요."
"그야 당연하지..! 세상은 다 그렇게 사는 거야..! 흉보기 좋아하는 사람, 흉을 듣고 사는 사람, 그런데 상대방의 허물과 흉을 면전(面前)에 대놓고 하는 바보가 있나? 이 세상에 완벽한 사람은 없다."
"상재가 뭐라고 한 줄 아세요? '나도 어렸을 때는 상진이처럼 사랑했었어?'하고 묻더라고요? 우리도 아이들 사랑해 주고, 기도하며 살고 싶습니다."
"..........!"

초등학교 3학년(10살)인 상재가 생각하기에 엄마, 아빠가 상진(7살)이를 더 예뻐하고 사랑하는 것처럼 보인 모양이다. 어디 자식을 편애(偏愛)하는 부모가 있으랴마는 어린애가 그렇게 생각하고 있다면 그것도 부모의 책임이라는 생각에 짠한 생각에 눈물이 고였다.

은사(恩賜)를 절제(節制)하지 못하는 아내

그 후로 우리는 새로운 마음으로 하나님께 가까이 나아가기로 마음먹고 매일 출근하기 전에 성경 1장씩 교독(交讀)을 한 후에 출근하였다. 그리고 그때부터 십일조를 하기로 마음을 먹었다. 사실은 4년 전, 그러니까 1983년 ○○군단에서 근무할 당시 소령으로 진급되면, 십일조를 하겠다고 아내가 서원(誓願) 기도를 했다고 한다. 그러나 아내는 때가 되어 진급되었겠지, 생각하고 십일조를 하지 않았다고 한다(당시 나는 서원 기도한 사실을 알지 못했다). 지금 생각하면 서원 기도의 의미도 알지 못하고, 믿음이 연약하여 하나님과의 약속을 지키지 못한 죄이었음을 깨닫고 회개하였다. 그런데 십일조 한다는 것이 그리 쉬운 일이 아니었다.

아무튼, 그때부터 우리의 신앙생활이 달라지기 시작했다. 아내와 나는 열심히 교회에 나갔고, 매일 출근하기 전에 성경 1장씩 교독을 한 후에 출근하였다. 특히 아내는 동기생 가족들과 함께 열성적으로 예배에 참여하고 열심히 기도하였다. 이때 아내는 며칠 동안 해산(解産)하는 것과 같은 고통을 느끼면서 회개하였고, 이때 하나님께서 아내에게 방언 기도(方言祈禱), 예언 은사(豫言恩賜), 신유 은사(神癒恩賜)를 주셨다. 그런데 나는 궁금한 것이 있었다. 그것은 믿음의 기초가 연약한 자에게도 감당할 수 없는 은사(恩賜)를 하나님께서 주시는가? 하는 의문이 들었다.

아무튼, 아내가 순수하고 연약하며 믿음의 기초가 단단하지 않은 상태에서 많은 은사를 받고 체험하다 보니, 그 은혜를 감당하지 못하는 것이었다. 적어도 내 눈에는 그렇게 보였다. 즉 하나님께서 아내를 통하여 주신 예언(豫言)이나 신유(神癒)의 말씀에 대해서 절제(節制)하지 못하고, 당사자는 물론 다른 특정인에게 영감으로 보여 준 내용을 직설적으로 말함으로써 상대방을 당황하게 하고 놀라게 하는 것이었다. 언젠가 한 번은 아내가 나에게 이렇게 말했다.

"여보...! 나 오늘 기도하는데 하나님께서 상재가 대학교 교수가 된다는 응답을 주셨어요."

하며 아내는 흥분하면서 기뻐했다. 나는 그때 흥분하며 기뻐하는 아내를 보고 이렇게 나무란 적이 있었다.

"지금 상재가 대학교수가 되었나? 이제 겨우 10살인 어린애일 뿐이야..! 마치 교수가 된 것처럼 기뻐하고, 함부로 말하고 다니지 마...! 좋은 말이던, 나쁜 말이던 그 결과가 당신이 말한 것처럼 되지 않았다면 그걸 어떻게 감당할 건데...! 상재가 교수가 되고, 안 되고의 문제는 우리의 일이기 때문에 감당할 수 있지만, 남의 일이라면 어떻게할 거야? 그러니까 함부로 말할 일이 아니야...!"

당시 상재는 초등학교 3학년이었는데 앞으로 대학교 교수가 된다는 하나님의 응답을 기뻐하는 아내의 모습이 생생하다. 그런데 35년이 지난 2022년 11월쯤 상재가 다녔던 모교의 교수로부터 교수 임용에 필요한 자격을 갖추라는 제의를 받았고, 지금은 그 길을 준비하며 열어달라고 기도하고 있다. 그때 당시 아내가 받았던 예언의 은사는 분명히 맞을까? 궁금하다.

나도 아내처럼 그 당시 믿음이 없었던 것이 사실이었다. 그러나 나의 눈에는 분명 아내가 하나님께서 주신 은사(恩賜)에 대하여 분별하고 절제(節制)하는 능력이 없는 것으로 보였다. 진정 하나님께서 주신 말씀인지?

사탄의 달콤한 속삭임인지? 영(靈)을 분별할 수 없는? 즉 누구의 말인지도 모르고, 앵무새가 되어 말하고 다닌다면 어떻게 될까? 나는 정말 걱정이 되었다.

이러한 시기에 나는 대대 작전 과장 보직을 마쳤고, 1987년 3월 ○○에 있는 육군 교육사령부 방공계획단으로 전출 명령을 받았다. 그리고 나는 교육사령부로 내려가기 전에 걱정이 되어 아내에게 말했다.

"교회에 열심히 다니고 새벽 기도회에 참석하는 것은 좋은데, 내가 보기에는 당신은 절제와 분별의 능력이 아직 없으니 이 사람 저 사람들에게 앵무새처럼 말하고 다니지 말라."라고 아내에게 신신당부했다. 그리고 나는 "이사할 때까지 사령부 장교 숙소에서 지낼 것이며, 군인 아파트를 배정받게 되면 이사한다."라고 말하고 대전으로 내려왔다. 그리고 교육사령부에 근무를 시작하면서 군인 아파트 입주를 신청하였더니, 서열이 6번이었다. 이는 전출하신 분들이 이사(移徙)하게 되면 순서에 따라 입주하게 되므로 앞으로 6개월이 걸릴지, 1년이 걸릴지 알 수는 없었다. 따라서 나는 그때까지 교육사령부 장교 숙소를 배정받아 출퇴근하였고, 주말에만 ○○에 있는 대대 관사로 오고 가는 주말부부가 되었다.

나는 비록 주말부부이지만 그 당시에 많은 은혜를 받았다. 주말에 평택과 대전을 오가는 고속버스 안에서, 그리고 장교 숙소에서 잠자기 전에도 성경을 읽고 찬송을 들으며, 아내와 언약한 약속을 지키려고 아침이면 성경 1장씩 읽고 출근하였다. 그러다 보니 어느 때부터인지 모르겠으나 자주 부르지 않았던 찬송가도 저절로 나오면서 기쁨과 감사가 느껴졌다. 이때 내가 가장 자주 불렀던 찬송가가 "주 안에 있는 나에게(370장)"와 복음성가 "오늘 집을 나서기 전 기도했나요"이었다. 1983년 수도군단에서 근무할 때 주님을 영접하고 세례를 받은 지 4년 만에 처음 느껴보는 기쁨과 감사의 은혜였다.

그 당시 오직 한 가지 걱정이라면 순수하고 연약한 아내의 믿음 때문에, 하나님께서 주신 은사(恩賜)를 절제하지 못하는 것이다. 그로 인하여 하나님께 영광을 돌리지 못하고, 나아가 다른 사람들에게 상처를 주지 않을까? 하는 우려의 마음이 항상 있었다. 나는 주말에 집에 가면 아내와 함께 군인교회에서 주일 예배를 드리곤 했는데, 그때 지인으로부터 "아내의 예언 은사와 신유 은사가 영험(靈驗)이 있어서, 아내의 기도를 받고 싶어 하는 사람들이 많다. 그래서 그때마다 아내는 이○○ 준위(제○○지원대에 근무, 장로, 당시 신학을 전공하는 전도사)가 안내하여 기도하고 다닌다."라는 이야기를 몇 번 들은 적이 있었다.

이러다가 언젠가는 큰 사단(事端)이 일어날 것을 우려하여 그때마다 나는 아내를 나무랐다. 그리고 한 번은 주일 예배가 끝난 후 이○○ 준위를 만나 간곡히 부탁했다. 정확하게 표현한다면 부탁이 아니라, 당시 나는 신앙적으로 믿음이 약하였기에 이○○ 준위를 전도사 또는 장로라는 종교적 직분보다는 군 조직의 상급자로서 하급자에게 주의(注意)하라고 경고(警告)했다는 것이 솔직한 표현이다.

"이 준위님! 하나 물어볼 것이 있습니다."
"아 그래요...! 무슨 말씀입니까?"
"다름이 아니고, 아시다시피 제 아내는 교회 다닌 지 얼마 되지 않은 초신자입니다. 저도 마찬가지고요. 제가 판단하기에는 제 아내가 믿음의 기초가 아주 약한 상태인데 이런 사람에게도 하나님께서 방언 은사, 예언 은사, 신유 은사를 주셨다는 것이 이해되지 않습니다. 이○○ 준위님 보시기에는 내 아내가 이러한 은사를 자격이 있어서 받았다고 생각하세요?”

“.............!”

“설령 내 아내가 하나님으로부터 그 은사를 받았다고 가정합시다. 아내가 그 은사를 잘 감당하고 절제할 수 있는 능력이 있다고 보십니까? 장로님께서는 신학을 공부하신 분이시고 전도사님이시며, 신앙의 연조(年條)가 있으니 잘 아실 것 아닙니까? 어떻게 생각하세요?”

“네, 한 소령님! 무슨 말씀인지 이해합니다. 하지만 제가 보기에는 전신자 집사님이 기도 중에 전하시는 기도의 내용이 정확하게 맞거든요. 하나님께서는 약한 자에게도 능력을 주시고 사명을 주십니다. 하나님만이 하실 수 있는 일이지요. 기도로 나아가면 감당할 수 있는 능력을 주실 겁니다.”

나는 흥분하여 이 준위에게 이렇게 말했다.

“이 양반아...! 기도하고 능력을 주는 것은 차후 일이고, 지금 당장 내 아내는 그 은사를 감당하거나, 절제할 수 있는 능력이 전혀 없다는 것이 문제입니다. 하나님 말씀인지? 사탄이 지껄이는 말인지? 분별할 능력도 없고, 그저 누구의 말인지도 모르고, 앵무새처럼 떠벌리고 다닌다는 겁니다. 그래서 잘못하면 상대방에게 상처를 줄 수 있고....! 설령 아내의 기도하는 내용이 맞다 할지라도 절제할 수 있도록 지도해야 할 분이, 같이 동조하고 다니시면 됩니까? 당신이 내 아내와 함께 기도하고 다닌다는 이야기가 종종 들려옵니다. 제가 이ㅇㅇ 준위님께 부탁드리는 것은 아직은 아내가 절제(節制)의 능력이 없으므로 기도한답시고 아내를 불러내서 데리고 다니지 말고, 기도를 시키지 말라는 겁니다...!"

"네, 한 소령님 말씀 잘 새기고, 전신자 집사님께서 사명을 잘 감당하실 수 있도록 기도하겠습니다."

그러던 중 내가 교육사령부에 전입하여 근무한 지 한 달쯤 되던 어느 날 아침, 장교 숙소에서 출근을 준비하면서 느낌이 이상하여 평택 집으로 전화를 했다. 그런데 몇 번의 전화 신호가 가는 데도 전화를 받지 않았다. 순간 불길한 생각과 함께 불안한 마음이 엄습해 왔다. 틀림없이 무슨 일이 있을 거라는 예감이 들었다. 몇 번의 전화를 시도한 끝에 간신히 상재와 연결은 되었다. 그러나 전화는 자꾸 끊어졌지만[7], 겨우 알아들을 수는 있었다.

"상재야...! 왜 네가 전화를 받니? 엄마 어디 갔어?"

"(울먹이면서...!) 아빠...! 엄마가 새벽 기도 갔는데, 아직 안 왔어...?"

"뭐라고......?! 학교 갈 준비해야 하는데?"

(틀림없이 지원대 이○○ 준위와 함께 기도를....!! 상재가 울먹이고 있는데, 수화기 너머로 상진이 울음소리가 들려왔다. 이를 어떻게 해야 하나? 08:00가 되었는데...! 애들 식사는? 상재 학교 갈 준비는? 머리가 복잡해졌다. 일단 옆집 후배 가족에게 아이들을 부탁하기로 하고 상재를 달랬다.)

"상재야 울지 마...! 조금만 기다리면 엄마 곧 오실 거야."

"아빠...! 엄마 어제도 늦었어...!"

"응 그래...! 아빠가 엄마한테 그러지 말라고 이야기할게...! 그리고 옆

---

7   전화는 자꾸 끊어졌지만: 당시 우리 집에는 사회 일반 전화는 없었다. 단, 비상용으로 군용전화기(TA-312)가 있었다. 전화를 받을 때는 수화기 오른쪽에 부착된 누름단추를 누르면서 말을 해야 한다. 어린 상재가 이 누름단추를 눌러야 할 힘이 부족하여 연결이 잘 안 된 것 같았다.

집 아주머니에게 부탁할 테니 아침 먹고 학교에 가거라. 알았지...!
상진이도 네가 달래주고...!"

"응...! 알았어...!"

나는 상재를 달랬고, 전화를 끊자마
자 옆집 후배에게 전화하여 "내가 지금
평택으로 올라갈 테니, 일단 당신 가족
을 보내 우리 아이들을 돌봐달라."라
는 부탁을 하고 출근하였다. 그러고는
처장님께 급한 용무로 집에 다녀와야
한다고 보고드린 후 평택으로 출발하
였다.

당시 큰아들 상재가 받았던 TA-312 군용
전화기(사진 출처, 인터넷 캡처)

나는 평택에 도착할 때까지 흥분을
삭히지 못하고 있었다. 무엇보다도 아
내의 잘못이 더 크지만, 더욱더 용납되지 않는 것은 지원대 이ㅇㅇ 준위
(장로, 전도사)가 더 미워졌다. 나는 이ㅇㅇ 준위에게 어떤 특별한 조치를 해
야 하겠다고 생각하면서, 나는 이렇게 결론을 내렸다.

'장로이며 전도사의 직분을 받은 자라면, 신앙적인 측면에서 초신자
(初信者)인 아내의 믿음 상태를 보고 신앙적 후견인의 역할과 지도를
해야 할 영적 지도자의 위치에 있는 자가 아닌가? 그런데도 수수방
관(袖手傍觀)을 넘어 기도를 명분으로 아내를 데리고 다니면서 이용하
고 있구나. 지난번에 알아듣게 부탁했는데.....!, 내 이XX를 그냥...!'

오전 11시 정도 되었을까? 집에 도착하여 보니 집안은 엉망이고 아내는 누워있다가 갑자기 들이닥친 나를 보며 당황했다. 나는 전후 사정을 묻지도 않고 아내에게 다짜고짜 물었다.

"당신..! 오늘 새벽 기도 끝나고 몇 시에 집에 들어왔어?"

"네, 9시 정도 집에 왔어요."

"그래, 상재 학교 보내는 것도 잊어버리고, 기도하는 어미가 있다더냐? 오늘 새벽 기도 인도한 사람이 이ㅇㅇ 준위 그 XX가 맞지? 그 가족도 같이 있었을 테고...!"

"그래 맞아요, 내가 자세히 말할 테니 흥분하지 말고, 앉아서 이야기 해요."

"이 XX가...! 내가 전번에 알아듣게 경고했는데, ...! 우선, 이 자식부터 손을 봐야겠구먼!"

나는 흥분하여 아내의 만류를 뿌리치고 집을 나와 이ㅇㅇ 준위의 사무실로 쫓아갔다. 사무실에 거의 도착했을 무렵 지난날 우리가 소프트볼 할 때 자주 사용했던 야구방망이가 눈에 띄기에 이를 집어 드는 순간, 그 옛날 소위 때 몽둥이로 박 병장을 구타하여 군단헌병대에서 조사받고 징계위원회에 회부될 뻔했던 기억이 생각났다. 그 순간 "흥분하지 말고 침착하자! 흥분하다가 모든 것을 잃을 수가 있다."나는 흥분을 삭히며 집어 들었던 야구방망이를 던져버리고 잠시 심호흡으로 마음을 추슬렀다. 그리고 곧바로 사무실로 들어가 이ㅇㅇ 준위를 찾았으나 자리에 없었다. 다른 사람에게 물어보니 그는 레이다 정비를 위한 지방으로 출장을 갔다는 것이다. 만약 당시 이 준위와 마주쳤더라면 어떤 상황이 벌어졌을까?

봉선생의 큰 소망, 민들레 꽃씨 되어

아마 가만두지는 않았을 것이다.

사탄의 소굴에서 벗어나자.

나는 하는 수 없이 마음을 진정하고 다시 집으로 돌아와 아내와 마주 앉았다. 그리고 아내로부터 오늘 새벽에 있었던 이야기를 들었는데, 그 내용을 종합해 보면 이러했다.

"오늘 아침에 아내가 새벽 기도를 마치고 나오는데 이ㅇㅇ 준위 부인이 딸(당시 숙명여대 재학 중)을 위해 기도해 달라고 하면서 자기 집으로 가자고 했다. 아내는 상재를 학교에 보내야 하고 준비할 것도 많아서 안 된다고, 거절하였으나 잠깐이면 되지 않겠냐고 부탁하기에 어쩔 수 없이 이ㅇㅇ 준위 집으로 갔다. 아내는 평소 이ㅇㅇ 준위 딸에 대하여 전혀 아는 바가 없었으나, 막상 기도하다 보니 부모와 자녀 간의 문제, 가정의 문제를 영감으로 보여줬고, 그러한 전반적인 사항에 대하여 1시간이 넘도록 기도가 쉬지 않고 막힘이 없이 나왔다. 그분이나 아내도 똑같이 상재를 학교 보낼 생각도 잊어버리고 기도에 심취하다 보니 시간이 흐른 줄 몰랐다."라는 것이었다.

이렇게 아내가 이ㅇㅇ 준위 집에서 그 가족과 함께 아침에 1시간이 넘도록 기도하고 있는 동안, 나는 장교 숙소에서 출근을 준비하면서 집안이 궁금하고 아무래도 느낌이 이상하여 집으로 전화를 한 것이다.

아내의 이야기를 다 듣고 난 후, 나는 이런 생각이 들었다. 내가 보기에 그 당시에 평소 아내는 기도를 잘하지 못했다. 그런데 은사를 받고 난 이후에는 무엇인가 조금은 달라 보였다. 아내의 말대로 그날따라 그 가정의 문제에 대하여 쉬지 않고, 막힘이 없이 1시간이 넘도록 기도했다면 분명 누군가의 이끌림을 받은 것은 분명하다. 하나님의 역사인지? 마귀 사탄의 장난에 놀아난 것인지? 그날에 있었던 그들과 아내의 행동은 하나님이 인도하심이 아니라, 마귀 사탄의 장난질에 놀아난 것이라고 나는 단언했다. 그들의 행동이 마귀 사탄의 장난질에 놀아난 것이라고 내가 단언한 것은 아주 단순하다.

당시 나는 믿음이 부족했고 영 분별의 능력은 더더욱 없었으나 일반 상식적으로 볼 때, 하나님께서 개입하시고 인도하셨다면 아이들 학교 다 보내 놓고 시간이 있을 때, 아침 시간이 아닌 낮에 기도하도록 지혜를 주었을 것으로 생각했다. 그런데 마귀 사탄이기에 믿음이 들어가려는 우리 가정을 파괴하려고, 그 바쁜 시간에 사탄이 이ㅇㅇ 준위 부인을 이용하였고, 아내도 마귀 사탄의 장난에 넘어간 것이라고 나는 생각했다.

나는 아내와 아이들을 지키고, 나아가 가정을 지키기 위해서는 하루라도 빨리 이 사탄의 소굴에서 벗어나 이사를 해야겠다고 결론을 내렸다. 내가 교육사령부의 군인 아파트에 입주하려면 서열이 6번째인데, 그때가 되려면 6개월이 걸릴지 1년이 걸릴지 모른다. 가정이 다 망가지고 나서 이사하면 무슨 소용이 있나? 나는 그날 곧바로 아내에게 이사 준비를 부탁하고 대전으로 내려왔다. 나는 고속버스 안에서 눈을 감고 기도했다. 다급해지니까 나의 입술로 간절히 고백한 이 묵상기도가 아마 처음이 아니었을까? 생각된다.

『하나님 아버지! 오늘 있었던 우리 집 형편 아시죠? 오늘 새벽 기도 끝나고 상재 엄마가 이ㅇㅇ 준위 가족과 함께 기도한 것, 사탄이 시킨 것 맞지요? 하나님께서는 그렇게 분별없는 분이 아니잖아요? 상재 엄마가 받은 은사를 사탄이 이용하고 있는 것 같아요. 지금 상재 엄마가 사탄에게 조롱받고 힘들어하고 있습니다. 저 지금 대전에 내려가면 당장 전셋집 구해서 이사할 겁니다. 그 사탄의 소굴에서 벗어나야 우리가 살 것 같습니다. 한시가 급하니 전셋집 빨리 구하게 해 주시고 집 근처에 믿고 다닐 수 있는 교회도 알려주세요. 저에게 이 어려운 형편을 잘 극복하고, 가정을 지킬 수 있도록 지혜를 주십시오. 예수님 이름으로 기도합니다. 아멘!』

대전에 도착하자마자 나는 조금은 시간이 있기에 내가 출퇴근이 용이한 지역에 전셋집을 구하려고 교육사령부로 들어가는 도중에 버스에서 내렸다. 그리고 건너편에 있는 부동산 중개소에 갔으나 문이 잠겨 있었다. 할 수 없이 조금 멀리 있는 중개소에 들어가 최대한 빨리 들어갈 수 있는 전셋집(방2, 거실, 주방, 화장실)을 찾았다. 그리고 부동산 중개인의 안내로 몇 군데를 가보았으나 내가 생각하는 조건에 맞지 않았다. 오늘은 늦었기에 할 수 없이 내일 조금 일찍 퇴근해서 전셋집을 찾아보기로 하고 장교 숙소로 돌아와 이내 잠을 청했으나 잠이 오질 않아 거의 뜬눈으로 밤을 보낸 것 같았다.

이튿날 나는 처장님께 전셋집을 구하겠다고 말씀드리고 점심을 마치고, 어제 문이 잠겨 있던 부동산을 찾아갔다. 그리고 내가 요구하는 조건을 부동산 사장님께 말씀드렸더니 10일 후에 들어갈 수 있는 집이 2층에 하나 있다면서 안내하였다. 현장에 가서 확인해 보니 출퇴근 버스 타기에도 적합하였고 모든 여건이 마음에 꼭 들었다.

특히 이 집이 마음에 든 것은 대문에서 나와 20m 정도 나가면 왼편으로 2층에 교회가 있어서 더욱 마음에 들었다. 그래서 나는 이 집에 10일

후인 토요일에 이사 들어오기로 합의하고 전세 계약을 마쳤다. 이제 열흘 후면 훼방꾼이 득실거리는 사탄의 소굴에서 벗어날 것을 생각하니, 한결 마음이 평안해지기 시작했다.

봉선생의 큰 소망, 민들레 꽃씨 되어

41

걱정하지 마,
너가 고쳐 줄게...!

나는 부동산 중개소에서 계약을 마치자마자 사무실로 돌아오는 길에 조금 전에 봐두었던 집 앞에 있는 은평 장로교회(이하 은평교회)를 찾아가 목사님에게 상담을 요청했다. 나는 이 은평교회를 사전에 알고 찾아간 것은 아니다. 또한, 부동산 사장님과도 교회에 관련된 이야기나 종교와 관련한 대화도 나누지를 않았다. 나는 당시 믿을 수 있고 좋은 교회를 선별할 수 있는 능력도 없을 뿐 아니라, 교회를 소개받을 수 있는 지인도 없었다. 다만, 어제 평택에서 내려오면서 고속버스 안에서 묵상기도 하면서 "하나님! 집 근처에 믿을 수 있는 교회를 알려주세요!"라고 묵상으로 기도했을 뿐이다.

그런데 어제 문이 잠겨 있어서 들르지 못한 부동산을 오늘 오후에 찾아가 부동산 사장님의 안내로 집을 둘러보면서 집 앞에 은평교회가 있음을 알게 되었고, 조건이 맞아 전세 계약을 한 것이다. 그리고 어제 기도한 것처럼, 가까운 집 앞에 교회가 있기에 마음에 끌리었으므로 이 교회를 다녀야 하겠다고 마음먹고 교회를 찾아간 것이다.

어찌하면 좋을까요?

나는 은평교회 문을 열고 안으로 들어가서 어떤 분에게 목사님을 뵙고 싶다고 말씀드렸더니 목양실로 안내하였다. 그리고 목사님을 뵙고, "나는 교육사령부에 전입한 지 한 달이 조금 넘었고, 다음 주 토요일 교회 근처로 이사 오려고 계획 중이라고 소개했다." 그랬더니 "현재 자신은 목사가 아니고, 전도사(김황제)로 2년 전에 현 교회를 개척하여 목회하고 있으며, 올해 가을에 목사 안수를 받는다고 자기소개를 하셨다. 그리고 나는 전도사님에게 현재 나와 아내가 겪고 있는 신앙적인 문제를 다음과 같이 말씀드리면서 지도해 주실 것을 당부드렸다.

"저와 아내는 교회에 다닌 지, 대략 2~3년은 되었으나 초신자(初信者) 수준을 벗어나지 못한 연약한 믿음 상태입니다. 특히 아내의 경우는 최근에 평택에 있는 군인교회에 다니면서 방언 은사, 예언 은사, 신유 은사를 받았다고 하는데 믿음이 약한 초신자에게도 하나님께서는 이렇게 많은 은사를 주시는지 저는 이해가 안 됩니다. 그런데 제가 보기에 아내가 받은 그 은사를 감당하거나, 절제할 수 있는 능력이 전혀 없다는 것이 문제입니다. 하나님 말씀인지? 사탄이 지껄이는 말인지? 분별할 능력이 없는 상태에서 상대방에게 말을 전하고 다닌다는 겁니다. 그래서 평택 군인교회에서는 아내를 영적으로 지도해 줄 분이 없는 것으로 판단하고, 가능하면 빨리 이사해서 새로운 교회에서 목사님의 신앙지도를 받아야 하겠다고 결단했습니다. 마침 오늘 전세 계약을 마친 후에 마음이 끌리는 대로 이 교회로 왔습니다. 제가 보기에는 아내가 사탄에게 괴롭힘을 당하는 것 같습니다. 어찌하면 좋을까요? 아내를 위해 기도해 주시고 교회에 등록하면 지도 잘 부탁드리겠습니다."

나의 말을 다 듣고 나신 은평교회 김황제 전도사님(훗날 담임목사)께서 당시 나에게 이런 말씀을 해 주신 것으로 기억이 난다.

"하나님께서는 우리가 상상할 수도 없는 방법으로 역사하십니다. 지금 한 소령님의 아내에게 믿음이 약하여 감당할 수 없는데도 은사를 주신 것은, 믿음을 성장시키기 위한 연단의 과정이라고 봅니다. 저도 체험 신앙이니 걱정하지 마시고 우리 교회에 등록하세요. 이 연단의 과정을 잘 극복할 수 있도록 도와드리겠습니다."

나는 앞으로 신앙생활을 하게 될 은평교회 전도사님과 상담을 마치고, 사무실로 돌아와 아내에게 전셋집을 구했다고 전했다. 그리고 1987년 5월 초(?) 토요일에 이사할 계획이니 준비하라고 말했다. 그때 당시는 포장 이사가 없었던 시절이라 이사 날짜가 정해지면 사전에 P.X에서 박스를 확보하여 미리미리 직접 이삿짐을 포장해야 했다. 과거에 이사할 때는 내가 아내와 함께 이삿짐을 포장하였지만, 이번에는 내가 멀리 있기 때문에 도와줄 수가 없었고, 거의 아내 혼자서 준비해야 하니 안타까운 마음뿐이다.

나는 이삿날이 점점 다가오면서 아내에게 이사 준비 정도를 전화로 확인했다. 그때마다 아내의 대답은 이삿짐 혼자 싸기가 너무 힘들다는 답변이었다. 지금까지 이사를 여러 번 했지만, 그때마다 나와 함께 이삿짐을 꾸렸었다. 그러나 이번에는 내가 너무 멀리 떨어져 있으므로 도와줄 수가 없는 상황이었으니 충분히 이해하고도 남을 일이었다.

당신, 정신병원에 입원시킬 거야...!

나는 내일 이사를 위해 퇴근하면서 대한통운 화물회사에 전화하여 내일 아침 9시까지 이삿짐 차를 대기시키라고 부탁하고 평택으로 향하였다. 그리고 집에 도착해 보니 깜짝 놀라지 않을 수 없었다. 왜냐하면, 당시에는 포장 이사를 회사에 맡기는 시절이 아니고 직접 내 손으로 이삿짐을 꾸려야 하는 시절이었다. 따라서 하루 전날에는 거의 포장이 완료되어 포장된 물건을 한쪽으로 쌓아두기 때문에 집안이 어수선해야 할 텐데, 어수선하기는커녕 집안이 평소와 별로 다르지 않았으니 놀랄 수밖에 없었다. 즉 이사 준비를 하나도 해놓지 않은 것이다.

나는 기가 막혔다. 10일 전부터 이사할 테니 시간 되는대로 이삿짐을 포장하라고 부탁했고, 이삿날도 정해졌는데 이사 준비를 거의 하지 않았으니 말이다. 어디 그뿐인가? 아이들의 행색이나, 아내의 몰골이 말이 아니었다. 나는 아내에게 분노하며 묻지 않을 수가 없었다.

"내가 지난번 올라왔을 때, 이사 준비하라고 했는데 하지 않은 이유가 뭐야?"

"여보, 잘못했어요. 미안해! 우리가 이사 간다고 하니까 이ㅇㅇ 준위 (전도사)님 부인이 몇 사람을 데리고 와서 기도해달라고 부탁한 것 들어주다 보니 그렇게 됐어요. 그리고 당신한테 이사 날짜 통보받았는데, 하나님께서 3일간 금식까지 시키고, 성령님과 사탄이 양면으로 역사하면서, 내 귀에는 그날 이사하지 못한다고 들려와 정말 그런 줄 알았어요. 정말 미안해요. 잘못했어요."

"당신, 정말 귀신한테 완전히 씌었구나...! 대전으로 이사하면 제일 먼저 당신부터 정신병원에 입원시켜야겠다."

봉선생의 큰 소망, 민들레 꽃씨 되어

나는 그 날밤 밤새도록 이삿짐을 꾸리면서 아내에게 "정신병원에 입원시키겠다."라는 독설을 수없이 쏟아부은 것 같다. 대충대충 이삿짐을 포장하고 잠자리에 들었으나 잠은 오지 않고 이 상황을 어떻게 헤쳐 나가야 할지 정말 걱정이 태산 같았다. 예수님을 영접하여 구원받으려고 하나님을 찾았더니 사탄에게 농락당해 지쳐있는 아내가 불쌍한 생각이 들자 하염없는 눈물이 베갯잇을 적시기 시작했다.

아내를 "정말 정신병원에 보내야 하나? 이 방법밖에 없나?"하고 수없이 되뇌며 생각하는데 갑자기 "결자해지(結者解之)"라는 사자성어가 떠올랐다. 그리고 나는 이렇게 하나님께 간청했다.

『하나님…! 믿음의 기초도 없고 절제의 능력도 없는 아내에게 많은 은사(恩賜)를 주셨다면, 아내에게 절제하거나 감당할 수 있는 능력을 주시든지, 아니면 그 은사 거두어 가세요. 원인 제공은 하나님이 하셨으니까 책임지세요. 멀쩡한 사람도 정신병원에 입원 되면 정신병자가 된다고 합니다. 무서워서 아내 정신병원에 못 보내겠습니다. 아니 안 보낼 겁니다. 그러니 하나님께서 책임지고 낫게 해 주세요.』

나는 당시 교회를 그리 많이 다니지도 않았고, 믿음도 없었기에 체계적으로 기도할 줄도 몰랐다. 하나님 믿다가 아내가 저렇게 되었으니, 당신이 책임지라는 격이었다. 한편 생각해 보면 당시 어린애가 부모에게 생떼를 쓰고 있는 것과 무엇이 다를까?

이튿날 우리는 어떻게 이삿짐을 실었는지 모른다. 포장되지도 않은 물건, 주섬주섬, 대충대충 이렇게 이삿짐 실어본 경험도 처음이었다. 그렇게 나와 아내, 그리고 상재, 상진이를 데리고 사탄의 소굴이었던 평택

관사를 벗어났다. 이내 이삿짐을 실은 화물차가 고속도로에 올라설 즈음에 나는 흐르는 눈물을 훔치면서 아내의 등을 쓰다듬으며 이렇게 말했다.

"상재 엄마...! 힘들었지? 걱정하지 마, 내가 고쳐 줄게...!"

그리하여 우리는 1987년 5월 초 평택에서 대전으로 이사를 했고, 이사 다음 날 주일 예배를 집 앞에 있는 은평교회에서 예배를 드렸다. 나와 아내는 예배를 마치고 성도님들과 인사를 하는 과정에서 전셋집을 소개해 주었던 정응규 부동산 사장님을 만났고, 이 교회의 장로님이라는 것을 알고 깜짝 놀라지 않을 수 없었다. 이것이 우연일까? 얼마 전 평택에서 내려올 때 고속버스 안에서 집 근처에 믿을 수 있는 교회를 정해 달라는 나의 기도를 들으시고 응답하셨고, 하나님께서 우리들의 신앙생활을 잘 적응할 수 있도록 예비하신 일이라고 생각한다.

그 후 나와 아내는 은평교회에 다니면서 김황제 목사님의 인도, 그리고 정응규 장로님과 임갑순 안수집사님의 관심과 배려로 가족과 같은 분위기 속에 열심히 교회에 다니면서 신앙생활을 하였다. 그러나 내가 열심히 교회를 다녔다는 것은, 나의 믿음이 성장하는 것보다는 아내를 감시하면서 그리고 아내와 같은 전철을 밟지 않으려고 하나님과의 관계를 적당히 거리를 두고 교회에 다녔다는 것이 어찌 보면 정확한 표현일 것이다.

1982년 부평에서 살 때 아내가 처음으로 교회에 다니기 시작해서 지금까지 5년 동안 아내는 나의 반대에도 불구하고 열심히 교회에 다녔다. 하지만 열심히 교회를 다니는 아내가 은사를 받기 시작하면서부터 사탄

봉선생의 큰 소망, 민들레 꽃씨 되어

의 훼방으로 정신적으로 지쳐있는 아내를 지켜보면서 나는 스스로 교회에 깊이 빠지게 되면(하나님께 더 가까이 다가서면), 아내처럼 될 수 있겠다는 생각이 들면서 두려움이 생기기 시작했다. 즉 이미 내 마음속에는 종교에 너무 깊이 들어가면 안 된다는 일종의 "마음의 장벽(障壁)"을 쌓아가기 시작했다. 이를테면 적당한 거리를 두고 밀고 당기는 식의 신앙생활이었음을 고백한다. 그랬기 때문에 세상과 하나님 나라에 한쪽 발씩 디뎌놓는 신앙생활에 나의 믿음이 성장하지 않았던 것은 어찌 생각하면 당연한 일이었다.

아무튼, 우리가 대전으로 이사를 와서 은평교회에 등록하고 교회를 다니고 난 이후부터 서서히 우리의 신앙생활은 나름대로 정상을 되찾아가고 있었다. 더구나 눈에 띄게 변화한 것은, 아내의 정신적 건강 상태가 회복되기 시작했다. 내가 하나님께 "절제의 능력도 없는 아내에게 은사(恩賜)를 주셨으니 아내에게 절제할 수 있는 능력을 주시든지 아니면, 그 은사를 모두 거두어 가세요"라고 기도했던 때문이었는지는 모르겠으나, 그 후 방언 은사를 제외한 예언과 신유 은사를 모두 거두어 갔다.

나는 가끔 평택에서 신앙생활을 했던 기억, 그리고 대전으로 이사를 오는 과정에서 일어났던 사탄과 성령의 양면 역사로 인하여 아내가 정신적으로 힘들어했던 모습을 떠올리며, 절제(節制)가 얼마나 중요한가를 알게 되었다. 그때 당시에는 나 자신도 절제(節制)라는 뜻을 사전적 의미인 "하고 싶은 말과 행동을 함부로 하지 않고, 스스로 통제(Mind Control) 할 수 있는 능력"이라고 만 알고 있었다. 그런데 요즘 내가 주님을 영접하고 성경 말씀을 자주 읽고 대하면서 장로가 된 지금은 "절제(節制)"라는 단어를 이렇게 생각해 본다.

갈라디아서 5장 22절을 보면 "오직 성령의 열매는 사랑과 희락과 화평과 오래 참음과 자비와 양선과 충성과 온유와 절제니 이 같은 것을 금지할 법이 없느니라."라고 말씀하고 있다. 성령의 열매 9가지 중에서 절제의 열매를 마지막으로 열거한 이유가 무엇일까? 그것은 절제가 다른 열매를 완성하는 마지막 열매로 그 중요성을 강조한 것이 아닐까 생각한다.

언젠가 나는 유투브에서 어느 목사님이 "절제(節制)"를 이렇게 설명하시는 것을 듣고 은혜를 받았다.

『절제는 다른 열매들을 담는 바구니와 같다. 다른 열매가 꽃이라면 절제는 그 꽃들을 받치고 있는 받침대라고 할 수 있다. 아무리 많은 성령의 열매가 맺혀도 담을 그릇이 없으면 무용지물이다. 그러므로 절제가 없다면 모든 열매가 쏟아질 수밖에 없다. 그래서 어쩌면 우리 인간의 힘으로 하기가 가장 어려운 것이 절제가 아닌가 싶다. 그러므로 절제는 반드시 성령의 도우심을 받아야만 가능하다.』

오늘날 우리의 삶은 우리에게 너무나도 많은 것들을 절제하도록 요구하고 있다. 절제하지 못해서 우리는 건강을 잃고, 절제하지 못해서 오해를 받고, 절제하지 못해서 죄를 범하고, 절제하지 못해서 인생을 망가뜨리는 경우가 허다함을 본다. 절제의 열매가 풍성하지 못하면 금방 마귀가 틈을 타 시험 들게 만든다. 절제하지 못하여 사탄에게 조롱당했던 내 아내가 그랬듯 말이다.

특히 말의 절제는 더욱 중요하다. 불필요한 말을 많이 하다 보면 인격에 흠이 잡힌다. 해외 자원봉사의 선구자인 탤런트 김혜자씨가 쓴 "꽃으로도 때리지 마라"는 라는 책이 있다. 상처는 좋은 말로도 건드리지 말라는 것이다. 따라서 남에게 아픔을 주고 상처를 내는 말은 철저히 절제되어야 한다. 우리가 숨을 쉬는 것을 제외하고 가장 많이 하는 것이 말하는 것이다. 따라서 신앙인은 "하고 싶은 말과 행동을 함부로 하지 않고, 스스로 통제(Mind Control)할 수 있는 능력"을 갖춘 성도가 성숙한 그리스도인이라고 생각한다.

42

경제적 빈곤貧困과
영적 미아靈的迷兒

나는 교육사령부 방공계획단이 해체되면서 1989년 1월 ○○에 있는 방공포병학교로 전입하였고, 군인 아파트로 이사도 완료했다. 그리고 진중 교회인 성군교회(군종목사 김한석 대위, 성결교단)에 등록하여 신앙생활을 시작하였다. 이때 상재(12세)는 초등학교 5학년, 상진(9세)이는 초등학교 2학년이었다.

경제적 빈곤(貧困)

이때는 경제적으로 매우 어려운 데다 신앙의 기본도 다듬어지지 않아 십일조 하기도 어려운 형편이었다. 그것은 대전에서 근무할 때 그동안 저축하여 모아둔 ○백만 원을 주식에 투자하여 실패했고, 지인에게 빌려준 ○백만 원을 돌려받지 못한 것이 화근이었다. 그래서 우리 상재와 상진이를 학원 보내는 것은 감히 꿈도 꾸어보지 못하였고, 신발 한 켤레, 옷 한 벌도 사주기도 어려웠던 시절이었다.

내가 육군 소위로 임관하여 받은 1973년 8월 첫 월급봉투(왼쪽), 그리고 1993년 8월 전역하면서 마지막으로 받은 군인 월급봉투(오른쪽)를 비교해 보니 감회가 새롭다.

그래서 그랬나? 집안에서 살림만 하던 아내가 한 푼이라도 벌어보겠다고, 처음으로 대형 캐리어 가방을 끌고 타파웨어 방문판매를 하는 아내를 바라보는 나의 마음이 천근만근 무거워짐을 느낀 적이 한두 번이 아니었다. 더구나 나는 대학교와 대학원을 다니고 있었으니, 어려운 가운데도 학비를 마련해 준 아내에게는 고마웠지만, 가장으로서 아이들에게 투자하지 못한 죄책감에 마음이 아리다.

내 나이 40대 중반이 되고, 20년이 넘도록 군 생활을 했어도, 아직도 내 집이 없다는 자괴감(自壞感)이 들 때도 한두 번이 아니었다. 그래서 어려운 형편에도 불구하고 1990년 당시 군인공제회에서 분양하는 25평 아파트를 신청하여 당첨되었는데(대전시 서구 탄방동, 한신공영), 당첨된 기쁨보다는 중도금 부어나가는 버거움에 힘들었던 시절이었다. 그리고 1993년 전역을 앞두고 직장이 결정되어 서울로 이사를 해야 하는데 전셋집 구할 돈이 없었다. 다행히 문정동 셋째 형님께서 알선하여 대출받은 3,000만 원으로 송파구 문정동 주공 아파트로 겨우 이사를 마쳤던 기억이 엊그제 같다.

제4장 나의 신앙 이야기

영적 미아(靈的迷兒)

내가 평택에서 근무할 때 아내가 성령체험을 하면서 방언, 신유, 예언의 은사를 받았다고 간증했다. 그 후 아내가 성령과 사탄의 역사를 분별하는 능력이 없었기 때문에 당하는 정신적인 혼란 상태를 목격하면서 나는 큰 충격을 받았다. 이럴 때 아내를 영적인 지도를 해 줄 수 있는 멘토가 담임목사님의 역할이라고 생각한다. 그런데 아쉽게도 평택에서의 군인교회는 고정적으로 상근하여 시무하시는 군종 목사가 없었다. 그래서 주일에는 방공포병 사령부의 군종 목사가 본 교회의 예배를 마치고 오시거나, 아니면 전도사님(앞에서 언급했던 이ㅇㅇ 준위, 장로) 주관으로 예배를 드리는 형식이었다.

스스로 쌓는 마음의 장벽(障壁)

당시 나는 영적 멘토의 부재는 신앙 성장에 한계를 초래한다는 것을 절실히 깨달았다. 아내가 성령체험을 하면서 성령과 사탄의 양면 역사를 분별하는 능력이 없었을 때 영적 멘토가 있어서 이끌어 주고 지도해 주었더라면, 나와 아내의 믿음은 조금 더 빨리, 한 단계 더 성숙해졌으리라고 생각한다. 그러나 아쉽게도 우리의 곁에는 영적 멘토가 없었다.

앞에서 언급했듯이 지난 5년 동안 나의 반대에도 불구하고 아내는 열심히 교회에 다녔다. 하지만 열심히 교회를 다니는 아내가 성령체험과 은사를 받은 후, 사탄의 훼방과 장난으로 정신적으로 지쳐있는 아내를 지켜보면서 나는 스스로 교회에 깊이 빠지게 되면 아내처럼 될 수 있겠다는 생각이 들기 시작했다. 그래서 나는 하나님에게 가까이 다가가지 않으려는 "마음의 장벽(障壁)"을 쌓아가며, 나 자신과 가정을 지키기 위해 적당한 거리를 두고 밀고 당기는 식의 신앙생활이었음을 고백한다. 만약

봉선생의 큰 소망, 민들레 꽃씨 되어

당시 나의 신앙생활이 믿음의 반석 위에 견고하게 세워졌다면 그러지 않았을 것이다.

대전으로 이사를 온 후, 나와 아내는 2년 동안 은평교회(김황제 담임목사)에 다니면서 공적 예배뿐만 아니라, 성도님들과 교제하며 열심히 신앙생활을 했으나 나의 믿음은 그리 성장하지는 못했다. 왜냐면 내 마음에는 이미 스스로 쌓아 놓고 거부하는 "마음의 장벽"이 말씀을 밀어내고, 감사함과 찬양을 밀어내고, 교제하려고 가까이 다가오는 성도를 밀어냈기 때문이었다. 그러니 하나님과의 소통이 단절될 수밖에 없고, 세상 속에서 길을 잃고 헤매는 영적 미아(靈的迷兒)가 되어가고 있는데도, 정작 나 자신은 세상에 도취(陶醉)되어 가고 있기에 그것을 모르고 있다는 것이다.

다듬어지지 않은 신앙

대구에서의 신앙생활을 더듬어 보면 아내는 체험 신앙이다 보니 갈급한 심정으로 하나님을 찾고 기도하는 생활을 했다. 내 눈에도 아내의 그러한 모습이 진정으로 느껴졌다. 우리가 어떤 이유로 주일을 지키지 않으면, 그다음에는 꼭 좋지 않은 징크스가 생겼다. 예를 들면 아내가 한 번도 흘려 보지 않았던 코피를 지혈할 수 없을 정도로 쏟거나, 밤새도록 며칠 동안 사탄에 시달리고, 상재가 고열에 시달리며 코피를 쏟고, 결석하고 학교에 가지 못한 일들이다. 한 번은 상진이가 침핀 바늘로 과녁판 맞추는 놀이를 하다 침핀 바늘이 목구멍으로 넘어가 수술로 꺼낸 아찔한 일도 있었다. 그러니 어찌 주일에 교회에 아니 갈 수가 있을까?

아내는 수유리 큰형수님을 무척 무서워했다. 그 이유는 교회 다니신 분들을 무척 싫어하셨기 때문이다. 큰형수님께서는 막내 시동생인 나에게 내색은 하지 않으셨지만, 교회 다니는 막내 동서를 그리 좋아하지는 않았을 것이다. 그 이유는 과거에 믿었던 교인에게 사기당한 일로 인하여 마음고생을 많이 하신 경험이 있기 때문이라는 것을 알았다. 그래서 교회 다닌다는 사람을 보면 도시락 싸 들고 다니면서 말리고 싶다는 말을 아내에게 자주 했다고 한다. 그 이야기는 교회에 다니지 말라는 무언의 암시가 아니었을까? 생각되면서 아내의 위신(威信)을 세워주기 위해서는 나의 결단이 중요함을 깨달았다. 그리고 아내가 큰형수님으로부터 교회 다니는 문제로 자유로워지려면, 어떠한 계기를 마련해야 하겠다고 나는 생각했다.

큰형님 내외분이 고향에서 어머님을 모시고 서울로 올라오셔서 수유리에서 사시던 때가 있었다. 그 당시 나는 대구에서 근무할 때였는데, 모처럼 명절이 끼어있는 주말에 시간을 내어 어머니와 형님들에게도 인사드릴 겸 서울로 가자고 했더니 주일 지키기가 어렵다고 가지 않으려고 하기에, 나는 서울에 가서 주일에 교회에 같이 가자고 설득하여 서울로 올라왔다. 그리고 주일 아침에 일찍이 차례를 마치고 주방에서 설거지하는 아내를 향하여 큰 소리로 말했다.

"상재 엄마...! 교회 갈 시간 되었어요. 빨리 준비해요...!"

나는 평소보다도 조금 더 큰 소리로 모두 알아듣도록 말했다. 이는 교회 다니는 나와 아내를 향하여 간섭하지 말라는 무언의 암시였다. 나도 지금까지는 명절과 제사 때, 하나님께 죄송하다고 생각하면서 절을 하였던 것이 사실이었다. 그러나 이때를 계기로 나는 명절과 제사에 참여는 하되 절을 하지 않았다. 그 이후로 나와 아내는 형님들과 형수님들로부터 교회 다니는 것에 대해 자유로워질 수 있었음을 고백한다.

이스라엘 선지자 엘리사가 "문둥병에 걸린 '나아만' 장군을 향하여 요단강에 가서 일곱 번을 씻으라 하여 그대로 행하였더니 완전히 나았다."라는 이야기를 웬만한 기독교인이라면 모를 리가 없을 것이다. 나는 얼마 전 '엘리사와 나아만 장군'에 대한 성경 말씀을 아래와 같이 묵상하면서 나를 돌아본 적이 있다.

2023. 3. 10(금) Q.T - 열왕기하 5:15~19

- 주제: 평안히 가라
- 오늘의 말씀: 엘리사가 이르되 너는 평안히 가라 하니라 그가 엘리사를 떠나 조금 가니라 (왕하 5:19)
- 묵상: 오늘 말씀에서 나병에 걸린 나아만 장군은 엘리사의 말을 듣고 요단강에서 몸을 씻은 후, 자신의 나병이 낫자 엘리사를 찾아와 하나님이 유일신임을 고백하며 감사의 표시로 자신이 가져온 예물을 받기를 간청하나 엘리사는 거절했다 (15~16절). 그래서 '나아만' 장군이 엘리사에게 "이제부터는 하나님 외에는 다른 신을 믿지 않겠다."라고 고백하며 두 가지 청을 한다. 하나는 이스라엘 흙을 가져가 거기에 유일신이신 하나님에게 번제와 희생을 드리겠다는 것 (17절), 그리고 또 한 가지는 내가 모시는 왕이 림몬(우상)의 신을 섬길 때 꼭 나를 데리고 가는데, 그때 자신이 절을 해야 하니 그것을 용서해 달라 (18절)는 것이다. 그러자 엘리사는 그에게 "평안히 가라 (19절)"는 말씀이 오늘 본문 내용이다.

  오늘 묵상하며 '평안히 가라 (19절)'는 말이 나에게 주는 메시지는 무엇일까? 곰곰이 생각해 본다. 엘리사가 '평안히 가라'고 한 것은 "그렇게 하는 것(우상에게 절하는 것)이 네 마음이 편하다면 그렇게 하라."라는 뜻이다. 즉 나아만 당신은 우상에게 절을 할 정도의 신앙밖에 되지 않을 테니까 지금은 그렇게 하지만, 앞으로 믿음이 성장하여 그 이상도 감당할 정도가 되면 또 그 정도로 하라는 것이다.

  나아만 장군이 엘리사에게 두 가지를 요청하는 말씀을 묵상할 때 과거 나의 모습이 떠오른다. 첫째, 내가 1983년에 오직 하나님만 믿겠다고 주님을 영접하면서 세례를 받았다(17절과 유사). 둘째, 주님을 영접하고 세례를 받았는데도 불구하고 나는 제사를 지낼 때, 절을 하면서 마음속으로 이렇게 기도했다.

"하나님 제 마음 아시죠? 하나님을 믿습니다. 하지만 어쩔 수 없네요. 집안 분위기가 이러니 절을 안 할 수가 없습니다. 저를 용서해 주세요(18절과 유사)." 믿음이 없었던 지난날 내 모습이 꼭 당시의 나아만 장군의 모습과 닮은꼴 같다.

- 결단과 적용: 오늘 나는 어떠한가? 지금처럼 나와 우리 가족이 우상에게 절하지 않음은 물론, 가정예배가 끊어지지 않을 것을 결단한다.
- 오늘의 기도: 하나님 아버지! 하나님께서 받아야 할 영광을 내가 가로채지는 않았는지? 나를 돌아보고 회개하게 하옵소서. 하나님을 향한 나의 마음이 변하지 않게 하옵소서. 앞으로 믿음이 자라면 자란 만큼 더 하나님께 영광 돌리게 하옵소서. 예수님 이름으로 기도합니다. 아멘!

나는 1989년 1월 방공포병학교로 전입한 후, 1993년 8월 말에 전역할 때까지 신앙생활을 돌아보면 한마디로 "영적(靈的)으로 미아(迷兒)"가 아니었던가 싶다. 나 스스로 일어설 수도, 걸을 수도 없이 누워있을 수밖에 없는 중풍 환자처럼 말이다. 어디 그것뿐인가? 내 눈의 들보는 보지 못하고, 상대방 눈의 티를 나무라는 외식한 자이고, 나에게는 감사할 조건들이 너무 많은데도 감사할 줄 모르고 원망이 가득한 나였음을 깨닫게 되었다.

나는 방공포병학교에서 근무할 당시 골프를 배우기 시작한 적이 있었다. 그렇게 좋아하던 테니스 라켓을 놓고 골프 연습장을 찾기 시작한 것이다. 내가 일반 사회의 오너가 아닌 이상 군인이 평일에 필드에 나아가 라운딩하기는 불가능하고, 오직 주일에만 가능한데 주일 부킹(Booking)은 하늘의 별 따기만큼이나 어렵다. 모처럼 주일날 부킹이 성사되면 예배를 드리지 못하거나, 설령 예배 시간을 피하여 부킹이 되었다 할지라도 온

전한 예배를 드릴 수가 없었다. 왜냐면 예배 시간에 티업(Tee Up)[8] 시간을 맞추기 위해 초조하게 시계만 바라보자니 목사님의 설교 말씀에 집중하지 못하였고, 때로는 목사님의 축도가 끝나자마자 골프장으로 달려가기가 일쑤였다.

믿음은 설교 말씀을 듣거나, 성경 말씀을 읽고 은혜를 받으면서 성장하기도 하지만, 친교와 교제를 통하여서도 성장한다. 그런데 나는 골프 때문에 온전한 예배도, 친교도 하지 않았으니 어떻게 믿음이 성장할 수 있을까? 군에서 전역 후에도 군인공제회에서 운용하는 골프장(체력단련장)을 이용할 수 있는 자격이 나에게도 있다. 하지만 동기생들의 권유를 뿌리치고 전역 후 골프장 출입을 끊었지만, 당시 나의 육신은 교회에 가 있을지라도 영혼은 다른 곳에 있었음을 고백한다.

나의 영혼이 미아(迷兒)가 되어 헤매는 이유는 앞에서 언급하였듯이 아직도 나는 내 안에 벽돌 담과 같은 마음의 장벽을 무너뜨리지 못하고 있었기 때문이었다. 하나님 앞에 가까이 다가서려는 마음이 일고, 예배의 자리에 나가려고 할 때마다, 평택에서 사탄에게 시달림을 받았던 기억들이 되살아났다. 그러고는 "더 가까이 가지 마…! 더 깊이 빠지면 헤어 나오지 못해…! 그러니 가지 마!" 나의 영혼은 사탄의 종이 되어 미로(迷路)를 헤매면서 스스로 거부(拒否)하고 있었다. 여기에 경제적 빈곤으로 십일조 하는 것도, 부담스러웠던 연약하고 다듬어지지 않은 믿음이었음을 다시 한번 고백한다.

---

8 티업(Tee Up): 골프장(Field)에 도착하여 티 그라운드에서 제1타를 치기 위하여 공을 티(Tee)에 올려놓는 것을 말한다. 만약 이 티업시간을 지키지 못하면 함께 편성된 팀(4명)은 출발하지 못하고 대기하고 있는 다음 팀에게 넘겨줄 수밖에 없다. 나 하나 때문에, 동료에게 피해를 주면 안 되므로 기를 쓰고 티업 시간을 맞추려는 이유이다.

43

한 집사님!
구원받으셨습니까?

나는 1993년 8월 31일 22년의 군 생활을 청산하고 전역하였다. 그런데 다행히도 전역하기 전 1993년 5월 중순에 ㈜동아전기부품 회사에 취업이 되었다. 그리고 서울 송파구 문정동 주공 아파트로 이사하였다가 3년 후, 현재 거주하고 있는 도봉구 창동 동아아파트를 구매하여 1996년 8월에 이사를 마쳤다. 그 후 나는 우리 가족들이 섬겨야 할 교회를 선정하기 위해 한 달 동안 주일마다 근처 교회에 다니면서 설교 말씀을 들어보았지만, 마음에 와닿지 않았다. 그러다가 강북중앙교회 최건석 담임 목사님(현재 원로목사)의 설교 말씀에 은혜받고 등록하여 현재까지 27년 동안 본 교회를 섬기고 있다.

구원의 확신이 없었던 나의 믿음

내가 1996년 8월 도봉구 창동 동아아파트로 이사를 온 지 두어 달쯤 지났을까? 담임 목사님께서 사모님과 전도사님, 그리고 몇 분의 성도님과 함께 우리 집을 방문하셔서 심방 예배를 드린 적이 있었다. 이때 말씀을 전하시던 담임 목사님께서 저에게 이렇게 질문하셨다.

"한 집사님! 구원받으셨습니까?"
"네...? 글쎄요...! 제가 아직 부족해서!?"

나는 갑작스러운 목사님의 질문에 당황도 했지만, 사실 나는 그때까지만 해도 구원의 확신도 없었던 것이 사실이었다. 그래서 "글쎄요...!"라는 나의 답변에는 어쩌면 "부족한 제가 어찌 구원받았겠습니까?"라는 겸손의 의미가 내포(內包)된 답변이었다고 할 수 있다. 지금 생각하면 "네...! 구원받았습니다."라고 자신 있게 답변하지 못한 나 자신이 부끄러웠다.

담임 목사님께서 가끔 설교 말씀을 전하실 때 '구원(救援)'을 이렇게 비유하시며 설명하셨던 기억을 더듬어 본다.

『만약 당신이 태평양 바다 한가운데, 즉 망망대해(茫茫大海)에 난파선의 널판 조각 하나에만 의지하고 표류하고 있다고 가정해 보라. 사방을 둘러보아도 나를 물에서 건져 내 줄 그 무엇 하나도 보이지 않는다. 내가 붙잡고 있는 널판 조각도 언제 거센 파도에 휩쓸려 놓치고 말지도 모른다. 나는 살려달라고 외쳐 보지만 주변에는 아무도 나를 구해 줄 사람이 없다. 점점 내가 힘이 빠지고 체온이 떨어져 갈 즈음 갑자기 헬기가 나타나 밧줄이 내려온다. 내가 살기 위해서는 이 밧줄을 꽉 붙잡아야만 한다. 놓치면 죽는다. 이 밧줄이 '구원(救援)의 손'이다.
영적으로 살펴보면, 태평양 바다와 같은 망망대해(茫茫大海)는 우리가 살아가고 있는 이 세상이요, 헬기는 하나님이고, 밧줄은 예수님이시다. 이 세상의 모든 사람은 하나님 앞에서 죄인이다. 죄인은 영원히 죽을 수밖에 없다. 그런데 죽지 아니하고 영원히 살 수 있는 길이 하나 있다. 그 길은 하나님께서 죄 많은 우리를 사랑하셔서 죄(죽음)에서 구원하시려고 독생자 예수 그리스도를 이 땅에 보내셨고, 그분이 우리의 죄를 짊어지고 나 대신 십자가에서 돌아가셨다는 사실을 인정하고, 예수님을 영접하고 믿으면 구원(救援)을 받아 천국에서 영원히 사는 것이다.』

앞에서 언급하였지만 나는 1983년에 수도군단에서 근무할 때, 군종목사님(문만필 중령)으로부터 세례를 받았다. 그때 이미 나는 구원을 받았는데도 불구하고, 연약하고 부족한 믿음으로 구원의 확신이 없었기 때문에 "한 집사님! 구원받으셨습니까?"라는 담임 목사님의 질문에 "글쎄요?"라고 답변한 것이다.

요한복음 13장 말씀을 보면 예수님께서 유월절 만찬 석상에서 제자들의 발을 씻기는 장면이 나온다. 이때 예수님께서 베드로의 발을 씻겨주려고 하니까 "베드로가 주여, 내 발뿐만 아니라 손과 머리도 씻어주옵소서. 이에 예수님께서 말씀하시기를 이미 목욕한 자는 발밖에 씻을 필요가 없느니라 온몸이 깨끗하니라. 너희가 깨끗하나 다는 아니니라(요 13:9-10)"라고 하셨다.

위의 말씀을 나는 이렇게 이해했다. '목욕'은 '거듭남(구원, 의인-義人)'을 의미하고, '발을 씻으라'는 것은 '죄를 씻으라'는 의미이다. 아무리 거듭나서 구원받고 의인(義人)이 된 사람도 세상을 살아가면서 항상 죄를 짓기 마련이다. 우리가 목욕탕에서 온몸을 씻고 나오는 순간 발은 더러워지기 시작한 것처럼 말이다. 그래서 우리는 발이 더러워지면 늘 깨끗이 씻는 것처럼, 하나님 앞에 기도하면서 우리의 죄를 고하고 또 발을 씻고, 또 죄를

고하고 발을 씻고 이렇게 살아야 한다는 말씀이다.

그래서 예수님께서는 베드로에게 "너는 이미 목욕(거듭남, 구원, 의인)을 했으니까 너는 목욕을 또 하려고 할 것 없다. 머리도 씻고, 손도 씻고(요 13:9)하면, 그게 목욕이다. 그런데 너는 목욕해서 몸은 이미 깨끗하니까 발만(매일 짓는 죄) 씻으면 된다. 여기에 있는 너희들은 다 목욕을 해서 깨끗하나, 이 중에 한 사람(가룟 유다)은 목욕을 안 했다(요 13:10).

인류 역사 이래 아담이 범죄 했기 때문에 모든 사람이 죄인 되었던 것처럼, 예수님 한 사람의 순종으로 말미암아 모든 사람이 의인(義人)이 되었다. 즉 우리가 범죄하여 영원히 죽을 수밖에 없는 죄인 된 우리 때문에 자신을 십자가에 내어주시고 우리를 구원하여 주시기 위하여 돌아가신 예수 그리스도이시다. 인간은 스스로 선한 행위나 공적에 의해서가 아니라 "오직 그리스도를 믿음으로만 하나님 앞에서 의롭다"함을 얻을 수 있는 것이다.

『모든 사람이 죄(罪)를 범(犯)하였으매 하나님의 영광(榮光)에 이르지 못하더니 그리스도 예수 안에 있는 구속(救贖)으로 말미암아 하나님의 은혜(恩惠)로 값없이 의(義)롭다 하심을 얻은 자(者) 되었느니라(롬 3:23~24)』

하나님의 자녀인 우리는 예수님을 믿음으로 이미 "의(義)롭다 함을 얻은 자(이신득의-以信得義)"[9]들이다. 그래서 우리에게 "침례(浸禮) 또는 세례(洗禮) 예

---

9 이신득의(以信得義): '오직 믿음으로 의롭다 하심을 얻는다'는 뜻으로, 믿음을 통해 '의인

식(禮式)을 행하는 것은 "새로운 사람으로 거듭나 구원을 받고 의인이 되었음을 선포"하는 중요한 행사이다. 즉 우리가 예수 그리스도를 구주로 믿고 영접하면서 침례(세례)식을 행함은 죄로 더러워진 나의 몸을 깨끗이 목욕하고 거룩한 몸으로 다시 태어나는 것이다. 목욕하고 거룩한 몸(성도-聖徒)이 되었으면 확실하게 구원받은 것이다. 그러므로 예수 그리스도를 한번 믿으면 구원받은 것이지, 중간에 잃어버렸다가 도로 찾았다가, 잃어버린 물건 되찾듯이 하는 그런 존재가 아니라는 것이다.

지난날 우리 가정 심방 예배 당시 담임 목사님께서 "한 집사님! 구원 받으셨습니까?"라고 질문하신 답변에 나의 믿음이 부족하고 구원의 확신이 없어 머뭇거렸던 때가 바로 27년 전의 일이었다.

이제는 하나님을 의지할 때가 되었는데...!

나는 1983년 수도군단에서 근무할 때 세례를 받은 이후 사탄의 역사를 수없이 겪으면서 무릎을 꿇기도 하였지만, 하나님의 은혜로 다시 일어서며 하나님 앞에 바로 서겠다고 다짐도 하였다. 그리고 나는 1993년도 전역 후 2004년까지 ㈜동아전기부품 회사에서 11년간을 근무하면서 육체적으로나 정신적으로 아주 힘들었던 시절이 있었다. 앞에서 언급하였듯이 나는 1993년 5월 처음으로 회사에 입사했을 당시 기획실장(부장)이라는 직책을 부여받았다. 그런데 그 막중한 기획실장이라는 직책을 수

의 신분을 얻는다'는 뜻이다. 또한 이신칭의(以信稱義)-하나님을 믿는 우리를 하나님이 의롭다고 불러 주신다(롬 3:21~28). 이신득구(以信得救)-오직 믿음으로 구원을 얻는다. 이 모두가 같은 의미로 해석할 수 있다. 즉 그러므로 인간이 의롭게 될 수 있는 것은 오직 예수 그리스도를 믿는 믿음에 의해서이다.

행한다는 것이, 적지 않은 부담이 되었음은 두말할 필요가 없었다. 이를 테면 제조업체의 생산공정과 물류 시스템에 관한 지식이 전무(全無)한 나로서는 어디서부터 업무를 파악하고 접근해야 할지 앞이 보이지 않은 것이다.

여기에다 설상가상으로 낙하산 인사로 입사하여 기획실장이라는 주요 직책을 맡았다는 따가운 시선을 외면할 수도 없는 이중고(二重苦)를 맞게 된 것이다. 이미 예상한 일이기는 하지만, 그 정신적 압박의 강도가 상상외로 크다는 것을 곧바로 느끼게 되었다. 생산, 제조 시스템에 관한 지식의 전무(全無), 그리고 낙하산이라는 장애물을 어떻게 돌파하고 나아갈 것인가?

이러할 때 하나님과 나와의 관계가 바르게 정립된 신앙인으로 성장하였더라면 매사에 하나님을 의지하면서 나의 앞길을 인도해 달라고 간구(懇求)하며 기도했을 것이다. 주님을 영접하고 하나님을 믿겠다고 다짐한 지, 10년이 넘었다면 "이제는 하나님을 의지할 때가 되었는데....!" 아직도 세상을 의지하고, 내 능력으로 장애물을 넘으려고 했으니 그 삶의 무게가 얼마나 무거웠을까? 장로가 된 지금에 와서 지난날들을 돌아보니 참 안타까운 세월이었음을 고백한다.

44

이제는 당신의 마음을
찢을 때입니다

내가 2004년 8월 ㈜동아전기부품 회사에서 퇴사할 당시 1년 정도는 푹 쉬면서, 마음에 여유를 갖고 나만의 시간을 갖기로 했었다. 아마 그때가 나에게는 가장 시간적인 여유가 많지 않았었나 생각된다. 자주 산행하고 5박 6일간의 여행을 다녀오기도 했다. 그런데 어느 때부터인지는 모르겠으나 시간이 흐르면 흐를수록, 날이 가면 갈수록 가슴에 통증을 동반한 정신적인 불안한 상태가 시작된 것이다. 병원 진단에도 특별한 소견이 없었다. 이 모두가 직장을 그만둔 이후, 변경된 생활의 패턴에서 오는 스트레스의 현상인 것 같았다.

20대 초반에 푸른 제복을 입고 직업군인이 되어, 50대 중반을 바라본 지금까지 뒤돌아볼 틈 없이 앞만 보고 달려왔다. 1년 동안 미련 없이 쉬어 보겠다던 나의 마음이 6개월이 넘어서자 흔들리기 시작하면서 불안이 엄습해 왔다. 얼마 전까지만 해도 혼자서 운동하고 산행도 하였으나, 이제는 그마저도 싫어졌다. 아내는 당시 마을버스를 운전하고 있었는데, 아내가 출근하고 나면 말할 수 없는 외로움에 거실과 안방을 오가며 서

성거렸고, 가슴에 통증을 동반한 한숨이 잦아졌다. 이른바 정신적 스트레스, 그리고 우울증이 시작된 것 같았다.

솔직히 말하면 이때까지 만해도 나의 신앙적인 측면에서는 구원의 확신은 있었으나, 어린아이와 같은 기초적인 신앙의 수준에서 벗어나지 못하고 있었던 것이 사실이었다. 그래서 아내는 내가 1년 동안 쉬고 있는 한가한 지금 이때, 더욱더 하나님께 가까이 나아가 엎드리기를 바라면서 자주 권면하였지만, 나의 마음 문은 굳게 닫혀있었다. 물론 내가 믿음이 있고, 깊은 신앙이었다면 하나님 앞에 나아가 무릎 꿇고 기도하면서 내가 처해 있는 상황을 고백하며 호소하였을 것이다. 하지만 그러한 믿음이 아니었기에 세상적인 관점에서 모든 것을 풀어가려고 한 것이다.

아내의 비망록(備忘錄)

2005년 3월경 아내가 나를 바라보았을 때, 하나님을 믿는 사람이 믿지 않은 세상 사람과 별반 다르지 않아 보였기에, 나의 삶이 신앙인으로 변화되기를 거듭 권면하였으나 나는 요지부동(搖之不動)이었던 것으로 보였다고 한다. 이때 아내는 어떻게 하면 나를 변화시킬 수 있을까? 고민하면서 사나흘 동안 견디기 어려울 정도로 온몸이 육체적, 정신적으로 지쳐있었다. 그러던 어느 날 아내는 한숨이 늘어나고 초조와 불안해하는 나에게 같이 기도하자고 했는데 나는 이를 거부했다. 나는 그때까지만 해도 통성기도는 한 번도 해 보지를 않았다. 마음속으로 묵상기도만 했을 뿐이다. 그것도 급할 때 만 말이다. 다시 말하면 식사 기도 이외는 기도의 생활을 전혀 하지 않았음을 솔직히 고백한다.

당시 아내의 말에 의하면 "아내는 2005년 3월 10일 새벽 기도 때 강력한 성령님의 역사하심을 느꼈고, 새벽 기도를 마치고 돌아와서 나를 향한 성령님의 메시지를 A4 용지에 순식간에 작성하였다. 만약 내가 하나님의 1차 경고에도 변화되지 않은 삶을 살아간다면 다음에는 더 큰 시련이 있을 것이라는 성령님의 암시를 받았다. 그래서 이튿날은 아내가 쉬는 날이어서 금식하기로 마음먹고, 새벽 기도가 끝나고 집으로 돌아와 어제 작성한 3장의 메시지와 그동안 10여 년 동안 써왔던 비망록을 내 머리맡에 두고, 내가 변화하지 않으면 어떻게 해야 하나? 하는 두려운 마음으로 천보산 기도원으로 출발했다"라고 한다.

아내가 10여 년 동안 써왔던 비망록의 일부

내가 아침에 일어나 보니 아내가 10여 년 동안 써왔던 위와 같은 비망록[10]과 어제 성령님이 인도하신 대로 기록한 나에게 보낸 메시지가 침대

---

10 10여 년 동안 써왔던 비망록: 내가 1993년 8월에 전역한 직후부터, 당시 2005년 3월까지 틈나는 대로 써놓은 일기이다. 내용을 보면 기쁘고 즐거웠던 내용은 별로 없고, 대부분 경제적 빈곤, 아이들의 문제, 우리 가족들의 신앙 문제, 나와의 갈등의 문제가 주된 내용

봉선생의 큰 소망, 민들레 꽃씨 되어

위에 놓여 있었다.

이제, 결단(決斷)하세요

그리고 나는 아내가 써놓은 A4 용지 3장 분량의 메시지 내용을 읽기 시작했다. 쿵쾅거리는 심장의 고동 소리가 귓전에 들려옴을 느끼면서 그동안 나의 신앙생활에 대한 아내의 강한 질책임을 깨달았다. 아니 "아내의 질책"이 아니라 "성령님이 나에게 주는 경고"일 것이라는 생각이 들기 시작했다. 그동안 하나님의 말씀보다는 세상과 저울질해 가며 양다리 걸친 신앙생활에 수치심과 부끄러움에 회개의 눈물이 나왔다.

당시 아내가 나에게 전한 그때의 메시지는 다음 사진과 같다. 그러나 이 사진으로는 그 내용을 잘 알아볼 수 없으므로 원본 그대로의 내용을 수정하지 않고 다음과 같이 정리하여 공개한다.

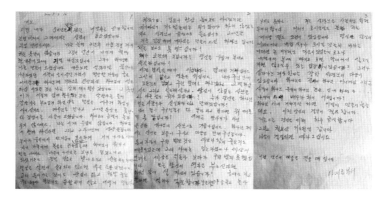

아내를 통하여 성령님께서 나에게 주시는 경고의 메시지

이다. 다행히도 내가 하나님께 회개하고 변화되어 가정예배가 시작되면서부터 이 비망록은 쓰지 않고 있다.

『여보...!!!

이젠 내가 십여 년 전부터 써왔던 비망록을 공개합니다.
분명 어제의 그 메시지는 성령님의 호소였습니다.
무얼 망설이세요.

나는 분명 3년 후, 아침 걱정까지 하는 못난이였습니다.
그것은 당신이 나에게 책망한 내용이었으니
기억나실 것입니다.
그러나 하나님은 나를 만들어 오셨습니다.

비망록의 내용을 보면 아시겠지만,
불안으로 가득하였던 시작의 글이 세월이 흐르고
시간이 가면서 평안한 마음의 글로 이어간 것은,
내가 하나님께 거하므로 선장 되신 하나님의
인도하심이었던 것을 나는 감히 얘기할 수 있습니다.

그 못난이가 이렇게 담대할 수 있었던 것은
약한 자를 들어 강한 자를 부끄럽게 하신다는
말씀을 이루려 하심이 아닌지요.
예수님을 만나고 20년 동안을 못난이와 겁쟁이를
다듬어 오셨습니다.

하나님의 능력이 놀랍지 않으세요?

348
봉선생의 큰 소망, 민들레 꽃씨 되어

나는 이제 두렵지 않습니다.
하나님이 함께하신다면,
그리고 그 하나님께 영광 돌립니다.

부자가 음부에서 뜨거움에 호소하며 거지 나사로에게,
자기 가족에게 복음을 전하라 하였을 때,
하나님이 뭐라고 하신 줄 아세요?
아무리 나사로를 보낸들 믿겠느냐고 하셨거든요.
정말 믿음은 받아들이고 순종하는 거예요.
말씀을 알면서 순종하지 않으면, 무슨 소용이 있겠어요.

교회 돌아가는 것에도 관심이 없고,
정말 중보기도해야 할 것에도 동참하지 않고,
어떻게 믿는다고 하겠어요.
믿음이 항상 높은 것도 아니겠지만,
자기 자신이 기도할 준비는
되어 있어야 하지 않겠는지요?

성령님의 음성으로 들으십시오.
20년간 저를 긴장하게 하고,
저를 만들어 오신 하나님이십니다.
저를 보고도 못 믿으십니까?
제가 교만해 보입니까?
당신을 우습게 본다고 생각하십니까?

이젠 망설일 때가 아닙니다.

담대히 거하십시오.

그 안에 맡기고 영혼을 쉬십시오.

내가 주님 안에 모든 것을 맡기고

주님 뜻대로 따르겠다고 고백하십시오.

그리고 인도해 달라고 고백하십시오.

당신이 믿지 않은 사람들과 다른 점이 뭐가 있습니까?

누가 당신을 하나님 믿는 사람이라고?

신실하다고 말하겠습니까?

나의 말이 구구절절이 다 맞는다고 한다면,

무엇 때문에 못 맡깁니까?

이젠 양다리가 아닌 온전한 하나님의 사람으로 거듭나십시오.

하나님께서는 당신을 보듬어 주시고 마음을 만져 주실 겁니다.

롯의 가정이 구원을 받은 것은

아브라함의 중보기도 때문이었는데,

그의 아내는 믿는 자였으나 세상의 염려로

세상을 뒤돌아보다가 구원받지 못했습니다.

오늘 당신의 영혼을 부르신다면,

하나님 앞에 설 자신이 있습니까?

"글쎄요"라고 한다면 얼마나 억울합니까?

남들처럼 마음 놓고 놀아보지도 못하고....!

봉선생의 큰 소망, 민들레 꽃씨 되어

저는 성령님을 사랑하는 한편, 두려워합니다.

어머니 모시는 것도 분명 저의 마음을 찢는 도전이었습니다.

당신은 당신의 어머니이기 때문에 내 아내가 모시길 간절히

바라는 어쩌면 좀 이기적인 마음이었을지는 모르겠으나,

내 편에서 볼 때 따지고 보면 막내여서 안 모실 수도 있는,

입장 아니겠습니까?

그러나 십자가를 져야 한다는 강한 성령님의

마음이 있었습니다.

하나님은 질서의 하나님이시니까요.

그리고 사랑의 하나님, 온유의 하나님,

겸손, 인내, 화평, 등............!

나에게 와서 배우라 하니 어찌합니까?

하나님 안에 거하기만 하면 이렇게 만들어 놓는데요.

이젠 당신의 결단이 필요합니다.

저는 오늘 하루 당신을 위해 금식합니다.

그리고 천보산 기도원엘 갑니다.

마음이 결정되면 따라오십시오.

이젠 당신의 마음을 찢을 때입니다.

아내로부터...!!!

2005년 3월 10일』

나는 아내가 놓고 간 메시지를 읽고 나니 긴 한숨이 나왔다. 그리고 몇 번을 반복하여 읽어보았다. 분명 성령님께서 아내를 통하여 나에게 경고하는 메시지임을 느끼면서 두려움이 느껴졌다. 그렇다, 나는 롯의 아내처럼 주님을 영접하고 하나님을 믿는다고 했지만, 세상을 바라보는 자였다. 무너져가는 소돔과 고모라를 돌아보다가 소금 기둥이 되어버린 롯의 아내와 무엇이 다를까? 그런데 갑자기 깊은 한숨과 함께 가슴이 찢어지는 듯한 통증이 시작될 무렵, 아내로부터 전화가 왔다. 아내는 천보산 기도원에 도착하여 예배드리려고 확인해 보니 성경을 안 가지고 왔다면서 가져다줄 수 있겠냐는 것이었다.

나는 가슴의 통증을 참으면서 아내의 성경을 가지고 아파트를 내려와 운전대를 부여잡고 크게 심호흡하며, 천보산 기도원으로 향하였다. 얼마 전 병원에서도 이상이 없다는 진단을 받았는데, 이것은 무슨 징조일까? 기도원에 도착하여 예배당에 들어가 아내의 옆자리에 자리를 잡았다. 그리고 회개의 기도를 하겠다는 마음을 갖고 통성으로 기도하려는데 입안에서만 뱅뱅 돌 뿐 통성기도가 나오질 않았다.

아내는 이제 내 마음을 찢을 때가 되었으니 회개하고 주님 앞에 바로 서라고 나에게 주문하고 있다. 아내의 말이 다 옳다. 그렇다면 그것을 인정하고 회개해야 함이 당연하다. 그런데 왜 못 맡기는가? 왜 마음을 찢지 못하는가? 회개의 기도는 나오지 않고, 가슴이 찢어질 것 같은 통증을 참으며, 겨우 예배를 마치고 밖으로 나왔다.

봉선생의 큰 소망, 민들레 꽃씨 되어

45

가정예배는
복의 근원根源

내가 군 생활 22년, ㈜동아전기부품 회사에서 11년 동안 쉬지 않고 일만 하다가 퇴직하고 휴식하고 있었던 이때가 나의 일생 중 정신적인 고충이 가장 심하였던 시기가 아니었나 생각된다. 그때가 2005년, 퇴직한 지 7개월이 지난 3월이었다. 당시 큰아들 상재(28세)는 KBS 2TV "생방송 세상의 아침" 프로그램 편집 담당으로, 작은아들 상진(25세)이는 군에서 전역 후, 대학교에 복학하고 있었던 시기로 아이들도 정착하지 못한 불안한 상태였다.

앞에서 언급하였듯이 지금까지 나의 삶을 신앙적으로 돌아보면 다져지지 않은 신앙인이었다. 다른 말로 표현한다면 깨어 있지 않은 "잠들어 있는 영혼(靈魂)"이 적합할 것 같다. 깨어 있는 영혼은 하나님의 생각으로 가득 차 있는 상태를 말한다. 이러한 영혼이 되려면 성령이 내주하는 기도의 습관을 들여 하나님과 항상 깊고 친밀한 교제를 나누며, 성령님과 동행하는 사람이 되어야 한다.

그러나 나는 당시 교회의 예배 의식에 참석하고, 샬롬 찬양대에서 헌신하고, 십일조를 드리며, 각종 기도회에 참석하기는 하지만, 정작 영이신 하나님과 교제하지 않는 삶이었기에 한마디로 영혼이 잠들어있었음을 고백한다.

무너진 나의 아성(牙城)

나의 성격은 주도면밀하고 휘어질 줄 모르는 고집스러움이 있다. 그러한 성품에 "이 정도의 신앙생활이면 되겠지! 더 깊이 들어가면 안 돼!" 하는 나의 아성(牙城)[11]에 나를 가둬놓고, 그 누구도 꺼내지도, 빼앗지도 못하도록 철옹성을 쌓아간 것이었다.

굽힐 줄 모르는 옹고집, 철옹성과 같은 나의 아성(牙城)을 허물기 위해 아내는 나에게 "그동안 30여 년 동안 넘게 바쁜 직장 일로 신앙생활을 소홀히 했다면, 이제 쉬는 동안 자신을 돌아보며 하나님의 자녀로 거듭날 것"을 수시로 권면하였다. 그러나 아내의 권면에도 요지부동(搖之不動)이었던 나에게 비망록과 메시지를 보여주었고, 천보산 기도원을 다녀온 것이다.

이때 나와 아내가 천보산 기도원을 다녀온 지 얼마 지나지 않았을 때, 그러니까 2005년 3월 어느 날로 기억난다. 내가 비망록과 메시지를 보고 어떤 생각을 하고 있는가? 궁금하였던지 아내가 나에게 물었다.

---

11 나의 아성(牙城): 평택에서 아내가 은사를 받기 시작하면서부터 사탄의 훼방으로 정신적으로 지쳐있는 아내를 지켜보면서 나는 스스로 교회에 깊이 빠지게 되면(하나님께 더 가까이 다가서면), 아내처럼 될 수 있겠다는 생각과 두려움으로, 내 마음속에는 종교에 너무 깊이 들어가면 안 된다는 일종의 "마음의 장벽(障壁)"이 쌓이기 시작했다.

"여보, 어제 기도원에 다녀왔는데 어땠어요?"

"어떻기는 뭐가 어때 이 사람아...! (뭐야...! 어제~~~기도원에서 기도할 때 하나님께서 잔잔한 음성으로 '딸아 네 기도 받았다'라고 세 번이나 음성을 들려주셨는데....!!?)

"제가 비망록과 메시지를 왜 읽어보라고 했는지 아세요?"

"..........!"

"당신이 제일 좋아하는 성경 구절이 뭐죠?"

"잠언 17장 1절 말씀....! 마른 떡 한 조각만 있고도 화목하는 것이.....!"

"왜 그 말씀을 좋아하게 되었어요?"

"우리가 언젠가 크게 다툰 일이 있었는데, 그 이후 성경을 보는데, 그 말씀이 마음에 깊이 새겨 지드라고....!"

"그래요? 사실 나도 당신과 다투고 난 그때부터 비망록을 쓰기 시작했어요. 그러면 그때보다 지금은 가정이 평안해졌다고 생각하시나요?"

"그 전에 비하면 많이 평안해졌지...!"

"그럼 당신과 나, 누가 더 참아서 평안해진 것 같아요?"

"말하면 뭐해...! 그거야 당신이 더 많이 참았지....!"

"여보...! 당신에게 이런 얘기를 해 주고 싶어요. 당신과 내가 지금까지 각자 짊어지고 살아온 삶의 무게를 감당하는 데는 한계가 있어요. 그토록 견디기 힘들고 무거운 짐을 당신은 세상적인 방법으로 해결하려다 안 되니 자신도 모르게 한숨이 나오고, 그러다 보니 때로는 나에게 그리고 애들에게 짜증을 내었던 거 아닌가요? 그런데 나는 예수님께 다 맡겼어요. "수고하고 무거운 짐 진자들아 다 내게로 오라. 내가 너희를 쉬게 하리라 (마 11:28) 하셨거든요. 당신보다 내가 많이 참았다고 하셨죠? 네 맞아요. 정말 기도하면서 많이 참았어요. 그러니까 평안해졌어요. 부모가 신앙으로 바르게서야 애들이 따라오지요. 우리가 바르게 서지 않고 어떻게 아이들에게 따라오라 하겠어요?"

나는 아내의 이야기를 들으면서 이런 생각을 했다. 소심하고 겁이 많았던 아내, 내성적이고 소극적이던 아내가 내가 직장을 그만두고 쉬고 있으니 자동차 정비 학원에 다니고, 이제는 대형면허를 취득하여 버스 운전하는 적극적인 모습, 어제의 메시지 내용도 그렇고, 그리 뛰어나지 못했던 언변술(言辯述)이었는데 오늘 담대한 모습으로 나를 설득하는 것을 보니, 분명 하나님께서 지금까지 아내를 인도하셨음을 깨달았다.

그리고 평택에서 사탄의 훼방으로 정신적으로 지쳐있는 아내를 보면서 내가 종교에 너무 깊이 들어가면 안 된다는 "마음의 장벽"이 있었는데, 이제는 그 장벽이 거두어지는 것을 느꼈다. 그리고 내가 언젠가 "당신이 변화된 믿음을 보고 나도 믿겠다."라고 아내에게 한 말이 생각났다. 그때가 1983년이었으니까 20여 년이 지난 오늘 아내의 비망록과 메시지, 그리고 기도원을 다녀온 후 아내로부터 진심 어린 충고를 들으면서, 그 누구도 꺼내지도, 빼앗지도 못하도록 20여 년 이상 가둬놓고 쌓아 놓은 나의 아성(牙城)이 서서히 무너지면서 굳게 닫힌 마음의 문이 열리기 시작했다.

가정예배로 새로운 출발

그것은 분명 성령님이 나의 마음을 터치하여 주고 계심을 느꼈다. 그러지 않고서는 휘어질 줄 모르고 철옹성과 같이 20여 년 이상 굳게 닫혀

있는 마음 문이 쉽게 열렸을까?

"여보, 우리가 나중에 죽으면 우리 아이들이 제사를 지내겠지요?"

"당신, 무슨 소리를 하는 거야? 추도예배를 드려야지, 무슨 놈의 제사야, 제사는...!?"

"그래요? 큰 집에서 제사 지내는 것만 보았던 애들이 어떻게 추도예배를 드리겠어요? 우리도 신앙이 없고, 애들도 신앙이 없는데...!

".............!"

"당신 신앙이 어느 정도 서 있다고 생각하세요?"

".............! 아주 연한 야채 정도 먹을 수 있는...? 우유도 못 먹는 신앙?"

"그래요? 그렇다면 저는 야채 중에서도 조금은 단단한 당근을 먹을 수 있는 신앙은 되리라고 생각해요. 그러면 하나님께서는 신앙이 퇴보하는 것을 싫어하시니 지금부터 시작해요. 아이들에게 신앙의 체계도 세워줘야 하고, 추도예배드리는 방법도 교육하려면 믿음이 있어야 하지 않겠습니까? 우리가 먼저 가정예배 드리면서 새 출발 합시다."

"알았어요...! 지금부터 시작합시다...!"

"그래요, 당신 아시다시피 내가 요사이 몸이 많이 지쳐있어요. 나를 위해 기도해 줄 수 있겠어요?"

나는 아내가 기도해 달라는 부탁에 망설이지 않고 나의 삶에 대한 회개의 기도와 아내의 건강과 가정의 평안을 위한 기도를 했다. 물론 앞으로 가정예배를 폐하는 일이 없게 해달라는 기도도 빠뜨리지 않았다. 아마 스스로 통성으로 기도한 것이 이때가 처음인 것 같았다. 그리고 기도의 문이 이때부터 열리기 시작했다.

이렇게 하여 우리는 2005년 3월 15일부터 "경건 365일, 새 비전을 가지고 삽시다(김장환 목사)"라는 교재를 선택하여 가정예배를 드리기 시작했다. 그리고 해마다 새로운 교재를 선정하여 지금까지 18년째 매일 가정예배를 하나님께 드리고 있다. 국내 여행은 물론 외국 성지순례에 가서도 성경과 가정예배 교재를 지참하여 호텔에서 예배를 드렸다.

가정예배를 처음 시작할 때는 사탄의 역사가 아주 심했다. 하루는 가정예배 준비를 위해 성경을 읽는 데 갑자기 말씀이 머리에서 맴돌기만 하지 입술이 굳어져 읽어지질 않았다. 기도로 사탄을 물리쳐가며 예배를 준비하고, 또 예배를 드렸다. 그렇게 집요하게 가정예배를 방해했던 사탄의 역사는 최건석 원로목사님(당시 담임목사님)의 기도를 받고 사라졌다.

"경건 365일, 새 비전을 가지고 삽시다"(김장환 목사) 가정예배 교재

생전 경험해 보지 못했던 가정예배에 처음에는 아이들의 반발도 심했다. 나는 회개하면서 우리 아이들이 자연스럽게 가정예배에 참여하게 해달라고 울면서 기도하였다. 예배 준비를 제대로 하지 못했더라도

봉선생의 큰 소망, 민들레 꽃씨 되어

하나님께서 인도해 주시고, 말씀을 이해할 수 있는 지혜를 달라고 기도하면서 예배를 드렸더니, 이제는 자연스럽게 자녀들도 예배에 참여하고 있다.

특히 가정의 중요 행사(설, 추석, 이사, 백일, 돌)시는 자녀들이 이해하기 쉽게 유인물을 만들어서 나눠주고 예배를 드리고 있다. 가정예배를 통하여 나 자신의 믿음 성장은 물론이거니와 가정이 평안해졌고, 아이들과 소통이 되니 모습이 달라졌다.

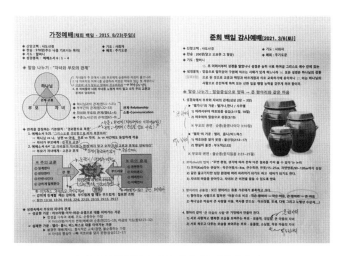

손자, 손녀 백일 감사 예배 시 준비한 가정 예배 자료

그리고 나는 가정예배를 드리면서 매일매일 다짐하고 기도하는 것은, 자녀들에게 "믿음의 유산"을 물려주려는 노력을 아끼지 않겠다고 다짐하면서, "오직 나와 내 집은 여호와를 섬기겠노라(여호수아 24:15)"는 말씀을 가훈으로 정하였고, 그 꿈이 이루어지도록 기도하고 있다. 이 모두가 가정예배를 통하여 우리 가정이 변화되어가고 있는 모습임을 볼 때, 가정예

배는 복의 근원임을 확신한다. 무엇보다도 감사한 것은 아내를 통하여 잠들어있는 나의 영혼을 깨워주신 하나님께 감사드린다. 그리고 아내에게 고맙다는 말을 전하고 싶다.

봉선생의 큰 소망, 민들레 꽃씨 되어

46

장로임직 長老任職

장로(長老)는 개신교에서 선교 및 교회에 대한 봉사와 교도(教導)를 맡아
보는 평신도 직분의 하나이다. 이러한 장로를 세우는 성경적 근거는 모
세가 출애굽 당시 이스라엘 백성을 이끌고 시내산을 떠나 가데스 바네
아로 향하는 도중 모세가 하나님께 "나 혼자는 이 모든 백성을 감당할 수
없나이다(신 11:14)"하고 간구하니, 하나님께서 응답하시기를 "노인(老人) 중
에서 너와 함께 일할 70명의 장로를 불러 세우라(신 11:16)"는 말씀에서 그
근거를 찾아볼 수 있다.

앞에서 언급했듯이 나는 1996년 8월에 강북중앙교회(당시 최건석 담임목사)
에 등록하여 현재까지 27년째 본 교회를 섬기고 있다. 우리 교회의 정식
명칭은 "기독교한국침례회 강북중앙교회"이다. 즉 침례 교단에 속해있
는 "강북중앙침례교회"라는 것을 알 수 있다.

침례 교단에서 평신도의 직분은 서리집사(署理執事)와 안수집사(按手執事)
뿐이다. 그리고 침례 교단에서 안수집사는 타 교단의 장로와 같은 직분
이다. 그러나 타 교단과 연합하여 선교 및 봉사활동을 할 때, 호칭의 혼
선을 방지하기 위하여 침례 교단과 우리 교회에서는 안수집사 임직 후

일정 기간이 지나면 장로로 호칭하고 있다.

2011년 연말쯤으로 기억되는 어느 날, 최건석 담임 목사님(현재 원로목사님)께서 나에게 전화를 하셨다. 전화하신 내용은 내가 인사위원회에서 "안수집사 피택 후보"로 선정되었다고 축하해 주시면서, 내년 사무처리회 이전에 내가 준비해야 할 몇 가지 사항들을 말씀하셨다. 물론 정식으로 안수집사로 피택이 되려면 2012년 11월 사무처리회에서 무기명 비밀투표에 의해 참석인원의 2/3 이상 찬성표를 얻어야만 정식으로 안수집사로 피택이 되고, 5년 후에 장로로 호칭하는 것이 당시 우리 교회의 규약이었다.

나는 당시 담임목사님으로부터 안수집사 피택 후보자로 선정되었다는 말씀을 듣는 순간, 나의 머릿속이 멍하여지며 가슴이 쿵쿵거리는 것을 느꼈다. 하나님께서 부족한 나를 불러 세워주시니 참으로 영광스러운 일이기는 하나, 나보다도 더 신실한 믿음을 갖고 헌신 봉사하시는 집사님도 많은데....!! 부족한 내가 안수집사..? 내가 5~6년 후 장로가 될 수 있는 자격이 있는가? 나의 인생 후반기에 하나님이 주시는 사명을 얼마나 감당할 수 있을지? 부족한 내가 중직으로서의 자격을 갖추지 못하고 하나님으로부터 실격당하지는 않을지 먼저 두려움이 앞섰다.

하나님께서는 내가 잘나고 똑똑해서, 아니면 자격이 있어서 중직을 맡게 하실까? 물론 충분한 자격을 갖추고 본인 스스로 즐거운 마음으로 자원하여 헌신하는 집사님들도 많이 있다. 그러한 분을 하나님께서는 더욱 기뻐하실 것은 분명하다. 그러나 때로는 모세나 요나처럼 본인의 거절에도 불구하고 하나님이 강권하여 주의 종으로 세웠던 경우도 있었음을 깨닫고 순종으로 받아들였다.

장로님! 드릴 말씀이 있습니다.

2012년 연초에 담임 목사님께서 "장로님…! 드릴 말씀이 있습니다 (신영균 목사 지음)"라는 책을 주시면서 읽고 독후감을 써서 제출하라는 말씀이 셨다. 나는 이 책을 받아 들고 책 제목을 보는 순간 가슴이 철렁 내려앉는 느낌을 받았다. 왜냐하면, 과거 오랜 군 생활을 통해서 오는 직감이라 할까? 직속상관이 나에게 "내가 자네한테 할 말이 있는데…!"하면 "내가 뭘 잘못했지?" 또는 부하가 나에게 면담을 요청하면서 "드릴 말씀이 있어서요…!"라는 말을 하면 "오늘은 무얼 요구하려고 그러니?"라는 생각을 먼저 하게 되었다. 그 말을 들어보면 좋은 일보다는 대부분 그러지 않은 일이 더 많이 있었던 것 같았다.

마찬가지로 나는 이 책 제목을 보는 순간 하나님께서는 나를 책망하고 계시며, 무엇인가를 요구하고 계신다는 것을 느꼈다. 그도 그럴 것이 내가 매년 마다 집사 직분을 받은 지도 강산이 세 번은 족히 변했을 텐데 나는 하나님의 일꾼으로 주님을 위해서 헌신한 일이 무엇이 있었던가? 성도님들과 사역자들 사이에서 어떤 역할을 하였든가? 내가 깨닫지 못하니 하나님께서 강제로 중직을 주시어 헌신하도록 요구하시는구나! 생각하니 나 자신이 부끄럽기 짝이 없었다.

처음부터 충분한 자격을 갖추지 못했고, 열심히 헌신하지 못했으니 이제부터라도 중직으로서의 직분을 감당해 나아가고 주님을 위해 헌신 봉사하기 위한 자격과 자질을 갖추어 나가는 것은, 이제부터 나의 몫이라고 생각했다.

나는 이 책을 읽는 동안 평신도가 되어보고, 권사도 되어보고, 장로도 되어보고, 때로는 목사님의 입장에서 생각도 해 보았다. 한 번 읽는 것으로는 부족하여 두 번, 세 번 읽어보면서 느끼고 은혜를 받고 다짐한 바를 다음과 같이 정리하여 독후감을 담임 목사님께 드린 바 있다.

『첫째, 이 책의 저자인 신영균 목사님은 사도 바울의 말을 인용하여 예수님, 교회, 제직(諸職)은 한 몸이긴 하나 각각의 지체가 다르듯 그 기능도 각각 다르다고 강조했습니다. 따라서 "교회의 부흥은 이 제직들이 상호 유기적인 협력관계를 잘 유지할 때 가능하다고 했으며, 그 비결은 오직 성경에 입각한 철저한 훈련으로 모든 제직들을 목회 파트너(Partner)로 만드는 것"이라고 역설하고 있습니다. 이점 깊이 새겨 부족한 저도 드러나지 않는 교회의 협력자요, 담임 목사님의 목회 파트너가 될 것을 다짐합니다.

둘째, "교회의 주인은 사람이 아니다."라는 것을 다시 한번 깨달았습니다. 교회는 주님이 세우셨고(마 16:18), 주님의 값진 피로 사셨기 때문에(행 20:28, 고전 6:19~20) 교회의 주인은 오직 주님이라는 것을 명심하겠습니다. 또한, 본서에서 저자는 "우리는 모두가 주의 몸 된 교회의 지체로서 받들 사명만 있는 것이지, 지배할 권리는 전혀 없다"라는 필설(筆舌)에 은혜를 받았습니다. 저는 형제(지체)가 연합하여 화목하고 동고동락(同苦同樂)하는 곳에서 하나님의 역사는 이루어짐을 믿습니다. 그러므로 저는 맡은 위치에서 섬기고 봉사하며, 오직 주님만이 교회의 주인이시요, 높임을 받을 유일하신 분이시기에 그분의 온전한 뜻이 무엇인지 지혜를 구하며 교회를 섬기는 자가 되겠습니다.

셋째, 하나님께서 교회 안에 안수집사를 세우고 장로를 세우신 것은, 주인으로 삼기 위함이 아니요, 주의 종을 감독하거나 견제함도 아닌 오직 협력하라고 세운 것임을 명심하고, 기도와 간구, 헌신과 봉사, 위로와 격려로 최선을 다하는 협력자의 덕목을 갖추어 나아가겠습니다.

넷째, 본서에서 저자가 제시한 모든 권면의 말씀을 이해하지 못하는 사람은 없을 것입니다. 그러나 저자가 제시한 권면의 말씀대로 잘 이루어지지 않은 것은, 신앙생활의 현장에서 내가 주인이며, 내 뜻대로 이루려는 생각이 앞서서 행동하기 때문에 교회 안에서 유익이 되지 못하고 불협화음이 생기지 않나 생각합니다. 따라서 나는 하나님 말씀 앞에 나의 뜻과 방법을 포기하는 중직이 되어 맡겨진 사명을 감당하며, 주님의 뜻에 순종할 것을 다짐합니다.

2012년 4월 한봉수 집사 드림』

침례(浸禮)를 받다

개신교에서 가장 중요하게 시행하고 있는 예식이 두 가지가 있다. 그 중 하나는 성만찬(聖晚餐) 예식이고 또 하나는 침례(浸禮) 또는 세례(洗禮) 예식이다. 천주교에서는 세례식을 영세(領洗) 또는 성세(聖洗)식이라고 한다.

나는 1983년 안양에 있는 수도군단 진중 교회에서 군종 목사인 문만필 중령으로부터 아내와 함께 세례를 받았다고 앞에서 언급하였다. 내가 침례 교단인 강북중앙교회를 섬기게 되면서 침례와 세례의 진정한 의미를 깨달았고, 또한 침례 교인으로서 기회가 온다면 꼭 침례를 받아야겠다고 생각하고 있었다. 그런데 마침 안수집사 피택 후보로 선정되면서, 담임 목사님으로부터 침례 교단에서는 안수집사로 피택되려면 반드시 침례(浸禮)를 받아야 한다고 말씀하셨다. 나는 당연히 침례 받기를 원하였고, 아내도 권사 후보로 선정되면서 2012년 7월경 담임 목사님으로부터 침례를 받았다. 나와 아내는 이미 세례를 받았지만, 새롭게 침례 받을 준

비를 하면서 새롭이 거듭나 의(義)로운 몸으로 다시 태어났다는 신앙고백
으로 삶을 살아가겠다고 다짐하였다.

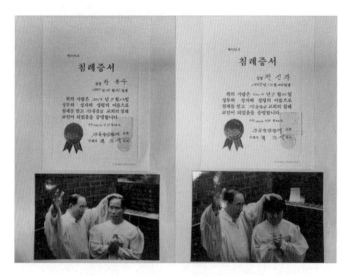

2012년 7월 교회 침례탕에서 침례식을 행하며 기도 받는 모습

안수집사와 장로 임직(任職)

2012년 11월 강북중앙교회 정기 사무처리회에서 참석인원의 2/3이상
찬성 득표를 획득하여 나는 안수집사에 피택 되었고, 아내는 권사로 피택
되었다. 그리고 이듬해 2013년 5월 5일 주일에 성대한 교회 행사에서 안
수집사로, 5년 후 2018년 5월 장로로 임직되었다.

하나님 보시기에 너무나도 부족했던 내가 장로가 될 수 있었던 것은,
하나님의 은혜가 아니면 이루어질 수 없음을 알기에 먼저 하나님께 영광
을 돌린다. 그리고 철옹성같이 굳게 닫혀있던 마음의 문이 열리도록 눈
물로 기도하며, 내조한 아내와 가족들에게 진심으로 고맙다는 말을 전하

고 싶다.

임직 행사를 마친 후, 목사님들과 함께(뒷줄 왼쪽 세번째가 필자)

임직패를 받고 대표 인사를 하는 필자

안수 받고있는 필자　　　　　　가족과 신우회 동기생들

47

믿음의
Up-Grade

나는 예수님을 나의 구주로 영접하였음에도 실상 나의 삶은 믿지 않은 세상 사람들과 별반 다르지 않은 삶이었음을 앞에서 고백한 바 있다. 이제 내가 70대 중반을 향하는 시점에서 남아있는 여생(餘生)을 하나님의 말씀에 순종하며 살아가겠다고 다짐했다. 그리고 나의 소망인 믿음의 가정을 세우고, 자녀에게 믿음의 유산을 물려주려면 어떻게 해야 할 것인가? 현재 나의 믿음 상태로는 한계가 있음을 깨달았다. 이를 극복하려면 나의 무디어지고 침체된 나의 믿음이 한 단계 더 성숙한 신앙인이 되어야 하고, 부모가 자녀에게 모범이 되는 신앙이 되어 자녀들을 신앙으로 지도하여야 한다. 그러기 위해서는 나를 담금질하여 신앙이 한 단계 더 성숙하도록 특별한 동기부여가 필요하다고 생각하였다.

신우회(信友會) 활동

사회생활을 하다 보면, 대부분 한두 가지 이상의 동호회(同好會)에 가입하여 활동하는 것을 볼 수 있다. 즉 동호회 또는 동아리, 클럽(Club), 취미,

정치, 종교 등의 공통 관심사나 목표를 가지고 정보를 나누면서 함께 즐기는 사람들의 모임이다. 나는 육군3사관학교 8기 동기생 중 기독교 신자들의 모임인 "3.8기독신우회와 육군3사관학교 동문 연합기독신우회(코람데오)"에서 친교와 헌신, 봉사로 성숙한 신앙인으로서 거듭나고, 나아가서는 나의 믿음을 지키기 위해 정진하고 있다.

3.8기독신우회

"3.8기독신우회"는 동기생 중 기독 장교들의 예배모임이다. 이 모임은 첫째, 예수를 만나 성령을 체험하는 삶. 둘째, 가정을 행복하게 하는 가정 목회자의 삶, 셋째, 교회를 건강하게 섬기는 교회 봉사자의 삶. 넷째, 사회를 밝히는 사회 선교사의 삶. 끝으로 전도와 양육하는 목양의 삶을 살자는 목표를 세웠다. 그리고 2007년 6월에 지도 목사님(김종찬, 남상일, 선동규, 최겸손)과 회원 50여 명이 송파구 잠실교회 모리아 성전에 모여 창립 예배를 하나님께 올려 드렸다. 그리고 매년 홀수 월 첫째 주 화요일 19:00에 부부 동반으로 정기예배를 드리고 있다(현재 150여 차례 이상).

3.8기독신우회 정기 예배 주보 - 2014. 1. 7

3.8기독신우회 지도 목사님이신 김종찬 목사님께서 시무하시던 전진 교회에서 예배드린 후 기념 촬영

때로는 환우들을 위한 문병과 심방, 회원 자녀들의 결혼 축가로 헌신하며 하나님께 영광을 돌리므로 많은 분으로부터 호평(好評)과 격려를 받은 바 있었다. 특히 기억에 남는 것은 2015년 12월 12일 이남철 신우회원 차녀의 결혼식에서 축가를 불렀던 우리와 하객들 모두가 눈물바다가 되었던 기억이 생생하다. 왜냐면 혼주인 이남철 회원이 차녀 결혼식 15일을 남겨두고 지병으로 11월 27일 소천하셨기에 그 안타까움에 모두가 가슴 아파했기 때문이었다. 아래 사진은 우리 큰아들 결혼식(위), 이남철 회원 차녀 결혼식(아래 좌측)때 축가 기념사진과 이상섭 회원의 문병(아래 우측) 당시 사진이다.

그런데 지금 아쉬운 것은 2015년 12월 이남철 회원 차녀의 결혼식 축가를 끝으로 신우회 활동이 뜸하여지더니 코로나-19 팬데믹 이후 그 열정이 점점 식어가고 있고, 설상가상으로 회원들의 건강 문제로 인하여 예전보다는 참여율이 저조하여 많은 아쉬움이 남는다.

3.8 기독신우회원 자녀의 결혼식에서 축가, 그리고 환우의 문병

코람데오(Coram Deo)

"코람데오(Coram Deo)"는 '육군3사관학교 총 동문 연합기독신우회'의 슬로건이다. 코람데오 연합 정기예배는 매 분기 1회 신길교회에서 진행되는데, 그 활동 중점은 첫째, 하나님을 위하여 나라를 위하여, 모교와 동문을 위한 중보기도에 힘쓰며 둘째, 미결성 동기회 연합예배 초청과 지회 결성을 독려하고 셋째, 육군3사관학교 생도 임관 및 파송 예배를 지원하며, 끝으로, 동문 지휘관 예배 지원과 전도 활동을 전개하는 데 주안을 두고 활동하고 있다.

나도 가능하면 코람데오 동문 연합예배에 참석하여 선후배와 동기생

간의 친교함으로 성숙한 그리스도인이 되기 위해 노력하고 있다. 아래 사진은 신길교회에서 2023년 3/4분기 정기 예배(2023. 8. 31)를 드렸던 "코람데오" 총 동문 연합기독신우회 주보이다

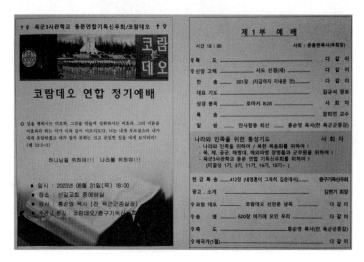

코람데오(Coram Deo) 총 동문 연합 정기 예배 주보 - 2023. 8. 31

아버지 학교(Father School)

앞에서도 간혹 언급하였지만, 나 자신을 다시 한번 회고해 보면 이런 사람이었다. 예수님을 믿고 산다는 것은, 믿지 않은 사람들에게 모범이 되고, 성숙된 신앙인의 모습으로 변화되는 삶이 되어야 하는데, 나는 이를 회피하며 살아왔다. 말씀이 마음에 와닿기 전, 나는 겉모습만 그리스도인의 모습으로 속은 텅 비어버린 공갈빵처럼 남은 것이 없는 그런 삶, 가시적인 사명으로 위장되어 충실한 모습처럼 보이는 그리스도인이었다. 그러다 보니, 마음은 언제나 중심을 잡지 못하고, 나의 못난 생활의

봉선생의 큰 소망, 민들레 꽃씨 되어

무능함과 사랑하는 가족과 이웃에게 기쁨이 되지 못하고, 본을 보이지 못하였음을 고백한다.

아버지가 살아야 가정이 산다.

이러한 삶 속에서 생각의 사고가 깊어지면서 성숙된 신앙인의 삶을 그리워만 하였지 정작 실천하지 못하고 세월만 허비한 모습에 나 스스로 마음이 공허해만 갔다. 그러던 중 2006년 아버지 학교 운동이 사회에 전개될 때, "주님! 제가 아버지입니다. 아버지가 살아야 가정이 산다"라는 두란노 아버지 학교의 슬로건이 눈에 들어왔다. 그리고 나는 아버지 학교에서 진행되는 프로그램의 커리큘럼이 어떻게 구성되어 있고, 어떻게 진행되는지 궁금하였기에 기회가 되면 수강하고 싶은 생각이 들었다.

그러던 차에 2006년 11월 4일부터 5주간 우리 교회에서 서울 북부지역 제29기 아버지 학교가 개설되었다. 나는 이 교육과정에 수강을 신청하여 5주간의 교육을 수강하면서 아버지의 정체성은 무엇인가? 그리고 자녀에게 미치는 아버지의 영향력은 무엇인가? 나 자신을 다시 돌아보며 하나하나 알아가기 시작했다.

주제를 발표하고 있는 필자

조별(불사조) 토의 시간

아버지 학교는 온누리교회 하용조 목사님이 가정 회복을 통한 교회의 부흥과 사회의 변화를 추구하기 위해 1995년 두란노 아버지 학교를 개설하였다. 아버지 학교는 오늘날 우리 사회가 안고 있는 문제는 가정의 문제이며, 가정의 문제는 바로 아버지의 문제라는 인식에 "주님, 제가 아버지입니다. 아버지가 살아야 가정이 산다."라는 슬로건 아래 5주 과정으로 매주 토요일 오후에 그룹 토의, 간증과 인터뷰, 그리고 본론 강의식으로 진행되는 프로그램으로 개설 10년 만에 국내는 물론 범세계적으로 센세이션(Sensation)을 불러일으킨 가정 회복 운동이라는 것을 알게 되었다.

나쁜 영향력은 나의 대(代)에서 끊어내자.

결혼하고 자식을 낳으면 누구나 아버지가 된다는 사실을 모르는 사람은 이 세상에 아무도 없다. 그런데 정작 "아버지로서, 남편으로서, 더 나아가 가장(家長)의 역할과 책임을 어떻게 배웠고? 어떻게 자녀들에게 교육하였는가?"라고 묻는다면, 자신 있게 대답할 사람이 얼마나 있을까? 나 자신을 돌아보면, 아버지의 책임과 역할을 등 너머로만 배워왔던 것이 사실이다. 즉 아버지가 되어가는 길을 스스로 터득하며 배워왔지 누가 가르쳐 주지 않았다. 그 결과 20여 년 이상 명령과 복종을 중시하는 시스템에 물들여진 직업군인의 본성, 그리고 자존심과 체면을 중시한 가부장적인 아버지가 되었고, 자녀들의 눈높이가 아닌, 나의 눈높이에 맞춰진 잣대를 들이대는 사랑과 관심이 결핍된 아버지였음을 고백한다.

자식은 부모의 등을 바라보고 자라면서 아버지에게 잠재되어 있는 영향력을 따라 배우게 되고, 그 영향력은 좋은 영향력이든 나쁜 영향력이든 3~4대의 후손에게까지 대(代)물림 된다는 사실을 알고 깜짝 놀랐다. 자식은 부모의 그림자라는 말이 아버지 학교를 통해서 더욱 실감이 났다.

그동안 어렴풋이나마 알았던 대물림이 증손자, 고손자에게까지 영향을 미친다는 사실에 나는 결단하지 않을 수 없었다. "나에게 잠재되어 있는 나쁜 영향력은 나의 대(代)에서 끊어내고, 후손에게 물려줘서는 안된다"라고 말이다.

아버지 학교 서울 북부 29기 졸업생과 섬김이(앞에서 둘째 줄 좌측에서 두번째 필자)

나에게 심어진 나쁜 영향력을 끊어내고, 자녀들에게 선한 영향력을 심어주기 위해서는 회개(悔改)하는 것이 선결 조건이고, 그다음이 온 가족 구성원에게 잘못했던 것을 진심으로 용서(容恕)를 구하라고 아버지 학교에서 가르치고 있다. 그것도 말로만이 아니라 행동으로 옮기라고 말이다. 그래서 나는 아버지 학교의 가르침대로 아내에게 그리고 아이들에게 그동안 잘못했던 것을 회개하며 용서를 구하는 편지를 쓰고, 바쁜 시간일지라도 아이들과 1:1로 데이트하면서 잘못을 고백하고 용서를 구하는 과정에서 많은 감동과 은혜를 체험했다.

자식에게 용서(容恕)를 구하는 용기와 도전

큰아들 상재는 어렸을 때 왜소한 체격에 체력도 약한 편이었다. 장남이라는 기대감이 컸던 탓일까? 동생 상진이보다도 더 엄격하게 대하였던 것과 어린아이의 눈높이에 맞춰주지 못했던 것을 후회하고 회개하면서 상재에게 편지를 썼다. 아래의 편지는 당시 큰아들 상재에게 보냈던 편지 내용이다.

『사랑하는 우리 아들 상재에게.........!!!

상재야! 네가 군에 입대하여 근무하고 있을 때 편지해 보고

이제야 처음 편지를 써보는 것 같구나.

너와 헤어져 있었던 일도 없었기에 그리되었지만, 이번 아버지 학교에 입학하지 않았더라면 아마도 너에게 영영 편지할 기회가 없을 수도 있었을 것을 생각할 때, 나는 무척이나 다행스럽게 생각하고 있다.

상재야! 가끔 아버지는 네가 나에게 했던 말이 생각나는구나.

네가 고등학교 2학년 때인가?

연기자가 되는 게 꿈이라고 연기학원에 보내 달라고 했지?

그래서 나는 너에게 연기자가란 말 그대로 만능 재주꾼이 되어야 하고 팔방미인이 되어야 하는데, 내가 보는 너는 한 가지의 끼도 없어 보이는데 가당키나 한 소리냐 라고 물으니, 연기자가 되지 못하면 방송 관련 직업을 택할 것이고, 그것도 안 되면 방송국 경비원이라도 되겠다는 말이 가끔 생각이 나는구나.

그런 의지와 끈기가 있었기에 오늘의 네가 있지 않았나 하는 생각이 드는구나.

상재야! 요즘 무척 바쁘고 힘들지?

직장을 옮긴다는 것이 그리 쉬운 일이 아니다.

너와 내가 네 진로 문제에 대해 많은 의견도 나누었듯이

봉선생의 큰 소망, 민들레 꽃씨 되어

"네가 즐기면서 일을 할 수 있는 곳이 평생직장"임에는 틀림이 없다고 아버지는 생각하고 있다.

이제 KBS "생방송 세상의 아침" 프로그램 업무를 인계하고, 너의 전공을 찾아서 새롭게 도전하는 네 모습을 바라볼 때 정말 대견스럽구나. 지금까지 네가 해왔던 업무는 방송용 테이프를 편집, 송출하는 단순 업무라 한다면, 이제는 프로그램을 기획, 촬영, 편집 때로는 취재 활동 등 PD로서의 폭넓은 업무가 진행되어야 하므로 힘들기는 하겠지만, 네가 좋아하는 일이기 때문에 나와 어머니 마음은 한결 가볍고 편안하구나.

사랑하는 나의 큰아들 상재야!

네가 그렇게 들어가고 싶었던 서울예술대학 진학에 두어 번 실패한 후, 호원대 영문학과에 합격하여 등록해 놓고 군에 입대하지 않았니?

어머니와 나는 네가 제대 후, 복학하기만을 바랐는데,

식구들 몰래 또다시 서울예술대학에 응시하였고,

그리고 합격 통지서를 내밀었을 때, 어머니와 나는 얼마나 놀랐는지 ......!

흐르는 눈물을 네 앞에서 감추려고 무진 애를 썼었다.

그것은 안타깝고, 슬픈 눈물이 아니라 기쁨의 눈물이었어......!

자식이 대학 입학에 실패한 것이 어쩌면 부모의 책임도 있었지만,

몇 년 동안 마음고생하면서, 좌절의 쓴맛을 맛보았던 네가 원하는 대학, 원하는 학과에 합격했다고 생각하니 얼마나

대견하고 기뻤는지 모른다.

상재야! 오래전부터 내가 너에게 할 말(고백)이 많은데...!

너 시간 있니??

또 묻고, 또 묻고..! 물론, 너와 내가 시간에 쫓기고...!

너와 내가 비껴가는 출, 퇴근 시간 때문에 미루어 온 것도 있겠지만,

그것은 하나의 변명이었음을 너에게 고백한다.

오직 그것은 내 마음 한쪽에는 아버지라는 권위 의식과 체면,

또 남자의 자존심 때문에 그리된 거로 생각한다.

상재야! 내가 너에게 용서를 구해야 할 것이 참 많이 있구나.

네가 잘 알고 있겠지만 내 성격이 급하고, 완벽하고, 깔끔함을 좋아

해서 그런지...!

내 눈에 거슬리는 점이 눈에 띄면 가혹하리만큼

어린 너를 책망하고 체벌했었지...!

그 과정에서 네 눈에는 무서운 아빠,

용서하지 않는 아빠로 자리매김이 되었을 것이고,

그러니 아빠가 퇴근하면 무섭고, 겁이 나고, 마주치기가 두렵고,

그래서 자리를 피하게 되고...!

내가 너희들의 눈높이에 맞추어 가까이 다가서서 따라오도록 유도

해야 하는데 명령과 복종만을 강요한 가부장적인 가정교육 방법이

잘못되었음을 시인하며 깨닫고 있다.

상재야! 내가 너에게 잘못한 것이 어디 한두 가지겠니?

그중에서도 내가 너에게 큰 상처를 주었던 기억이 하나 있구나.

너 기억하고 있을 거야!

네가 고등학교 2학년 때로 생각나는데! (문정동에서 살 때)

대학 진학을 위한 준비를 소홀히 한다는 이유로 파리채로 심하게 때

378

려 등과 엉덩이에 심한 상처를 주었던 일 기억나지?

그러고는 내가 후회하면서 안티푸라민을 발라주고, 위로와 격려를

한다면서 드라이브하자고 암사동 선사유적지를 다녀온 기억 말이다.

네가 그 일을 기억하고, 성장하면 한번 아버지에게 따져보고,

물어보고 싶었을 거야...! 그때 왜 그랬냐고?

돌이켜 보면, 그땐 아버지라는 권위 의식과 자존심,

그리고 오랫동안 명령과 복종만을 강요해 왔던

직업군인의 본성이 어린 너에게 작용했다고 생각한다.

내가 좀 더 일찍이 깨닫고, 너에게 눈높이를 맞추어 가며, 네 입장에

서서 생각하고 배려하는 마음이 있었더라면, 너에게 그런 상처는 주

지 않았을 거라고 후회하기를 한두 번이 아니다.

바로 그 점이 내가 너에게 큰 상처를 주었구나 하고 후회하면서

너에게 진심으로 용서를 구하지 않고는 내가 견디기 힘들기 때문에,

나의 고백을 통하여 용서를 구하는 것이다.

오늘 고백한 이 일 말고도 많은 나의 잘못으로 너에게 상처를

주었던 것도 용서해 다오.

지난날 나의 과오를 이해하여 달라는 것이 아니라,

용서해 주길 바라는 마음뿐이다.

만약 네가 용서하지 못하고 네 가슴에 아물지 않는

그 상처를 묻고 산다면...!

그리하여 너와 나와의 관계가 좋은 아버지와 사랑하는 아들의 관계

로 회복되지 않은 채, 네가 결혼하여 자식을 낳고, 또 너는 네 자식을

교육할 때, 과거에 아버지가 그랬던 것처럼 대물림된다면 그런 불행

이 어디 있겠니?

악습은 악습을 낳게 된다는 말이 있지 않니?

성경 말씀에도 죄의 삯은 사망이라는 말씀이 있듯이 잘못된 악습의
고리는 너와 나의 선에서 끊고, 행복하고 축복받은 가정을 후손에게
물려주어야 하지 않겠니?

상재야! 내가 너에게 한 가지 부탁이 있다.

아직은 네가 언제 결혼할지는 모르지만, 네가 결혼하기 전에 아니면
최소한 아버지가 되기 전에 "예비 아버지 학교"에 입소하여 너 자신
을 되돌아보는 기회가 있었으면 한다.

예비 아버지 학교가 개설되어 있는지는 모르지만(내가 알아보고 추천하마),
개설되어 있다면 꼭 등록하기를 바란다.

훌륭한 아버지가 되고 화목한 가정을 만들기 위해서는 결혼하기 이전
부터 가정을 세우는 준비 작업이 필요하다는 것을 느끼기 때문이다.

내가 이번 아버지 학교에 입소해서 많은 것을 느끼고, 배우면서
이제부터 나는 가정에서 아버지라는 권위 의식과 자존심을 버리고
우리 가족에게 한 걸음 한 걸음 더 가까이 다가서려고 한다.
그래서 너희들로부터 존경받는 아버지,
사랑받는 아버지로 남고 싶구나.
앞으로 더욱더 너희들에게 잘할게...!
사랑한다. 상재야!!!! 우리 아들 파이팅!!!

2006. 11. 16일
너를 사랑하는 아버지로부터』

그리고 며칠 후 시간을 내어, 나는 큰아들 상재와 부자간의 이벤트가 아니라 진솔한 마음을 교환할 수 있는 자리가 되기를 바라면서 1:1 데이트를 하였다. 그리고 나는 위의 편지 내용을 중심으로 상재와 대화하면서 또다시 "미안하다고…! 잘못했다고…!" 진심으로 용서를 구했다. 나는 상재뿐만 아니라, 작은아들 상진이게도 똑같은 방법으로 편지를 썼고, 똑같은 방법으로 1:1 데이트를 하며 진심으로 용서를 구했다.

그 이후로 닫혀있던 부자간의 관계가 시간이 지나면서 서서히 소통하는 관계로 회복되어가고 있음을 느끼면서, 나에게는 아버지라는 권위를 내려놓고 자식에게 용서를 구하는 용감한 도전이었고, 용기였다고 생각한다.

강북제자 학교(Kangbook Disciples School)

신앙생활은 교회를 오고 가며 예배만 드린다고 신앙이 성장되지는 않는다. 하나님과 예수님을 사랑했던 첫사랑의 뜨거웠던 열정도 세월이 흐르면서 식어갈 때쯤이면, 때로는 나의 믿음을 점검해보고 방전되었던 믿음을 다시 충전하는 지혜가 필요하다.

나는 2006년 12월에 "아버지 학교"를 수료한 이후 내가 변화하고자 노력한 탓인지 우리 가정은 그 어느 때보다도 더욱 화목해졌고, 가족들도 신앙적으로도 한 단계 더 성숙한 모습으로 변화되어가는 것을 느낄 수 있었다. 그런데 세월이 흐르면서 나는 어느 때부터인가 믿음이 무디어지고 제자리걸음에서 벗어나지 못하고 나아가 영적 침체에 빠져가고 있음을 느끼고는 했다. 따라서 둔하고 혼탁(混濁)해진 나의 영적 감각을 되살리기 위해서는 또다시 새로운 영으로 심기일전(心機一轉)하여 재충전해야 함을 느꼈다.

이렇게 무디어진 나의 영적 감각을 회복하려고 고민하고 있을 때,

그러니까 2019년 3월에 우리 교회에서는 "강북제자 학교(Kangbook Disciples School)"가 개설되어 제1기 수강생을 모집했다. 나는 당시 총남선교 회장 직분으로 남선교를 섬기면서 제자 훈련에 참여하는 것은 여건상 여의찮 아 수강 신청을 포기하였고, 2020년에는 코로나19 팬데믹으로 모든 집 합 교육이 중지되어 제자 학교를 개설하지 않았다가, 2021년 3월에 강북 제자 학교를 개설하였을 때, 나와 아내는 제2기 수강 신청을 하였다.

나는 아내와 함께 강북제자 학교에 입학 여부의 결정을 두고 그 어떤 의사를 결정하는 것보다, 더 많이 고민했던 것 같았다. 그 이유는 나와 아 내가 근무 환경의 여건상 제자 훈련에 참여하여 모든 커리큘럼을 원만하 게 소화할 수 있는 여건이 되지 못하기 때문이었다. 막상 수강 신청을 하 고 입학은 했는데 1개월도 지나지 못해서 "아차! 잘못 들어왔구나!"하는 후회도 했다. 왜냐면 이렇게 과제물이 많은 줄 정말 몰랐다. 학교 다닐 때 숙제도 많이 해 보고, 리포트도 많이 써냈지만, 이렇게 힘들 줄이야....! 과 제 하나 마치고 나면 또 다른 숙제가 기다리고 있고, 매일 말씀 묵상하고, 성경 읽고, 요약하고, 돌아서면 또 강의 듣고 저널 쓰고, 독후감 쓰고....!

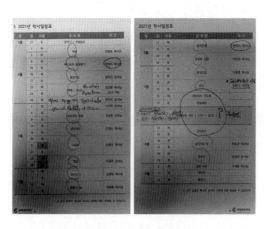

2021년 강북제자 학교 학사 일정표

봉선생의 큰 소망, 민들레 꽃씨 되어

매일매일 과제물 작성 및 토의와 발표 준비를 하면서, 정말 머리에 쥐가 난다는 말이 실감이 날 정도로 정신적 피로도가 가중되는 제자 훈련이었다. 어디 그뿐인가? 나에게 가장 취약한 아킬레스건은 몸치인데 썸(SUM)[12]도 해야 했다. 1기 선배님들께 물어보기나 할걸....! 후회도 참 많이 했다.

그러나 여기서 물러선다는 것은 하나님 앞에 나의 무기력하고 나약한 모습을 드러내게 되고, 하나님의 영광을 가리는 일이 아닐지 생각하며, 기도함으로 시작하기로 결단했다. 반드시 하나님께서 인도해 주시리라 믿고, 매일매일 가정예배를 통하여 기도했다. "나와 아내가 어려운 여건과 환경일지라도 제자 학교의 커리큘럼을 잘 소화하고, 모든 일정을 은혜롭게 잘 마치게 해주세요. 그리고 제자 훈련 기간에 나의 정체성을 다시 확립하고, 주님 제자로서의 자질을 겸비하게 해달라."라고 기도했다. 그때마다 하나님께서는 우리에게 긍정적인 생각과 기쁨을 주셨고, 할 수 있다는 자신감이 생겼다. 때론 짜증도 나고 힘들 때도 있었지만, 어느 목사님 말씀 중에 "네 안에 자리 잡고 있는 원불교를 제거하라."라는 말씀에 위안받으면서, 원망과 불평과 교만이 사라질 때 두려움이 없고, 자신감이 생기고, 긍정적이고 적극적인 자세로 이 훈련 과정에 참여하리라고 다짐했다.

나는 이번 제자 학교(JDS)의 5개월간의 강의와 토의 및 발표 과정을 통하여 많은 것을 배우고 깨닫게 되었다. 특히 그중에서도 내가 가장 은혜를 받고 깨달음이 있었던 과목은 다림줄(김형석 목사), 권리 포기(김광일 목사), 그리고 묵상(김범중 목사) 과목으로 강의와 토의 및 발표를 통하여 한 단계 더 성숙한 신앙인이 될 것을 다짐하였다.

---

12   썸(SUM): 썸(SUM - Special Utility for Mission)은 "다윗이 여호와 앞에서 힘을 다하여 춤을 추는데 그때에 다윗이 베 에봇을 입었더라(사무엘하 6:14)"는 성경 말씀을 근거로 "나의 몸동작과 표현으로 하나님께 드리는 거룩한 고백"이다.

하나님의 다림줄

『또 내게 보이신 것이 이러하니라 다림줄을 가지고 쌓은 담 곁에 주께서 손에 다림줄을 잡고 서셨더니, 여호와께서 이르시되 아모스야 네가 무엇을 보느냐 내가 대답하되 다림줄이니이다 주께서 이르시되 내가 다림줄을 내 백성 이스라엘 가운데 두고 다시는 용서하지 아니하리니(아모스 7:7~8)』

다림줄이란 집을 지을 때 담이나 기둥을 똑바로 세우기 위해 사용하는 건축 도구이다. 만약 이 다림줄을 드리우지 않고 담이나 기둥을 세워가면 빨리 세울 수 있을지 모르지만 똑바르게 세우지는 못한다. 그러므로 얼마 가지 않아 집 전체가 무너지게 된다. 그러므로 하나님께서는 하나님의 백성들을 다림줄에 의해, 즉 하나님의 다림줄은 영원히 변하지 않는 진리와 사랑을 기준으로 세워가신다는 것을 보여주고 있다.

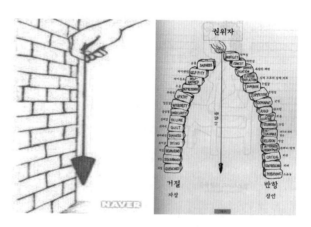

다림줄 - 이미지 사진 출처, 인터넷 캡쳐

이렇게 하나님의 다림줄에 의해 똑바로 세워져야 신앙이 똑바르게 세워질 수 있으며 내 믿음도, 교회도 흔들리거나 무너지지 않게 된다. 만약 하나님의 다림줄에 의해 세워지지 않으면 곧 무너질 수밖에 없다. 이번 다림줄 강의를 듣고 내가 하나님의 다림줄에 더 가까이 서지 못하는 이유를 다음과 같이 생각해 보았다.

다림줄에 가까이 서지 못하는 이유(1): 나에게 거짓 선지자가 있다.

강사님께서 말씀하기를 다림줄 옆의 벽돌담은 오늘날 한 국가의 모습일 수도 있고, 도시, 교회, 가정일 수도 있으며, 나의 삶일 수도 있다고 했다. 그 벽돌담이 하나님의 진리와 기준안에 잘 쌓여져야 한다. 다림줄에 가까이 갈수록 축복이다. 그런데 내가 하나님의 다림줄에 더 가까이 가지 못하는 이유는 무엇일까?

그렇다. 앞에서 언급하였듯이 지난 20여 년 동안 내 마음에는 이미 스스로 쌓아 놓고 거부하는 마음의 장벽이 말씀을 밀어내고, 감사함과 찬양을 밀어내고, 교제하려고 가까이 다가오는 성도를 밀어냈던 시절이 있었다. 아주 튼튼하고 부패한 마음의 장벽이 하나님의 다림줄에 가까이 접근하지 못하도록 "거짓 선지자 노릇"을 하고 있었음을 강북제자 학교를 통해 깨닫게 해주심을 감사드린다. 이제 하나님의 말씀 안에서 회개함으로 부패한 나의 마음을 정결하게 함으로, 하나님의 다림줄에 가까이 다가서는 나의 삶이 될 것을 다짐하였다.

다림줄에 가까이 서지 못하는 이유(2): 내 마음에도 벽돌이 있다.

우리 마음의 장벽을 구성하는 벽돌들은 매우 많다. 성격을 변화시키는 요인은 우리 삶에 매우 강한 영향력을 미치는 것과 관련되어 있는데

385

그것은 바로 감정이다. 적개심과 분노, 자만심, 도도함, 우월감, 경쟁심, 완고함, 고집 망상, 원망, 쓴 뿌리, 비판, 지배와 소유욕 등이 있다. 우리는 부정적인 마음의 벽돌을 허물고 새로운 출발을 해야 한다고 강사님은 강조하셨다. 우리는 과거에 일어난 사건들을 되돌리거나 변화시킬 수는 없으나, 어떤 사건으로 인한 우리의 심령에 영향을 미치는 트라우마, 즉 반응과 태도는 바꿀 수 있다.

그렇다면, 하나님의 다림줄에 가까이 가지 못하는 내 마음에 박혀있는 벽돌은 무엇일까? 생각해 보았다. 나의 가장 큰 마음의 벽돌은 '욱하는 성격'이 나타나는 것으로 보아 "분노에 의한 적개심"이 아닌가 생각한다. 분노와 적개심이 일어날 때 "그 상황을 피하여 골든타임 15초를 유지하며 심호흡으로 마음을 다스리라."라는 원칙을 마음에 새기고, 내 안에 깊게 박혀있는 벽돌을 허물고 하나님의 다림줄에 가까이 다가서는 나의 삶이 될 것을 다짐하였다.

권리 포기

> 『또 무리에게 이르시되 아무든지 나를 따라오려거든 자기를 부인하고 날마다 제 십자가를 지고 나를 따를 것이니라 (누가복음 9:23)』

본문 말씀을 살펴보면 예수님께서 "나를 따라오려거든"이라는 선택의 조건을 붙이셨다. 그리스도인의 길을 가고자 하는 자에게는 세상 사람들이 누리는 권리를 포기하고 따르라는 말씀이다. 십자가는 각자 모두에게 주어진다. 그 모양과 크기는 다를지는 몰라도 십자가 없는 사람이 없고, 십자가 없는 가정도 없다. 내가 짊어지는 십자가를 보며 "왜 나만 지고 가야 하나" 원망해서도 안 되고, 다른 사람을 부러워할 필요도 없다. 십자가는 내려놓는 것이 아니라 짊어지고 가는 것이다. 그리스도인이 내 맘대로 내 뜻대로 십자가를 내려놓는 것은 하나님께서 원하시는 것이 아니다.

나도 이 귀한 시간에 개인적으로 누려야 할 것도 많은데, 시간과 재정을 들여가며 강북제자 학교 학생이 되어서 이 자리에 앉아 강의를 듣는 것도 권리를 포기한 것이다. 그 이유는 첫째, 하나님과 친밀함의 관계를 유지하고 둘째, 하나님의 부르심에 합당한 삶을 살아가며 셋째, 나의 중심적인 삶에서 하나님 중심, 주님의 중심으로 살아가기 위한 것이다. 세상 사람들처럼 누려야 할 권리를 포기하는 것도 하나님께서 우리에게 주시는 특권이라는 것을 알게 해주신 강사님께 감사드린다.

그렇다면, 내가 포기해야 할 권리는 무엇인가?

첫째는 육신의 정욕이다. 이 세상은 부정과 사리사욕, 탐심과 악함, 음란물의 홍수 속에서 살고 있다. 여기에 빠지게 되면 삶이 파괴되기 시작한다. 그러므로 우리는 여기에서 시선과 채널을 돌리는 것이 권리 포기의 삶이다. 내 육체의 욕심을 포기하고 성령님을 좇아서 살아야 한다. 둘째는 안목의 정욕이다. 세상 사람들은 눈에 보이는 것을 좇아 의식주를 해결하려는 경향이 많다. 그렇다고 우리가 그리스도인이기에 유명 브랜드와 명품을 갖고, 넓은 집에서 살지 말라는 금욕주의 삶이 아니라, 그것들을 좇아가는 삶의 정체성을 포기하고 그리스도인의 정체성으로 바뀌어야 한다는 것이다. 셋째는 이생의 자랑이다. 사람은 누구나 칭찬받기를 원한다. 그리스도인은 사람들로부터 칭찬받기 이전에 하나님으로부터 칭찬받아야 한다. 즉 누구에게 칭찬을 받느냐가 중요하다. 세상 사람들은 사회적 지위를 자랑하지만, 그리스도인은 하나님을 자랑하는 삶이 되어야 한다. 그래서 우리는 육신의 정욕, 안목의 정욕, 이생의 자랑을 포기하는 것이 하나님이 요구하시는 "권리 포기"이다. 그런데 권리 포기를 못한 사람들의 특징을 보면 그 사람들의 내면에 쓴 뿌리가 가득하여 원망과 분노, 불평불만, 낙담과 좌절, 자기 연민에 빠져 세상적인 방법을 추구하는 데 있다. 그러므로 우리 그리스도인은 나의 내면에 있는 쓴 뿌리를 빼내도록 회개하고 기도할 것을 결단해야 한다.

예수님의 '권리 포기'를 배우자.

예수님께서는 하늘 보좌 영광의 자리를 포기하고 사람의 형체로 이 땅에 오셨다. 즉 신분을 포기하셨고, 예수님은 마음을 비워 온유함과 겸손하시며, 자기를 부인하고 십자가를 지셨다. 한마디로 표현하면 예수님께서는 "나를 구원하기 위하여 당신이 누려야 할 모든 권리를 포기"하시고 십자가를 지셨다. 그러므로 내가 예수님의 은혜에 보답하려면 나는 예수님께서 포기하신 권리의 십분의 일, 아니 백분의 일이라도 닮아가야 한다.

아웃리치(Out Reach: 단기선교 여행)

제자 학교(JDS)의 가장 하이라이트라면 "아웃리치(Out Reach: 단기선교)"라고 흔히들 말한다. 이번 제자 학교 운영의 특징이라고 하면 코로나-19로 인하여 비대면 상황에서 "줌(Zoom)"으로 진행된 것이었다. 모든 강의와 발표, 그리고 해외 아웃리치는 애초부터 비대면 줌(Zoom)로 진행하고, 국내 아웃리치는 현지를 방문하여 대면으로 진행하는 컨셉이었으나, 코로나-19의 방역 조치 단계의 강화로 국내 아웃리치까지도 비대면 줌(Zoom)

으로 진행하는 것으로 결정되었을 때는 많은 아쉬움이 있었다.

우리 팀 총 7명이 제비뽑기한 결과 해외 선교지역은 "세네갈", 국내 선교지역은 "군산"지역이 선정되었다. 그리고 우리 선교 팀명을 "빅쎄군 7용사"[13]로 팀명을 정하였다. 우리 팀은 현지를 방문하지 않고 어떤 컨셉으로 비대면 아웃리치를 준비해야 할까? 어떤 내용으로 세네갈의 민족을 위하여, 무슨 내용을 가지고 군산 땅을 위하여, 어떤 제목을 갖고 기도해야 할까? 특별히 3명의 실버세대(OB-한봉수, 강이연, 장봉희)와 4명의 젊은 세대(YB-김영수, 육진수, 황준혁, 장규영)가 어떻게 조화를 이루고 하나 되어 아웃리치를 진행할 수 있을까? 걱정이 많았다. 그러나 한마음 한뜻으로 하나가 되어 서로를 섬길 수 있었던 것은, 무엇보다도 하나님의 지혜와 인도하심이 있었기에 가능한 일이었으며, 김영수 팀장님의 탁월한 리더십이 있었기에 아웃리치를 은혜롭게 마칠 수 있었다고 생각한다.

강북제자 학교를 졸업하면서…

강북제자 학교 교육 기간 중 매월 한 권의 필독 도서를 읽고 독후감을 제출해야 하는 과제가 있다. 나는 그중 하용조 목사님의 "사도행전적 교회를 꿈꾼다"는 도서를 읽으면서 많은 것을 깨달으며 은혜를 받았던 내용을 말씀드리면서 끝을 맺고자 한다.

하용조 목사님은 이 책에서 전도와 선교를 이렇게 설명하셨다. "전도

---

13 빅쎄군 7용사: 빅-Victory, 쎄-아프리가의 세네갈 국가의 첫 글자 세를 강하고 센 발음, 군-전라북도 군산의 첫 글자, 7용사-한봉수, 강이연, 장봉희 3명의 실버세대와 김영수, 육진수, 황준혁, 장규영 4명의 젊은 세대들이 연합(7명)한 하나님의 큰 용사로 맡겨진 선교지에서 승리(Victory)하자는 의미를 담고 있다. 또한 실버세대 4명과 젊은 세대 3명이 배가되어 예수님의 12제자를 의미하는 뜻도 있다.

는 하나님의 마음(Mind)이고, 선교는 하나님의 꿈(Vision)이다." 전도는 "오라(Come)"이고, 선교는 땅끝까지 "가라(Go)"이다. 하나님의 꿈은 모든 족속으로 제자를 삼는 것이다. 희생하고 헌신하면 일이 일어난다. 죽기로 작심하고 실천하면 안 되는 것이 없다고 강조하셨다.

이 책을 읽고 깨닫는 것은 예수님께서 말씀하신 "가서 제자 삼으삼으라."라는 전도와 선교도 중요하지만, 그와 못지않게 중요한 것은 "등록된 교인들도 교회를 떠나고 있다."라는 것이다. 그런데 더 중요한 것은 떠나는 교인을 설득하지도, 붙잡지도 못하고 바라만 보고 있다는 것이다. 그 중심에 내가 서 있다는 것을 생각하며 많은 회개를 하면서 정말 안타까운 일이 아닐 수 없음을 깨달았다. 새로 등록한 교인은 물론이고, 오랫동안 교회를 섬겨왔던 분들도 교회를 떠나게 된 이유는 무엇일까? 깊이 있게 생각해 볼 일이다.

섬기던 교회를 떠나는 이유를 하용조 목사님은 이렇게 설명하셨다. "첫째, 설교(담임목사)가 마음에 들지 않는다. 둘째, 너 보기가 싫으니 내가 떠난다(기득권). 셋째, 부서 조직과 연합된 시스템의 부재(관계)이다"라고 말씀하셨다. 나는 강북제자 학교에 입교해서 많은 것을 배웠고 깨달았다. 앞에서 언급한 세 가지 이유 중 내가 할 일이 분명히 있다. 내가 해야 할 일에 물러서지 말고 최선을 다하고, 내가 섬기는 직분과 직임의 시스템이 연합되도록 가교(架橋 : Bridge)의 역할을 잘할 것을 다짐하면서, 특히 나로 인하여 시험받고 교회를 떠나는 성도님들이 있어서는 안 되겠다고 결단하였다.

끝으로 5개월간의 강북제자 학교 훈련 과정은 믿음이 부족하고 나약한 나와 아내에게 연단을 통하여 하나님을 향한 새로운 도전을 갖게 되는 귀한 경험이었다. 아쉬움이 있었다면, 졸업을 앞두고 허리 통증으로 과제도 제대로 하지 못하고 고생하는 아내를 바라보는 나의 안타까운 마음이었다. 그래도 마지막까지 포기하지 않고 우리 부부는 인내하며 교육 훈련 과정을 마칠 수 있도록 인도해 주신 하나님께 감사드립니다.

제**5**장

나의 가장 큰 소망

48

대(代)물림이란?

　나는 나의 자서전(自敍傳) 집필(執筆)을 마무리하면서 내가 바라는 소망을 우리 아이들에게 꼭 알려주어야 하겠다고 마음먹었다. 이러한 나의 소망은 자서전을 쓰면서 생각했던 것이 아니라, 평소에 내가 주님을 영접하고 하나님을 믿게 되면서, 그리고 가정예배를 드리기 시작하면서 나의 소망이 생기기 시작했다. 내가 바라는 소망이 내가 살아있는 생전에 다 이루어지면 얼마나 좋을까? 그렇게 된다면 무엇이 걱정이겠는가? 그래서 나와 아내는 매일 가정예배를 통하여 나의 소망이 이루어지게 해달라고 기도하고 있다.

　내가 바라는 소망은 "하나님을 믿는 믿음의 유산(遺産)이 자자손손(子子孫孫) 후손에게 이어지게 하는 것"이다. 이른바 하나님을 믿는 "신앙(信仰)의 대(代)물림"이 민들레 꽃씨가 되어 도처(到處)에 퍼지는 것처럼, 끊어지지 않고 후손들에게 이어지는 것이다. 내가 바라는 이 소망은 "되면 좋고, 아니면 말고"하는 식의 그저 소박하고 작은 소망이 아니라, 우리 가문(家門)이 반드시 이루어져야 할 "나의 가장 큰 소망"이다. 그러기에 나의 이 소망은 우리 아이들에게 전하는 나의 유언(遺言)이기도 하다. 그래서 나와 아내는 물질의 유산보다도 믿음의 유산이 대(代)물림되게 해 달라고 매일 기도하고 있다.

"대(代)물림"이란? 무엇일까? 사물(事物)이나 가업(家業)뿐만 아니라 정신적 요소까지도 후대의 자손에게 남겨 주어 이어 나아가게 하는 것이다. 즉 기업이나 자산, 가업(家業), 관습, 비물질적 요소 따위를 후대나 자손에게 넘겨주어 그것을 후손이 이어 나가는 것이다. 나는 주님을 영접하고 하나님을 믿게 되면서 나의 물질관(物質觀)을 다시 정립(定立)하게 되었다.

성경에서는 물질과 재물을 여러 가지 비유로 설명하였다. 그중에서 나는 사도 바울이 믿음의 아들 디모데에게 전하는 서신서(디모데전·후서)에서 말하기를 '돈을 사랑함이 일만 악의 뿌리가 되나니, 이것을 탐하는 자들은 미혹을 받아 믿음에서 떠나 많은 근심으로써 자기를 찔렀도다(딤전6:10)'는 말씀에 많은 깨달음이 왔다.

이 세상에서 돈과 물질 때문에 부모, 형제, 동기간들이 상처받고 심지어는 패륜으로 치닫는 일이 비일비재(非—非再)함을 우리는 알고 있다. 옛말에 이르기를, "천석꾼은 천(千) 가지 근심이 있고, 만석꾼은 만(萬) 가지 근심이 있다"라는 말을 우리는 잘 알고 있다. 굳이 이 말을 부연하여 설명할 필요가 있을까? 세상을 살아가는 데 재물이 중요하지 않고 필요가 없다는 것이 아니다. 하나님께서 항상 지켜 주시고 필요한 것을 공급해 주신다고 하는 사실을 믿지 못하기 때문에, 재물을 하나님보다도 더 사랑하게 된다. 즉 하나님보다 우선하여 재물을 섬기는 것은, 우상을 섬기는 것이고 재물에 매여서 재물을 따라가는 어리석은 노예의 삶을 살아가는 것이다.

최건석 원로목사님(당시 담임 목사)께서 믿음의 유산에 대해서 설교하실 때, 미국 석유산업의 대명사인 '록펠러'를 일화로 설교하신 말씀이 기억난다.

『어떤 기자가 '석유왕'으로 불리는 '록펠러'에게 "당신이 세계 최고의 부자로 성공하게 된 비결이 무엇입니까?"라고 묻자, 그는 "어머니로부터 세 가지 믿음의 유산을 받았기 때문이다"라고 대답했습니다.

첫 번째 믿음의 유산은 십일조 생활이었습니다. 어머니는 20센트씩 받은 용돈에서도 반드시 십일조를 하도록 가르쳤기에 그대로 실천했고, 록펠러는 회사를 운영하면서 정직하게 십일조를 드렸고, 회사의 십일조를 계산하기 위해 별도의 십일조 전담 부서를 둘 정도였습니다.

두 번째 믿음의 유산은 교회에 가면 제일 앞자리에 앉아 예배를 드리는 것이었습니다. 록펠러의 어머니는 아들의 손을 잡고 언제나 40분 정도 일찍 교회에 나와 맨 앞자리에 앉아 예배를 드렸습니다. 목사님의 설교를 가장 가까운 거리에서 들으면서 은혜의 홍수를 체험하려는 것이었습니다.

세 번째 믿음의 유산은 교회를 다닐 때, 교회의 일에 순종하고 목사님의 마음을 아프게 하지 말라는 가르침이었습니다.』

성경은 "이는 네 속에 거짓이 없는 믿음이 있음을 생각함이라 이 믿음은 먼저 네 외조모 로이스와 네 어머니 유니게 속에 있더니 네 속에도 있는 줄을 확신하노라(딤후1:5)"고 가르쳐 주고 있다. 여기에서 성경은 디모데의 믿음이 그의 외조모에게서 어머니에게, 어머니에게서 그에게로 전수되어 졌음을 밝혀주고 있다. 신앙이란 그냥 생기는 것이 아니라 그것을 전수(傳授)해 주는 사람이 있어야 하고, 전수(傳受)받는 사람이 있어야 하는 것이다. 전수해 주는 사람이 부모나 형제나 친구나 스승 등 그 누구나 될 수 있고, 전수받는 사람은 전수받은 그대로 신앙생활에 적용해야 한다. 당장에 손해를 보는 것 같고, 좀 불편하거나 귀찮고, 내 생각과 좀 다르다고 계산하지 말고 미루지 말고, 따지지 말고, 그대로 적용해야 한다.

이처럼 물질만이 대(代)물림 되는 것이 아니라, 록펠러나 디모데처럼 영적인 영향력도 대(代)물림이 되었다는 것이다. 따라서 하나님을 믿는 성도들이 후손들에게 물려주어야 할 대상은 물질이 아니라 믿음의 유산을 물려주어야 함을 깨달았다. 그래서 나는 믿음의 유산을 나의 대(代)에서만 물려주고 끝나는 것이 아니라, 자녀들이 부모로부터 물려받은 믿음의 유산이 민들레 꽃씨처럼 퍼져서 자손만대 후손에게 이르기까지 끊이지 않고 대(代)물림이 이루어지는 소망을 바라는 것이다.

나는 록펠러나 디모데처럼 부모로부터 믿음의 유산을 전수(傳受)받지 못했다. 그러나 나는 록펠러와 디모데의 어머니처럼 믿음의 유산을 전수(傳授)해 주는 부모가 되고 싶다. 그렇다면 어떻게 하면 믿음의 유산을 자녀들에게 전수(傳授)하여 대(代)물림하여 줄까? 나의 경험으로 비추어 볼 때 부모가 자녀들을 어렸을 때부터 하나님 말씀으로 양육하면서, 자녀에게 하나님의 말씀대로 살아가는 모습을 본으로 보여주는 것이 지름길이라고 생각한다.

그런데, 앞에서도 언급하였지만 나는 그러한 삶을 살지 못했고, 아이들에게 보여주지도 못했다. 나 자신이 하나님 앞에 바로 서지 못했기 때문에 하나님 말씀으로 아이들을 양육하지 못하고, 내 눈높이에 맞추는 가부장적(家父長的)인 방법으로 양육해 왔다고 고백했다. 내가 지금까지 아이들을 양육하는 방법이 잘못되었음을 깨닫고 이제부터라도 하나님 말씀을 전하려고 했을 때는 아이들은 이미 성장해서 저만큼 멀리 가 있기에 내 품 안으로 끌어들이기에는 한계가 있음을 알게 되었다.

그래서 나는 늦게나마 다시 시작한다는 마음으로 아이들에게 백번 말하기보다는 나 스스로 아이들에게 모범을 보이기로 마음을 먹었다. 그래서 시작한 것이 성경 필사였다. 성경을 가까이하고 필사를 하면서 하나

봉선생의 큰 소망, 민들레 꽃씨 되어

님께서 나에게 주시는 메시지를 깨달아가며 나의 믿음이 더욱 성장하기를 소망했다. 그리고 가정예배를 드리고 믿음의 가문을 세워가며 믿음의 유산을 아이들에게 물려주려는 초석(礎石)을 놓고 있다.

언제인가 나의 큰아들 상재가 핸드폰 연락처에 나를 아버지라고 입력하지 않고 "성경 봉수"라고 입력해 놓았다는 이야기를 우연히 듣게 되었다. 그 말을 듣고 첫째, 성경을 가까이하는 아버지 모습이 큰아들의 마음속에 각인(刻印)되었음을 감사했고 둘째, "꼰대"라고 입력하지 않았음에 더욱 고맙다는 생각을 했다.

결론적으로 우리 가문(家門)에서 믿음의 1세대인 내가 바라는 가장 큰 소망은 첫째, 성경을 필사(筆寫)하여 자녀들에게 물려주는 과정에서 나에게 주시는 하나님의 메시지를 깨닫는 것이고 둘째, 복의 근원인 가정예배를 폐(閉)하지 않고 후대(後代)에까지 이어지는 것이며 셋째, "오직 나와 내 집은 여호와를 섬기겠노라(수 24:15)"는 가훈(家訓)을 이어가며, 대(代)물림하는 초석(礎石)을 놓아 믿음의 유산을 물려줌으로 후손들에게 믿음의 가문(家門)을 세워가는 것이 나의 가장 큰 소망이다.

49

성경을 필사筆寫하여
물려주자

지금으로부터 33년 전, 그러니까 내가 대구에서 근무할 때였든가? 아내가 신약성경을 필사하는 것을 보고, "부질없는 짓, 그만하라."라고 핀잔을 주었던 기억이 떠오른다. 그랬던 내가 성경을 두 번을 필사하였다. 성경을 필사하려는 도전은 마음을 단단히 먹고 어떤 어려운 상황이 올지라도 이루리라는 결단이 필요하다. 성경을 필사하는 데 중요한 것은, 그냥 아무 의미 없이 말씀을 베끼는 것이 아니라, 그 말씀을 정독하면서 하나님께서 나에게 주시는 메시지를 깨달으려고 노력하는 것이 중요하다. 필사하다 보면 집중력이 흐트러져 한 구절을 빼먹고 쓰거나, 이미 쓴 구절을 반복하여 쓰게 되는 경우가 허다하다. 성경 필사를 포기하라는 사탄의 싸움에서도 이길 수 있도록 기도로 준비하고, 기도로 마무리하는 지혜가 필요함은 두말할 필요가 없다.

봉선생의 큰 소망, 민들레 꽃씨 되어

신, 구약 필사(2회): 장남과 차남에게 물려줌

내가 성경 필사를 처음 시작은 1999년 3월 7일에 시작하여 2009년 11월 10일 완필(完畢)하였으니, 강산이 한 번 변한 세월의 대장정(大長程)의 기간이었다. 이처럼 사탄의 역사함에 무릎 꿇고 8년여 동안(2001~2008년)의 중단이 없었더라면, 그렇게 오랜 세월이 걸리지는 않았을 것이다. 이렇게 첫 번째 필사한 것은 큰아들 상재가 결혼할 때 기념으로 주었으며, 두 번째 필사는 2009년 11월 26일부터 시작하여 2011년 5월 20일까지 필사를 완료했고, 이 필사본은 작은아들 상진이가 결혼하면 주려고 고이 간직하고 있다.

내가 이렇게 한번 필사하기도 어려운 성경 필사를 두 번이나 하게 된 동기는 우리 아이들이 어렸을 적 내가 하나님의 말씀 중심으로 살지 못하고, 말씀으로 아이들을 양육하지 못한 것을 회개하면서 이제부터라도 하나님과 주님을 바르게 섬기고, 또한 아이들이 믿음의 유산을 이어받길 원하는 심정으로 하나님 말씀을 필사하여 아이들에게 물려주고자 실행에 옮긴 것이다.

하나님의 말씀을 듣고, 읽는 도중에도 많은 은혜를 받고 믿음이 성장하긴 하나, 성경 말씀을 직접 써가면서 받는 은혜는 더욱 값지고 또 다른 체험을 할 수 있다고 믿기에 성경 필사를 시작했다. 때로는 눈이 감기고 시리며, 손목이 아픈 것을 참고 견디는 나 자신과 싸움이었다. 더 나아가서는 사탄의 유혹을 뿌리쳐야 하는 영적 싸움에서도 승리하고 두 번의 성경 필사를 마칠 수 있었던 것은 "주의 은혜로 종의 집이 영원히 복을 받게 하옵소서(삼하 7:29)"라는 말씀을 묵상하면서 나의 후손이 영원한 축복을 받기 위한 간절한 소망과 성령님의 인도하심이 있었기에 가능하였으리라고 믿는다.

두 번의 성경 필사본(위 사진은 장남, 아래 사진은 차남에게)

　내가 성경 말씀을 필사하게 된 것은, 나름대로 목적이 있다. 앞에서
도 언급하였듯이 하나님 말씀을 막연하게 그저 베끼듯 필기하는 것이 아
니라 첫째, 말씀을 정성들여 쓰는 가운데 구절구절마다 나에게 주신 하
나님의 메시지를 깨달으며 은혜받기 위함이고 둘째, 부족한 나의 믿음이
현재보다는 더욱더 신실하고, 행함이 있는 믿음으로 성장하고자 하는 것
이었고 셋째, 나의 가문(家門)에 하나님을 영접하신 선대(先代)가 한 분도 없
는 것이 불행 중 불행이라, 내 믿음의 성장을 통하여 자자손손(子子孫孫) 후
손에게 믿음의 가정을 세우고 이어가고자 하는 나의 가장 크고도 간절한
소망이 있었기 때문이다.

　썩어 없어질 "물질의 유산"을 물려주는 것보다, 영원히 썩지 않을 "믿
음의 유산"을 후손에게 물려주는 것이 가장 값지고 현명하다고 믿기에

봉선생의 큰 소망, 민들레 꽃씨 되어

소중한 "믿음의 씨앗"을 정성껏 뿌리고 있다. 지금은 미약하나 내가 뿌린 믿음의 씨앗이 민들레 꽃씨처럼 널리 퍼져서 후손들의 마음과 가정에 뿌려지고, 믿음의 싹이 나서 바르게 장성하여 무성한 가지와 숲을 이루었을 때, 그 그늘에서 우리 후손들이 영원한 복과 평안을 누리기를 간절히 소망한다.

"잠언(箴言)" 필사: 손녀 채희(彩熙)에게 물려줌

2018년 5월 가정의 달을 맞이해서 침례 교단 교회진흥원(이사장 황인술 목사, 원장 이요섭 목사)에서는 "잠언 따라 쓰기"를 전국적이고 교단적 차원으로 실시한 적이 있었다. 이때 구재원 담임 목사님께서 "잠언 따라 쓰기" 행사에 동참하자는 광고가 있을 때 환하게 웃고 있는 귀여운 손녀 채희의 모습이 순간 떠올랐다. 그와 동시에 "지혜의 말씀인 잠언"을 필사하여 손녀에게 물려준다면 이 아이가 성장하면서 "믿음의 유산"을 물려받고 지키는데, 조금이라도 도움이 되지 않을까 생각했다. 그리고 이 또한 내가 소망하는 믿음의 유산을 대물림하는 하나의 방법이 아닐지 생각하면서, 이것도 성령님이 인도하심으로 알고 즉시 순종하고, "잠언 따라 쓰기 필사본"과 함께 간증문을 작성해 교회진흥원에 제출하였다. 그 결과 전혀 생각하지도 않았던 개인 부문 최우수상에 선정되는 영광을 안게 되었다.

당시 침례신문에 게재된 내용과 간증문

위의 사진은 2018년 6월 당시 "잠언 따라 쓰기" 개인 부문 최우수상으로 선정되어 침례신문에 게재된 내용과 "간증문"이다. 그러나 사진으로는 나의 간증 내용을 읽기가 어렵기에 아래와 같이 "간증문"을 다시 옮겨 놓는다.

잠언 따라 쓰기 간증문

저의 가장 큰 소망은 "하나님을 믿고, 주님을 구주로 모시고 살아가는 신앙의 유산을 후손에게 물려주는 것"입니다. 저는 조. 부모는 물론이고 형제. 자매들도 하나님을 믿지 않는 불신 가정에서 5남매 중 막내로 태어나 어린 시절을 시골에서 성장하였습니다. 제가 하나님을 믿고, 주님을 영접한 시기는 30대 중반이었으나, 그때 저는 하나님과의 관계가 정립되지 못하고, 하나님과 세상을 저울질하며 영

봉선생의 큰 소망, 민들레 꽃씨 되어

적인 갈등 속에서 방황하는 절름발이의 신앙생활이었음을 고백합니다. 그러기에 저는 하나님의 말씀 중심이 아닌 세상 중심으로 살았기에 내 뜻과 내 의지로 가정을 이끌어 갔습니다. 즉 세상적인 잣대, 나의 기준, 그리고 내 눈높이에 맞추어서 생활하다 보니 가족 간의 불협화음과 충돌이 일어나기 시작하였습니다. 이러한 상태가 지속이 된다면 분명 머지않아 우리 가정이 무너지진 않을까? 고민하게 되었습니다. 그때가 지금으로부터 대략 20여 년 전쯤으로 생각됩니다.

"호미로 막을 걸 가래로 막는다"라는 우리 속담을 생각하면서 저는 무너지려는 가정을 회복하고, 화목한 가정을 만들기 위해서는 오직 하나님 말씀 중심으로 사는 방법밖에 없음을 깨달았습니다. 그 후로 저는 하나님 말씀 중심으로 살겠다고 다짐하면서 지혜의 말씀인 잠언 말씀에서 삶의 지혜를 구하고자 하였습니다. 과거 잠언 말씀을 여러 차례 읽어보았으나 당시는 속독으로 이해가 빠르진 않았기에 이번에는 하나하나 그 뜻을 새기며 정독하고, 이해하면서 필사(筆寫)하려고 노력했습니다.

이때처럼 잠언 말씀이 은혜로울 수가 없었습니다. 하나님 말씀이 다 중요하고 은혜롭지만, 저는 삶의 지혜를 기록한 "잠언" 말씀을 더 좋아합니다. 그중에서도 저는 잠언 17장 1절 말씀인 "마른 떡 한 조각만 있고도 화목하는 것이 제육이 집에 가득하고도 다투는 것보다 나으니라"라는 말씀을 대하면서 많은 것을 깨닫고 회개하였습니다. 이 말씀은 평범한 말씀인 것 같아도 저는 심오한 진리가 숨어있음을 알게 되었습니다. 그리고 과거의 그릇된 습관이 부지불식간에 나올 때면 이 말씀을 묵상하면서 많은 은혜를 받고 있습니다.

이후로 저는 하나님 말씀 중심으로 살고자 노력하면서 제가 받은 이러한 은혜를 저 혼자만 간직할 것이 아니라, 온 가족이 서로 공유하도록 아이들에게 말씀으로 권면하겠다고 다짐했습니다. 그러나 그때는 이미 아이들은 다 성장하여 세상 풍조에 휩쓸려 저만큼 가 있음을 깨달았습니다. 이미 성인이 되어 저만큼 멀리 가 있는 아이들을 하나님 말씀으로 권면하여 제 자리에 되돌린다는 것은, 무척 힘든 일이었습니다. 그때 저는 내가 일찍이 하나님을 신실하게 믿지 못하고 아이들을 어릴 때부터 말씀으로 양육하지 못했던 것을 후회하며 보이지 않는 곳에서 많은 회개의 눈물을 흘렸습니다. 그러면서 저는 저만큼 멀리 가 있는 저 아이들이 스스로 부모 곁으로 다가오게 할 방법은 오직 내가 먼저 말씀 안에서 변화해야 하고, 부모가 아이들 앞에서 하나님 말씀 중심으로 즐겁게 사는 모습을 본으로 보여주는 것만이 최선의 방법이라고 생각했습니다.

그 후 저는 성경 말씀을 읽으면서 과거에 중단했던 가정예배를 2005년부터 매일 드리기 시작했고, 아이들을 가정예배에 참여할 수 있도록 권면하였습니다. 처음에는 거부반응이 있었지만, 이제는 아이들이 자연스럽게 가정예배에 참여하고 있고, 때로는 저희가 아이들의 집을 방문했을 때는 반드시 가정예배를 드리고 말씀으로 권면하고 있습니다. 또한, 아이들이 저희집에 왔을 때 가정예배 드리자고 먼저 제안하는 모습을 바라볼 때, 내가 변화하니까 장성한 아이들도 부모 곁으로 다가서는 모습을 보면서 또 깨달음이 왔습니다.

부모가 하나님 말씀 중심으로 바르게 사는 모습을 어릴 때부터 보고 자란 자녀들은 절대 실패하지 않는다는 것을 성경 말씀에서 깨달았습니다. 지난 과거에 내가 그렇게 하지 못했기에 요즈음 젊은 집사님들이 자녀들의 손을 잡고 성전을 출입하는 모습을 보면 그렇게 부러울 수가 없습니다. 그래서 저는 우리 아이들에게 가끔 이렇게 고백하고 있습니다. "내가 너희들을 어려서부터 하나님 말씀으로 권면하지 못하고 양육하지 못해서 정말 미안하다....!!!"라고 말입니다.

저는 10여 년 전에 신, 구약 성경을 2번 필사를 해 본 경험이 있다고 고백한 바 있습니다. 당시 필사를 하게 된 목적은 나 자신이 정성 들여 필사를 하면서, 첫째, 내가 하나님의 말씀을 깨달으며 은혜받고, 부족한 내 믿음이 성장하기를 바람이었고 둘째, 성장한 내 믿음이 아이들에게 본이 되어 "믿음의 유산"을 물려받는 믿음의 가정을 세워가기를 소망함이었으며 셋째, 정성 들여 필사한 성경 말씀을 아이들에게 물려주기 위함이었고 넷째, "믿음의 유산"을 물려주기 위하여 믿음의 씨앗을 아이들에게 정성드려 뿌리겠다는 나 자신과의 약속을 증표로 남기기 위함이었습니다. 그래서 첫 번째 필사한 것은 (구약 2권, 신약 1권으로 제본) 장남(상재)이 결혼할 때 기념으로 줬고, 두 번째 필사한 것은 차남(상진)이 결혼하게 되면 기념으로 주려고 잘 보관하고 있습니다.

저는 지난 5월 가정의 달을 맞이하여 우리 교단 교회진흥원에서 주관하는 "잠언 따라 쓰기" 행사 광고가 있을 때 환하게 웃고 있는 귀여운 손녀의 모습이 떠올랐습니다. 그와 동시에 "지혜의 말씀인 잠언"을 필사하여 손녀에게 물려준다면 이 아이가 성장하면서 "믿음의 유산"을 물려받고 지키는데, 조금이라도 도움이 되지 않을까? 생각했습니다. 이것도 성령님이 인도하심으로 알고 즉시 순종하였습니다.

"잠언 따라 쓰기"를 시작하려고 책의 구성을 자세히 살펴보니 1장~31장까지의 말씀은 우리가 잘 알고 있듯이 솔로몬을 포함한 지혜로운 자들의 말씀임으로 나의 필적이 비록 졸필일지라도 정성 들여서 쓰면 되는 것이기에 문제는 없을 것 같았습니다. 그러나 "묵상-기도"하는 내용은 심사숙고해서 기록해야겠다고 생각했습니다. 저는 손녀가 지금은 어리지만(4살), 성인이 되었을 때 할아버지로부터 물려받은 "잠언"을 읽고 그 말씀을 깨달을 때쯤에는 아마 저는 사랑하는 우리 손녀 곁을 떠나 하나님 나라에 있지 않을까 생각합니다.

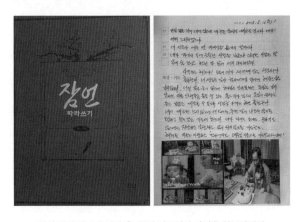

잠언 각각 장마다 필사 후, 묵상 기도하며 사진을 첨부하였다.

그래서 저는 "묵상-기도"의 내용을 첫째, 손녀를 위한 할아버지가 쓴 기도문을 읽고 신앙 성장에 조금이라도 도움이 될 수 있는 기도문이 되도록 작성하였고 둘째, 할아버지의 기도문을 읽으면서 사랑하는 가족들이 연상 될 수 있도록 본인의 어릴 적 사진과 가족과 함께 찍은 사진을 첨부하였습니다.

저는 앞에서 언급하였듯이 저의 가장 큰 소망은 "하나님을 믿고, 주님을 구주로 모시고 살아가는 믿음의 유산"을 후손에게 물려주는 것"입니다. 저는 "믿음의 유산"을 후손에게 물려주는 방법이 있다면 무슨 일이든지 할 것 같습니다. 이 세상 여정을 마치고 하나님 나라에 있을 때도 민들레 꽃씨가 되어 후손들에게 복음을 전할 수만 있다면 그렇게도 하고 싶습니다.

가정예배를 마치고 필사한 잠언 말씀을 손녀 채희에게 전달하는 모습(좌측)과 할아버지가 채희를 위한 기도문(우측)이다.

물려주어야 할 물질의 유산도 없지만 있다 할지라도 썩어 없어질 물질을 물려주는 것보다, 영원히 썩지 않을 하나님을 믿고 주님을 구주로 모시고 살아가는 "믿음의 유산"을 후손에게 물려주는 것이, 이 세상에서 가장 값지다고 생각합니다. 그래서 저는 지금은 비록 부족할지라도 "믿음의 씨앗"을 우리 아이들에게 정성껏 뿌리고 있습니다. 이는 제가 앞으로도 주님 앞에 서는 날까지 그렇게 할 것입니다.

저희 집 거실에 가장 잘 보이는 벽면에는 여호수아 24장 15절 말씀인 "오직 나와 내 집은 여호와를 섬기겠노라"라는 성구를 걸어 놓았습니다. 이 말씀을 현관에 들어서면서 읽고 나가면서 읽고, 수시로 묵상하고 있습니다. 이 여호수아의 고백이 우리 집의 가훈입니다. 큰아이의 가정에도 똑같은 말씀의 성구가 걸려있습니다. 작은아이가 결혼하게 되면 똑같은 말씀의 성구를 걸어놓을 예정입니다. 이는 우리 가문(家門) 모두의 가훈(家訓)이 되고, 하나님을 믿고 주님을 구주로 모시는 "믿음의 유산"이 자자손손 대물림되기를 소망하면서 간증을 마칩니다.

2018년 6월 13일 강북중앙교회

한봉수 장로

"신명기(申命記)" 필사: 손자 준희(俊熙)에게 물려줌

손자 준희와 손녀 채희에 대한 가정교육의 책임은 부모에게 있다. 무엇보다도 하나님 말씀을 중심으로 가정교육이 이루어져야 하고, 이러한 가정문화가 대(代)물림되어야 할 텐데, 할아버지가 볼 때 아직은 부모의 믿음이 연약하다 보니 안타까운 것이 사실이다. 하지만 언젠가는 부모가 믿음이 성장하여 하나님 말씀으로 가정을 잘 치리(治理)해 나갈 것으로 믿는다.

우리 준희(俊熙)는 우리 가문(家門)을 이어갈 장손(長孫)이다. 얼마 안 있으면 준희가 태어난 지 꼭 1년이 되는 날 부모가 돌상을 차려줄 텐데, 이때 할아버지는 손자에게 무슨 선물을 해 줄까? 생각 끝에 "신명기(申命記)를

봉선생의 큰 소망, 민들레 꽃씨 되어

필사하여 선물로 주면 영원한 기념이 되겠다"라는 생각을 했다. 이 또한 "믿음의 유산"을 물려주려는 나의 의지를 자녀에게 보여주고, 더 나아가 손자인 준희가 성장하여 신명기의 말씀이 주는 의미를 새기고 부모와 할아버지의 뜻을 이어받을 것으로 확신하면서, 신명기(申命記)의 말씀이 어떤 내용인지 준희에게 알려주고 싶었다.

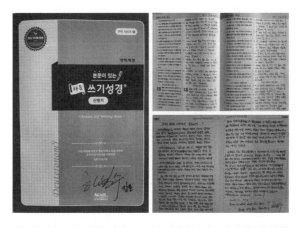

신명기 따라 쓰기 필사를 마치고 손자 준희에게 보내는 메시지(우측 하단)

신명기(申命記)는 모세 5경 중 제5권에 해당하는 책으로 이스라엘 민족이 약속의 땅 가나안으로 들어가기 전 모세가 그들에게 작별 인사를 하는 형식으로 쓴 책이다. 이 책은 이스라엘 민족의 과거를 회상하고, 모세가 시나이에서 사람들에게 전한 율법을 되풀이하며, 이제 곧 소유하게될 약속의 땅에서 이스라엘 민족이 행복을 누리려면 이 율법을 반드시지켜야 한다고 강조하고 있다.

신명기를 쓴 모세(Moses)는 하나님에게 충성하고 하나님의 명령에 복종하면 축복을 받고, 이교도(異敎徒)의 신을 숭배하고 하나님의 율법을 무시하면 저주를 받는다. 즉 하나님을 잘 섬기면 크게 복을 받지만, 그렇지 않으면 크게 저주를 받는다는 인과응보(因果應報) 사상을 강하게 주장하는 말씀이다.

신명기 필사를 다 마치고 난 후, 말미(末尾)에 사랑하는 우리 손자 준희(俊熙)에게 보내는 메시지(사진 우측 하단)를 남겼다. 그 메시지를 사진으로는 알아보기 어려울 것 같아 아래와 같이 옮겨 놓는다.

신명기 필사를 마치면서, 사랑하는 준희에게....!!!

신명기(申命記)는 이스라엘 백성이 애굽의 430년 압제하에서 벗어나 40년간 광야 유랑 생활을 마치고, 하나님께서 약속하신 땅 가나안에 들어가기 직전에 모세가 BC 1407년경 기록한 모세 오경(창세기, 출애굽기, 레위기, 민수기, 신명기 - 5권) 중, 마지막에 해당하는 하나님의 말씀이다. 신명기(申命記)는 "거듭(거듭 신-申) 명령(명령 명-命)을 강조하여 신신당부(申申當付)하여 알린다"라는 뜻으로 하나님께서 이스라엘 자손에게 약속해 주신 가나안 땅으로 들어가기 전에 모세를 통하여 하나님의 계명을 상기시키는 내용이다. 신명기의 구성은 총 34장으로 모세의 1차 설교(1장~4장: 서론, 과거의 회상), 2차 설교(5장~26장: 율법, 절기, 규례), 3차 고별 설교(27장~34장: 축복과 저주, 모세의 최후)로 구성되어 있다.

모세의 일생을 보면 애굽에서 바로의 통치하에서 공주의 아들로 40년, 미디안에서 도피 생활 40년, 그리고 80세에 하나님으로부터 이스라엘 민족을 구하라는 소명을 받고, 애굽으로 돌아가 모진 종살이에 지쳐 있던 동족 이스라엘 백성을 구해내어 광야 생활을 이끌며 가나안을 향했던 40년, 총 120년의 험난한 여정의 삶이었다.

모세가 그 험난한 120년의 일생을 마감하는 시점에서 가나안 땅에 들어가지 못하고 죽을 것을 아는 모세로서는 후손들에게 남기는 유언과도 같은 설교가 신명기(申命記)이다. 그 모진 고생을 하며 민족을 이끌고 가나안 땅 눈앞에까지 왔는데, "왜 나는 가나안 땅을 밟지 못합니까?" 원망과 불평 한마디 없이 순종하고, 겸손한 모세의 모습을 우리가 닮아야 할 것이다.

끝으로 내가 신명기(申命記)를 필사하면서 이 필사본을 어떻게 할까? 나름 고민하면서 필사하는 도중 "그가 왕위에 오르거든 이 율법에서의 등사본을 레위 사람 제사장 앞에서 책에 기록하여 평생에 자기 옆에 두고 읽어 그의 하나님 여호와 경외하기를 배우며 이 율법의 모든 말과 이 규례를 지켜 행할 것이라(신명기 17:18~19)"는 말씀이 마음에 와닿았다.

2021년 11월 27일은 사랑하는 준희(俊熙)가 첫돌을 맞이하는데, 이 필사본을 너에게 선물로 주면 영원한 기념이 되지 않을까 생각했다. 그래서 나는 우리 준희가 성장하면서 성경 말씀처럼(신명기 17:18~19) 성경을 항상 머리맡에 두고 읽고 묵상하길 할아버지는 소망한다. 사랑하는 우리 준희가 할아버지가 쓴 이 글을 읽고 이해할 수 있을 때쯤이면, 아마도 할아버지는 준희 곁을 떠나 하나님 나라에 가 있겠지...!

사랑하는 우리 준희가 성장하면서 하나님을 믿고 주님을 구주로 영접하는 믿음의 유산이 대물림되기를 바라는 간절한 마음뿐이다. 우리 준희가 신명기의 가장 대표적인 축복(祝福)과 저주(咀呪)의 장(章)이라고 하는 28장을 많이 읽고 깨닫기를 진심으로 바란다. 하나님의 계명을 순종하고 지켰을 때는 복을 받지만(28:1~14절), 불순종하고 지키지 않으면 저주를 받는다(28:15~68절)는 가르침을 잊지 않기를 소망하면서, 하나님으로부터 저주를 피하고, 복을 받기 위한 신앙의 푯대가 "신명기(申命記)"임을 명심하길 바란다.

하나님 아버지! 우리 준희가 슬기롭고 건강하게 영성이 있는 하나님의 아들로 성장하게 하옵소서. 신명기의 말씀처럼 우리 준희가 들어와도 복을 받고, 나가도 복을 받게 하옵소서. 예수님 이름으로 기도합니다. 아멘!

봉선생의 큰 소망, 민들레 꽃씨 되어

50

가정예배 드리기를
폐閉하지 말자

세상은 날마다 새로운 풍조를 만들어 내면서, 가정에 막대한 영향력을 끼치고 있다. 내가 어릴 때 살아왔던 대가족 시대에서 밥상머리의 가정교육은 이미 사라진 지 오래되었고, 오늘날 인터넷의 발달로 하루에도 수없이 쏟아지는 SNS(Social Network Service)의 정보는 우리에게 많은 유익함을 주기도 하지만, 또한 악한 영향을 많이 끼치고 있다는 것도 부인할 수 없는 사실이다.

이러한 SNS상의 정보 홍수 가운데 살아가는 우리가 건전한 가정, 행복한 가정을 세우고 지켜나가려면 먼저 가정 공동체가 바르게 서야 하는데, 그 중심에는 부모가 있다는 것을 모르는 사람은 없을 것이다. 그래서 나는 부모가 중심을 잡고 자녀에게 가정예배를 드리는 전통적인 유산을 물려주어야 한다고 생각했다. 즉 조상으로부터 물려받은 재산, 내가 피땀 흘려 모은 재산은 다 없어질지라도, 우리 자손들이 늘 함께하시는 하나님을 경외하는 가정예배만큼은 포기해서는 안 된다고 생각하게 되었다.

나는 하나님 앞에 가정예배를 드리기 시작하면서 할아버지, 할머니 그리고 자녀와 손자, 손녀가 한자리에 모여 매일 가정예배를 드리면 얼마나 좋을까? 마음속에 그려보았다. 그러나 핵가족 시대에 살아가고 있는 우리가 매일매일 3대가 모여 예배를 드린다는 것은 현실적으로 불가능한 일이다. 그나마도 나는 고유 명절이나 집안 행사가 있을 때, 그리고 자녀들이 집에 방문했을 때, 모두 모여 가정예배를 드릴 수 있도록 인도해 주신 하나님께 감사를 드린다.

가정예배의 목적

나는 2005년 3월부터 가정예배를 드리기 시작하여 올해 18년이 되었다. 나는 가장으로서, 나아가서는 하나님을 믿는 가정의 제사장으로서 성경 말씀을 모르고 가정예배를 인도한다면 어떻게 될까? 말씀을 전하는 사람도, 듣는 사람도 은혜가 되지 않는다. 그래서 나는 없는 시간도 쪼개어 성경 말씀을 정독하며 그날그날의 전할 메시지를 나름대로 준비하였다. 그리고 부족하지만, 말씀을 이해하기 쉽도록 강해(講解)를 하면서 말씀의 은혜를 나눴다. 그랬더니 나 자신도 모르게 하나님의 말씀이 눈에 들어오고 귀에 들리기 시작하였으며, 입술이 열리고 기도가 나오기 시작하는 은혜를 경험했다.

나는 가정예배를 드리기 시작한 초창기 한두 달 정도는 어떤 목표를 세우고 예배를 드린 것은 아니었다. 가정예배를 드리면서 성경 말씀의 기초가 부족하다는 것을 깨달았고, 아울러 심한 사탄의 역사로 방해가 시작되었다. 나는 1999년도에 성경 필사를 시작했고, 가정예배를 드리기 시작했는데 몇 개월 만에 포기하고 말았다.

봉선생의 큰 소망, 민들레 꽃씨 되어

이 모두가 목적과 목표가 없고 의지가 약하다 보니 사탄의 방해에 무릎을 꿇고 만 것이다. 그래서 이제는 어떤 큰 결단이 없이는 또다시 사탄의 유혹에 굴복하고 가정예배가 폐(廢)하여지겠다는 생각이 들었다. 즉 어떤 확고한 목적의식과 목표를 가지고 예배를 드려야 은혜가 있고 믿음이 자랄 것이며, 더 나아가 하나님께 영광을 돌리는 길이라고 생각했다.

이때 나는 여호수아 24장을 정독하고 묵상하면서 많은 은혜를 받고 깨달음이 왔다. 특히 여호수아 24장 2절, 3절 말씀을 묵상할 때는 내가 어릴 때 어머니 모습이 생생하게 클로즈업(Close Up)되면서, 하나님께서 원하시는 가정을 세우기 위하여 내 안의 우상을 버리겠다고 결심하였다.

> 『이스라엘의 하나님 여호와께서 이같이 말씀하시기를 옛적에 너희의 조상들 곧 아브라함의 아버지, 나홀의 아버지 데라가 강 저쪽에 거주하여 다른 신들을 섬겼으나, 내가 너희의 조상 아브라함을 강 저쪽에서 이끌어 내어 가나안 온 땅에 두루 행하게 하고 그의 씨를 번성하게 하려고 그에게 이삭을 주었으며(여호수아 24:2~3)』

나는 하나님을 믿지 않은 가정의 5남매 중 막내로 태어났다는 것을 앞에서 언급한 바 있다. 내가 아주 어릴 때 어머니는 가족들의 생일날에는 안방 윗목에 음식상을 차려 놓거나, 특별한 절기(節氣)에는 부뚜막에 정화수(井華水)를 떠 놓고, "비나이다! 비나이다! 조왕신(竈王神)[1]께 비나이다!", "비나이다! 비나이다! 성주신(城主神)[2]께 비나이다!" 하시면서 가정의 평안

---

1 조왕신(竈王神): 조왕신은 부엌을 맡은, 즉 불의 여신으로 간주 된다.
2 성주신(城主神): 성주신은 한국의 가신(家神) 중 최고신으로 여겨지며 집안의 가장을 수호하는 신으로 간주 된다.

과 가족들의 건강을 비는 모습을 종종 보면서 성장했다. 우리 어머니만 그런 것이 아니라 다른 집안의 어르신들도 그렇게 일종의 토속 신앙을 믿었던 것 같았다. 지금 생각해 보면 우리 어머니가 "조왕신과 성주신" 대신 "하나님께 비나이다"라고 기도하셨더라면 얼마나 좋았을까? 생각해 보았다.

여호수아 24장 14절에 보면 여호수아는 "온전함과 진실함으로 섬기라." 그리고 "섬기던 신들을 제하여 버리라" 즉 우상을 버리라는 것이다. 새 옷을 입으려면 헌 옷을 벗으라는 것과 같다. 아브라함도 모세도 다 버리고 고향 친척 아비 집을 떠났고, 애굽에서 공주의 아들이 되는 영광도 버렸다. 믿음이 성장하려면, 버릴 것은 과감하게 버려야 된다는 것을 깨달았다.

그리고 가정예배를 드리는 목적이 무엇인가를 깊이 생각하게 되었다. 가정의 주인이 하나님이시라는 사실을 분명히 기억하고, 우리가 먼저 가정 안에서 하나님과 동행하며 하나님의 선한 뜻을 이루기 위해 애써야 한다. 하나님께서 영광 받으시고 하나님을 찬양하는 소리가 늘 울리는 복된 가정을 하나님께서는 바라고 계실 것이다.

결론적으로 내가 가정예배를 드리는 목적은 예배를 통하여 첫째, 하나님과 동행을 위한 삶의 실천이고 둘째, 가족 구성원 모두가 한 단계 더 믿음이 성숙하기 위함이며, 끝으로 자녀에게 믿음의 유산을 물려주기 위한 믿음의 본을 보여주기 위한 것이다.

가정예배를 폐하지 않으려면?

나는 "가정예배는 복의 근원"이라는 앞의 단원에서 가정예배를 집요하게 방해했던 사탄의 역사를 소개한 바 있다. 사탄은 왜 그리 나에게 가정예배를 드리지 못하도록 방해했을까? 가정예배는 하나님의 자녀가 되는 길이고, 하나님의 가정으로 변화해 가는 길이며, 하나님 나라의 백성이 되어가는 과정이다. 복된 가정, 참된 교회, 하나님 나라를 세우는 일은 마음만 먹으면 되는 일이 아니다.

마귀의 백성이 하나님의 백성 되고자 할 때, 사탄은 빼앗기지 않으려고 우는 사자와 같이 덤벼들 것이다. 나의 신앙생활에 허점과 틈이 보인다면 사탄과 마귀는 달콤한 속삭임으로 천사처럼 가장하여 나에게 접근하고 있음을 깨달아야 한다. 따라서 마귀의 유혹과 꼬임에 넘어가지 않으려면, 쉬지 않는 기도와 끊기지 않는 가정예배로 제단을 쌓아가는 가정이 되기를 우리 자녀들에게 권면한다.

며칠 전 아내와 나는 "마귀의 팔복"이라는 제목으로 가정예배를 드리면서 많은 은혜를 받은 경험이 있다. "마귀의 팔복"은 미국의 더글라스 파슨스(Douglas Parsons)라는 성도가 마태복음 5장에 나오는 예수님의 팔복을 패러디해서 쓴 글로, 이 글을 인용하여 김장환 목사님께서 2023년 가정예배 교재에 '마귀로 인해 받게 되는 8가지 화(禍)'라는 내용으로 게재했는데 그 내용은 이렇다.

마귀의 팔복(마귀로 인해 받게 되는 8가지 화(禍))

- 피곤하고 바쁘다고 교회에 나가지 않는 자는 복이 있나니, 나의 믿을 만한 일꾼이 될 것임이요.
- 교역자의 트집을 잡는 자는 복이 있나니, 설교를 들어도 은혜를 받지 못할 것임이요.

- 나오라고 사정해야 겨우 교회 나오는 자는 복이 있나니, 교회 안에서 말썽만 일으키게 될 것임이요.
- 남의 말을 좋아하는 자는 복이 있나니, 그들은 교회 내의 다툼과 분쟁을 일으킬 것임이요.
- 걸핏하면 토라지는 자는 복이 있나니, 작은 일에도 화를 내고 교회를 그만 둘 것임이요.
- 인색하여 헌금하지 않는 자는 복이 있나니, 나의 일을 가장 잘하는 자가 될 것임이요.
- 하나님을 사랑한다 하면서도 형제와 이웃을 미워하는 자는 복이 있나니, 나의 영원한 친구가 될 것임이요.
- 성경 읽고 기도할 시간이 없는 자는 복이 있나니, 그들은 나의 꾐에 쉽게 넘어갈 것임이니라.

나는 지금 우리 자녀들과 후손들에게 또다시 권면한다. "마귀의 팔복"은 내가 "마귀로 인해 받게 되는 8가지 화(禍)"임을 명심하기 바란다. 이 8가지의 화(禍)를 피하는 길은 가정예배로 제단을 쌓는 길이며, 가정예배를 폐(閉)하지 않으려면, 오직 "마귀의 팔복"이 아닌 주님이 산에서 가르치신 진정한 팔복을 구하도록 매 순간 하나님 앞에 나아와 기도로 무릎을 꿇어야 할 것이다.

나는 "고넬료의 가정"을 본받고 싶다.

성경 말씀에서 훌륭하고 모범이 되는 가정을 꼽으라면 많이 있다. 노아의 가정, 한나와 사무엘의 가정, 아브라함 - 이삭 - 야곱으로 이어지는 가문(家門), 욥의 가정 등, 수없이 많이 있다. 그런데 나는 사도행전에 나오는 '고넬료'의 가정을 더 좋아한다.

'고넬료'는 이탈리아 로마 총독으로부터 이스라엘 '가이사랴' 지방에 파견된 군대의 백부장이다. 100여 명을 다스리는 지휘관이니 오늘날 군대로 보면, 중대장쯤 되는 지휘관이다. 당시 서슬이 시퍼렇던 로마 총독이 '가이사랴'로 파견 보낸 지휘관이었으니 그 위세가 하늘을 찌르고도 남았을 것이다. 그런데도 그가 경건하여 온 집안과 더불어 하나님을 경외하며 백성을 많이 구제하고 하나님께 항상 기도하는 자였다고 성경은 소개하고 있다.

내가 '고넬료'를 좋아하게 된 것은 첫째, 하나님을 경외하는 경건한 신앙의 사람이기 때문이다. '고넬료'에게 주어진 막강한 권한으로 얼마든지 파견 지역 백성들을 괴롭히고 고통을 주며 압제(壓制)로 다스릴 수 있었을 것이다. 한마디로 생사여탈권(生死與奪權)을 갖고 있었음에도, 그는 겸손하고 경건한 사람이었다는 것이다.

둘째, 이웃을 사랑하는 실천의 사람이었기 때문이다. 사랑의 중요성과 순서는 먼저 하나님을 사랑하는 것이고, 그다음이 자기 사랑이고, 그다음이 이웃 사랑이다. 즉 '고넬료'는 생사여탈권(生死與奪權)이 있었음에도, 하나님의 계명대로 먼저 하나님을 사랑하고, 자신을 사랑하며, 그다음에 자기 몸을 사랑하듯이 이웃 사랑을 실천한 사람이었다는 것이다.

셋째, 자기관리를 잘한 사람이기 때문이다. "하나님께 항상 기도하더니"라고 한 것을 보면, '고넬료'는 항상 자기관리를 철저하게 하는 사람이었을 것이다. 그가 항상 경건하고 하나님을 경외하는 삶을 살 수 있었던 비결은 항상 기도하는 사람이기 때문에 가능했다. "온 집안과 더불어"라는 말씀을 보면 '고넬료'는 틀림없이 온 가족과 함께 매일 가정예배를 드리면서 기도하였을 것으로 확신한다. 그래서 나는 '고넬료'가 가정예배와 기도를 통하여 하나님의 뜻을 알고, 자기를 하나님 앞에 굴복시키고, 자기를 다스리는 자이었음을 깨달았기에 '고넬료와 그 가정'을 본받고 닮아가고 싶은 것이다.

나는 우리 자녀들에게 권면하고 싶은 것은 성경 말씀에서 본을 받아야 할 가정을 선정하여 롤-모델(Role Model)로 삼고, 그 가정(家庭)처럼 닮아가도록 노력할 것을 권면한다. 그리고 복의 근원인 가정예배가 너와 나의 대(代)에서 폐(閉)하여져 멈추는 것이 아니라, 후손 대대(代代)로 이어지길 소망한다.

51

가훈家訓을
이어가자

나는 앞에서 언급했듯이 나의 가장 큰 소망은 "하나님을 믿는 신앙의
유산을 후손에게 대(代)물림되는 것"이라고 했다. 그리고 이를 위해 "성경
필사"와 "가정예배"를 몸소 실천하기를 우리 자녀들에게 권면하고 있다.
이제 마지막으로 내가 바라는 소망 중 하나는 가훈(家訓)을 이어받고 물려
주는 전통을 세워 나갈 것을 우리 자녀들에게 권면한다.

> 『만일 여호와를 섬기는 것이 너희에게 좋지 않게 보이거든 너희 조상들이
> 강 저쪽에서 섬기던 신들이든지 또는 너희가 거주하는 땅에 있는 아모리
> 족속의 신들이든지 너희가 섬길 자를 오늘 택하라 오직 나와 내 집은 여호
> 와를 섬기겠노라(여호수아 24:15)』

여호수아는 24장 15절에서 이스라엘 백성에게 이렇게 설교하고 있
다. 한마디로 말하면 "우상(偶像)을 섬기든지, 하나님을 섬기든지 둘 중 하
나를 선택하라"라는 여호수아의 고백이다.

나는 이 말씀에서 "우상이든지 하나님이든지?" 양자택일(兩者擇一)하라는 여호수아의 말에 올바른 선택의 원리와 기준은 무엇인가?를 깊이 생각하지 않을 수 없었다. 그것은 하나님을 믿는 성도라면 당연히 하나님의 관점과 성경적인 근거에서 찾아야 하지 않을까? 생각해 보았다.

올바른 선택의 원리

인생에는 중요한 선택이 세 가지가 있다고 한다. 첫째는 인생관의 선택이다. 즉 내가 무엇을 위해 일생을 바칠 것인가? 즉 인생 가치관의 선택이다. 어찌 생각하면 종교적 선택일 수도 있다. 두 번째는 직업의 선택이다. 직업은 의식주를 해결하는 문제이기에 중요할 수밖에 없다. 세 번째는 배우자 선택이다. 어떤 배우자를 선택하느냐에 따라 평생이 좌우될 수도 있기 때문이다.

우리는 끊임없이 선택의 도전 앞에서 살아간다. 어제도 선택하며 살아왔고, 오늘도 선택해야 하고, 내일도 모레도 글피도…! 매일매일 선택하며 살아간다. 그런데, 하나님을 믿는 우리는 선택의 원리를 성경에서 찾아야 하지 않을까? 우리가 직업을 선택하든, 배우자를 선택하든, 내가 어떤 문제를 두고 이렇게 할 것인가? 저렇게 할 것인가? 선택해야 할 때, 아래 세 가지를 참고하여 선택하기를 우리 자녀들에게 권면한다.

첫째, 하나님 편에서 선택해야 한다. 하나님을 믿는 성도인 우리는 무슨 일을 하든지 하나님의 말씀에 따르는, 하나님 편에서 선택하자.

둘째, 양심에 맞게 선택해야 한다. 양심이 불편한 선택을 하면 안 된다. 즉 선택하고 나서 마음에 평안이 있어야 한다는 말이다. 양심이 상하면 믿음도 함께 상하기 때문이다. 즉, 선택하고 나서 후회가 없어야 하는

봉선생의 큰 소망, 민들레 꽃씨 되어

것은 당연한 것이다.

셋째, 나의 유익을 구하려고 남의 손해를 끼치는 선택을 하지 말라. 나만 유익한 선택은 상대방에게는 피해를 줄 수 있고, 이는 하나님의 뜻이 아니다. 내 욕심 하나 때문에 다른 사람에게 피해를 주는 그런 선택이 아니라 공동체의 공익을 위해서 선택할 때 후회가 없는 것이다.

우리가 선택할 때 하나님 편에서 한다는 말은 신앙적 영역이다. 말씀에 맞게 한다는 것은 하나님 영역이고, 양심에 맞게 한다는 것은 나 자신에게 거리낌이 없다는 말이고, 다른 사람에게 유익하다는 말은 이웃을 위하는 일이다. 잘못된 선택은 자기를 상하게 하고, 이웃에게 손해를 끼치고, 나아가 하나님께 영광을 가리는 것이다. 선택에 실패한 사람을 보면 전부 이 세 가지 안에 다 걸리게 되어있다는 것을 명심하자.

가훈(家訓)의 선정(選定)

"가훈(家訓)"이란 어떤 의미를 지니고 있을까? 사전적 의미를 찾아보니 "조상 대대로 그 집안의 자손들에게 도덕적인 실천 기준으로 가르치는 교훈"이라고 되어있다. 따라서 나는 가정예배를 드리기 시작하면서 하나님을 믿는 가정에서 자녀들에게 가르쳐야 할 교훈을 당연히 성경 말씀에서 찾아야 한다고 생각했다.

부모가 자녀들에게 믿음의 유산을 물려주기 위해서는 어떻게 할 것인가? 부모가 가정예배를 드리면서 자녀에게 믿음의 본을 보이는 것으로는 부족한 생각이 들었다. 그래서 나는 가정의 윤리적 지침과 가족 구성원들의 가치관 확립을 위해 하나님 말씀 중에서 간명(肝銘)하게 표현하여 가훈(家訓)을 정하고 싶었다. 그래서 우리 후손들이 하나님의 말씀 중심으로 올바른 가치관을 세우고 정체성을 정립하여 화목하고 행복한 가정을 이끌어가고, 하나님의 사랑을 실천하는 믿음의 가문(家門)을 이어가는 것이 나의 가장 큰 소망이다.

성경을 보면 선택에 실패한 사람들이 많이 나온다. 아담도 영생이냐 타락이냐에서 그만 선악과를 따먹는 잘못된 선택을 했다. 아브라함의 조카 롯은 주거 선택를 잘못했다. 아합은 아내 이세벨을 잘못 선택했기에 그 가문이 몰락하였고, 가룟 유다도 은 삼십 량에 눈이 멀어 재물을 선택하고 주님을 배반했다. 그러나 여호수아는 하나님을 선택함으로 오늘날까지 그 이름이 빛나고 있는 것이다.

나는 여호수아서 말씀을 읽을 때마다 24장 말씀에서 많은 은혜를 받으면서 여호수아가 선택했던 것처럼, 나도 참신(神)이신 하나님을 선택하고, "오직 나와 내 집은 여호와를 섬기겠노라(수 24:15)"는 말씀을 우리 집 가훈(家訓)으로 선정하였다.

우리집 거실에 걸려있는 성구(聖句) -가훈(家訓)

또 이 말씀은 내 인생의 Turning Point가 되어준 말씀이기 때문이다. "우상의 신을 섬길 것인지? 참 신인 여호와를 섬길 것인지? 오늘 선택하

봉선생의 큰 소망, 민들레 꽃씨 되어

라"라고 요구하는 여호수아 고백이 나의 신앙고백이 되게 해 달라고 매일 기도하고 있다. 그 말씀으로 나와 가정을 신앙 안에서 세워가며, 우리 자녀들에게 값진 믿음의 유산을 물려줄 것을 권면하고 있다.

여호수아의 때처럼 지금도 우리의 주변에는 눈이 있어도 보지 못하고, 귀가 있어도 듣지 못하고, 꼬집어도 아픔을 느끼지 못하고, 코가 있어도 냄새도 맡지 못하며, 입이 있어도 말하지 못하는 그야말로 오감(五感)을 느끼지 못하는 목석(木石)을 섬기는 어리석은 문화가 교묘하게 우리의 사회에 스며들어 있어 우리를 유혹하고 있다. 이러한 세상 유혹과 우상에 넘어가지 않으려면, 우리는 매일 하나님만을 섬길 것을 결정하고 기도해야 함을 깨닫는다. 그래서 우리 가문(家門) 모두는 민들레 꽃씨가 되어 "오직 하나님만 섬기는 믿음의 유산"을 자자손손(子子孫孫) 후손에게 널리 전하여 대(代)물림되는 축복으로 이루어지는 것이 나의 가장 큰 소망이다.

제**6**장

회상(回想)

52

열등감이 심하였던 소년

이성연 경제학 박사가 Next Economy에서 자존심과 자존감의 차이를 이렇게 밝혔다.

『전문가들은 자존심(自尊心)과 자존감(自尊感)의 결정적 차이는 '시선의 방향'에 있다고 말한다. 자존심의 시선은 '나의 밖'을 향하고 있고, 자존감의 시선은 '내 안'을 향하고 있다. 즉 자존심은 '남들이 나를 보는' 것이라면, 자존감은 '나 스스로 나를 보는' 것이다. 따라서 자존심은 남들이 나를 어떻게 바라보고 평가하는가에 민감하게 반응하지만, 자존감은 내가 나를 어떻게 보느냐가 중요한 것이다. 자존감이 있는 사람은 자아정체성(Self-Identity)이 제대로 확립된 사람이고, 자존심만 강한 사람은 자아정체성이 아직 혼미(Identity Diffusion)한 상태에 있는 사람이다.』

나는 초등학교를 거쳐 중고등학교를 졸업할 때까지 자존심이 강하고 열등감이 많이 있었던 아이였다. 내 또래와 비교하여 뒤처지면 밤잠을 설치며 스스로 비하(卑下)하여 스스로 못난이 취급을 했다. 대표적인 것이 앞에서도 언급했지만, 중학교 시험에 떨어진 나는 재시험을 보기 위해 재수하여, 초등학교 7학년이라는 콤플렉스에 갇혀 버렸고, 그로 인해서 중학교 친구들과 어울리기를 멀리하며, 고등학교 시험을 치러야 할 당시 고향에서 학교에 다니지 않겠다고 고집을 피우기도 하였다.

내가 어릴 때 왜 그렇게 자존심이 높고 열등감이 심했을까? 60여 년 전 어린 시절을 회상(回想)해 본다. "제1장 나의 성장기"에서 언급하였듯이 나는 가난한 집안, 그리고 6.25 전쟁 중에 늦둥이로 태어났다. 그리고 성장하면서 내가 철이 들 때쯤에 부모가 아닌 다른 사람으로부터 "네가 왜 태어나서…! 부모도 고생이고, 너도 고생이고…!"라는 말을 자주 들었다.

그렇게 말씀하시는 분의 생각은 나를 향한 측은지심(惻隱之心), 즉 나이 많은 부모 슬하에 태어나 앞으로 험난한 세월을 살아갈 때, 가엾고 불쌍하다고 여기는 생각에서 그렇게 표현했을 것으로 생각한다. 하지만 어린 나에게는 그 말이 큰 상처가 되어 마음속에 옹이가 박혀서 "그래, 맞아…! 내가 왜 태어났을까? 쓸모없는 사람이지…!"라고 스스로 나를 비하(卑下)하는 잘못된 정체성이 자리를 잡았다.

또한, 초등학교 시절 운동회 때 반백(半白)의 머리에 허리 굽은 어머니의 모습을 본 친구들이 "봉수는 엄마가 없나 봐…! 할머니가 오셨다"라는 조롱과 비아냥거리는 소리에 또래들과 싸운 뒤로는 창피함과 수치심에 당당하게 나서지 못하고, 뒤로 숨어버리는 비굴함의 자아(自我)가 생기기 시작하면서 어머니와 함께 대중 앞에 나서기를 싫어했다. 그리고 급기야는 고등학교 때, 어머니가 사준 "풀빵 봉지"를 내동댕이쳐 버리는 불효를

봉선생의 큰 소망, 민들레 꽃씨 되어

저지르게 되었다. 이렇게 나 자신도 모르게 형성된 잘못된 자아(自我)가 자존심(自尊心)과 열등의식(劣等意識)을 강하게 만들었다.

그래서인지 몰라도 어떤 사람이 되었던 나의 자존심을 건드리면 여지없이 용수철처럼 튀어나왔던 과거 나의 성격, 이를테면 자기 방호(自己防護)의 본능을 강하게 표출(表出)하고는 하였다. 그러했던 내가 60여 년이 지난 지금 이렇듯 드러내고 싶지 않은 나의 치부(恥部)를 과감하게 드러내면서까지 자서전(自敍傳)을 쓰고 있는 용기는 어디에 있을까?

자문(自問)해 보면 분명히 나는 부정의 생각이 긍정의 생각으로 변하였다. 자존심을 버리게 되니 열등감도 사라졌고, 오히려 나 자신이 부끄러운 것이 아니라 자랑스러웠다. 즉 과거의 열등감과 자존심(自尊心)은 낮아지고, 나 스스로를 사랑하고 존중하는 자존감(自尊感)이 높아졌기 때문이 아닌가 생각한다.

"각자무치(角者無齒)"라는 말이 있다. '뿔을 가진 자는 날카로운 이가 없다'는 뜻으로, 어떤 사람도 강점이나 재주를 모두 다 가질 수는 없다는 말이다. 학자들의 연구에 의하면 사람은 누구나 서너 가지의 강점과 약점을 가지고 있다고 한다. 자존심을 낮추기 위해서는 자신의 약점에 신경을 쓸 것이 아니라, 자신의 강점을 발견하고 발전시켜 나가는 것이 자존감을 기르는 한 방법이 아닐까? 생각한다.

53

너가 자랑스럽다

나는 어렸을 때 자존심(自尊心)이 강하고 열등의식에 남을 비교하며, 상대방의 반응에 민감한 청소년기를 보냈다고 앞에서 언급했다. 그랬던 내가 열등감과 비교 의식이 사라지고, 나 자신이 소중한 존재임을 깨닫고 나의 정체성을 확립시키는 계기(契機)는 무엇이었을까? 그것은 첫째, 직업으로 간성(干城)의 길을 선택하여 장교가 되었다는 것이다. 둘째, 영원히 죽을 수밖에 없는 죄인이었던 나를 구원해 주신 예수님을 영접하고 하나님을 믿게 되었기 때문이다.

나의 인생에 있어서 이 두 가지의 큰 사건이 나의 가치관과 정체성을 확립시켜 주는 전환점(轉換點-Turning Point)이 되었다는 것은 두말할 필요가 없다.

호국간성(護國干城)이 된 것은 나의 영광

장교가 되려면 국가에 대한 애국심과 충성심, 그리고 투철한 국가관과 사명감을 갖추어야 함은 기본이다. 그리고 장교는 언제 어느 때라도 부여된 직책을 수행할 수 있는 능력이 갖추어져야 한다. 기본적으로 각종 훈련을 견딜 수 있는 강한 체력과 정신력이 요구되며, 분석력과 통찰력, 판단력 등을 갖추어야 하며, 또한 통제된 생활을 이겨 낼 수 있는 절도 있는 생활 자세와 인내심이 필요하고, 올바른 국가관, 책임감과 동료들과 원만한 관계를 유지할 수 있는 능력 또한 있어야 한다.

그리고 지휘관이 되면 리더십의 진가를 발휘해야 한다. 왜냐하면, 전시에는 작전을 지휘하고, 평시에는 교육 훈련과 병영 생활 전반을 관리하는 등 지휘 통솔하는 임무를 수행하여 궁극적으로는 전쟁에서 승리로 이끌기 위함이다. 그래서 그 누구든 장교가 되기 위해서는 위와 같은 자격과 조건을 갖추기 위하여 피땀 흘리는 교육과 훈련의 과정을 거쳐야만 한다. 그리고 이 훈련 과정에서 살아남은 자만이 장교로 임관되어 호국간성(護國干城)의 길을 걷게 된다.

나는 어렸을 때의 꿈은 은행원이 되는 것이 로망이었다고 밝힌 바 있다. 그래서 상업계의 고등학교에 다니기를 원했으나, 뜻대로 되지 않아 차선책으로 선택한 것이 직업군인의 길이었다. 당시 육군사관학교 시험에 불합격하여 낙망하고 고민하고 있을 즈음 육군3사관학교 시험을 볼 수 있는 길이 있다는 것을 알았을 때, 당시 시험도 보기 전에 합격이나 한 것처럼, 기뻐했던 기억이 지금도 생생하다.

육군3사관학교에 입학할 당시 나는 왜소한 체격이었다. 그랬던 내가 15Kg 이상 되는 완전군장으로 자갈밭을 걷고 뛰며 체력의 한계를 느꼈을 때 포기하고도 싶었으나 유격 훈련과 공수 훈련을 통하여 체력의 한계를 극복할 수 있었고, 공포와 두려움의 상징이던 고소공포증도 사라지게 되었다. 특히 "장교는 양심을 속여서는 안 된다."라는 원칙을 지키기

위해 정기적으로 양심 평가서[1]를 작성하는 시간에는 그 누구도 숙연(肅然)
해지고, 괴로워하지 않을 수가 없었다. 왜냐하면, 나의 평가로 인하여 함
께 고생했던 동료 전우를 퇴교시킬 수 있으므로 신중해야 하기 때문이다.

앞에서 언급했듯이 나는 자존심과 열등의식이 많았던 시절을 보냈다
고 했다. 그렇게 자신감이 없었고, 남의 눈치를 보며 앞에 나서기를 싫어
하고, 나 자신을 비하(卑下)했던 나였었다. 그런데 2년 동안 강도 높은 훈련
을 통하여 나도 할 수 있다는 자신감이 생기면서 열등의식도 많이 사라
지게 되었다.

청운(靑雲) 꿈을 품고 장교가 되었을 때는 누구나 진급이라는 희망을 버
리지 않는다. 비록 중령으로 진급하지 못하고 소령으로 전역하였지만 후
회하지 않았고, 오히려 그 이상의 값진 교훈을 얻었다. 그것은 곤충이 번
데기가 되고, 번데기가 우화(羽化)하여 탈바꿈하듯이 2년간의 강도 높은
훈련과 22년간의 군 생활을 통하여 나의 열등감과 자존심이 깨어지고 성
품이 변화될 수 있는 초석(楚石)이 놓이게 되었고, 훗날 주님을 영접하고
하나님을 만남으로써 나의 잘못된 자아(自我)가 깨어지고 자존감(自尊感)이
높아진 것이다.

따라서 나는 차선책으로 선택하였던 직업군인 길, 그것도 간성(干城)의
길을 선택했던 것을 한 번도 후회하지 않았을 뿐만 아니라, 오히려 차선

---

1   양심 평가서(良心 評價書): 양심 평가는 정식 입교 후 1년 동안 2~3회 실시했다. 평가는 소
대 단위로 실시하는 상대 평가이다. 즉 내가 속해있는 소대원이 40명이라면, 평가하는 나
를 제외하고 1위~39위까지 양심과 도덕성의 서열을 스스로 부여한다. 그리고 1위~5위, 35
위~39위까지 즉, 상위 5명과 하위 5명은 선정한 이유를 육하원칙에 의해 기술하여 제출하
여 내무생활 점수에 반영한다. 단, 하위 5명에 포함되었던 생도가 다음 평가에서도 하위 5
명 이내로 선정되면, 장교의 자질이 부족한 것으로 판단하여, 강제 퇴교를 당할 수 있다.
실제로 2차 평가에서 수십 명이 무더기로 퇴교당했다.

책이 최상의 선택이 되었기에 더욱 자랑스럽게 생각한다. 그래서 나는 피가 끓는 젊은 시절 어려웠던 난관을 극복하고 국가를 지키는 호국간성(護國干城)의 장교가 되었다는 영광과 심신(心身)이 미약했던 내가 강하게 단련되어 적극적이고 진취적인 성품으로 변화한 것을 볼 때, 나 자신이 자랑스럽지 않을 수 없다.

하나님을 믿게 된 것은 가문(家門)의 영광

나의 성격은 주도면밀하고 휘어질 줄 모르는 고집스러움이 있었다. 굽힐 줄 모르는 옹고집, 철옹성과 같은 나의 아성(牙城)을 쌓아 놓고 스스로 보호하려는 본능이 강한 나였다. 그래서인지 아내는 가끔 나를 보고 "호두 알" 같은 사람이라고 빗대어 말한 적이 있었다. 아마 그것은 나의 철옹성과 같은 마음의 장벽 때문에 하나님 말씀을 전하여도 비집고 들어갈 틈이 없음을 빗대어 껍데기가 단단한 호두 알에 비교하지 않았을까 생각한다. 그렇게 철옹성 같았던 나의 아성(牙城)이 무너지도록 포기하지 않고 권면하며, 눈물로 기도해 준 아내에게 정말 고맙다는 말을 다시 한 번 전하고 싶다.

38년간 누워있는 병자..!

『거기 서른여덟 해 된 병자가 있더라. 예수께서 그 누운 것을 보시고 병이 벌써 오래된 줄 아시고 이르시되 네가 낫고자 하느냐? 병자가 대답하되 주여 물이 움직일 때에 나를 못에 넣어 주는 사람이 없어 내가 가는 동안에 다른 사람이 먼저 내려가나이다. 예수께서 이르시

본문에서 예수님께서는 베데스다 연못에 모인 수많은 병자들 가운데, 특별히 한 사람에게 찾아오셨다. 그 사람은 바로 5절에 등장하고 있는 38년간 누워있는 병자이다. 예수님께서는 6절에서 38년간 누워있는 병자에게 물으셨다. "네가 낫고자 하느냐?" 그러자 그 환자는 "네 낫기를 원합니다"라고 대답하기보다, 모든 것을 체념하고 포기하듯 방법이 없다고 대답하는 것을 볼 수 있다(7절). 연못에는 선착순 일등으로 들어가야만 병이 낫는다고 하는데, 모두가 나보다 빨라서 38년 동안 소망을 갖고 연못 주변에 누워있었지만, 연못에 데려다주는 사람이 없었다는 것이다. 그런데 예수님께서는 그 사람의 답변에 개의치 않으시고, 곧바로 그에게 "네 자리를 들고 걸어가라"라고 하셨다. 그러자 그는 곧 나아서 자리를 들고 걸어가게 되었다는 말씀이다.

본문의 주인공인 38년간 누워있는 걷지 못한 환자의 치유를 방해했던 요인은, 무관심에 묶여있어서 관망만 하고 있었고, 고정관념에 묶여있고, 장애라는 트라우마에 대한 잘못된 기억과 상대방을 불신하게 되고, 원망과 불평에 묶여있으므로 감사할 줄 몰랐고, 열등감과 비교 의식에 묶여있어서 자기 자신을 평가절하하고, 두려움에 묶여있음을 성경은 말하고 있다.

38년간 누워있는 병자와 같았던 나..!

나는 33살 되던 해, 그러니까 1983년 이맘때쯤 군 복무 시절 세례를 받았다. 물론 본 교회에서 원로 목사님으로부터 침례도 받았다. 처음 세례받은 지 얼마나 되었나 계산해 보니 40년이 되었다. 공교롭게도 오늘 성경에 나온 38년간 누워있는 걷지 못한 환자와 햇수가 비슷하다. 나는 오늘 자서전 집필을 마무리하면서 지난날 나의 믿음 상태를 돌아볼 때, 오늘 성경 본문의 38년 된 병자와 다를 것이 없는 신앙적으로 허약한 자이었음을 고백한다.

정말 부끄럽기 한이 없다. 누군가가 나에게 다가와서 일으켜 손잡아 주기만을 기다리는 38년 동안 누워있는 병자처럼 잠자고 있는 나의 신앙의 모습, 내가 무관심의 매너리즘에 묶여있어 변화하지 못한 나의 모습이 아닌가 생각하게 되었다. 나 스스로 일어설 수도, 걸을 수도 없이 누워있을 수밖에 없는 환자처럼 말이다. 어디 그것뿐인가? 내 눈의 들보는 보지 못하고, 상대방 눈의 티를 나무라는 외식한 자이고, 나에게는 감사할 조건들이 너무 많은데도 감사할 줄 모르고 원망이 가득한 나였었다.

그랬던 내가 주님을 영접하고 하나님을 만나면서, 그리고 가정예배를 드리기 시작하면서 열등과 비교 의식은 사라지고, 하나님의 자녀라는 거룩하고 영광된 신분의 축복이 깨달아지면서, 나의 변화하지 못했던 믿음 상태가 회복되었다. 그래서 나는 예수님을 믿고 내면에 쌓여있는 상처를 치유하고 자유로움을 받아서 힘차게 살아가고 있음에 감사하고 있다.

지옥 열차에서 천국 열차로...!!!

만약 이 자서전을 읽고 있는 사람들이 있다면 주저하고 망설이지 말고, 주님을 영접하고 하나님을 믿으시기를 결단하시기를 바랍니다. 우리가 아무리 100세 시대에 살고 있다 하지만, 우리는 100세를 넘기가 쉽지 않습니다. 하나님 나라의 시계는 영원합니다. 하나님 나라의 시계에 우리 인생 시계 100년을 비교해 보면, 우리 인생은 들판에 피고 지는 들꽃과 같습니다. 그래서 "화무십일홍(花無十日紅)"이란 말이 나왔고, "소풍 같은 인생"이란 노래가 있는 것 같습니다. 잠깐 왔다가 가는 인생, 그 짧은 순간에 주님을 영접하고 하나님을 만나는 삶은 축복이요 영광입니다.

그래서 나는 그 짧은 순간에 영원히 죽을 수밖에 없는 죽음의 길로 질주하고 있는 "지옥 열차"에서, 영원히 죽지 않고 살아갈 수 있는 하나님 나라를 향한 "천국 열차"로 갈아탔습니다. 만약 누가 내 인생에서 가장 잘한 선택이 무엇이냐고 묻는다면 철옹성같이 굳게 닫힌 마음의 문을 열 수 있도록 눈물로 기도하며 권면했던 아내를 선택한 것, 그리고 주님을 영접하고 하나님을 선택하여 믿음의 길을 걷고 있는 것은 가문의 영광이라고 자신 있게 말할 수 있습니다. 그래서 나는 최상의 선택을 한 나 자신이 그렇게 자랑스러울 수가 없습니다.

봉선생의 큰 소망, 민들레 꽃씨 되어

54

그 고마움
잊지 않겠습니다

어느덧 나도 이제 고희(古稀)를 넘어 70대 중반으로 향하는 나이가 되었다. 동편 하늘에 떠올랐던 찬란한 태양이 뜨겁게 대지를 달구다가 이제 서산마루에서 아름다운 저녁노을을 준비하듯, 나의 뜨거웠던 삶에 대한 열정도 이제는 서서히 식어가며 아름다운 이별을 준비해야만 하는 그런 때가 온 것 같다. 이른바 인생 황혼기를 맞이하여 지나온 내 삶의 궤적(軌跡)들을 이 글로 옮기면서 나 자신을 다시 한번 돌아본다. 그때마다 나에게 아픈 상처를 남겨준 그분들이 생각날 때는 연민(憐憫)의 정이 들었고, 나의 잘못을 뉘우칠 때는 여지없이 한없는 회개(悔改)의 눈물을 흘리기도 하였다. 그리고 내가 이 자리에 있기까지 보살펴주시고 위로와 격려, 그리고 응원해 주신 분들에게 그 고마움을 어떻게 잊을 수 있으며, 무엇으로 보답할 수 있을까? 생각할 때 그저 이 지면(紙面)을 통하여 감사의 말로 대신할 수밖에 없음에 안타까울 뿐이다.

형님들 영전(靈前)에 머리 숙여 감사드립니다.

나에게는 부모와 같이 고맙고 소중한 형님 세 분이 계셨다. 세 분 모두가 이미 고인이 되셨지만, 지난날들을 회상(回想)할 때마다 고마우신 형님들이 환한 미소로 다가옴을 수시로 느끼고는 한다. 내가 중학교 졸업무렵 고등학교 진학 문제로 큰형님과 갈등을 빚기는 했으나, 그 바쁜 농사철에도 한 번도 나에게 나무라거나 채근(採根)하시지 않고 부모님처럼 보살펴 주신 분이시다.

특히 석관동 작은형님께서는 내가 사춘기의 때를 벗고, 자칫 방황하기 쉬운 고등학교 시절을 잘 살펴주신 부모님과 같은 분이시다. 고등학교 졸업할 때까지 그 어렵고 힘들었던 경제적 상황에서도 졸업시켜 주신 형님이시다. 형님과 나는 피를 나눈 형제간이지만 형수님과는 다르다. 어린 시동생을 거둔다는 것, 없는 살림에 쉬운 일이 아니다. 아무리 경제적으로 부유하고 넉넉한 살림이라 할지라도 마음이 없으면 할 수 없는 일이다. 넉넉하고 풍성한 마음을 가지신 석관동 작은 형수님..! 부족하고 없는 살림에도 동기간을 위한 일이라면, 마다하시지 않으셨던 석관동 형수님을 나는 존경하지 않을 수 없다. 나는 석관동 형님과 형수님께서 나에게 베푸신 그 은혜를 무엇으로 보답해야 할지? 베풀어 주신 그 은혜의 십 분의 일이라도 갚을 수가 있을까? 마음뿐이고 갚을 자신이 없다.

수유리 큰형님과 석관동 작은형님이 부모와 같은 형님이라면, 문정동 셋째 형님은 친구 같은 형님이시다. 10년 이상의 나이 차이가 있는 큰형님과 작은형님에 비하면, 문정동 셋째 형님과는 5년 차이밖에 나지 않았다. 그래서인지는 몰라도 어릴 때 형님은 나의 장난을 많이 받아준 편이기도 하지만, 나를 장난감 삼아 많이 울리기도 했던 형님이시다. 그리고 내가 성장하고 청년이 되어갈 즈음에는 나의 진로까지 상담해 주는 멘토

봉선생의 큰 소망, 민들레 꽃씨 되어

의 역할까지 해주신 분이시다. 내가 고등학교를 졸업하고 직업군인의 길을 선택하게 된 것도, 그리고 군에서 전역하자마자 사회 초년생의 길을 안내하시며 중소기업에 입사하도록 주선해 주신 분이 문정동 셋째 형님이시다.

우리 형님 세 분 모두는 내가 장성하여 어른이 될 때까지, 부모와 같이 나를 키워주시고 보살펴 주신 분들이다. 어느 한 분도 나는 그 고마움을 잊을 수가 없다. 이제 내가 돌아가신 형님들에게 그 은혜를 무엇으로 보답할 수 있을까? 돌아가신 세 분 형님에게 지은 마음의 빚을 내려놓을 수 있을까? 이제는 은혜를 갚을 수도, 내려놓을 수도 없으니 평생 안고 가야 할 것 같다. 형님들이 나에게 베푸셨던 그 은혜에 보답할 수 없는 아쉬움을 간직하면서 그리워할 뿐이다. 부족한 동생을 용서해 주시고 부디 영면(永眠)하시길 기도합니다. 그동안 고마웠습니다. 사랑합니다.

우리 가족들의 고마움을 어찌 잊을까?

고맙고 잊을 수 없는 분이 어찌 형님들뿐일까? 사랑하는 아내와 아이들에게도 정말 고맙다는 말을 전하고 싶다.

"먼저 사랑하는 아내에게 진심으로 고맙다는 말을 전합니다. 내가 22년 군 복무를 하는 동안에 국가에 충성하고, 명예롭게 전역할 수 있도록 내조해 주셔서 고맙습니다. 물질적, 정신적으로 어렵고 힘들 때 대학교, 대학원을 졸업할 수 있도록 뒷바라지해 준 것 감사합니다. 진급 문제, 직장 문제, 대학원 졸업 문제로 정신적으로 힘들 때 위로와 격려로 힘과 용기를 주셔서 더욱 감사합니다. 특별히 감사한 것은, 당신의 눈물 어린 기도가 있었기에 신앙적으로 "영적 미아(靈的迷兒)"였던 내가 회개하고 하나님 앞에 무릎 꿇게 해주셔서 고맙습니다. 모두가 하나님의 은혜임을 깨닫습니다. 지금까지 한눈팔지 않고 당신을 사랑했지만, 앞으로도 영원히 주님 앞에 서는 날까지 변치 않는 사랑으로 보답하겠습니다. 여보...! 사랑합니다."

사랑하는 아들 상재, 그리고 상진아! 너희들 어렸을 때, 아버지가 군대라는 특수 조직 속에서 명령과 복종을 중시하는 시스템에 물들여진 직업군인의 본성이 나타났고, 자존심과 체면을 중시한 가부장적인 아버지는 너희들의 눈높이가 아닌, 나의 눈높이에 맞춰 너희들을 대하였던 아버지였음을 너희들도 알고 있을 거야...! 나는 너희들에게 잘못한 것이 많은데, 너희들은 부모 걱정하지 않도록 잘 성장해 줘서 얼마나 고마운지 모르겠다. 더욱이 너희들 진학 문제, 직장 문제로 나는 근심 걱정하지 않았으니 이미 너희들은 부모에게 효도하고 있는 거야! 그래서 더욱 고맙다. 그리고 사랑한다.

정인선 사장님! 그 은혜 잊지 않겠습니다.

앞에서도 언급했지만, 나는 정인선 사장님(내가 퇴사 후 동아그룹 총괄사장님)으로부터 여러모로 많은 은혜를 입었다. 정 사장님은 내가 1993년 동아그룹에 입사할 당시 재정을 총괄하는 이사님이셨는데, 내가 회사에 잘 적응할 수 있도록 물심양면으로 도움을 주셨고, 퇴사할 때까지 나를 도와

봉선생의 큰 소망, 민들레 꽃씨 되어

주시고 아껴주신 분이시다. 특히 내가 입사 초기에 정 사장님의 도움이 없었다면 대학원 졸업도 할 수 없었다. 정 사장님의 헌신적인 멘토의 역할이 없었다면, 나는 중도에 포기하고 회사를 그만두었을 것이다. 그래서 정 사장님의 은혜를 나는 결코 잊을 수 없다.

정 사장님께서 동아그룹에서 총괄사장을 마치시고 퇴사하신 직후에는 자주 만나 식사도 같이하였는데 코로나가 일상을 바꿔 놓은 이후로 우리의 관계도 가끔 전화나, 카톡으로 안부를 묻는 정도로 변해 버렸다. 정 사장님께서 베풀어 주신 그 은혜 잊지 않고 평생 간직하겠습니다. 다시 한번 감사드립니다.

55

왜 그랬을까?

"나는 정말 후회 없는 삶을 살았다"라고 자신 있게 대답할 수 있는 사람이 있을까? 있다면 나는 정말 그분을 존경할 것이다. 인생 황혼기를 맞이하는 사람들 대부분이 "좀 더 잘할걸! 조금만 더 참을걸! 조금 더 베풀걸!"하고 후회를 한다는데, 나도 역시 그러한 분들과 다름이 없는 것 같다.

허리가 굽고, 반백(半白)이시던 나의 어머니!

"있을 때 잘해, 후회하지 말고...!"라는 노랫말이 있다. 그런데 그 노랫말이 꼭 나를 두고 하는 말 같아 더욱 내 마음이 아리어 온다. 거리를 걷다 보면 가끔 "붕어빵" 굽는 곳을 지나게 되는데, 그때마다 어머니에 대한 그리움이 밀려오면서 눈시울이 붉어지고, 콧등이 시큰해진다. 철없던 어린 시절, 어머니 앞에 "풀빵"을 던져버린 일 때문이다. 그뿐이 아니다. 어렸을 때 철없이 내던진 풀빵 봉지에 얽힌 나의 후회함보다도, 내가 더욱 후회하는 것이 또 있다. 어머니가 돌아가실 때까지 모시고 있으면서

봉선생의 큰 소망, 민들레 꽃씨 되어

도 어머니와 함께 산책 한 번도 하지 못한 것이다. 어머니가 노환으로 거동이 불편하셨기에 휠체어에 어머님을 모시고 가까운 수변공원 산책이라도 자주 했었더라면, 내 마음이 이리 무겁지는 않을 텐데 말이다. 추운 날씨 때문에, 바쁘다는 핑계가 아닌 마음이 부족하였음을 깨달았을 때는 이미 어머니는 내 곁에 계시지 않았다.

"있을 때 잘할걸...!" 후회해 본들 무슨 소용이 있으랴!
"어머니...! 잘못했습니다. 용서해 주세요. 사랑합니다."

사랑하는 아들에게…

"사랑하는 아들 상재, 그리고 상진아! 아버지가 너희들을 생각할 때면, 가슴이 먹먹하다. 너희들에게 잘못해 준 것들이 너무 많아서 그런 것 같다. 어렸을 때 너희들 눈높이 맞춰주지 못하고, 나의 잣대로만 너희들에게 강요한 것들이 후회되어서 그렇다. 학교생활 잘 적응하고 친구 사귀어 놓으면 또 이사 가고, 오죽하면 "이제 이사 그만 가자"라고 했을까? 미안하다. 우리 아들아...! 나는 아버지 역할을 잘못했는데, 너희들은 부모 걱정하지 않도록 잘 성장해 줘서 얼마나 고마운지 모르겠다.

내가 하나님을 믿지 않고, 하나님 말씀으로 너희들을 양육하지 못했던 지난 시절을 후회한다. 그때는 아버지라는 권위 의식과 자존심, 그리고 오랫동안 명령과 복종만을 강요해 왔던 직업군인의 본성이 어린 너희들에게 작용했고, 그때마다 너희들에게 마음에 상처를 주지 않았나 생각한다. 그래서 내가 좀 더 일찍이 깨닫고, 너에게 눈높이를 맞추어 가며, 너희들 입장에 서서 생각하고 배려하는 마음이 있었더라면 하고 후회하기를 한두 번이 아니다. 우리 채희 준희에게 내가 너희들에게 행한 것처럼 하지 않고, 잘해주고 있음을 정말 고맙게 생각한다.

상재, 상진아...! 미안하다. 지금도 후회하고 있다. 그리고 사랑한다.

봉선생의 큰 소망, 민들레 꽃씨 되어

56

여생지락
餘生之樂

"여생지락(餘生之樂)"이란 말이 있다. 문자 그대로 '남은 인생 즐겁게 살자'라는 말이다. '공자(孔子)'도 즐기는 자가 최고라고 했고, 로마의 정치가였던 '키케로'는 젊은이 같은 노인을 만나면 즐겁다고 했다. 재물(財物)이 아무리 많아도 인생을 즐기지 못하면 그것은 '웰빙(Wellbeing)'이라고 할 수 없다. 세월은 사람을 기다려 주지 않고, 가는 세월 붙잡을 수도 없다. 쏜살같이 흘러가는 세월 속에 이 눈치 저 눈치 보며 남을 너무 의식해서 이것저것 다 고려하다 보면 내 인생의 행복은 어디에서 찾을까? 그런데 하나님을 믿는 우리가 간과(看過)하지 말아야 할 것은 하나님을 믿지 않은 세상 사람들이 찾는 "여생지락(餘生之樂)"이 아니라, 하나님 말씀 안에서 "여생지락(餘生之樂)"을 해야 한다는 것이다. 즉 하나님과 주님을 떠난 "여생지락(餘生之樂)"은 믿지 않은 세상 사람과 다르지 않기 때문이다.

내가 좋아하고 적성에 맞는 일이, 평생 직업이라면 얼마나 좋을까? 마찬가지로 내가 좋아하고 적성에 맞는 것을 택하여 하나님의 말씀 안에서

"여생지락(餘生之樂)"하는 것이, 기독교인이 품어야 할 마음이다. 그래서 나는 남은 인생을 하나님 말씀 안에서 인생을 즐기고 싶다.

나는 음악을 좋아하고, 노래 부르기를 좋아한다. 내가 음악을 배운 것은 중학교 1학년 시절 한 달에 2시간(?) 정도 음악 시간에 계이름을 읽히며 노래 불렀던 것이 전부다. 그나마도 2~3학년 때는 음악 시간도 없었던 것으로 기억이 난다. 그 후에도 음악을 접해본 경험도 없었던 내가 음악을 좋아한다는 이유만으로 1997년 10월부터 2023년 5월까지 25년 동안 강북중앙교회 샬롬 찬양대원으로 헌신하였다. 그동안 내가 찬양대원으로서 찬양할 때마다 느꼈던 것은, 어깨너머로 배운 음악 기초이론으로는 하나님 앞에 서기가 너무나 부족함을 느끼고, 음악 기본 지식을 쌓아가며 최선을 다하여 변화된 모습으로 찬양하고 싶었다.

그래서 음악의 기초이론에 관련한 서적과 디지털 피아노를 구입하여 계명과 음정을 익히며 열정을 가지고 연습하기도 하였다. 스스로 독학한

피아노 연습 중인 필자

다는 것은 과감한 결단과 용기, 그리고 인내가 필요하다. 나 스스로 공부한다는 것은 노력한 만큼 수준 향상에는 한계가 있으나, 나름대로 세웠던 목표를 달성했을 때는 보람도 있었고, 스트레스를 이겨내는 하나의 방법이기도 하였다.

언젠가 어린이 동요집에 있는 "루돌프 사슴코"라는 동

봉선생의 큰 소망, 민들레 꽃씨 되어

요 캐롤송을 서투른 솜씨로 디지털 피아노로 연주했던 동영상을 군 동기 생들의 카톡 방에 올렸더니, 친구들이 이구동성(異口同聲)으로 하는 말이 "우리 어렸을 때 풍금 치던 담임 선생님 생각난다"고 하여 모두가 한바탕 웃고 넘어간 적이 있었다.

앞에서 언급했듯이 나는 음악이 좋았던 이유 하나로 샬롬 찬양대원을 자원하여 헌신하며 섬기다가 2023년 5월에 내려놓았다. 그 이유는 작년에 코로나19를 앓고 난 이후 후유증으로 청력이 많이 떨어지고, 체력의 한계를 느낀 나머지 고민 끝에 내린 결과였다. 부족한 내가 25년 동안을 찬양대원으로 활동하며 테너 파트장, 샬롬 찬양대장의 직분을 맡아서 하나님께 영광과 찬양을 드렸다고 생각하니 주님의 인도하심이 없었다면 감당하기가 어려웠을 것이다. 이 모두가 하나님의 은혜였으니 감사할 뿐이다.

여생지락(餘生之樂) "1" - 클라리넷 연주(演奏)

요즈음은 많은 사람들이 각자 자기의 적성과 취미에 맞는 동호회에 가입하여 여가생활을 즐기고 있는 세상이다. 운동과 레포츠, 그림과 서예; 여행과 등산, 시와 문학, 악기 연주 등 다양한 분야에서 각자 선호하는 동호회에 가입하여 나름대로 즐거운 인생을 즐기고 있다.

클라리넷(Clarinet) 동호회(1) - 'Music Home Orchestra'

영어는 세계의 공통언어이다. 왜냐하면, 전 세계 인구 중 가장 많이 사용하는 언어이기 때문이다. 하지만 이보다 더 많이 사용되는 언어가 있는데 그것은 바로 음표 언어라고 한다. 그 음표 언어 하나하나를 악기에 올려놓는 것은, 나에게는 즐거움이자 기쁨이다. 이 즐거움을 누리기 위해, 나이가 들기 시작하면서 나도 언제부터 인가 악기 하나 정도는 연주할 수 있는 능력을 갖추고 여생을 보내야겠다고 생각하기 시작했다. 하모니카를 배울까? 기타를 배울까? 색소폰을 배워볼까? 어떤 악기를 선택하여 도전해 볼까? 고민하던 중 2016년 봄에 우연히 의정부 용현동 회사 근처에서 "우리 동네 오케스트라" 단원을 모집한다는 동호회 포스터를 보고 망설임 없이 신청하였다.

2016년 회사 근처에 부착된 오케스트라 단원 모집 홍보 포스터

이때 동호회에 가입하면서 클라리넷을 선택하여 배우기로 하고, 1주일에 2시간씩 연습하여 6개월 후 정기연주회를 목표로 그룹 레슨을 받기 시작하였다. 나에게 그 많고 많은 악기 중, 왜 클라리넷을 선택했느냐고 묻는다면, 첫째, 관악기를 배우고 싶었고 둘째, 클라리넷의 음색(音色)과 음역대(音域帶)가 사람과 거의 비슷하며 셋째, 다른 관악기에 비해 소리가 맑고 작아서 가정에서도 쉽게 연습할 수 있지 않을까? 생각했기 때문이었다.

봉선생의 큰 소망, 민들레 꽃씨 되어

내가 클라리넷에 도전한 지 1년 8개월...! 처음에는 소리가 나지 않아 스트레스도 많이 받았지만, 어느덧 2번째의 "우리 동네 용현동 오케스트라 정기연주회"를 마치게 되었다. 그리고 '뮤직홈 음악연구소와 CTS 기독교 TV에서 주최하는 "2017년 월드 기네스 오케스트라 합동 연주회"에 도전하였다. 이 오케스트라 연주회는 우리나라가 '오케스트라 합동 연주 부문' 세계기록에 도전한 연주회로, 2017년 12월 16일(토) 서울, 고척동 스카이돔에서 열렸다.

월드 기네스 연주회 참가자를 알리는 고척동 스카이돔 전광판

▲ 오케스트라 합동 연주회
월드 기네스 참가
홍보 포스터

▲ 오케스트라 합동 연주회
월드 기네스 참가 세계기록
개인 인증서

이 연주회는 전국에서 모인 8,399명 연주자가 모여 세계기록에 도전한 결과, 2013년 호주 브리즈번에서 열린 7,244명 규모의 오케스트라 합동 연주 세계기록을 깨고 새로운 기록을 수립했다. 당시 이 부문에서 8,076명이 동시에 연주하여(도전곡 4곡/축하 연주곡 4곡, 총 8곡) 우리나라가 오케스트라 합동 연주 부문 세계기록을 달성에 나도 일조하였다는 의미를 간직하면서 세계 기네스 협회가 공인하는 개인 인증서를 받았다는 것에 대하여 가슴 뿌듯함을 느끼고 있다.

클라리넷(Clarinet)동호회(2)-'With Music Clarinet Ensemble'

2017년 12월 "월드 기네스 오케스트라 합동 연주회"가 끝난 후, 2018년 2월 나를 포함한 몇몇 단원들은 클라리넷 강사의 권유로 '위드 뮤직 클라리넷 앙상블(With Music Clarinet Ensemble)'[2] 창단에 참여하여 동호회 활동의 영역을 넓혀 나갔다. 당시 우리 동네 오케스트라에서는 초보자가 연주하기가 비교적 쉬운 찬양곡들을 선정하여 연습하여 연주했다면, 새로운 동호회에서는 비교적 난이도(難易度)가 높은 클래식 곡을 선정하여 연습하는 등 개인별 수준과 합주(合奏) 능력을 키워나갔다.

우리 '위드 뮤직 클라리넷 앙상블' 단원들은 입단 후, 2018년 8월과 2019년 8월에 2회에 걸쳐 정기연주회를 개최하였다. 특히 제2회 정기 연주는 1965년에 상영된 영화 'The Sound Of Music'의 삽입곡 6곡, 그리고 'The Phantom of Opera'를 주제로 연주를 마쳤을 때는 고생했던 보

---

2 위드 뮤직 클라리넷 앙상블(With Music Clarinet Ensemble): 위드 뮤직 클라리넷 앙상블은 클래식 음악과 클라리넷을 좋아하는 동호회원들 8~10명으로 구성되었으며, 강사는 클라리넷을 전공한 전문 연주자들이 담당하고 있으면서, 연 1회 정기연주회를 목표로 연습했다.

◀ 2018년 8월 19일
제1회 정기연주회
(논현동, 카페 굴드)

2019년 8월 13일 ▶
제2회 정기연주회
(옥수동, 다락 옥수)

◀ 2018년 2월
용현동 오케스트라
제2회 정기연주회

◀ 2019년
제2회 연주회 연습

2019년 ▶
성탄절 연습 시간

◀ 정기연주회
연습 후 뒷풀이

람도 느끼기도 하였다. 위의 사진은 클라리넷 동호회 활동을 하면서 기억에 남는 사진을 몇 장 모아보았다.

2019년 여름 제2회 위드 뮤직 클라리넷 앙상블 정기연주회가 끝나고 2020년 시즌 연주회를 한창 준비하고 있을 무렵 뜻하지 않은 코로나 팬데믹으로 온 세상이 몸살을 앓고 있을 때 우리 동호회의 활동도 중단할 수밖에 없었다. 얼마 지나지 않으면 일상이 회복되어 우리 동호회 활동도 재개될 것을 기대하였으나, 코로나 팬데믹이 오랫동안 지속되면서 재기의 기약도 없이 우리의 열정도 서서히 식어가고 있음을 느꼈다.

그러나 클라리넷을 놓지는 않을 것이다. 꾸준히 시간 나는 대로 연습하고 건강이 허락하는 한 클라리넷과 함께할 것이다. 내가 클라리넷 연주로 하나님께 찬양을 드릴 수 있는 능력을 갖추는 것도 나의 꿈이다.

여생지락(餘生之樂) "2" - 묵상(默想)하는 삶

나의 첫 번째 여생지락(餘生之樂)이 클라리넷과 함께하는 삶이라면, 두 번째 여생지락(餘生之樂)은 묵상하는 삶이다. 나는 솔직히 말해서 평소 묵상(默想: Q.T-Quiet Time)에 대한 개념을 눈을 감고 조용히 하나님 말씀을 생각하는 일종의 명상(冥想)과 같은 개념으로 알고 있었다. 그러나 묵상과 명상은 언뜻 생각하기에 별다른 것 없어 보이나, 확실한 차이가 있다는 것을 강북제자 학교에 입학하여 강사님의 강의를 통해서 알게 되었다.

그리스도인은 명상(冥想)이 아닌, 묵상(默想)을 하라.

『오직 여호와의 율법을 즐거워하여 그의 율법을 주야로 묵상하는 도다. 그는 시냇가에 심은 나무가 철을따라 열매를 맺으며 그 잎사귀가 마르지 아니함 같으니 그가 하는 모든 일이 다 형통하리로다(시편 1:2~3)』

묵상과 명상은 분명한 차이가 있다. 여기 나란히 앉아 있는 두 사람 중 한 사람은 묵상하고 있고, 다른 한 사람은 명상하고 있다고 가정해 보자. 겉으로 보기에 별 차이가 없어 보일 수 있다. 하지만 그 내용을 보면 큰 차이가 있다. 그것은 작은 것 하나에서 출발한다. 바로 '시선(視線)' 이다. 즉 어디에 포커스(Focus)를 맞추는가? 하는 것이다.

명상(冥想)하는 사람은 "나 자신에게 시선을 돌리고 내면에 집중한다." 어둡고 깊은 내면의 속으로 내려가 다이버들이 잠수하는 것처럼 평소에 빛이 잘 닿지 않는 깊은 곳을 향하여, '나'란 어떤 존재인가? 나는 사람이다. 사람은 불완전한 존재다. 죄성이 있어 늘 갈등한다. 이처럼 불완전한 존재와 내재된 죄성에서 벗어나기 위해 정신적인 평정과 내적 조화를 찾는 심리적 연습으로 정신을 집중하는 훈련이다. 즉 내면을 들여다 보는 훈련이 명상이다. 이런 '사람'의 내면을 들여다봤자 신통한 것이 없다. 밖으로 미처 내놓지 못한 더럽고 추한 것들이 가득할 뿐이다.

묵상(默想)하는 사람은 "나 자신에서 벗어나 밖을 향한다." 시선의 끝은 밝고 환한 하나님께 닿아있다. 하나님의 말씀을 사랑하여 주야로 읊조리며, 곰곰이 생각한다. 내면은 하나님께 맡긴다. 내가 고심할 필요가 없다. 내 생각까지 감찰하시는 성령 하나님께서 내주(來住)하시기 때문이다.

하나님이 어떤 존재임을 따로 말할 필요가 있을까? 그는 선하시며 진리의 빛, 생명 되시고 영원무궁하시다. 독생자 예수 그리스도를 내어주기까지 우리를 지극히 사랑하시며, 죽기까지 순종하는 분이시다. 더러움과 추함, 죄와 악과 공존할 수 없으시다. 그분으로부터는 참되고 깨끗하고 선한 것 밖에는 나올 것이 없다.

하지만 세상은 하나님을 생각하는 묵상이 아니라, 내면을 들여다보는 명상을 요구하고 있다. 길을 걷다 간판을 봐도, 신문 광고를 봐도 그렇고, 인터넷 세상도 그렇다. 뇌 호흡, 기수련, 호흡명상, 기체조, 단학, 마음수련 등등 모두가 명상을 기반(基盤)으로 한다. 운동 같으나 운동이 아니고, 종교 같으나 종교는 아니며, 과학 같으나 과학도 아닌 일종의 철학(哲學)이 아닐까?

세상이란 공중 권세 잡은 마귀가 두루 다니며 삼킬 자를 찾고 있는(베드로전서 5:8) 곳이다. 세상은 하나님을 바라보는 기회를 권할 리 없다. 겉모습은 비슷하나 내용은 그럴듯하게 포장된 명상(冥想)이다. 그러므로 하나님을 믿는 자들은 포장지에 속지 말고 근신하고 깨어 묵상(默想)하므로 하나님 말씀 속에 담긴 내용물이 무엇인지 파악해야 한다는 강사님의 말씀에 많은 은혜를 받았다.

묵상(默想)의 실천(實踐)

"말씀을 먹는다"라는 말이 있다. 이는 소가 여물을 되새김하듯 성경 말씀을 자세히 읽기를 반복하고, 최대한의 관찰력과 기억력, 그리고 상상력을 동원하여 몰입하면서 주신 말씀을 통해서 질문한다. 그렇게 되면, 눈과 귀가 열려서 하나님을 발견하게 되며, 묵상해야 할 핵심 단어와 주요 내용들이 홀연히 나타나는 것을 느끼게 된다. 그리고 그 깨달음에 대한

봉선생의 큰 소망, 민들레 꽃씨 되어

나눔(Sharing)의 관계 속에서 실천하는 삶이 되면 하나님과의 관계가 회복되어 하나님 방식대로 살게 되고, 삶의 우선순위가 변하게 된다는 강사님의 말씀에 많은 은혜를 받았다.

나는 강북제자 학교에 입학하면서부터 묵상을 시작했다. 그러니까 2021년 3월 27일부터 9월 4일까지는 교육 기간으로 매일같이 의무적으로 묵상을 하였다면, 제자 학교를 졸업한 후부터 지금까지는 하루도 거르지 않고 자발적으로 묵상하고 있다. 그리고 그 묵상 내용을 지인 및 가족과 나눔(Sharing)으로 실천하고 있다. 앞으로도 나는 건강이 허락하는 한 묵상하는 삶으로 여생지락(餘生之樂) 할 것이다.

57

자서전自敍傳에 대한 소고小考

지나온 내 삶의 궤적들을 자세히 더듬어 보니 잘한 것도 많이 있는데, 왜 잘못한 것들이 더 생각이 날까? 아마도 그것은 나이가 든 탓일 것이다. 어린 시절의 열등감, 쓸데없는 자존심, 젊은 시절의 우쭐한 객기, 그것을 씻어내고 버리기를 반백년(半百年)의 세월이 흘렀다. 글을 쓰는 동안 부끄러운 것이 참 많아 창피함을 숨기려고 했고, 후회함이 많아서 눈물도 많이 흘렸다. 그때마다 하나님께서 용기를 주셨고, 지금도 나를 단련하고 계심을 느끼면서 이 글 쓰기를 멈추지 않았다.

나는 앞에서도 자주 언급했듯이 나의 삶을 보면 하나님을 바르게 믿고 신앙생활 했던 날보다, 하나님을 외면하고 세상을 바라보며 살아왔던 날들이 더 많았었다. 그랬던 삶이 잘못된 길이었음을 깨닫고 신앙 회복을 위해 나름대로 노력해 왔다. 그리고 하나님을 믿는 믿음의 유산을 후손들에게 물려주는 것이, 나의 가장 큰 소망임을 밝혔다.

내가 자서전을 쓰는 목적도 이 책을 읽는 자 모두가 나의 신앙 간증을 통하여 주님을 영접하고 하나님을 믿는 구원의 역사가 이루어지길 바라는 마음에서 시작한 것이다. 비록 내 삶의 이야기와 간증 내용이 볼 것 없고 나의 평범한 이야기일지라도 그것은 진정 나에게는 위대하고 소중한 자산(資産)이다. 이처럼 소중한 나의 자산이 흘러가는 세월 속에 묻혀버린다면 얼마나 안타까울까? 그래서 나의 기억력이 더 쇠퇴하기 전에 내 안에 묻혀있는 삶의 궤적들을 하나하나 끄집어내어 기록하여 우리 후손들에게 전하고 싶은 것이다.

나는 책을 써본 경험이 없다. 문장을 구사하는 필력도, 어휘력도, 맞춤법도 부족하고 서툴지라도, 이 자서전에 담겨있는 진정한 나의 뜻이 무엇인지 독자가 이해하고 전달이 되었다면 그것으로 나는 만족한다.

끝으로 이 자서전이 졸필(拙筆)이기는 하지만 믿음의 1세대인 나, 그리고 믿음의 2세대인 나의 아들 상재와 상진이에게 머무는 것이 아니라, 이 자서전을 통하여 "나의 가장 큰 소망인 믿음의 유산이 민들레 꽃씨가 되어" 3대, 4대를 넘어 자자손손(子子孫孫) 후손들의 마음마다, 가정마다, 가문마다 전하여지는 대(代)물림이 이루어지기를 간절히 소망한다.

글을 마치며…

　나의 살아온 이야기가 뭐 그리 대단한 삶이었나? 나의 삶보다도 더욱 드라마틱한 삶을 살아온 사람도 수없이 많을 텐데…! 보잘것 없는 나의 삶을 들춰내고, 믿음이 없었던 신앙 이야기, 드러내기 싫은 치부(恥部)까지도 공개하면서 이 글을 써야만 하는 이유는 무엇일까? 나는 자서전을 쓰기 전에도, 써가는 도중에도, 이 글을 마무리하는 이 순간에도 갈등하고 고민한 것이 한두 번이 아니었다. 수십 번 고민하면서 집필을 중단할까? 마음을 먹기도 하였다.

　"호랑이는 죽어서 가죽을 남기고 사람은 죽어서 이름을 남긴다"라고 하였다. 하지만 내가 아무리 이름을 남기고 주민등록증을 남기고 죽었더라도 사는 동안 글로 아무 흔적도 남기지 않았다면 나의 정체성은 어디에서도 찾아볼 수가 없을 것이다. 그렇다. 나의 평범한 삶의 흔적 일지라도, 그것이 남겨지지 않는다면 한평생 살아왔던 "나"라는 존재는 영원히 사라지는 아쉬움에 후회가 클 것만 같았다. 그래서 나는 끝까지 후회하지 않는 삶을 마무리하기를 원하면서 이 글을 집필하기로 마음을 먹었다.

　이 글을 쓰기 시작하면서 언급했듯이 자서전을 남기려는 도전은 과

462
봉선생의 큰 소망, 민들레 꽃씨 되어

감한 결단과 용기가 필요하다고 말했다. 이것이 나와 같은 평범한 사람들이 극복해야 할 과제라고 생각한다. 내가 기록하지 않으면 누가 나의 삶을 기록하고 남겨 줄까? 나는 이 글을 집필하면서 나 자신을 돌아보고 "나"라는 존재가 어떻게 성장하여 왔으며, 나의 자아(自我)와 정체성이 어떻게 변화하였는지를 깨닫는 계기가 되었다. 책을 한 번도 써보지 않았던 나에게 이 글을 쓸 수 있도록 용기와 담대함을 주시고, 부족한 나에게 지혜와 명철을 주신 하나님께 무한 감사와 영광을 돌린다.

내 나이 칠십 평생의 삶을 신앙과 믿음 안에서 구분해 본다면, 크게 3단계로 구분할 수 있을 것 같다. 첫째는 내가 태어났던 1951년부터 1983년까지 32년 동안은 하나님과 예수님이 누구인지? 그분의 존재 사실도 모르는 무지(無知)의 삶이었다. 둘째는 1983년 세례를 받은 이후부터 2005년까지 22년 동안은 주님을 영접하고 하나님을 믿기는 하였지만, 믿음의 확신이 없는 영적 방황과 갈등으로 점철(點綴)된 삶이 아니었나 돌아본다. 그리고 가정예배를 드리기 시작한 2005년부터 현재까지 20여 년의 삶은, 나의 잘못된 삶을 회개하며 구원의 확신을 갖고, 자녀들에게 믿음의 유산을 전수(傳授)하며 살아가는 삶이라고 할 수 있다.

나는 나의 평범한 이야기 "봉선생의 가장 큰 소망, 민들레 꽃씨 되어"라는 제하(題下)의 자서전(自敍傳)을 마무리하면서 나의 가장 큰 소망인 믿음의 유산이 민들레 꽃씨처럼 널리 전하여져 자손만대에 이르기를 기도한다. 그리고 나는 하나님을 믿는 신앙인으로서 '솔로몬의 최후'를 통해 얻는 교훈을 반면교사(反面敎師)로 삼고, 남은 여생을 하나님 말씀 안에서 여생지락(餘生之樂) 할 것을 다짐한다.

"헛되고 헛되며 헛되고 헛되니 모든 것이 헛되도다(전 1:2)"

이스라엘의 세 번째 왕 솔로몬은 권력과 재물, 아름다운 여자 천 명을 거느린 남자였다. 이스라엘을 40년간 다스리며 절대 권력을 누렸고, 금이 너무 많아 은을 귀히 여기지 않을 만큼 부유했다. 그는 역사상 가장 많은 아내를 가진 남자였다. 한 아기를 두고 다툰 두 어머니에 대한 명재판에서 알 수 있듯, 역사상 가장 지혜로운 인물 중 하나로 꼽힌다. 책 속에 파묻혀 공부만 했던 왕이 아니라 화려하고, 방탕하게 잘 놀았던 것으로도 유명하다. 그러했던 솔로몬 왕이 인생 말년에 왜 "인생은 헛되다"라는 결론을 내렸을까?

솔로몬이 헛되다고 하는 것은 사람이 능력이 있고, 노력한다고, 선하다고 다 좋은 결과를 얻는 것은 아니라는 것이다. 사람은 자기 인생조차 자기 마음대로 할 수 없고 아무리 노력해도 알 수 없는 것이 있다는 사실을 인정하고 겸허하라는 것이다. 솔로몬은 자신이 언제, 어떻게 될지조차 알 수 없지만, 확실한 것은 "언젠가는 죽게 되므로 살아 있는 동안 기뻐하라."라고 한다. 즉 솔로몬이 전도서에서 '헛되다'의 의미는 "사람은 언젠가는 죽는다는 것을 기억하고, 겸허하게 살라"라는 메시지를 후손에게 남겨 준 것이다.

끝으로 하나님과 예수님을 몰랐던 무지(無知)한 나, 믿음과 구원의 확신이 없이 영적 미아(靈的迷兒)가 되어 방황과 갈등으로 헤맸던 나를 구원해 주시고, 이 글을 중도에 포기하지 않고 끝까지 마무리할 수 있도록 인도하여 주신 에벤에셀의 하나님께 영광과 감사를 드립니다. 그리고 어렵고 힘들 때마다 눈물로 기도하며 내조해 준 아내와 아이들에게 다시 한번 고마운 마음을 전합니다.

2023. 11월